智读汇

连接更多书与书、书与人、人与人。

金融战争的奥秘

一本书读懂金融战争背后的金融学

田凯 著

中华工商联合出版社

图书在版编目（CIP）数据

金融战争的奥秘：一本书读懂金融战争背后的金融学 / 田凯著．
-- 北京 ：中华工商联合出版社，2017.1
ISBN 978-7-5158-1909-9

Ⅰ．①金… Ⅱ．①田… Ⅲ．①金融学 Ⅳ．① F830

中国版本图书馆 CIP 数据核字 (2017) 第 009480 号

金融战争的奥秘：一本书读懂金融战争背后的金融学

作　　者：	田　凯
责任编辑：	于建廷　臧赞杰
营销企划：	王　静　万春生
封面设计：	尤际广
责任印制：	迈致红
出　　版：	中华工商联合出版社有限责任公司
发　　行：	中华工商联合出版社有限责任公司
印　　刷：	北京凯达印务有限公司
版　　次：	2017 年 9 月第 1 版
印　　次：	2017 年 9 月第 1 次印刷
开　　本：	787mm×1092mm　1/16
字　　数：	420 千字
印　　张：	25
书　　号：	ISBN 978-7-5158-1909-9
定　　价：	59.90 元

服务热线：010 － 58301130
团购热线：010 － 58302813
地址邮编：北京市西城区西环广场 A 座
　　　　　19 － 20 层，100044
http://www.chgslcbs.cn
E-mail:cicap1202@sina.com　（营销中心）
E-mail:gslzbs@sina.com　（总编室）

工商联版图书

版权所有　侵权必究

前言 Preface

　　我对金融一直非常感兴趣，对金融工程、金融逻辑、金融数据背后蕴含的价值及相互之间的关系等都有研究，也有着金融相关方面资料的收集、收藏和整理。

　　早在三年前，我曾和浦发银行有过一次合作，主要是针对当时投资银行的资产配置问题。在金融业务调整过程中我发现，国内的金融业务人员基本上都无法满足理想中的业务人员应有的素质，为此我们做了一个项目，叫金融工程师资格认证。当时收集了很多的材料和案例，通过两三年的整改、修理以及向一些比较资深专家的取经学习，我对金融工程也有了更深层次的认识。金融工程，在欧美等发达国家是一个非常成熟的概念，它要求金融工程从业者有一个非常好的金融背景，具备金融逻辑，了解金融结构的知识。这些知识在对资金（不论是在私人银行、财富管理、理财顾问，还是在家族办公室的资金）进行合理分配投资的过程中，起到一个协助的作用，它可以说是一个金融设计者，更可以说是一个专业的金融顾问。我在看到这些内容的时候，对比了国内外金融从业者以及债券、期货、期权现状，发现我们和国外的差距还是很大的，国外做的非常专业成熟。首先，我们没有一体化，没有一个整体的概念；其次，国内金融从业者本身的能力，不论是从知识的层面还是业务技能这个角度上来讲，都比较欠缺。面对国内金融行业现状，我觉得很有必要贡献自己的一份力量。

　　此次合作契机，让我有机会深入地去探讨金融行业；对金融的深层理解，让我不自觉地爱上金融事业；对金融的深切热爱，让我有使命感地去做好金融服务；这些年跟金融的"交往"，让我有意识地想为它做点什么……为此，我将自己整理、研究得出来的结论写成了这本书，算是送给金融行业、送给金融从业者、送给我自己的一份礼物吧。这本书写了两年半的时间，在这两年半的时间里，我不断地推敲打磨。刚开始写的六个月是写了删，删了写，反反复复5次之多，对金融的深爱，让我追求精益求精，也正是这反复地推翻重写奠定了这本书的基调。不管是对贵金属、期权、期货还是货币市场、人民币国际化、利率市场化，在书中我都做了比较全面的分析和探讨。一方面，我用案例让大家认识金融理论内容，比如金融工程期货是什么，期货未来会如何，期权又是什么，期权未来又会如何，利率市场化未来的可能，以及利率市场化导致的一些必然结果。这些内容都是相互关联的，将这些内容以文字输出，希望能为我们的金融从业者提供一个工具，让金融爱好者有更便捷的通道走进金融。另一方面，我运用了现代化的语言，用简单易懂的方式让大家愿意去读并且读懂金融，延伸阅读、小阅读、学以致用等部分的设计，则希望大家看看别人究竟是怎么运用这个逻辑和理论的，让所有热爱金融的同行者都能活学活用。

作为金融从业者，每个人都应该具备金融工程师该有的素质，在还没有具备之前，都应该拥有去学习这素质的意识，我们从书的角度，为大家整理和阐发了这些内容，向大家提供了一套学习金融知识的工具。这本书更多的是从专业知识、案例、活学活用的角度，讲金融工程本身、金融工程内在的联系和逻辑，在定义、分析、相互关联、内在逻辑上面的阐述，相对来说，还是比较中立和务实的，这些知识，也算是我学习金融至今的一份小小答卷，若是能为大家带去哪怕一丝丝的帮助，都够我欣喜许久的了。

在外行人看来，金融也许是非常复杂的，但其实金融它是最真实实惠的。期望这本书能成为金融从业者的入门秘籍和技能学习大全，更期望通过这本书的出版，能传播一些知识理念，给大家带来一些能量。能与金融从业者分享我的感悟体会，为金融行业略尽绵薄之力，这是我的荣幸，愿我们的金融从业者精益求精，不断前行，愿我们能一起为我们深爱的土地和亲人做好金融服务，在未来用完整的金融生态体系让广大人民真正得到最实惠的收益。

这本书的完成要感谢很多人，在此，我要特别感谢我的老师、我的领导、我的家人，谢谢你们的理解和支持！

目录 Contents

第八章　债券市场

第九章　票据市场

第十章　银行代客代理交易业务

附录：国内外汇交易惯例

第一章　利率和利率市场

第一节　可贷资金理论与利率的决定因素

可贷资金理论（Loanable Funds Theory）是用来解释利率（利息率）变动的理论，该理论认为市场利率是由控制可贷资金的供给和需求的因素来决定的。所谓可贷资金是指金融机构和个人当前持有的用来贷款和购买债券的货币资金，不涉及企业之间的商业信用。本章的货币资金、信用资本和借贷资本与可贷资金同义。

一、可贷资金的供给和需求来源

可贷资金的供给（Supply of Loanable Funds）这个术语通常用来指储蓄者向金融市场提供的资金。家庭部门是可贷资金的最大提供者，包括暂时未用的当前消费资金，用于未来支出的长期消费资金（如住宅和耐用品准备金、医疗和教育准备金、养老准备金、财产保险准备金等）。其他可贷资金的供给还包括企业暂时闲置的货币资金、职能生息资金（指专门用于放贷生息的货币资金，主要是退休企业家或专业人士在经营或任职时积累起来的财富，个人通过继承获得的财富，以及各种慈善、公益和奖励基金）、投机性金融资本、中央银行的货币发行、外国资本的流入等。

其他条件相同时，可贷资金的提供者在高利率时愿意提供更多的可贷资金，在利率极低时，仍存在可贷资金的供给。因为有些家庭选择推迟消费，即使储蓄的收益率（利率）很低。

需要指出的是，可贷资金的供给还受到中央银行货币政策的影响，中央银行通过实施货币政策调控宏观经济，通过影响可贷资金的供给影响利率。通过影响利率，中央银行能够影响家庭、企业等经济体借入及贷出资金的数量。

可贷资金的需求来源于以下因素：

（1）企业流动资金缺口。这一缺口可以通过商业信用或短期银行信用来填补，其中对银行信用的需求即是对可贷资金的需求。

（2）企业固定资产投资缺口。企业往往通过贷款或发行债券来填补这一缺口。

（3）个人消费资金缺口。个人的消费资金余额来自当前收入和过去剩余收入的积累。当前消费资金余额与当前消费支出之间的缺口，产生个人对外部信用资金或可贷资金的需求。

（4）政府的财政赤字。政府赋税收入低于政府各项开支产生的财政赤字，需要通过债券市场融资来解决。这导致政府对债券市场可贷资金的需求，因为这些债券投资资金主要来自现有的或潜在的银行存款。在一般情况下，政府债券由于风险和收益率上的优势而成为银行存款的有力竞争对手。

（5）中央银行的货币回收。中央银行通过向商业银行贷款和购买债券来创造货币，通过向商业银行收回贷款和卖出债券来收回货币。央行回收货币，导致商业银行向央行的借款减少，或所持债券增加，但可贷资金减少。

（6）投机。在经济开始扩张时，用借款来投机的活动也会发展，因而是可贷资金的一个周期性需求来源。

二、可贷资金供求与均衡利率

理解均衡利率的概念对评价各种事件如何影响利率很有必要。现实生活中，有好几种不同的利率，有些借款人愿意比别人支付更高的利率。但是本章讨论的是引起利率总水平改变的力量，因为借款人面对的利率朝同一个方向变动。

可贷资金的供求关系决定了一个均衡利率。当对可贷资金的总需求增加，而可贷资金的总供给没有相应的增加，就会出现可贷资金的短缺，利率就会上升，直到有额外的资金供给满足增加的资金需求。反之如果可贷资金的总供给增加，而没有相应的总需求增加，利率就会下降，直到资金供给的数量不再超过资金需求的数量。

当可贷资金的供给和需求同时变动时，有三种情况值得注意：

第一是货币市场供给和需求同时增加和减少的情况。例如，货币市场需求增加或减少，同时货币供给也相应地增加或减少，这时市场利率则保持不变。货币市场的供给和需求反映了市场流动性的状况。判断市场流动性多少，不应看货币市场的供给是否增加，而应看市场利率是否变化。货币市场供给和需求增加的情况一般发生在经济繁荣时期。

第二是货币市场供给增加同时需求下降的情况。这时利率会降低到很低的水平。这种情况一般发生在经济衰退时期。

第三是货币市场供给急剧下降同时货币市场需求急剧上升的情况。这种情况一般发生在经济或金融危机爆发的初期，这时市场利率会因为流动性短缺而急剧上升。

三、影响可贷资金供给和需求变动的因素

（一）影响可贷资金供给和需求变动的长期因素

可贷资金的供给从长期来看有不断增加的趋势，导致这一趋势的原因包括：

1. 金融体系的发展

金融体系的发展包括银行存款市场的发展、银行同业拆借市场的发展、金融业的集中和兼并等，这些体系越发达，暂时和永久闲置的货币被动员到货币市场的数量也就越多，可贷资金的供给也就越多，利率也就越有可能保持在一个较低的水平。

2. 资本的集中

随着经济的发展，投资单个项目所需的资金一般而言也会增加。大规模生产导致大规模投资，从而为小额资金进入生产和流通领域设置了障碍。随着小额资本退出生产和经营，小额资本由商业资本转化为生息资本。

3. 国民收入的增加

国民收入的增加使企业和个人的收入中暂时和始终以货币形式存在的部分也会增加，其中各项准备金、折旧基金和积累基金等储藏货币直接构成可贷资金的最重要来源。另外个人用于未来和大额消费的收入部分和个人准备金增加，用于医疗、养老和子女教育的准备金增加等，都导致储蓄增加，即可贷资金增加，使一般的利率水平趋于下降。

4. 经济全球化和国际贸易的发展

经济全球化和国际贸易的发展导致市场的空间范围扩大，资金完成一次周转的时间延长。跨国企业因此需要更多的交易准备金、偿债准备金和损失准备金，这些都导致企业对可贷资金的需求增加。另一方面，跨国经营和对外贸易的特殊性要求企业持有特别的用于弥补外汇风险损失的货币资金，这部分资金的绝大多数转为可贷资金，导致可贷资金的供给增加。两方面因素的相互作用，构成全球化对可贷资金供给的净影响。

5. 信息技术的发展

信息技术的发展使通过银行体系结算的交易增加，货币流通速度加快，这导致集中在银行的交易和支付准备金增加，以及这些资金中的相对余额增加，从而银行的可贷资金增加。

（二）影响可贷资金供给和需求变动的短期因素

1. 通货膨胀

通货膨胀上升导致物价上升，其他因素不变的情况下，企业和个人当前支出增加，存款减少，从而可贷资金减少，市场利率上升。反之，市场利率下降。

2. 商业信用

商业信用是企业之间因商品交割和货币支付在时间上的分离而产生的信贷关系，即一般所说的赊销。商业信用是银行信用的替代品，商业信用增加，企业现金支出减少，可贷资金来源增加，同时商业信用的增加使企业对银行贷款的需求减少，两者作用都导致利率下降。反之，商业信用减少，企业现金支出增加，可贷资金来源减少，有些企业甚至被迫求助于银行贷款，导致利率上升。

3. 企业的资金周转速度

企业资金周转速度快，所需的流动资金随之减少，其他因素不变，企业现金余额增加，市场可贷资金供给增加。反之，市场可贷资金的需求增加。

4. 贸易条件

贸易条件指同一国家进口价格与出口价格之间的比价关系。进口价格下降或出口价格上涨，贸易条件得到改善，其他因素不变，该国进出口企业的现金支出减少或现金收入增加，企业现金余额增加，可贷资金来源增加，对可贷资金的需求减少，利率趋于下降。反之，利率趋于上升。

5. 国际资本流动

国际资本流动分为产业资本的国际流动和货币资金的国际流动。前者一般称为外国直接投资，后者一般称为外国组合投资或外国证券投资。外国直接投资的流入在加速本国资本形成的同时，也会增加本国可贷资金市场的需求。

流入东道国的外国货币资金大多为热钱，热钱在一国经济繁荣或相对繁荣时流入，导致东道国货币升值和资产价格上涨，并导致东道国可贷资金市场供给增加。热钱在东道国经济出现停滞趋势或其他国家出现更有利的投资机会时流出，导致东道国资产价格下跌和货币贬值的同时，也导致东道国货币市场需求增加和供给短缺。

6. 市场投机

投机者常常通过商业信用即赊账或银行贷款的方式来囤积存货。因此，投机活动可增加可贷资金需求，需求增加的规模取决于市场投机的规模。在投机狂热时，一个商品往往要转手多次，从而形成一个长的债务链。投机导致泡沫，泡沫破灭即危机。危机造成债务链断裂和商业信用消失，这时对银行信用的需求会突然急剧增加。因此，投机活动先是造成对货币资金的持续需求，在危机时又造成对货币资金需求的急剧增加和利率的不断攀升。

⑤**案例**

日本房地产泡沫

日本在进入 20 世纪 70 年代后开始放松利率管制，利率开始大幅度波动，并趋于下降。日本逐渐积累的投机性货币资金开始寻找其他投资市场。到 1975 年 3 月，日本市场利率开始急剧下降，同时原本缓慢上升的土地价格开始急剧上升。土地投机增加了对日本可贷资金的需求，造成日本货币市场供给紧张和市场利率的止跌回升。高利率增加投机成本，抑制土地投机。到 1980 年，日本市场利率和土地价格双双下降。

但是，1985 年广场会议后，日元升值，日本企业进口费用大减，大量流动资金游离出来，转化为过剩货币资金。日本国内货币市场可贷资金供给激增，并推动短期利率在已经大幅下降的情况下进一步下降，从而再次激活了日本的土地投机。大量货币资金疯狂涌入大城市地产市场，推动城市地价急剧上升。在 1985 年 9 月到 1990 年 9 月的 5 年间，日本六大城市的住宅用地价格上涨了 1.46 倍、商业用地价格上涨了 3.85 倍。狂热的地产投机主要依靠银行借款来支持，所以，土地投机很快引发市场利率上升，作为基准的日本短期国债利率在这一时期上升了 81.59%。

随着完成一次投机性地产买卖所需资金越来越大，地产滞留在同一投机者手中的时间越来越长，越来越多的银行资金被套牢在房地产市场，无法收回。最终，银行因资金枯竭开始向投机者追债，由此引发大规模的恐慌性抛售和日本土地价格急剧下降。在随后的 5 年时间里（从 1990 年 9 月到 1995 年 9 月），日本六大城市住宅地价格下降了 1.1 倍，商用地价格下降了 3.4 倍。投机破产导致大量货币资金不断地流回银行，推动市场利率不断下降。日本短期国债利率从 1990 年 3 季度的 5.55% 下降到了 1995 年 3 季度的 0.37%。日本从此陷入长达 20 多年的通货紧缩之中，至今尚未恢复。

（资料来源：杜亚斌．货币、银行业与货币政策 [M]．
南京：南京大学出版社，2013）

第二节　影响利率的经济因素

一、经济周期对利率的影响

（一）复苏阶段

复苏阶段是经济活动从上一轮经济衰退中逐步恢复正常的阶段。这一阶段，影响可贷资金供给的积极因素是：商业信用逐渐恢复导致企业现金支出减少，企业和个人收入开始增加，中央银行维持宽松的货币政策。消极因素主要是企业和个人的支出开始增加，经济衰退期滞留在银行的货币资金开始逐渐流出银行，进入流通领域。

复苏阶段，商业信用的恢复导致对银行短期可贷资金的需求减少，新项目投资和个人消费增加又导致对可贷资金的需求增加。

总的来说，复苏阶段的货币供求相对平衡，利率维持在较低水平。

（二）扩张阶段

这一时期，经济扩张和资产市场的利好导致对可贷资金需求的增加，因此利率有上升趋势。另一方面，企业和个人收入增加、商业信用扩大、资金周转加快又对利率的上升起抑制作用，这一时期的利率存在上升和稳定两种可能，取决于各种因素的相互作用。

（三）繁荣阶段

这一阶段，商业信用环境极度宽松，企业利润和工人工资大幅增加，银行存款增多从而可贷资金供给也大幅增加。另一方面，由于社会生产能力被充分或超负荷利用，能源、原料和劳动力供应紧张，商品和服务价格普遍上涨，企业和个人的各项支出增加，对可贷资金的需求因此增加。

尽管这一时期的货币资金的供给会达到前所未有的水平，但仍然不能满足市场对货币资金的需求，只要生产经营状况继续保持良好，生产者和消费者的信心未发生动摇，繁荣时期的投资和投机活动就会不断升温，并推动利率不断向上攀升。一般来说，经济繁荣时期利率趋于上升。

（四）危机阶段

在危机中，由于商业信用极度萎缩甚至完全不可得，资金周转变得极度缓慢，现金交易盛行。企业被迫大量提取银行存款以支付货款或偿还债务。大量的企业不得不借助银行信用来维持经营或偿还债务，货币市场需求急剧增加。另一方面，由于大批企业破产、大量工人失业，银行为应对客户大量提款和违约风险而普遍惜贷，货币市场供给在此时会急剧减少。

供求的严重失衡使危机时期的短期市场利率急剧上升。中央银行在这一时期会向金融系统注入大量货币资金，短期利率在异常高位上停留的时间一般很短。

（五）衰退阶段

由于经济规模缩小，用于商品生产和交易的流动货币资金减少，大量货币资金滞留在银行，银行资金充裕，给市场利率造成下行的压力。另一方面，由于利润率和工资水平下降，企业投资意愿和个人消费意愿下降，市场对货币资金的需求下降。这样的供求关系下，利率在这一时期一般会维持在一个很低的水平。

二、通货膨胀对利率的影响

物价可能因经济过热或自然灾害而普遍上涨。排除这些因素，通货膨胀就是货币发行过多所导致。在通货膨胀初期，市场利率必然因货币发行过多而下降。如果增加的货币导致产出增加，则物价不会因此而增长，货币也不会因此而贬值，利率也不会上升。

如果货币超量供给并没有引起经济好转，商品供给并没有因此而稳定增加，或中央银行没有及时收回超发货币，货币的超量供给必将引起物价上涨，并使金融资产持有人的实际收益下降。基于市场普遍预期未来会发生通货膨胀，则放款人在放款时必将提高其贷款的价格，市场利率必然上涨，反之则下降。

预期通货膨胀率将要上升，在任何一个利率水平上，储蓄者将减少储蓄以便在价格上升以前购买更多的东西，企业和家庭在任何利率水平上可能愿意借更多的钱，以便在价格上升以前购买产品。

欧文·费雪提出一种利率决定理论，为利率运动提出了另一种解释。费雪提出名义利率用两种方法补偿储蓄者。第一，它们补偿储蓄者下降的购买力；第二，它们为储蓄者放弃当前消费提供额外的溢价，只有当储蓄者收到的溢价超过预期通货膨胀率时，他们才愿意放弃当前消费。

利率和预期通货膨胀率的关系通常被称为费雪效应（Fisher Effect）。名义利率和预期通货膨胀率的差异，是对一段时间内降低的购买力进行调整后的储蓄者的实际收益率，这就是实际利率（Real Interest Rate）。与名义利率不同，实际利率是经过预期通货膨胀率调整后的利率。

当实际通货膨胀率比原来预期的要高，那么实际利率就相对较低。因为通货膨胀率没有被正确预测到，借款者就会得到好处，他们以更低的名义利率借到了钱；当通货膨胀率比原来预期的要低时，实际利率相对较高，借款者受到不利影响。

三、货币政策对利率的影响

中央银行通过增加商业银行和其他存款机构持有的总存款可以影响可贷资金的供给。当中央银行增加货币供给的时候，可贷资金的供给也将增加，这给利率带来下降的压力。但是如果中央银行的行为影响了通货膨胀预期，那么将增加对可贷资金的需求，从而抵消资金供给增加带来的效应。

如果中央银行减少货币供给，也就是减少了可贷资金的供给，假定需求没有变化，将给利率带来上升的压力。

四、预算赤字对利率的影响

政府预算赤字是政府财政收入与预期财政支出之间的缺口，这一缺口必须依靠发行政府债券融资来填补，从而使货币资金市场上的资金需求增加，其他条件不变，这将导致利率的上升。

假定向市场供给的可贷资金（储蓄）是个固定的数量，政府部门对资金的过多的需求将挤出私人部门（消费者和企业）的资金需求，因为政府可能愿意不惜一切代价来获得资金，而私人部门却不会这样。这种影响被称为挤出效应（Crowding-Out Effect）。

五、外国资金流动对利率的影响

只要存在货币资金的国际流动，一个国家的市场利率就要受到国际利率变化的影响。如果本国利率低于外国利率且汇率相对稳定，本国一部分本币形式的资本就会被其占有者转化为外币形式的货币资金，从而由潜在的本国货币资金供给转化为现实的外国货币资金供给，本国货币资金市场供给减少，其他因素不变时，本国市场利率趋于上升。反之，如果本国市场利率高于外国市场利率且汇率相对稳定，外国的一部分资本由外币形式转化为本币形式，从而由外国货币市场供给转化为本国货币市场供给，导致本国利率下降，外国利率上升。

人民币与外币的交易只有在一种情况下导致本国货币资本市场的供给减少，这就是中国人民银行出售其外币表值的资产。居民对外投资和外资流出导致我国银行系统自有外汇资产减少。在我国银行系统被迫向中国人民银行购买外汇时，我国的货币供给也会减少，其他因素不变，在没有管制的情况下，我国的市场利率必然会上升。

第三节　期限结构理论与利率的国际结构

不同期限债务的利率会不同，这里的期限指从当前到债务到期之间的时间长度。债务的期限与债务利率之间的关系被称为利率的期限结构，反映这种关系的曲线被称为到期收益率曲线，或简称为收益率曲线。

到期收益率是从投资者角度看的利率。当债券按面值发行时，债券投资者的到期收益率就是债券的发行收益率。如果债券按高于面值的价格发行，债券投资者的到期收益率低于债券的发行收益率。如果债券按低于面值的价格发行，债券投资者的到期收益率高于债券的发行收益率。也就是说，债券价格越高，债券投资者的到期收益率越低。

用来解释债券的期限与年收益率之间关系的理论包括纯粹预期理论、流动性溢价理论和分割市场理论。

一、纯粹预期理论

根据纯粹预期理论（Pure Expectation Theory），利率的期限结构（如收益率曲线所反映的）是纯粹由对未来利率的预期决定的。

（一）预期利率上升的影响

我们先假定短期债券和长期债券的年收益率相同，那么收益率曲线（标志为YC1）是平缓的（如图 1-1）。

图 1-1　平缓的收益率曲线

再假定投资者预期利率会上升，他们会将大部分资金用于短期投资，这样他们就能在利率上升时迅速再投资于高收益的债券上。当投资者涌入短期债券市场而远离长期债券市场时，对短期债券需求的增加导致短期债券价格提高，短期债券市场的收益率因此而下降。对长期债券市场需求的减少导致长期债券价格下降，长期债券市场的收益率因此而上升。

即使短期债券的年收益率低于长期债券的年收益率，投资于短期债券的投资者们还是很满足，因为他们预期利率会上升，他们能够在短期债券到期时投资于更高利率的债券以补偿先前投资于短期债券所遭受的利息损失（如果实际利率上升）。

假定打算发行债券来筹集资金的人预期利率也上升，他们愿意将利率长期锁定在现有的水平上。这样，债券的发行人就愿意发行长期债券而不愿意发行短期债券，这就会导致短期资金的需求降低，短期债券的收益率就有下降的压力。同时，长期资金的需求增加，导致长期资金的收益率上升。

利率上升的预期导致了不同期限市场上资金的需求和供给发生变化，从而迫使原本平缓的收益率曲线（YC1）向上旋转（逆时针旋转）并变得倾斜（YC2）（如图1-2）。

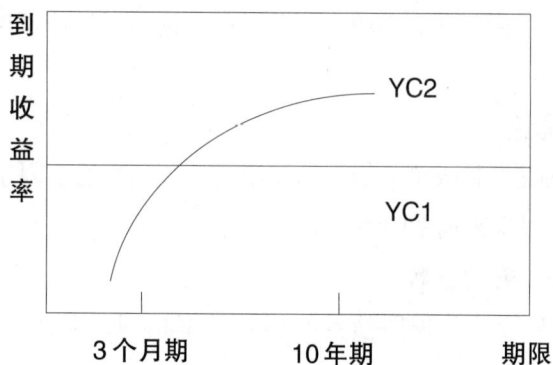

图 1-2　预期利率上升的收益率曲线

（二）预期利率下降的影响

如果投资者预期利率下降，投资者会选择购买长期债券，这样在利率下降之前它们就能锁定利率水平。由于资金由短期债券市场涌入长期债券市场，短期债券价格下降，导致短期债券收益率上升；对长期债券的需求上升，长期债券价格上升，长期债券的收益率因此下降。

对债券发行人来说，他们愿意发行短期债券，这样一旦利率下降，他们能够重新以更低的利率借得资金。

基于对未来利率下降的预期，投资者短期资金的供给减少，长期资金的供给增多，这给短期收益率带来上升的压力并迫使长期收益率下降，从而导致收益率曲线的形状向下旋转（顺时针旋转）并变得倾斜（YC3）（如图 1-3）。

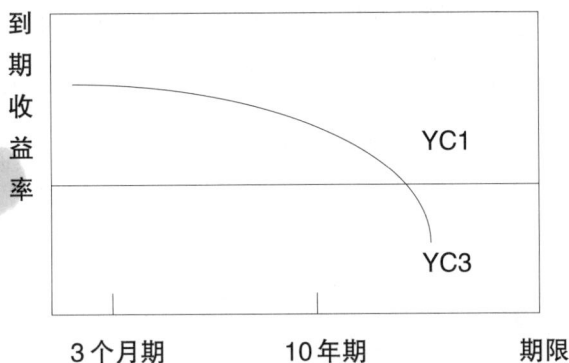

图 1-3　预期利率下降的收益率曲线

投资者关注收益率曲线以确定不同期限的债券的收益率。投资者或者选择与他们的预期投资期限相匹配的证券进行投资，或者购买较短期限的债券并在每次债券到期时进行再投资。如果某一特定的投资策略能在整个投资期内产生较高的投资收益，投资者就会采用这个策略。这将影响不同期限的债券的价格和收益率，收益率重新调整的结果，使不同投资策略的预期收益率趋同。

纯粹预期理论的前提是远期利率能完全替代未来的利率水平。如果它们之间有偏差，投资者会利用这个偏差。如果远期利率与未来利率之间没有偏差，金融市场就是有效的，市场远期利率所提供的信息不能被投资者用来创造超额收益。随着一些新的信息出现，投资者的偏好会改变，收益率做出调整，隐含的远期利率也会变。

二、流动性溢价理论

一些投资者偏好持有短期债券胜过持有长期债券。因为期限越短，流动性越强。这样，只有在得到补偿（即得到流动性溢价）的情况下，他们才愿意持有长期债券。随着债券期限的增加，投资者要求的补偿也增加，结果是债券收益率曲线以向上倾斜为常态，期限越长，债券收益率越高。虽然长期债券能在到期之前变现，但它们的价格对利率变化更加敏感。短期债券一般被视为流动性更强，因为它们能够很容易、无损失地变现。

对于某一时点的投资者来说，流动性可能是更为重要的因素。流动性溢价会随着时间变化。相应的，收益率曲线也随着流动性溢价的变化而变化，这就是流动性溢价理论（Liquidity Premium Theory），也被称为流动性偏好理论。

图 1-4 反映了纯粹预期理论与流动性溢价理论的结合。每张图都表示市场不同的利率预期。尽管利率预期不同，收益曲线受流动性溢价影响的方式几乎都差不多。

即使流动性溢价存在，收益率曲线仍然能够用来解释利率预期。水平的收益率曲线可以解释为市场预期利率将略有下降（如果没有流动性溢价因素的影响，收益率曲线会略向下倾斜）。收益率曲线略向上倾斜可以解释为预期利率没有变化（如果不考虑流动性溢价的因素，收益率曲线应该是水平的）。

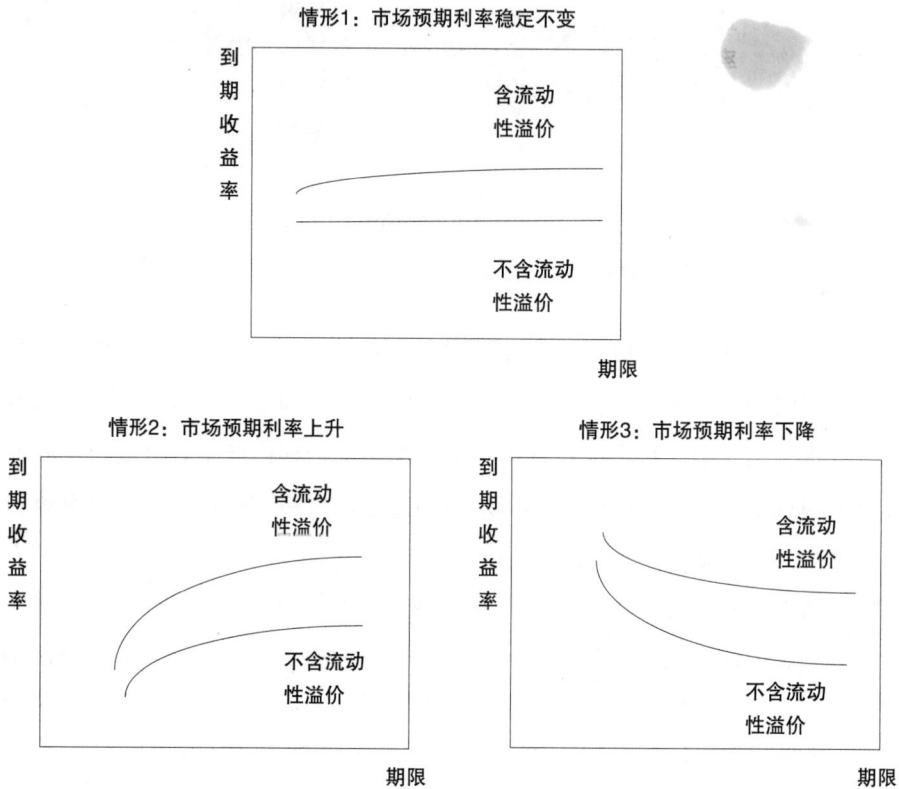

情形1：市场预期利率稳定不变

情形2：市场预期利率上升   **情形3：市场预期利率下降**

图 1–4   在三种不同的利率预期下流动性溢价对收益率曲线的影响

三、分割市场理论

按照分割市场理论（Markets Segmentation Theory），投资者和借款人是根据自己的资金需要来选择债券的，不同的现金需要使他们选择不同期限的债券，市场也因此而被分割。例如，养老基金和保险公司通常偏好长期投资来匹配他们的长期负债，商业银行更偏好短期投资来匹配他们的短期负债。投资者或借款者只可能在他们的资金需求改变时才会从长期市场转向短期市场或者从短期市场转向长期市场。根据分割市场理论，投资者通常是优先根据需求而不是对利率的预期在长期投资和短期投资之间做出选择的。

一些金融机构集中投资于某一特殊的期限市场，另一些金融机构却有更多选择。商业银行多数从短期市场取得投资却将投资分散于短期、中期和长期市场。储蓄机构一贯以来都专注于吸收短期资金进行长期投资。如果不同期限市场是完全分割的，某一市场利率的调整不会影响到其他的市场。然而，事实证明不同期限市场的利率变化是相继的，证明了各个市场之间是相互影响的，暗示着资金可以在不同市场之间进行转移。

分割市场理论中一个更灵活的观点是偏好归宿理论（Preferred Habitat Theory）。它提供了一个利率期限理论的折中解释。这个理论解释了虽然投资者和借款者都会集中于某一个特定的期限市场，但某些意外事件的发生会使他们离开这个市场。例如，资金来源大多数是短期资金的商业银行会选择短期投资作为资金原始的归宿。但是，他们希望从预期的利率下降中获益，就会反过来选择中期或长期的债券。偏好归宿理论承认原始的期限市场会影响收益率曲线，但是认为利率预期会诱使市场参与者偏离原来的市场。

四、期限结构的应用

利率的期限结构被用来预测利率水平、预测衰退、进行投资和融资决策。

（一）预测利率水平

在任何时点上，收益率曲线的形状都可以用来分析投资者和借款者对未来利率水平的总体预期。虽然纯粹预期理论认为，向上倾斜的收益率曲线产生于对利率上升的预期，向下倾斜的收益率曲线产生于对利率下降的预期，然而，流动性和特殊的期限偏好都会影响收益率曲线的形状。

如果投资者用收益率曲线解释市场对未来利率的一致预期，而他们自己又有自己的投资预测，那么通过比较他们自己的利率预期与收益率曲线所揭示的利率预期的区别，他们可以利用这个区别获得收益（只有在投资者的预期优于市场预期时才能奏效）。例如，向上倾斜的收益率曲线预示着市场预期利率上升，但有的投资者会有自己的预期，例如他们预期利率不变，那么在他们看来，长期债券被低估了，因为它们的价格反映了利率上升的预期。这样他们就可以投资于长期债券而获益。

（二）预测衰退

一些分析家认为水平的或者是倒置的收益率曲线预示着近期会发生经济衰退。基本原理是已知一个正的流动性溢价，这样的收益率反映市场预期利率下跌。通常与利率下跌相关联的是可贷资金的需求减少，这将导致衰退。

（三）投资决策

如果向上倾斜的收益率曲线被解释为市场一致的利率上升的预期，那么预期债券的价格将会下跌。在这种情况下，只有当投资者认为从收益率曲线得出的利率预测是错误的时候，他才可能在短期内购买长期债券。虽然收益率曲线所揭示的预期利率常常不同于实际的利率水平，但是投资者很难事先知道市场是高估还是低估了未来的利率水平。

收益率曲线通常被金融机构所关注，这些金融机构的负债期限和资产期限明显不同，比如一家银行通过短期存款取得大多数的资金并将这部分资金用于提供长期贷款或购买长期证券。向上倾斜的收益率曲线对银行比较有利，因为短期存款的年利率明显低于长期投资的年利率。银行的差价收益比收益率曲线为水平状态时更高。然而，如果银行确信向上倾斜的收益率曲线意味着未来利率上升（如预期理论所反映的），则它的负债成本日渐增加，因为未来的存款必须以更高的利率才能获得。如果利率上升，任何先前以固定利率提供的长期贷款将来都会产生相对低的收益。

（四）融资决策

收益率曲线对于要发行债券的公司来说非常有用。通过分析当前的不同期限的债券的利率，公司能够估计不同期限的公司债券必须的利率。这使他们能够确定所发行的债券的期限。

五、利率的国际结构

各个国家影响收益率曲线的因素是不同的，因此收益率曲线在任何时点的形状也随国家的不同而有所区别。由于国际金融市场是紧密结合在一起的，导致各国之间的利率呈相同方向变化。然而，在某一时点各国的利率水平明显不同。任何两个国家的风险证券的利率之间的差别总是接近于无风险利率之间的差别。这意味着利率的差别主要归结于国家间的总供给和总需求的差异，而不是单个证券的风险溢价、流动性溢价或其他因素的区别。

不同国家的期限结构应该受到以下因素的影响：

（1）由于金融市场的融合，一个国家利率的变化会影响另一个国家的利率水平。这样，投资者就会通过估算外国的远期利率来预测外国未来的利率水平，这些因素反过来会影响国内的利率水平。

（2）外国证券和一些本国证券受外国经济的影响，而外国经济又受外国利率水平的影响，如果外国的远期利率能用来预测外国未来的利率水平，它们就能延伸到预测外国的经济状况。因为汇率也受外国利率水平的影响，因此，当用外国远期利率来预测外国未来的利率水平时，汇率预测将更为精确。

第四节　中国利率市场、利率市场化与金融创新

一、利率市场的概念

利率市场就是指资金融通的场所，按资金融通期限的长短，利率市场可分为货币市场和资本市场。

货币市场是以期限在一年以内的金融资产为交易工具的短期资金融通市场。货币市场主要的功能是满足供求双方对短期资金融通的需求，保持金融资产的流动性，以便应付即时支付的需要。保持流动性是各类经济主体的基本要求。货币市场又可细分为短期信贷市场、同业拆借市场、回购协议市场、商业票据市场、银行承兑汇票市场、大面额可转让存单市场、短期政府债券市场，其中短期信贷市场属间接融资市场，其余的归类于直接融资市场。

资本市场是以期限在一年以上的金融资产为交易工具的中长期资金融通市场。资本市场主要的功能是满足供求双方对中长期资金融通的需求，实现储蓄向投资的转化，优化资源配置。将社会闲散资金转化为对实体经济的投资资金，是微观经济主体扩大规模和宏观经济保持持续发展的重要条件。因此，资本市场是金融市场的核心市场。资本市场可分为中长期信贷市场、证券市场，其中中长期信贷市场属于间接融资市场。证券市场又可分为股票市场、债券市场、基金市场等。

二、我国利率市场

（一）基准利率

基准利率是金融市场上具有参照和引导作用的利率，金融产品以其为基础进行定价，能够真实反映一国货币市场资金供求变化，引导其他市场利率的变化，是在整个市场利率体系中处于核心地位的利率。目前我国的主要基准利率仍为一年期存贷款利率，由人民银行官方规定，对市场资金的真实盈缺情况反应不足。上海银行间同业拆放利率（Shibor）从 2007 年 1 月 4 日开始正式运行，有望成为中国的"联邦基金利率"。

（二）同业拆借市场

同业拆借市场是我国货币市场的核心组成部分，它为商业银行等金融机构以无担保的信用方式进行短期融资交易提供了有利、高效的平台。但是，作为信用融资方式，

它仍然无法规避金融机构风险。由于近年来商业银行风险防范意识的逐步提高，对交易对方的授信更加谨慎，从而导致了同业拆借交易量的缓慢增长。与之相反，债券回购交易并不是以买卖债券为目的，而是以短期融资为主，因此交易操作更为安全。

（三）我国央行使用的利率工具和政策手段

1. 调整中央银行基准利率

具体包括：再贷款利率，也就是中国人民银行向其他金融机构发放再贷款业务时所采用的利率；其次是再贴现利率，它是指金融机构将自己合法持有的已贴现票据向中国人民银行办理再贴现所使用的利率；然后是法定准备率，即中国人民银行对其他金融机构交存的法定存款准备金支付的利率；最后是超额法定准备率，即中央银行对其他金融机构交存的准备金中超过法定存款准备金水平的部分支付的利率。

2. 调整其他金融机构法定存贷款基准利率

3. 制定金融机构存贷款基准利率的浮动上、下限

利率实行有区间浮动，意味着利率市场化改革迈出了一大步，利率市场化就是要让银行的存款和贷款利率完全由市场供求关系决定，在资金紧张时，银行可能会通过提高存款利率来吸引资金，而在资金宽松时，银行可能会压低利率。

4. 制定相关金融政策对所有利率结构和档次进行有效调整等

5. 常备借贷便利（Standing Lending Facility, SLF）

这是央行在2013年创设的流动性调节工具，主要功能是满足金融机构期限较长的大额流动性需求。对象主要为政策性银行和全国性商业银行。期限为 1 ~ 3 个月。利率水平根据货币政策调控、引导市场利率的需要等综合确定。常备借贷便利以抵押方式发放，合格抵押品包括高信用评级的债券类资产及优质信贷资产等。

6. 抵押补充贷款（Pledged Supplementary Lending, PSL）

作为一种新的储备政策工具，其目标是借 PSL 的利率水平来引导中期政策利率，以实现央行在短期利率控制之外，对中长期利率水平的引导和掌控。我们大致可以将 PSL 的作用分为两部分：（1）投放基础货币，增加相关领域的流动性；（2）引导市场利率，降低融资成本。

> 🦐 **小阅读**
>
> **负利率货币政策能否拯救欧洲经济？**
>
> 2014 年 6 月 5 日，欧洲央行行长德拉吉宣布将基准利率（主导再融资利率）由 0.25% 下调至 0.15%，将隔夜贷款利率由 0.75% 削减至 0.4%，将商业银行在央行的存款利率从 0 调降为负 0.1%，这令欧洲央行成为史上首家实施负利率的主

要央行。

　　为了把商业银行在央行的存款驱赶到市场之上，增加市场流动性，避免信贷紧缩的加剧，欧洲央行实行负名义利率，对商业银行在央行的存款行为进行惩罚。但储蓄存款的利率将保持 0 利率不变，商业银行不可能进行负利率实验，因为那可能引发挤兑，导致银行破产。负利率使商业银行在央行的存款规模进一步下降。资料显示，欧债危机以来，欧洲商业银行在央行的存款曾大幅度飙升，2011 年 4 月至 2012 年 3 月间商业银行在央行的存款规模从 3,000 亿欧元快速升至 11,000 亿欧元，央行宽松货币政策增加的供给货币大量回流至央行，抑制了银行的信贷规模。之后随着欧洲央行不断下调基准利率，商业银行在央行的存款持续减少，由 11,000 亿欧元降至今年 5 月底的 3,500 亿欧元。数据显示，自 2014 年 6 月 6 日欧洲央行实行负利率到 6 月 13 日，商业银行在央行的存款由 3,521 亿欧元降至 3,258 亿欧元，降幅为 7.5%。预计未来随着更多商业银行从欧洲央行提取现金，商业银行在欧洲央行的存款将进一步减少。

　　商业银行对家庭和企业的信贷大幅增加并不现实。数据显示，自 2008 年以来，尽管欧洲央行对商业银行实施了数轮长期再融资操作，向市场注入上万亿欧元流动性，但商业银行对家庭和企业的贷款余额始终保持在 13 万亿欧元的水平，几乎没有增加。除了大量存款回流央行之外，更多资金进入德国、法国等欧元区核心国股市，推动这些国家股指 2012 年以来大涨超过 30%。不仅如此，自 2012 年 3 月到今年 4 月商业银行在央行存款减少 7,000 亿欧元的情况下，家庭和企业获得的银行贷款从 13.27 万亿欧元降至 12.63 万亿欧元，减少超过 6,000 亿欧元。因此，即使商业银行减少在央行的存款，也可将这些现金存放在银行的金库，或者投资于股市，甚至投资于新兴市场。目前欧元区针对家庭的一年期平均贷款利率为 5.7%，对小企业的利率是 4.5%，这表明商业银行对家庭和企业的贷款仍要求较高的风险补偿，即对经济前景相当谨慎。因此，我们认为负利率时代的欧元区银行信贷并不会出现明显扩张，甚至部分商业银行会把保存现金的成本或上缴给央行的利息转嫁给借款人，从而抬升贷款利率，抑制贷款的需求，导致贷款规模的收缩。

　　负利率政策无力扭转欧元区通缩的趋势。欧元区今年 5 月 CPI 为 0.5%，较 4 月回落 0.2 个百分点，连续一年半低于 2% 的通胀目标，通货收缩趋势日益加剧。导致欧元区通货紧缩的根本原因是高失业率导致的市场有效需求的不足。欧元区 4 月失业率为 11.7%，虽然较 3 月小幅回落 0.1 个百分点，但仍明显高于 5% 左右的充分就业水平，更严重的是，希腊和西班牙，4 月失业率分别高达 26.5% 和 25.1%，高失业率导致家庭收入增长缓慢。另外，欧元区成员国的财政赤字正处于下降之中，从 2013 年 3% 降至当前的 2.5%，削减财政赤字使失业者救助降低，政府财政支出减少，进一步降低了市场总需求，而趋利避害的银行贷款无法在市场不景气的背景下为陷入困境的企业和家庭提供资金，弥补总需求的不足，因而，欧洲央行希冀市场化的货币政策担负起非市场化的财政政策的重任，只是一厢情愿的梦想。

（资料来源：《银行家》2014 年第 7 期）

三、利率市场化与金融创新

随着金融市场不断开放和发展，利率市场化是一个必然趋势。利率市场化的过程中，由于金融监管的放松，市场的波动变得更加激烈，频繁的利率变动不断加强，在这种情况下，我们要进行金融创新，这样才可以达到控制风险的效果。从金融创新的角度来看，金融创新是利率市场化的客观要求。大部分金融创新是需要基于利率的不确定性，如果利率是稳定的，那么金融创新中的利率衍生品也没有太多的意义。利率市场化为金融创新提供了非常丰富的背景条件，使金融创新的形式能够更加多样化。

（一）利率市场化

利率市场化是将利率的定价决策权从政府手中转移至金融机构，由金融机构根据资金状况和对金融市场动向的判断来自主调节利率水平，最终形成以中央银行基准利率为基础，以货币市场利率为中介，以同业拆借利率为金融市场基础利率，由市场供求决定金融机构存贷款利率的市场利率体系和形成合理有效的利率机制。其中利率市场化包括利率传导、利率决定、利率结构、利率管理的市场化等方向。利率是资本的价格，是宏观调控的经济杠杆，在现代经济中有举足轻重的地位。央行根据国民经济运行实际和经济政策要求，通过制定和调整再贴现率、再贷款率以及公开市场业务来影响市场利率。

随着利率体系和利率决定体制的不断改革和完善，整体利率市场环境得到充分的变迁，金融市场的分割将逐步取消，资金市场也将逐步实现一体化，政府直接干预利率水平的成分越来越低，市场利率越来越多地由市场资金供求关系来决定，因而市场利率也愈来愈接近于资金供求的均衡利率；从货币控制的角度来讲，利率市场化是中央银行把对利率的调控从直接管制的方式转为间接调控方式的过程，因此，利率市场化并非是中央银行完全放弃对利率的干预，只是其干预的方式由直接逐步转向间接，更加体现了价格是由市场规律决定的。

（二）金融创新

理论上，我们可以将金融创新的动因归纳为以下几个方面：

1.金融创新的诱发原因——金融管制

金融管制是指在第二次世界大战后，西方国家为维持金融稳定而对金融机构的业务范围、利率、信贷规模、区域分布等方向采取了一系列管制办法，成为诱发金融创新的重要原因。随着经济的发展和金融环境的变化，许多对金融机构业务活动的限制性规定已经过时，从而成为金融机构开展正常业务的障碍，约束了金融企业的经营空间，阻碍了其盈利性活动。追求利润最大化的金融企业必然千方百计绕开金融管制的限制而求得自身的存在和发展，便创造出多种新的金融工具和账户；与此同时，当金融机构的创新危及金融体系的稳定和金融市场的正常秩序时，政府做出反应，进一步强化金融管制，金融机构则会在新的管制下寻求和发动新的创新。

2.金融企业追逐利润的内在动力的驱动

作为经营货币这种特殊商品的金融企业，利润是其经营的最终成果和评价其经营业绩的重要指标，从金融创新中增加收益、获取利润是金融机构从事金融创新最普通、最直接的动力。纵观当代金融创新的历程，尽管其具体形式千差万别，但其目的都是为了提高金融资产的流动性、降低风险、增加盈利。金融机构作为微观经济实体，有其自身的目标约束，如自己制定的增长率、流动资产比例等。只要外部环境变化改变了这些约束，出现扣除创新成本之后的利润最大化机会，金融机构就会去创新。

3.竞争加剧的外在压力的推动

竞争是市场经济的普遍规律。金融业的竞争，优胜劣汰机制，对金融机构形成重大压力，迫使它们千方百计地开展金融创新，以使自身处于相对有利的地位。首先，由于技术的进步降低了各种金融机构的交易成本，如电子计算机和现代通信技术的运用，产生了新的清算系统和支付制度，降低了清算和交易的成本，使得非银行金融机构得以降低自己的交易成本，迫使商业银行通过金融创新来保持自己在竞争中的优势。其次，由于储蓄和投资形式的变化，引起金融市场格局的重新划分，这种变化迫使那些市场不断缩小的金融机构进行两方面的创新：一是在传统的业务领域对传统业务的特征进行重新组合，以此获取传统市场上更多的市场份额；二是在传统业务领域之外积极开拓新的业务领域。

（三）商业银行金融创新

1.金融创新是一种商业抉择行为，其动机是利润最大化

在金融环境发生变化时，商业银行就要设法突破原有的限制，打破原有的均衡状态，

以求最大的利润。

2. 金融创新作为行业竞争和商业银行与环境对抗的产物而出现

它一开始就成为商业银行竞争的有力工具，特别是资本实力雄厚的大银行，往往通过推出创新手段和业务提高自己的竞争力，打败竞争对手。首先，金融创新如资产证券化等业务增加了金融资产的流动性，从而提高了各商业银行的资产管理效率和偿债能力，为增加利润创造了条件；其次，商业银行在成功地开发了业务新品种后，同时也开辟了新的业务市场，创造了新的业务机会，争取到了新客户，在一定时间内可获取垄断性的金融创新收益，并可借机提高自己的知名度，增强自身的发展后劲。最后，金融创新使金融产品的功能日益完善，金融服务的质量不断提高，既增加了客户的满意程度，也提高了商业银行的竞争力。

3. 规避风险是商业银行进行金融创新的重要动因之一

银行的风险往往是不可避免的，但是可以通过某些金融工具重新分配风险。首先，金融创新使商业银行收入来源多样化，有利于分散风险。其次，金融创新可以降低风险。西方各国在金融工具创新上的实践证明了这一点：各种可变利率债务工具，如可变利率存单、可变利率抵押契据、可变利率贷款等的开发，避免或降低了利率风险；随着金融一体化和国际化趋势的出现，国家之间经济金融联系越来越密切，一国的金融动荡和危机不可避免地会波及其他国家，从而加大了汇率风险和信用风险，在此背景下，金融创新更加活跃，期权、期货、互换等金融工具应运而生，而银行回购协议、资产证券化的产生，又降低了银行的流动性风险和债务危机风险。

（四）利率市场化与金融创新相互影响分析

1. 利率市场化推动金融制度的创新

利率市场化改革是我国金融业市场化改革的关键环节，将对我国金融机构的生存环境和管理模式产生深远的影响。由于长期以来受国家政策较大的影响，我国的商业银行已经习惯于在国家政策的范围内经营，没有形成适应市场机制的自我创新的管理制度。面对利率市场化，我国的商业银行就不得不进行大刀阔斧的管理制度创新。因为利率波动是一把双刃剑。一方面，利率市场化会给商业银行带来各种发展机遇和有利条件，进一步优化其资源配置，促进其经营模式和行为的变革，建立自主经营、自我约束、自担风险、自负盈亏的管理机制，尽快与国际金融接轨；另一方面，利率的双向变化可能给商业银行的成本收益以及资产的流动性和安全性带来巨大的风险，甚至于影响商业银行的稳健运行。这样，在推行利率市场化的大背景下，若商业银行不进行管理制度的重大变革，就必然会受到意想不到的冲击而增加交易成本，降低经营效益。

2. 利率预测的组织创新

在利率市场化的过程中，商业银行必将建立较准确的利率预测组织，以便从事利率信息的采集、加工和处理工作，并借助于预测模型对利率走势进行分析，对利率的变动方向、浮动范围、周期转折点、期限结构等内容进行预测，以便准确把握利率的变化。为此，预测组织会大力采用现代科技手段，创造性地探索和建立适合本行特点的利率敏感性分析模型，由传统的缺口分析、持续期分析向现代的模拟分析、测度变换分析发展，并通过不同的利率水平、不同来源资金和不同客户的利率弹性来设计各种降低利率风险、增加经营收益的方案，为管理层决策提供科学依据。

3. 产品定价的组织创新

根据利率分析预测的结果，商业银行将按照客户给其带来的预期收益、风险以及资金筹集的成本和运营成本等因素，自主确定各种金融产品的合理定价。随着利率市场化改革进程的加快，商业银行自主定价的范围会不断扩大，逐步将涵盖资产、负债和中间业务的各个项目。此外，还要确定合理的内部资金转移价格，促进内部资源的合理流动，最大限度地降低内部交易成本，以确保商业银行发展战略目标的实现。为此，建立科学合理、高效协作的产品定价组织体系，对于商业银行规避利率风险、提高经营效益、巩固竞争地位，具有非常重要的意义。这也是商业银行利率风险管理的基础。

4. 利率管理的组织创新

利率管理是资产负债管理的重要内容。它指的是商业银行在利率预测和产品定价的基础上对它的资产负债所采取的一种积极管理，以便控制利率风险并维持其净利息收入的稳定增长。从国外商业银行的实践来看，进行利率风险管理必须有一套完整的组织机构体系，包括设立职责明确的资产负债管理战略委员会，并有一大批素质较高的资产负债职业经理人员。

5. 利率市场化推动金融产品的创新

利率市场化必然迫使商业银行在对传统金融产品调整定价的同时，加快金融产品创新的步伐。首先，为了规避风险，商业银行会吸收国外银行的成功经验并结合我国的实际情况，努力探索利率风险规避型的金融产品创新；其次，商业银行还会通过大力发展中间业务，缩小利率波动对银行收益的影响范围，并以此为切入点积极探索、开发投资银行的产品创新；最后，商业银行还会在更高层次上发挥其结算中心和代理中心之功能，使其产品创新向资金密集型和以金融衍生品种为主的知识密集型转化，以便在巨大的利率风险和激烈的竞争面前，保证其各项业务的稳健发展。

根据现代货币金融学金融创新的经济分析，金融产品的创新有三个基本类型：

（1）适应需求变化所导致的创新。利率市场化所引起的对金融产品的最大需求变化就是利率风险的规避。为满足这一需求，相应的金融产品创新必然应运而生（如：可变利率贷款、金融期货、货币互换，等等）。

（2）适应供给变化所导致的创新。对于我国而言，利率市场化必然促进我国金融市场的进一步完善和发展并使其加速融入国际金融市场，这会引起新的供给变化。根据国际上比较成熟的经验，在我国利率市场化后，商业票据的市场化、金融产品的证券化以及金融市场的国际化就为期不远了。这必然引起一系列的产品创新。

（3）规避监管所导致的创新。根据西方经济学关于创新的经济分析：当监管法规的约束大到规避了它就会赚大钱的程度，从法规中发掘漏洞的创新就很可能发生。从国际金融业的实践来看，规避监管的产品创新屡见不鲜。

6. 商业银行金融创新推动利率市场化

商业银行是受利率市场化影响最大的金融机构。利率市场化赋予商业银行确定资金价格的权利，从而实现对客户的差别定价，扩大了商业银行的经营自主权。但商业银行对利率市场化存在顾虑，主要集中于因利率市场化而凸现的利率风险。商业银行对利率风险的承受能力及其对利率风险的管理能力，在相当程度上，决定了微观经济主体对利率市场化的态度，进而影响了利率市场化推进的微观基础。就商业银行而言，利率风险是无法完全避免的，但现代金融工具的运用为利率风险的防范与控制创造了条件。由于利率波动的急剧扩大，产生了对利率风险管理工具的需求，创新了包括新型金融期货合约、金融期权合约、利率互换、上限期权、下限期权等在内的衍生工具。例如研究利率风险管理出发点的远期利率协议（FRA），FRA 可将发生某一特定时间的单一现金流量的单个利率锁定。在此基础上发展起来的利率互换协议，可将一系列现金流量的利率锁定从而锁定未来预期现金流量的利率或是锁定活动利率债务的利率支付水平。目前流行的利率风险管理工具已十分丰富，我国在这方面基本空白，商业银行创新学习空间很大，并且针对中国金融市场的特点，在了解基本衍生工具及其如何被用来改变固定收益证券的利率敏感度等问题后，商业银行应积极设计新的金融工具来进行利率风险管理。

7. 创新的金融工具也为商业银行的客户提供了新的业务选择范围

面对更加动荡的金融市场，公司、个人会寻找更好的方式针对风险暴露进行套期保值和投机获利活动。而这些工具的创新不仅满足市场需求，并将进一步引导市场需求，扩大商业银行获利空间。这就涉及商业银行防范利率风险的另一方面的选择，即通过金融创新增加非利息收入，从而减小利率风险。我国当前利息收入仍是商业银行收入的主要来源，扩大非利息收入成为商业银行提高盈利水平的主要方向。

第五节　如何规避利率风险

一、商业银行利率风险含义

利率的不利变动对银行财务状况造成的所需承担的风险就是商业银行所面对的利率风险。由于利率这一经济指标受市场相关因素影响要随时波动且波动的方向和幅度不一定，银行的资产负债价值很大部分都会随利率的波动而波动，这就形成了商业银行利率风险的产生条件。对银行来说，收益获得与风险承担是同时进行的，风险可以为银行创造利润并成为股东价值的重要来源。然而，过度的利率风险会严重威胁到银行的收益和经济价值：一方面，利率变动会影响到银行的账面收益。如果利率变动造成银行的收益减少甚至产生亏损，会降低银行的资本充足率，受此影响，银行所希望保持的稳健财务状况就会受到威胁，当银行的财务状况不稳定时就会动摇到市场的信心。

另一方面，银行的经济价值会受到利率变化的影响。利率波动不仅会造成利率在折算时的变化，还会对银行未来的现金流产生影响，进而改变银行未来现金流的现值。与银行的收益相比，分析利率变动对银行经济价值的影响，能够更加深入全面地评估利率变动潜在的长期影响，这对于银行的股东、管理层和国家的相关监管当局都是十分重要的。

从本质上说，利率变动所带来的利率风险都会造成商业银行在金融产品价格或收益上的变动。但从其表现形式看，利率风险在银行表内和表外业务中却有几种不同的反映形式，1997 年 9 月巴塞尔委员会发布了《利率风险管理原则》，原则中将利率风险按照其产生的原因分为"重新定价风险"、"收益率曲线风险"、"基准风险"及"期权风险"。

1. 重新定价风险

重新定价风险又称为期限错配风险，来源于银行表内和表外业务到期期限的不同，以及资产、负债分别采用浮动利率和固定利率。重新定价会导致银行在收益方面的变化。例如，如果利率处于上升的周期，商业银行的中长期贷款是采用的浮动利率，随着加息在一年内进行重新定价，利息收入增加；而中长期负债基本都是固定利率的，不随着加息而对利息进行重新定价，这样中长期负债的利息成本不变。如果再加上负债的50%都是活期存款的话，活期存款利率不变则不会增加利息成本。因此，加息在一定程度上对商业银行是有好处的。反之，一旦进入降息周期，便会打破商业银行的盈利方式，银行的收益就会减少。

2. 收益率曲线风险

重新定价的不对称性也会影响银行收益率曲线的斜率与形态。收益率曲线风险就是指当收益率曲线发生非银行预测情况内的移位时，对银行的业务收入或内在经济价值产生不利影响。收益率曲线风险一般表现为收益率曲线反转风险和收益率曲线大幅波动风险。

（1）收益率曲线反转风险。一般情况下，长期利率高于短期利率，收益率曲线斜率为正，但有两种境况会使收益率曲线斜率为负，第一是市场预期将进入降息周期，短期利率可能会高于长期利率，这样随着时间推移收益率曲线会向下降，出现倒挂的现象。第二是在金融风暴时期，长短期利率倒挂现象尤为普遍，例如东南亚金融危机期间。

（2）收益率曲线大幅波动风险。就国内而言，股份制商业银行在债券方面的投资占总资产的比例越来越大，而负债方面，一些商业银行也通过发行银行金融债券改善其负债情况，这些都对利率的变动十分敏感。如果收益率上升，则会导致银行的债券市值损失，这样损失直接冲减资本金，就会导致银行资本金减少。

3. 基准风险

基准风险是由于存贷款利率采取不同定价方式造成的，主要包括两个方面：

（1）负债的利率与资产利率变化不同步。银行负债（主要是存款）的利率一半由本国央行管制，而银行资产的利率，如国债、同行业拆借，则是随着市场而变化的。二者虽有关联但变化并不同步，由此产生基准风险。

（2）存贷款利率调整幅度不同。本国央行出于不同的本国以及世界经济变化状况，对存贷款利率的调整往往并不同步。国家央行非对称利率调整时，银行的资产负债会面临产生的各种基差风险组合，这些组合效应在经过叠加之后会给银行带来很大的基准风险。

4. 期权风险

期权风险在银行利率风险中占有越来越重要的位置，这种风险一般隐含在银行资产、负债以及表外业务的期权中，如借款人可以随时提前还清贷款或存款者可以随时取走存款，不会因为改变期限导致银行方面利息收入损失而负担罚金。期权赋予了买方可以根据自己的意愿进行买入卖出的权利，这样就对银行卖方而言扩大了其风险敞口，在个人住房贷款方面就很明显。银行为了满足客户的需要，就赋予了客户提前还款权，客户一旦行使了该权利，银行很难收取相应的费用进行补偿，这也就成为银行进行风险控制中愈来愈难的一环。

二、国际商业银行利率风险规避技术

从商业银行利率风险衡量模型的发展来看，发达资本主义国家在选用计量方法时都会根据本国与世界经济的具体状况进行判断，在做出相关计量数据后，也需要按照商业银行自身的客观情况进行风险的规避与管理。国际商业银行利率风险的规避策略主要包括两种：一是通过利率敏感性缺口模型和持续期模型进行资产负债的管理，二是借助金融产品的创新，通过金融衍生品进行风险规避。

（一）资产负债管理策略

商业银行在传统业务方面，单靠资产管理或者负债管理都很难保证银行资金的充足率、安全性以及协调性方面达到一个均衡。综合的资产负债管理策略通过对资产负债的结构性调整达到总量上的均衡，借助表内的资产/负债所产生的利率进行相互抵消，最终达到相互发展、相互制约的均衡。

1. 利率敏感性缺口管理策略分析

缺口管理内容：利率敏感性缺口模型 G=RSA-RSL 是各大银行计算缺口的主要模型，RSA 为利率敏感性资产，RSL 为利率敏感性负债，但是由于各个银行之间的资产负债额度的不同，单纯的缺口数据并不能进行横向比较。所以，需要通过利率敏感性比率（SR）计算出各个银行的相对缺口比率（RGR）。通过公式表示如下：

SR=RSA/RSL

策略分析：由于缺口有三种情况，正缺口、负缺口和零缺口，与之相对应的就是三种策略。

（1）当利率 r 可能会上升时，银行的管理者可以调整资产负债结构在正缺口的状态，即 SR ＞ 1。银行减少有固定利率的负债，增加浮动利率的资产，这样一旦利率上涨，浮动利率的资产收入就会增加，银行收益也就增加。

（2）当利率 r 可能会下降时，管理者调整资产负债结构，保持负缺口，即 SR ＜ 1。银行减少其持有的浮动利率负债，增加固定利率资产，这样利率一旦下滑，浮动利率负债的利率就会下降，这样在资产利率不变的情况下，银行收益增加。

（3）零缺口的状态是让固定利率资产与固定利率负债在期限与结构上保持一致，浮动利率资产与浮动利率负债也如此，这样就把可能面临的利率风险化为零。虽然在学术上存在这一零缺口的计算，但在实际的银行业务中要达到这样一种状态的可能性则是微乎其微。资产负债结构与期限的不对称是长期持续的状态，利率的变化往往都先于存贷款的利率变化，所以零缺口的规避策略并不能将银行的利率风险降到最低。

2. 持续期缺口管理策略分析

由于利率敏感性缺口模型自身的缺陷：只关注随着利率变动而变动的资产负债，缺少对总体资产负债的测量。持续期缺口管理就利用持续期缺口计量分析，对银行总体资产负债，包括浮动利率资产负债与固定利率资产负债进行综合性分析，计算出二者的持续期缺口，从而减少银行净值损失，获取风险收益。还是从正缺口、负缺口和零缺口三方面进行策略分析：

（1）正缺口。当总资产持续期大于总负债持续期时，出现正缺口，银行资产价格受利率影响就比负债的大，如果此时利率上升，资产价格下降幅度就比负债的下降幅度大，从而导致净值受损。相关管理者若预估利率将会上升，则可以通过缩小资产持续期缺口或扩大负债持续期缺口来规避利率风险。由于商业银行在正常经营状况下，总资产总会大于总负债，资产持续期缺口一般大于负债持续期缺口，所以风险管理人员一般都会调低资产持续期，调高负债持续期。

（2）负缺口。如果银行的境况是负债持续期大于资产持续期，银行负债价格受利率影响就会大于资产价格，如果利率下降，那资产价格上涨幅度就会小于负债价格上涨的幅度，银行净值受损。所以，当银行预估利率会下降时，则可以调低负债持续期，调高资产持续期。

（3）零缺口。银行的资产持续期与负债持续期同资产负债率的乘积相匹配，这样使银行资产负债处于免疫状态。要达到这样一种状态首先要获取大量的数据进行计算，测量出相匹配的数据，然而现实状况是不断变化的，资产与负债的价格也随之而变，这样导致所需的数据也会不断更改。所以商业银行要保持绝对的零缺口，可能性很低。在资产负债管理策略中更多的是让正缺口与负缺口趋向于零缺口，从而减小利率风险。

（二）金融衍生工具管理策略

传统的资产负债管理对利率风险规避起到直接的正面作用，但由于模型计算所需数据不稳定，计算与调控成本高，客观条件变化性大，单纯依靠资产负债管理对利率风险进行规避始终是有限的。随着金融产品的不断创新，特别金融衍生品的不断升级，商业银行也可以在不改变自身资产负债结构的情况下，通过金融衍生品的交易来对冲利率风险可能导致的损失，这样不仅能降低花费在资产负债管理上的成本，还可能从衍生品交易中获取利率风险收益。金融衍生工具主要包括：远期利率协议、期货管理、期权管理、利率互换等。

三、国际商业银行利率风险规避方法

西方国家和日本在利率风险规避策略上主要还是通过对利率走向的预测，分别进

行表内管理和表外管理。发达国家由于市场自由化程度高,利率水平和走势基本能反映市场的真实状况,商业银行会有专业的部门,通过对本国央行对再贴现率、货币的供应量、公开市场操作等各方面货币政策的调整,整个国家宏观经济层面的状况,通货膨胀率,证券收益的高低以及世界经济的形式来综合判断利率变化的方向。利率趋势预测的准确度是直接影响到商业银行利率风险管理的成本,所以,作为一种具有进攻性质的利率风险管理技术,在国际商业银行的利率风险管理中是具有决定性作用的因素,且直接反应商业银行利率风险规避水平的高低。

在资产负债管理方面,美、德、日都通过科学的规划,执行严格的管理程序,并在市场条件变化时迅速作出调整。整个管理过程中不再是被动地跟随利率变化来开展利率风险的规避,而是通过主动出击,在利率变动之前就开始采取措施,做到资产负债的相应调整,不但没有增加银行的运营成本,反而为银行创造高额的风险管理利润。

表外管理更是国外发达国家商业银行压缩管理成本、扩大盈利空间的重要策略。表外业务平均已经占到国外商业银行主营业务的 60% 以上,发达的金融市场和丰富的金融衍生品,都为银行表外业务的开展提供了良好的平台和渠道。在利率衍生品的选择上基本都以安全性最高的利率互换为主,期权交易、期货交易和远期利率协议等为辅,既保证了业务能够取得回报对利率风险进行对冲,又能通过扩大业务范围,在激烈的竞争中赢得更多客户;在美、德、日三国中,美国的金融衍生品业务已经占到其总业务的 80% 以上,美国商业银行的角色升级大致为:交易的买方、卖方或是中介——做市商——积极的活动配置者,已经能够控制所拥有的头寸时间。这种投机性质较重的业务开展,已经让很多投资机构遭遇不小的损失。所以利用金融衍生品进行风险管理的策略虽然为银行减少了很多的关于资产负债管理的工作量,提高了盈利水平,但是投资风险通过银行衍生品业务这一渠道对银行总体收益产生负面影响,则是国际商业银行在防范利率风险时应注意的课题。

四、我国商业银行在规避利率风险时应注意的问题

到目前为止,虽然利率市场化在我国已经开始,但仍然实行的是以间接调控为主的利率管制。中国商业银行在利率变化的预测方面,无论是预测方法的专业性还是对市场变化的敏锐度方面与发达国家的商业银行都有相当的差距。

中国商业银行在利率预测这一利率风险规避领域与发达国家差距较远有不可抗拒的客观因素存在,中国的利率并不能完全反映市场供求状况,资产负债管理自然而然成为了商业银行应对利率市场化过程中利率风险的主要策略。从利率市场化在我国启动,到目前为止,中国商业银行经历几近二十年的发展,在资产负债管理上已经从完全被动向主动,从依靠传统业务向金融创新过渡。金融债券的发行、大力倡导消费信贷、

增加对中小企业的贷款、资产证券化的启动、理财业务的开展，都帮助银行纠正资产负债的错配，增强了主动规避利率风险的能力。

然而，我国的商业银行要在未来面对利率完全市场化的状况，通过金融衍生品规避利率风险才是银行主要的出路。虽然在这几年，中国的衍生品交易有平稳上升的趋势，但是，金融衍生品的定价以及在金融衍生品业务开展的过程中防范投资风险，是商业银行面对的两个最大问题。中国商业银行目前都是购买的外国风险管理系统，这些系统可以对产品定价，但是产品一旦有变动就没有办法再定价。银行只有采取对外询价，但这完全没办法满足银行对利率风险管理的数据的及时性要求。不仅如此，美国次贷危机已经提醒各国金融业，金融衍生品一方面为银行获取盈利，但也会造成严重冲击甚至经济危机，所以，对于利用衍生品进行利率风险管理将是中国商业银行面对的最大问题。

🖥️ Tips

中国利率市场化的进展及展望

一、已有的进展及评价

党的十八届三中全会指出："加快推进利率市场化，健全反映市场供求关系的国债收益率曲线。"进一步深化利率市场化改革依然是未来完善中国金融市场体系的重要内容。

如同所有经济领域一样，在计划经济体制中，不仅利率是被高度管制的，而且利率存在的合理性也受到广泛质疑，为了满足政府对经济干预的需要，一度设置了数十种差别利率。管制利率是金融抑制的典型现象之一，利率机制无法在金融资源的配置中发挥应有的作用，结果储蓄受到压抑、资本配置的效率十分低下。因此，改革开放伊始，利率市场化改革便成了中国经济市场化的内在部分。同中国的市场化进程一样，中国的利率市场化也是摸着石头前进的，并没有按照西方的金融深化理论或者华盛顿共识的药方推进利率市场化。迄今为止，中国已进行了30余年的利率市场化探索与实践，并已然取得了极为重要的进展。

简单回顾起来，可以说，从1978年开始是中国利率市场化改革的准备阶段。那时，中国在推进实体经济部门和一般竞争性商品价格市场化的同时，还在管制利率体制下不断调整利率水平和结构。进入20世纪90年代初，则开始出现着眼于利率定价机制的重构，开始引入竞争机制在利率决定中的作用。其中，1992年开始的国债承购包销就是中国利率体系市场化中极为重要的一环，它从根本上改变了过去那种国债利率由发行人单方面决定的方式，投标者等债券需求因素开始在利率形成中发挥越来越重要的作用。在改革国债发行方式以推进国债发行利率市场化的同时，一些自发性的地区性国债交易中心则在原有的管制利率体系之外形成了竞争性的国债二级市场体系。1994 年，人民银行同 IMF 关于货币市场发展与利率自由化进行了研讨，确定了利率市场化改革路径，勾勒了中国利率市场化的总体蓝图和顺序。随着同业拆借市场和债券回购市场的发展，中国人民银行分别于 1996 年和 1997 年先后放开银行间市场同业拆借利率和银行间债券市场回购及现券交易利率，从而使它们的利率形成机制完全具备了市场化的"形"和"神"。

虽然中国在 20 世纪 90 年代中期的金融市场体系发展还很原始的条件下，就果断地放开了同业拆借利率和债券回购与现券交易利率，但在存贷款的利率市场化方面则表现得至为谨慎，其进程也相对较为缓慢。1998 年 11 月起，中国开始了贷款利率市场化的探索，金融机构对小企业的贷款利率就可在"法定贷款利率"基础上上浮 20%，大中型企业可上浮 10%，贷款利率开始反映借款者的风险因素。1999 年 9 月起，进一步允许对中小企业的贷款利率在法定贷款利率基础上上浮 30%，大中型企业上浮 10%。1999 年 10 月，中国人民银行则开始尝试在金融机构负债方的利率市场化。2000 年，中国放开了外币存贷款利率，从而使外币存贷款利率基本实现了市场化。2003 年 11 月，商业银行农村信用社可以开办邮政储蓄协议存款（最低起存金额 3,000 万元，期限降为 3 年以上，不含 3 年）。

2002 年，中国赋予八家农村信用社更大幅度调整利率的权利。2004 年 10 月 28 日，中央银行在调整法定存贷款利率时，放开了贷款利率上限和存款利率下限，但仍对城乡信用社人民币贷款利率实行上限管理，其贷款利率浮动上限扩大为基准利率的 2.3 倍。2006 年 8 月 18 日，为了进一步推进商业性个人住房贷款利率市场化，商业性个人住房贷款利率的下限由贷款基准利率的 0.9 倍调整为 0.85 倍，商业银行可根据贷款风险状况，在下限范围内自主确定商业性个人住房贷款利率水平。此举是推动中国金融机构贷款利率市场化的重要一步，提高了商业银行在个人住房抵押贷款中的利率竞争，抵押借款者则从利率竞争中获得了相应的利益。2008 年四季度，中国在应对国际金融危机而下调存贷款基准利率的同时，又允许商业银行对个人住房抵押贷款可向下浮动 30%。2012 年 6 月 8 日，存款利率浮动区间下限由基准利率的 0.9 倍调整为 0.8 倍，同时还允许金融机构存款利率浮动区间的上限扩大为基准利率的 1.1 倍，从而开启了逐步扩大存款利率上浮区间的市场化进程。2012 年 7 月 6 日，贷款利率下限继续调整为贷款基本利率的 0.7

倍。贷款利率市场化最大的步伐是在 2013 年 7 月迈出的，当月 20 日起全面放开金融机构贷款利率管制，取消金融机构贷款利率 0.7 倍的下限，由金融机构根据商业原则自主确定贷款利率的水平；取消票据贴现利率管制，改变贴现利率在再贴现利率基础上加点确定的方式，由金融机构自主确定；对农村信用社贷款利率不再设立上限。为继续严格执行差别化的住房信贷政策，促进房地产市场健康发展，个人住房贷款利率浮动区间暂不作调整。自此，从形式上可以说，90% 中国贷款利率市场化已大功告成。剩下的任务，就是真正考验商业银行的贷款风险定价能力了。

从以上对中国利率市场化进程的简要回顾可以看出，中国利率市场化无疑也采取了渐进式的策略，利率市场化的次序非常明确。在渐进式的利率市场化中，从非正规金融部门逐渐向正规金融体系推进、金融牵涉面和风险都较小的领域逐渐向涉及面较广、潜在风险较大的领域谨慎推进。除了良好的财政与金融控制保持了宏观经济体系的稳定、金融机构治理结构的改革和财务重组为利率市场化创造了有利条件外，渐进式的改革使得央行得以较好地评估利率市场化的总体风险；通过金融市场体系的完善、金融产品的多元化发展，使利率市场化逐渐成为金融机构利益的自我诉求，这就极大地减少推进利率市场化的阻力。

第一，在多年的实践与利率监测中，央行对贷款利率市场化后的商业银行利率竞争已算是成竹在胸了。这主要表现在两个方面。其一，票据市场的发展为央行评估贷款利率市场化后可能带来的宏观风险提供了有益的参考。其二，即便央行允许金融机构可在一定范围内向下浮动贷款利率，但过去几年央行监测的利率数据显示，金融机构实际上浮的贷款占比明显地上升了，贷款利率向下浮动的占比并没有因利率向下浮动区间的扩大而相应地上升。这就向央行提供了明确的信息：中国金融机构并不会因贷款利率自由化而单纯以利率优惠作为竞争的唯一手段，因此放开贷款利率下限管制可能并不会导致金融机构之间的利率恶性竞争。

第二，近年来，中国债券市场得到了迅速发展，由于债券的灵活性较强，在贷款利率下限管理的利率体制下，债券融资的综合成本较贷款利率低，因此，越来越多的（尤其是）大企业倾向于债券融资，这使得在为大企业提供贷款服务时，金融机构与债券市场的竞争中处于极为不利的地位。因此，放开贷款利率下限管理，也在一定程度上成了商业银行保持信贷市场竞争的自我内在要求。在这个意义上，中国适时地放开贷款利率下限管理，不仅无损于商业银行的利益，反而增强了商业银行贷款对债券市场的竞争力。

二、基准利率体系建设的进程

中国在推进利率市场化的进程中，也在积极地寻找基准利率体系的建设。主要的尝试包括回购定盘利率、上海银行间同业拆放利率和贷款基础利率。

2006年3月，中国开始计算并发布回购定盘利率，即选定隔夜回购（R001）、七大回购（R007）两个品种每个交易日上午9：00～11：00之间（包括9：00和11：00）的全部成交数据，然后分别进行紧排序（指回购利率数值相同的排序序号相同）后，取该序列中位数利率，由同业拆借中心发布，它是全国银行间债券市场的基准利率，它不仅能为银行间市场成员回购交易提供价格基准，还能作为银行间市场成员利率互换、远期利率协定、短期利率期货等利率衍生品的参考利率。回购定盘利率的发布，是推动中国利率市场化进程的重要一环。

2007年1月4日，上海银行间同业拆放利率正式运行，它是由信用等级较高的银行组成报价团自主报出的人民币同业拆出利率计算确定的算术平均利率，是单利、无担保、批发性利率，是中国金融市场体系中最重要的基准利率。Shibor品种包括隔夜、1周、2周、1个月、3个月、6个月、9个月及1年共八个品种。Shibor报价银行团由若干家商业银行组成，它们是公开市场一级交易商或外汇市场做市商；每个交易日根据各报价行的报价，剔除最高、最低各两家报价，对其余报价进行算术平均计算后，得出每一期限品种的Shibor，并于11：30通过上海银行间同业拆放利率网（www.Shibor.org）对外发布。央行建设Shibor，就是希望它能发挥美国联邦基金利率那样的作用。

为了进一步推进中国的利率市场化进程，完善金融机构贷款的利率定价机制，2013年10月25日，中国贷款基础利率集中报价和发布机制正式运行。具体计算是，每个工作日在各报价行报出本行贷款基础利率的基础上，剔除最高、最低各一家报价后，将剩余报价作为有效报价，以各有效报价行上季度末人民币各项贷款余额占所有有效报价行上季度末人民币各项贷款总余额的比重为权重，进行加权平均计算，得出贷款基础利率报价平均利率，在期限上，运行初期向社会公布1年期贷款基础利率。首批报价行共9家，分别为：工商银行、农业银行、中国银行、建设银行、交通银行、中信银行、浦发银行、兴业银行和招商银行。贷款基础利率是商业银行对其最优质客户执行的贷款利率，其他贷款利率可在此基础上根据信用风险的差异加减点生成。贷款基础利率集中报价和发布机制是市场利率定价自律机制的重要组成部分，是上海银行间同业拆放利率机制在信贷市场的进一步拓展和扩充，有利于强化金融市场基准利率体系建设，促进定价基准由中央银行确定向市场决定的平稳过渡；有利于提高金融机构信贷产品定价效率和透明度，增加自主定价能力；有利于完善中央银行利率调控机制。为确保利率市场化改革平稳有序推进，为贷款基础利率的培育和完善提供过渡期，贷款基础利率集中报价和发布机制运行以后，中国人民银行仍将在一段时间内公布贷款基准利率，引导金融机构合理确定贷款利率。

三、短期内存款利率管制的必要性及其不利影响

2013 年 7 月在放开贷款利率下限管理时，并没有同时放开存款利率的上限管理，具有多方面的原因，现阶段保留部分存款利率管制也还有一定的必要性。

首先，在中国没有建立有效的利率调控体系以及货币市场基准利率在货币政策传导中的中枢地位以前，在基本放开贷款利率管制同时，仍然保留对存款利率的上限管理，这就意味着央行依然在公开市场操作、法定存款准备金以及再贴现与再贷款手段之外，依然可以把存款基准利率的调整作为货币政策的工具之一。由于存款利率构成商业银行最重要的资金成本，因而央行调整存款基准利率水平，就直接改变了商业银行的边际成本，继而迫使商业银行相应地调整贷款利率，影响投资和消费，使宏观经济大致向政府调控的目标转变。

其次，存款利率上限放开较之贷款利率下限放开，其宏观风险可能更高。对存款利率上限管制放开后商业银行的存款成本大幅上涨的担忧并非多余。根据大智慧的统计，2012 年以来，中国所有银行业机构的理财产品预期收益率在 4% 以上，远远高于一年期存款基准利率。在 2012 年，央行允许金融机构存款利率在基准利率基础上向上浮动 10% 的政策一出，金融机构立即做出了强烈的反应，存款利率明显上升。这两个事实表明，在放开存款利率上限管理后，在"存贷比"仍然作为商业银行流动性约束指标的监管政策下，商业银行仍然有不惜成本揽储的可能，极大地削弱商业银行的盈利性，甚至对中国银行业稳定造成不利影响。在 2012 年 7 月央行允许商业银行存款利率自主上浮区间后，各家商业银行在存款利率竞争方面，既有共同的地方，也有明显的差异。一般而言，期限越长的存款，商业银行利率上浮越小或没有上浮，如大多数银行对 2 年、3 年和 5 年期的存款基本执行基准利率；其次，存款利率浮动与银行机构的性质有明显的关系，国家控股的商业银行，其利率上浮的幅度小，其他股份制商业银行、中小银行一般均上浮 10%。工商银行、中国银行、建设银行和农业银行等对活期存款均执行基准利率，对 3 个月、6 个月和 1 年期的存款利率，均上浮 25 个基点。其他股份制商业银行和中小银行，无论是对活期存款、3 个月、6 个月和 1 年期定期存款，

基本都在央行基准利率上向上浮动 10%。

这表明，利率市场化对不同性质金融机构的影响可能是不同的：国家控股的商业银行，因为其重要性更强，即便实现"商业化"运作之后，仍会存在政府的隐含担保，在这些机构的存单风险相对较低，因而它们支付的存款利率可能会相对较低；而其他中小商业银行，则必须支付相对更高的存款利率。从这个意义上讲，尽管目前中小商业银行有通过相对较高的存款利率来吸收存款、扩张贷款，从而做大资产负债的动机，但也包含了一定成分的风险溢价因素。另一方面，即便存款利率市场化改革可能会使存款利率的总体水平上升，但会使国家控股的商业银行或其他信用良好的商业银行获得比较优势，而在管制的存款利率体制下，国家控股的商业银行是难以获得这种比较优势的。显然，存款利率市场化，会让国家控股的商业银行获得更大的优势，中小商业银行不仅会面临相对较高的成本劣势，它们要获得国家控股的大银行相当的资产利润率，就需要有更强的风险定价能力。

在 2012 年 7 月的利率市场化改革之后，中国银行业机构存款利率中的表现与贷款利率截然不同：尽管央行赋予了商业银行一定的贷款利率下浮区间，但实际的贷款利率上浮占比却更高，下浮的占比非常低。这表明：过去的管制利率确实压低了存款均衡利率，让商业银行获得了管制带来的成本优势和超额利润；其实，就宏观经济方面而言，央行确定的存贷款基准利率确实低于市场均衡所要求的利率水平，人为压低的管制利率，是导致一段时间以来中国实际的经济增长率高于潜在增长率并造成宏观经济运行结构性矛盾的重要原因之一。

尽管现阶段存款利率管制还有一定的必要性。但它确实又带来了诸多不利影响。

首先，存款利率上限管理确实存在诸多的不利影响，抑制了中国金融体系效率的整体提高。人民币存款利率并不仅仅是商业银行的资金成本，而且也是许多企业债券或公司债券发行定价的基准，这些债券的利率往往是一年期存款基准利率加上若干风险溢价和期限升水，一年期存款利率的变动，就会直接导致这些债券利率水平的变动。当存在存款利率的上限管理时，也就意味着那些以一年期存款利率为基准的企业债券的利率并非真正完全市场化，中国债券市场的利率市场化程度事实上打了一定的折扣，其利率水平也并不能真正反映债券市场实际的供需状况。

其次，存款利率的上限管理也可能对货币市场利率起到金融抑制的效应，从而影响中国基准利率的建设,使得中国寻求以某种货币市场利率为操作目标的"价格型"货币调控机制的努力更加困难。根据中国人民银行《2013年第二季度货币政策执行报告》,2013年上半年和2012上半年,中资大型商业银行在回购市场上净融出资金分别为231,822亿元和283,691亿元;在同业拆借市场上净融出资金25,048亿元和40,005亿元,其他金融机构,如证券公司、基金公司、保险公司等则大量地净融入资金。这表明:中资大型商业银行是中国货币市场的流动性供给者,之所以如此,固然与商业银行的业务性质有关,广泛分布的营业网点是其获得资金优势的重要基础设施。中资大型商业银行资金来源的利率上限受到管制,就会扭曲其产出,这就会极大地弱化货币市场利率(无论是Shibor还是回购定盘利率)作为中国金融体系总体基准利率的应有效果。

第三,存款利率上限管理为商业银行提供了受保护的利差收益,这不仅扭曲了商业银行的成本绩效考核,也会在一定程度上抑制商业银行管理创新、贷款利率风险定价和其他创新的动力,当然也不利于完善商业银行的竞争机制。

最后,在管制利率体制下,由于存贷款基准利率水平的调整成了央行货币政策的一个重要工具,中央银行在使用这一工具时又不单纯是出于稳定物价或反经济周期波动的考虑,除了宏观经济调控的需要,央行在利率调整时的一个重要目标就是"利差管理",即通过管制利率为商业银行长期创造高达3.3%左右的存贷利差(一年期贷款利率与一年期存款利率)。过去几年里,与经济增长率下降、企业面亏损扩大与亏损总额增加形成鲜明反差的是,中国银行业的整体利润大幅攀升。这就有了中国银行业"垄断"导致"暴利"之说,也为人们病诟央行存贷款利率管制、人为制造利差提供了种种口实。这里且不说中国银行业在管制利差之间"暴利"与否,单就人为创造的管制利差而言,它让人们无法准确地评判中国银行业管理、创新和服务的真正效率,当然也就无从准确地评判改革的总体成效了。近年来,在金融市场迅速发展、金融产品创新层出不穷的背景下,中国商业银行的活动表外化倾向日渐明显。按理说,商业银行本是存款利率上限管制的受益者,但随着商业银行更多、更大规模、更深入地参与到不受利率管制的理财产品市场竞争,其资金来源与运用日益表外化和脱媒化,会反过来更迅速的瓦解原有的管制利率体系,把自身以更快的速度推向更加自由化、市场化、利益较少受管制保障的体制中去。

四、未来的重点

那么,中国该如何进一步推进存款利率的市场化改革呢?在存款利率与贷款利率均已市场化的条件下，中央银行又如何完善货币调控体系呢？

早在 2003 年，央行就制定了中国利率市场化改革的总体策略："先外币、后本币；先贷款、后存款；先长期、大额，后短期、小额"的"三先三后"的顺序安排。过去十年左右的时间里，央行基本按照原来确定的路径有序地推进了贷款的利率市场化进程。但对于未来存款利率的进一步市场化改革，情况可能稍微复杂一些，因而要求央行在推进存款利率市场化的进程中，更有艺术地拿捏好市场化的度，既要达到市场化改革的总体目标，又要避免利率市场化对金融体系的稳定造成明显的不利冲击。无论如何，央行推进存款利率的市场化，仍会坚持"先长期、大额，后短期、小额"的既定顺序安排，在这个总体策略安排下，更灵活有序地深化中国的利率市场化改革，直至完成利率市场化改革的基本目标。

首先，利率市场化的方向是逐步减少基准利率的档次，并对不同期限的存款利率采取不同的市场化策略和日程安排。在期限结构方面，商业银行负债的一个重要特征是，期限较长的定期存款占比较少，期限较短的活期存款占比较高，尤其是活期存款占据了商业银行存款的 50% 左右。如五年期及以上的定期存款在银行存款中的比重就非常小。2012 年末，中国工商银行五年期及以上存款占比仅为 0.2%，建设银行的占比甚至还不足 0.1%。金融机构存款期限结构的均衡分布，为存款利率进一步市场化提供了一个思路：不对称地逐渐扩大各期限档次存款利率的上浮区间，并使期限较长的定期存款利率先实现完全的市场化，对期限较短的存款利率市场化，实行较小的上浮区间，并在一个相对较长的时间内最终取消其上限管理。

其次，贷款的竞争性产品市场发展为政府评估贷款利率市场化的风险提供了有益的参照，加速了贷款利率的市场化改革，存款的竞争性产品可能同样会有助于中国存款利率的市场化改革。正如前文所述，各类理财产品市场的发展可能会使银行业金融机构本身就具有改革存款利率体制的内在要求，但商业银行原有负债业务的表外化趋势可能会给商业银行的资产业务带来极大的影响。因此，许多人认为在商业银行资产负债表内开发存款的替代产品（如大额可转让存单）可能有益于利率市场化。相对于一般大额存单而言，可转让大额存单的流动性更高，但依然属于商业银行的负债，其信用风险并无二致。由于大额可转让存单的流动性更高，其利率较常规性存款的利率会低。但政府当局在存款利率市场化进程中，所要评估的恰恰是市场化后存款利率的上限在哪里。就此而论，可转让大额存单并不能为中国存款利率市场化提供更有价值的参照。

　　第三，2012年允许存款利率上浮后，相对于其他中小商业银行而言，国家控股的商业银行在存款利率定价上表现较"淡定"，但这源于它们对营业网点分布优势的自信，若这部分自信因其他商业银行相对较高的存款利率而逐渐消失，可以预计，它们同样会提高存款利率。尤其是，在国家对金融机构管理人员的激励约束机制不当，使系统重要性金融机构的机会主义行为上升，给金融稳定造成不利的影响。因此，存款利率的市场化，使得进一步健全中国商业银行的激励与约束机制、乃至于改革金融监管体系都显得更加迫切。

　　第四，在放开存款利率上限管理后，存贷款利率再也不能成为央行货币政策的一个重要工具了。同时，鉴于中国许多公司（企业）债券发行定价时以央行设定的一年期存款利率作为定价的基准。这意味着在存款利率市场化后，许多公司（企业）债券的发行必须寻求其他利率作为定价的基准。鉴于此，央行应当在存贷款利率上下限管理完全放开后，就要建立新的货币调控机制，这至少包括：寻求更有效、更灵活、更自主的货币政策工具组合；建立更有效的基准利率，让货币政策的传导机制更顺通、有效。

　　　　　　　　　　（资料来源：彭兴韵．中国利率市场化的进展及展望 [J]．

　　　　　　　　　　　　　　　　　　　　　　　　　银行家，2013, 22-27）

思考题：

　　（1）试解释为什么衰退期间利率倾向于下降。观察历史上的利率水平，它们是如何对衰退做出反应的？

　　（2）假定人民币走强将会对中国的通货膨胀产生下降的压力。基于这一点，对强势人民币的预期将如何影响对可贷资金的需求和利率？是否有理由认为强势人民币的预期也会影响可贷资金的供给？请解释。

　　（3）请问货币供给增长率的提高会产生利率上升还是利率下降的压力？

　　（4）收益率曲线受哪些因素影响？金融市场参与者如何运用收益率曲线？

　　（5）根据纯粹预期理论，解释市场突然预期利率将上涨，收益率曲线会如何移动？

　　（6）如果纯粹预期理论和流动性溢价理论对收益率曲线形状都起作用，那么一条平缓的收益率曲线反映了市场怎样的利率预期？

第二章　外汇与外汇市场

第一节　外汇的基本概念

阿里巴巴上市一天，投行的衍生品核武器已经上膛

阿里巴巴上市赚足眼球，在承销商行使绿鞋机制后，一举成为整个太阳系历史上最大的 IPO。开盘当日上涨 38%，马云灿烂的笑容，流利的英语，给全世界留下了深刻印象。多家投行机构，通过阿里巴巴上市赚得钵满盆溢。没有机会参与的投行，例如美林证券，也通过销售合成股票另辟蹊径，大赚一笔。但是，阿里巴巴上市，是否意味着这个巨无霸给投行们带来的资本盛宴已经结束？答案是，这仅仅只是一个开始。阿里的上市，彻底激活了整个美国中概股票衍生品的交易市场。

众所周知，中国大部分互联网股票都在美国上市，业内人士给与这些股票统一一个代名词——中概股。而在上周五阿里巴巴上市后，开启了一个新的纪元。阿里巴巴市值 2,200 亿美元以上，一举超过所有已经在美国上市中概市值之和。百度、奇虎、京东、唯品会、携程、去哪儿，全部相加都不及一个阿里。整个中概的规模，直接翻倍。和大多数美国股票不同的地方在于，中概股大多表现出极大的波动性，甚至很多股票的从走势上，拉高增发，洗盘的手法都和 A 股非常类似。虽然股票衍生品结构复杂，定价不透明，但其核心本质，都离不开一个关键参数——波动性（Volatility）。除此之外，股票的流动性（股票成交额衡量）也是直接导致其股票衍生交易是否活跃的关键因素。

因为复杂衍生品挂钩标的，通常要求日均成交额达到一千万美金之上。在过去，中概股拥有这样良好流动性的股票数目，大概只有 20 ～ 30 支。同时综合未来风险等种种风险，让不少大型机构或者高净值客户望而却步。但是阿里巴巴的上市，提供了一个流动性无限良好且未来想像力实足的衍生品挂钩标的。就在阿里巴巴上市第二天，以某盛和某摩为首的多家投行股票衍生品部门就马上推出了一个新型杀手铜产品，有保障的可赎回型累计期权（Callable Accumulator with Guarantee Period）。挂钩的标的股票正是仅仅上市一天的阿里巴巴，一经推出就反响热烈，投资者趋之若鹜。高达百分之几的佣金也挡不住数千万美金资金在短短几天内不断涌入，而且就笔者了解到，这个趋势仍在继续。

（资料来源：雪球财经）

一、外汇的概念

外汇是国际汇兑（Foreign Exchange）的简称，外汇的概念有静态和动态之分。动态的外汇，是指把一国货币兑换为另一国货币以清偿国际债务的金融活动。从这个意义上来说，外汇指国际结算。静态的外汇，又有狭义和广义之分。

狭义的外汇是我们通常意义上的外汇，反映以外币表示的用于国际结算的手段，只有为各国普遍接受的支付手段，才能用于国际结算。因此，外汇必须具备以下三个特征：

（1）自由兑换性，即该外币的发行国对该国的经常项目下的支付和资本项目下的收支不进行管制或限制。

（2）可接受性，即该种外币在国际经济交往中被各国普遍地接受和使用。

（3）可偿还性，即该种外币资产是能得到补偿的债权。

因此，只有在国外银行的存款，以及索取这些存款的外币票据、外币凭证如汇票、本票、支票和电汇凭证等，才是外汇。需要特别指出的是：国外银行存款才是狭义外汇的主体，这不仅因为各种外币支付凭证都是对外币存款索取权具体化了的票据，还因为外汇交易主要是运用国外银行的外币存款来进行的。

我国 1996 年 1 月 29 日颁布并于同年 4 月 1 日开始实施的《中华人民共和国外汇管理条例》第 3 条规定对外汇的定义是：外汇是指以外币表示的可以用作国际清偿的支付手段和资产。它们是：（1）外币现钞，包括纸币、铸币；（2）外币支付凭证或者支付工具，包括票据、银行存款凭证、银行卡等；（3）外币有价证券，包括政府债券、公司债券、股票等；（4）特别提款权；（5）其他外汇资产。

广义的外汇概念是指用于国际收支的一种债权。国际货币基金组织对外汇的解释就是广义的外汇概念："外汇是货币行政当局以银行存款、国库券、长短期政府债券等形式所保有的在国际收支逆差时可以使用的债权。其中包括中央银行之间及政府间协议而发行的在市场上不流通的债券。"

小阅读

外汇投资主要币种

（1）美元。美元是主要的国际储备货币，在各国央行的外汇储备中占主导地位，占比一直在60%以上。美国经常利用美元的国际地位，操纵美元汇率为其自身利益服务。正因如此，一方面，美国国内的经济状况及政策决策会对汇市产生重大影响；另一方面，其他国家的外汇政策也会对美元产生重要影响。因此，在分析美元汇率时，要从美国国内和国际金融市场两个角度去分析。

（2）欧元。欧元是美元的一个强劲竞争对手。因为欧元的比重和交易量大，在主要的非美币种里，欧元是最为稳健的货币，在欧系货币和其他非美货币中，欧元常常起着领头羊的作用。另外，由于欧元占美元指数的权重最大，在50%以上，投资者可参照欧元来判断美元强弱。欧元区的政治结构相对分散，利益分歧较多，意见分歧相应也多。因此，欧盟干预欧元汇率的能力远低于美国。

（3）日元。日元的汇率变化受日本央行的影响较大。日本国内市场狭小、以出口导向型经济为主。所以日本央行经常性地干预汇市，使日元汇率不至于过强，从而保持出口产品竞争力。

（4）英镑。英镑曾是最重要的世界货币。后来，由于英国政治经济地位的下降，导致英镑的国际地位大大下降。伦敦作为最早的外汇交易中心，其交易员的技巧和经验都是顶级的，这些交易技巧在英镑的走势上得到了很好的体现，因此，英镑相对欧元来说，人为因素较多，特别是短线的波动。另外，英镑属于欧系货币，欧盟方面的经济政治变动对英镑的影响颇大。

（5）瑞士法郎。瑞士法郎被称为传统避险货币，是世界上最安全的货币，这主要得益于瑞士奉行的中立和不结盟政策，被公认为世界最安全的地方；另外，瑞士政府对金融、外汇采取保护政策，吸引大量的外汇涌入瑞士，使瑞士法郎成为稳健而受欢迎的国际结算与外汇交易货币。

（6）澳元。澳元是典型的商品货币。商品货币的特征主要有高利率，出口占国民生产总值比例较高，某种重要的初级产品的主要生产和出口国，货币汇率与某种商品（或者黄金价格）同向变动，等等。在煤炭、铁矿石、铜、铝、羊毛等工业品和棉纺品的国际贸易中，澳大利亚占绝对优势。因此，当这些商品价格上涨时，澳元会受到较大的正面影响。此外，澳元是高息货币，美国的利率变化和国债收益率的变动对其影响较大。

（7）加元。加元既是美元集团货币也是商品货币。首先，加元是非常典型的美元集团货币（美元集团指的是那些同美国经济具有十分密切关系的国家，这主要包括了同美国实行自由贸易区或者签署自由贸易协定的国家，以加拿大、拉美国家和澳洲为主要代表）。加拿大对美国的经济依存度极高，其80%的出口是到美国。因此，在汇率上，加元对主要货币的汇率走势与美元对主要货币汇率走势基本一致。其次，加元也是商品货币。加拿大是西方七国里惟一一个石油出口的国家，因此石油价格的上涨对加元是一大利好。另外，加拿大又是西方七国里最依赖出口的国家，其出口占其GDP的40%，农产品和海产品是其主要出口产品。这些出口产品价格上升，也会使加元汇率上升。

二、外汇的分类

（一）根据外汇能否自由兑换以及兑换受限制的程度，外汇可分为自由外汇、有限自由外汇和记账外汇

1. 自由外汇

自由外汇是指不需经过货币发行国批准，在国际金融市场上可以自由买卖、在国际金融中可以用于清偿债权债务并可以自由兑换其他国家货币的外汇（例如美元、英镑等）。根据《国际货币基金组织协定》第8条规定，一国货币成为自由兑换货币需具备3个条件：

（1）对本国国际收支中的经常项目（贸易和非贸易的付款）和资金转移不加限制。

（2）不采取歧视性的货币政策或多种货币汇率。

（3）在另一个会员国要求下，随时有义务购回对方经常项目往来中所结存的本国货币。

2. 有限自由外汇

有限自由外汇是指未经货币发行国批准，不能自由兑换成其他货币或对第三国进行支付的外汇。国际货币基金组织规定，凡对国际性经常往来的付款和资金转移有一定限制的货币均属于有限自由兑换货币。世界上有一大半的国家货币属于有限自由兑换货币（目前人民币也在此之列）。

3. 记账外汇

记账外汇又称双边外汇,是指未经货币发行国批准,不能自由兑换为其他国家货币,也不能向第三国进行支付的外汇。它是一种记账形式的国际债权,不能在国际市场上流通转让。

(二)按外汇来源和用途的不同分为贸易外汇、非贸易外汇和金融外汇

1. 贸易外汇

贸易外汇是指来源于或用于进出口贸易的外汇,即由于国际间商品流通所形成的国际支付手段。

2. 非贸易外汇

非贸易外汇是指因非贸易往来而发生收入和支出的外汇(包括侨汇、旅游外汇、劳务外汇、私人外汇、驻外机构经费,以及交通、民航、邮电、铁路、银行、保险、港口等部门对外业务收支的外汇)。

3. 金融外汇

金融外汇是指以某种金融资产形态表现的外汇。例如银行同业间买卖的外汇,它并非来自或用于贸易活动,而是管理各种货币头寸过程中的金融资产;又如国家间资本转移的外汇,其无论是间接投资还是直接投资,都以某国货币表示的金融资产形态出现。

📈学以致用

"巨无霸"指数显示巴西货币汇率被高估

英国《经济学人》杂志最新公布的"巨无霸"指数显示,巴西货币雷亚尔为世界第五被高估的货币,同时也是新兴经济体中唯一被高估的货币。

"巨无霸"指数是由《经济学人》定期发布的一种比较各国货币关系的经济指数,它以麦当劳连锁店在全球销售的巨无霸汉堡价格应当是同一的为假设,把各国的巨无霸平均价用汇率换算成美元售价,希望由此剔除各国在购买力水平上的差异,比较出当地货币相对美元的汇率是否合理。

按照《经济学人》的研究,1 月 30 日,巨无霸汉堡在巴西的平均售价为 11.25 雷亚尔,依据当日汇率折合 5.64 美元,与此同时,在美国卖出同样产品的平均价为 4.37 美元。由此得出结论:巴西货币雷亚尔汇率被高估了 29.2%。

在《经济学人》公布的排行中,排在巴西之前的只有委内瑞拉(高估 107.9%)、挪威(高估 79.5%)、瑞典(高估 74.5%)和瑞士(高估 63.1%)。除委内瑞拉因政府强行冻结汇率而呈现不正常情况外,其余汇率高估国家均为

发达国家。另外，除巴西外，其他新兴经济体均显现为汇率被低估，如印度（低估 61.8%）、俄罗斯（低估 44.4%）、中国（低估 41.1%）、墨西哥（低估 33.5%）。其中，印度被认为是汇率最严重低估的国家。

"巨无霸"指数于 1986 年推出，被认为在货币比较上具有一定参考价值，但也遭到了经济学界的强烈批评。有人指出，发达国家与发展中国家劳动力价格不同，各地风俗习惯也不尽相同，强行比较会有严重偏差。

为此，《经济学人》杂志做出了调整，将各国的人均国内生产总值对巨无霸指数进行加权。但是，调整后巴西货币雷亚尔汇率被高估 92.3%，成为汇率最严重高估的国家。

（资料来源：新华网，2013 年 2 月 1 日）

思考题：

（1）巨无霸指数合理吗？应该怎样看待巨无霸指数？

（2）外汇投机者怎样利用被高估或被低估的国家的货币进行投机性融资套利交易？

第二节　汇率的基本概念

⑤案例

"广场协议"

1985 年 9 月 22 日，美国、日本、联邦德国、法国及英国的财政部长和中央银行行长（G5）在纽约广场饭店举行会议，达成五国政府联合干预外汇市场，诱导美元对主要货币的汇率有秩序地贬值，以解决美国巨额贸易赤字问题的协议。因协议在广场饭店签署，故该协议又被称为"广场协议"。

"广场协议"签订后，上述五国开始联合干预外汇市场，在国际外汇市场大量抛售美元，继而形成市场投资者的抛售狂潮，导致美元持续大幅度贬值。1985 年 9 月，美元兑日元在 1 美元兑 250 日元上下波动，协议签订后不到 3 个月的时间里，美元迅速下跌到 1 美元对 200 日元左右，到 1986 年年底，1 美元兑 152 日元，

1987年最高达到1美元兑120日元。从日元兑美元名义汇率看，1985年2月~1988年11月，日元升值了111%。

"广场协议"对日本经济产生了难以估量的影响。因为"广场协议"签订之后，日元大幅度地升值，对日本以出口为主导的产业产生了相当大的影响。为了要达到经济成长的目的，日本政府便以调降利率等宽松的货币政策来维持国内经济的景气。从1986年起，日本的基准利率大幅下降，这使得国内剩余资金大量投入股市及房地产等非生产工具上，从而形成了80年代后期到90年代初期著名的日本泡沫经济。这个经济泡沫在1991年破灭之后，日本经济便陷入战后最大的不景气状态，一直持续了十几年，日本经济仍然没有复苏的迹象。

从另一个方面看，日元大幅升值为日本企业走向世界，在海外进行大规模扩张提供了良机，也促进了日本产业结构调整，最终有利于日本经济的健康发展。

（资料来源：杜玉兰．国际金融[M]．北京：科学出版社，2010.）

一、汇率及其标价方式

（一）汇率的概念

外汇汇率（Foreign Exchange Rate）又称外汇汇价，是不同货币之间兑换的比率或比价，也可以说是以一种货币表示的另一种货币的价格。

（二）汇率的标价方式

折算两个国家的货币，先要确定用哪个国家的货币作为标准，由于确定的标准不同，存在着外汇汇率的不同标价方法。

1. 直接标价法

用1个单位或100个单位的外国货币作为标准，折算为一定数额的本国货币，叫做直接标价法（Direct Quotation）。在直接标价法下，外国货币的数额固定不变，本国货币的数额则随着外国货币或本国货币币值的变化而改变。绝大多数国家包括我国在内都采用直接标价法。以中国外汇交易中心网站公布的外汇牌价为例，2014年4月23日美元对人民币的汇率是USD1=CNY6.2413/6.2419；欧元对人民币的汇率是EUR1=CNY8.6245/8.6248。

2. 间接标价法

以1单位或100个单位的本国货币作为标准，折算为一定数量的外国货币，叫做间接标价法（Indirect Quotation）。在间接标价法下，本国货币的数额固定不变，外国货币的数额则随着本国货币或外国货币币值的变化而变化。英国和美国都是采用间接标价法的国家。例如，2009 年 7 月 6 日伦敦市场英镑对美元的汇率是 GBP1=USD1.6806；英镑对欧元的汇率是 GBP1=EUR1.2141。在伦敦市场，英镑是基准货币，美元是标价货币。

由于直接标价法下汇率涨跌的含义和间接标价法下汇率涨跌的含义正好相反，因此在说明某种货币的汇率涨跌时，必须明确来源于哪个外汇市场，要分清采取哪种标价方法，以免混淆。

3. 美元标价法与非美元标价法

相对于某个国家或者某个外汇市场而言，本币以外其他两种货币之间的比价是无法用直接标价法或间接标价法表示的。二战以后，国际金融市场之间外汇交易量迅速增长。为了便于在国际间进行外汇业务交易，银行间的报价，都以美元为标准来表示各国货币的价格，至今已成习惯。这种非本币之间以美元为基准而以其他货币作为标价货币的标价方法称为美元标价法。而英镑、澳大利亚元、新西兰元、欧元、南非兰特等几种货币仍沿袭习惯上的标价方法，以美元作为标价货币，被称为非美元标价法。另外，对于非美元货币之间的汇率则通过各自对美元的汇率套算，作为报价的基础。

二、汇率的决定基础

在金本位制度下，汇率的波动大致是以黄金输送点（Gold Transport Points）为其界限波动的。而在纸币制度下，汇率的决定基础是各国货币的实际购买力。

（一）金本位制度下的外汇汇率

一战以前，西方国家实行金币本位制度 (Gold Coin Standard System)。在金币本位制度下，金币是用一定数量和成色的黄金铸造的，金币所含有的黄金的重量和成色被称为含金量。黄金被作为世界货币以用于国际结算。在国际结算过程中如果输出输入金币，就按照它们的含金量计算，因为含金量是金币所具有的价值。两个实行金本位制国家货币单位的含金量之比，叫做铸币平价 (Mint Par, Specie Par)。铸币平价是金本位制度下汇率决定的基础。

在实行金币本位制度时，英国货币 1 英镑的重量为 123.27447 格令 (Grain，金衡制的一种计量单位，1 克 =15.43232 格令)，成色为 22 开 (Karat，24 为纯金) 金，即含金量为 113.0016 格令 (123.27447×22/24) 纯金；美国货币 1 美元的重量为 25.8 格令，成色为 90%，即含金量为 23.22 格令 (25.8×90/100) 纯金。根据含金量计算，英镑和美元的铸币平价为：

113.0016/ 23.22=4.8665

这就是说，1 英镑的含金量是 1 美元的含金量的 4.8665 倍。因此 1 英镑 =4.8665 美元。可见，英镑和美元的汇率以它们的铸币平价作为标准。

外汇市场的实际汇率，由外汇的供求直接决定，围绕着铸币平价上下波动。在一国国际收支发生顺差时，外国对它的货币的需求增加，则该国的货币贵，外国的货币贱，外汇汇率就要下跌。反之，在一国国际收支发生逆差时，外汇汇率就要上涨。

在金本位制度下，汇率的波动大致以黄金输送点（Gold Transport Points）为其限界。这是因为，金币本位制度下黄金可以自由输出输入。当汇率对外汇购买者（或卖出者）有利时，他就利用外汇办理国际结算；当汇率对他不利时，他就可以改用输出输入黄金的方法进行结算。在国际间运送黄金的费用和利息，占所运送的黄金价值的比重很小。因此，相对地说，在金币本位制度下外汇汇率的波动幅度小，基本上是固定的。

（二）纸币制度下的外汇汇率

在 1929～1933 年资本主义世界经济危机期间，金本位制彻底崩溃，成为历史。此后，西方国家普遍实行了纸币制度（Paper Money System）。纸币本身不再具有价值，而是国家以法令形式赋予它流通和支付职能。纸币流通制度经历了两个阶段：规定法定含金量时期，即纸币流通条件下的固定汇率时期；1978 年 4 月 1 日以后无法规定含金量时期，即纸币流通条件下的浮动汇率时期。

纸币流通条件下的固定汇率制度时期汇率的决定基础，实质上就是布雷顿森林体系下决定汇率的基础。在布雷顿森林体系下，美元与黄金挂钩，其他国家货币与美元挂钩，各国货币不可以直接兑换黄金，只能先按照固定汇率兑换美元，再以美元的黄金官价向美国兑换黄金，为此，各国政府都参照过去流通的金属货币的含金量用法令规定纸币所代表的含金量。所以，布雷顿森林体系下汇率的决定基础仍然是两国货币所代表的含金量之比，即法定平价。这与金本位制度下各国货币所真实含有的含金量之比，即铸币平价是有本质区别的。此时的各国货币的含金量只是一种虚设的价值，是各国政府以法令形式规定的本国货币所代表的（而不是具体的）含金量。

随着 20 世纪 70 年代布雷顿森林体系的崩溃，西方主要工业国家放弃了固定汇率制度，代之而起的是浮动汇率制度。1978 年 4 月 1 日起，各国纸币都不再规定法定含金量。所以确定各国货币之间比较的依据是其所代表的实际价值，即各国货币的实际购买力。纸币可实现的实际价值大小取决于流通中的货币量，若流通中的货币量超过实际需要量，则物价上涨，纸币对内贬值，实际购买力下降；反之实际购买力上升。一个国家不同的物价状况反映了其货币对内价值的不同。两国货币之间的汇率取决于它们各自在国内所代表的实际价值，也就是说，货币购买力成为纸币流通条件下浮动汇率时期的汇率决定基础。

三、影响汇率的因素

汇率调整受市场供求变动的影响，也会受到政治、社会等经济因素之外的影响。有时，政府会干预货币市场，以防止汇率显著偏离理想水平。下面就一些主要影响汇率的因素进行分析。

(一) 国民经济发展情况

国民经济发展情况包括劳动生产率、经济增长率和产业结构。

1. 劳动生产率

如果一国劳动生产率的增长率在较长时期内持续地高于别国，就会使该国单位货币所包含的价值相对增加，从而使本国货币的对外价值相应上升。不过，劳动生产率对汇率的影响是缓慢而长期的，不易马上被察觉出来。

2. 经济增长率

一方面，一国经济增长率较高，意味着收入上升，由此造成进口的增加，从而导致经常项目逆差。另一方面，一国经济增长率高，往往也意味着生产率提高很快，由此通过年产成本的降低改善本国产品的竞争地位而有利于增加出口，抑制进口。综合来看，高增长率一般在短期内会引起更多的进口，从而造成本国货币汇率下降的压力，但从长期来看，却有力地支持本国货币的升值势头。其次，一国经济增长率较高，意味着该国投资利润也较高，由此吸引外国资金流入本国，进行直接投资，从而增加本国国际收支资本项目的收入，导致对该国货币的需求旺盛，汇率上升。

3. 产业结构

产业结构变化会对汇率产生影响。假定经济相对落后国家的企业或者实现自主的产业结构升级，或者在先进国家企业全球化的过程中实现非自主产业结构升级。那么，落后国家在产业结构升级的过程中，单位劳动的国际产值都在增加，与发达国家单位劳动的国际产值的差距缩小，从而每出口一单位商品能换回更多国际计价单位（美元）。本国外汇市场上美元的供给增加，因为本国产业发展导致进口减少，本国对美元的需求减弱，导致落后国家货币对美元等先进国家的货币趋于升值。

(二) 国际收支

国际收支是一国居民与外国居民在一定时期内各项经济交易的货币价值总和，它是影响汇率短期变化的重要因素。

在发生贸易顺差时，其他因素不变，本国外汇市场上就表现为外汇的供给大于外汇需求，本国货币对国际结算货币升值。与此相反，当发生贸易逆差时，其他因素不变，本国货币对国际结算货币贬值。

因为国际贸易反映一国出口产品的竞争力，进而影响投资者对本国货币的信心。如果贸易盈余不断增长，投资者对本国货币的信心和需求增加，本币升值；相反，庞大的贸易逆差不断增长，投资者对本国货币的信心和需求减少，导致货币贬值。

需要指出的是，如果是短期的、临时的、小规模的国际收支差额，可以轻易地被国际资本流动、利率差额和通货膨胀、政府在外汇市场上的干预等因素所抵消。但是，如果是长期的巨额国际收支逆差，一般来说必定会导致本币对外汇率的下跌。

（三）利率变化

利率变化通过影响国家间资本流动影响汇率水平。一国货币利率上升或高于外国利率，意味着该国金融资产的收益率上升或高于外国，在短期内会引起外资流入，外币供给增加，对本币需求增加，导致外币贬值，本币升值；反之则导致外币升值，本币贬值。

需要指出的是，利率水平的高低对汇率的影响还必须看这个国家通货膨胀的状况。

在温和的通货膨胀下，实际利率的上升或下降都会起到吸收或排斥短期资本的作用，从而导致该国汇率的上涨与下跌。利率和汇率呈正相关，利率提高，其货币汇率就上涨，反之，利率降低，汇率就下跌。人们往往通过国际间短期资本的转移来牟取高额利润。

在严重的通货膨胀下，国际短期资本流动的主要目的在于保值。高利率不再表示较高的利息收入；相反，高利率表示较高的通货膨胀率，利率与汇率呈负相关。利率一旦提高，其货币汇率就下跌；反之利率一旦降低，汇率就上涨。

在恶性通货膨胀下，利率再高也很难对外资产生吸引力，此时利率与汇率呈明显负相关关系。

（四）市场预期

理论工作者根据各种基本因素的变化对汇率走势进行预测，市场参与者根据各自的预期做出反应，从而推动汇率走势的起伏变化。

例如，美国公布数据显示失业增加，先导指数连续下降，反映美国经济停滞。于是市场认为美国为了刺激经济增长、降低失业率，将会调低利率，采取扩张的货币政策。基于这样的预期，外汇市场参与者采取抛售美元，购买其他货币的行动，从而导致美元汇率下跌。

（五）政治因素

政治因素包括政权更迭、政变或战争、政府官员丑闻或下台、主管金融外汇官员的任免、罢工等重大国际事件。当一国发生政权更迭时，可能会发生新政府更换当地的交易货币单位，令该种货币大幅贬值甚至沦为废纸。

（六）政府干预

一国政府可以有许多方法来影响汇率，最主要的方法包括施加贸易壁垒；干预外汇市场；施加外汇流动性壁垒；影响通货膨胀率、利率和收入水平等宏观经济因素。

一国政府也可以通过由中央银行调整本国货币币值来达到影响经济发展的目的。

例如，美国央行希望美元疲软来增加美国的出口，从而刺激美国的经济。然而，美元疲软也会因为降低了外国的竞争力而导致美国通货膨胀（通过提高外国商品的美元价格），所以，美联储也可以用保持美元坚挺的方法来增强外国的竞争力，从而降低美国的通货膨胀（通过降低外国商品的美元价格）。

另外，一国政府还可以通过在国际范围公开发表导向性言论以影响市场心理或与国际金融组织和有关国家配合或联合，进行直接或间接干预。

（七）财政收支

一国政府在每一财政年度开始之初，总会制定一个当年的财政预算方案，若实际执行结果收入大于支出，为财政盈余；支出大于收入，为财政赤字。当一个国家财政赤字累积过高时，对于该国货币属长期的利空，且日后为了要解决财政赤字只有靠减少政府支出或增加税收，这两项措施，对于经济或社会的稳定都有不良的影响。一国财政赤字若加大，该国货币会下跌，反之，若财政赤字缩小，表示该国经济良好，该国货币会上扬。

（八）相对通货膨胀率

国内外通货膨胀的差异是决定汇率长期趋势的主导因素。在纸币流通制度下，一国货币的对内价值是决定其对外价值（即汇率）的基础，而货币的对内价值是由国内物价水平来反映的。通货膨胀意味着该国货币代表的价值量下降，货币对内贬值；而货币对内贬值又不可避免地引起货币的对外贬值，即表现为该国货币对另一国货币汇率的下跌。由于各国普遍存在着通货膨胀的问题，因此，只有当一国通货膨胀率上升的幅度大于外国通货膨胀率上升幅度时，高通货膨胀率国家的货币才会对低通货膨胀率国家的货币贬值。

衡量通货膨胀率变化的主要指标有三个，即生产者价格指数（PPI）、消费者价格指数（CPI）和零售物价指教（RPI）。

📈 **学以致用**

日本中央银行干预汇市

2002 年 5 月至 6 月日本央行对外汇市场的积极、频繁和日见成熟的干预行动可以作为近 10 年来央行干预汇市的一个典型案例，从中可以看到央行干预的新鲜实例和经验。

1. 案例介绍

由于日元汇率在 2002 年 5 月、6 月间上涨的动力很足，兑美元连续升破几个重要价位，因此日本央行干预问题再次成为外汇市场的焦点。从 2002 年 5 月

22 日到 6 月 4 日，日本央行在两周内四次进场干预日元汇率，直到美元 / 日元汇率回升至 124 上方。之后，由于美元跌势汹汹，日本央行的干预价位下移——2002 年 6 月 24 日在日元升至 121.10 时进行干预，但之后不久日元又升回 121 附近。到 6 月 28 日，日本当局再次干预汇市，而且欧洲央行和美联储代表日本央行共同干预汇市（如表 2-1）。

表 2-1　日本央行对外汇市场的干预行动

日期	汇市干预
2001 年 9 月 17、19、21 日	日本央行进场买美元卖日元
2001 年 9 月 27 日	日本央行多次进场买进美元，因担心美元在 "9·11" 美国城市遇袭事件后的弱势会造成日元升值快速，可能会打击日本的出口。日本央行于这段时间内的汇市干预，并不仅限于美元兑日元，还包括由欧洲央行（ECB）与其他欧元区国家央行代替日本央行出面买进欧元兑日元。日本央行在 9 月 27 日表示，美国联邦储备委员会（FED）也首度于 9 月间代表该行进场干预
2002 年 5 月 22 日	在美元因市场对美国经济复苏速度产生疑虑，而触及 123.50 日元的五个半月低点后，日本央行进场抛日元买美元。日本央行拟在 123.80～123.90 日元水准进场干预
2002 年 5 月 23 日	日本央行连续第二天进场干预汇市，推测拟在 123.90～123.93 水准附近卖出日元买入美元
2002 年 5 月 31 日	美元在一交易日跌破 123 日元。干预令美元回升至 124.45～124.50，随后再度跌向 124 时，日本央行再抛售一轮日元。美元自 123.75 回升至 124 上方
2002 年 6 月 4 日	日本央行在约 123.25 价位进场干预，此后美元 / 日元回升至 124 上方，这是日本央行在两周内第四次进行干预。日本央行在美元跌至约 123 日元时进场干预，抛日元买美元
2002 年 6 月 24 日	日本央行在日元升至 121.10 时进行干预，但之后不久日元又升回 121 附近
2002 年 6 月 28 日	日本央行在美元跌破 120，一度触及 118.90 低位后干预汇市，欧洲央行（ECB）和美联储（FED）也代表日本央行共同干预汇市，但效果不大，美元很快再次跌破 120 日元

2. 启示

日本央行每次干预后，日元都会出现一定程度的下跌；虽然日元在干预后几个交易日再次上扬，但总体上看，日本央行的干预确实改变了日元的运行轨迹。日本央行如此苦心积虑抑制日元升势的原因很简单，因为日本经济刚刚出现的复苏苗头主要依靠的动力是出口增长，而日元汇率的上升无疑会对出口增长形成阻碍。

四、外汇投资经济指标分析

（一）国内生产总值

国内生产总值（Gross Domestic Product, GDP）是以年增长率衡量一定时期内经济领域的全部商品和劳务产出，是衡量美国经济活动的最具概括性数据。GDP 增长率为 3% ~ 4%，被认为持续增长；大于 4% 则存在通货膨胀压力；小于 3%，则有经济收缩、停滞的危险。

（二）非农业就业人数

非农就业人数（Non-farm Payroll, NP）为美国就业报告中的一个重要项目，能反映出制造行业和服务行业的发展及其增长情况。当社会经济发展较快时，消费自然随之而增加，消费性以及服务性行业的职位也就增多，非农业就业数字就会大幅增加，这表明经济繁荣，理论上对美元有利，会促使美元升值；反之，经济步入萧条。因非农就业数字及时准确地反映了市场急需的重要信息，市场对该数据的关注程度胜于任何其他经济指标。

（三）消费者信心指数

消费者信心指数是为了解消费者对经济环境的信心强弱程度，反映消费者对经济的看法以及购买意向。在美国，有两种消费者信心指数。可靠性较高的是密歇根大学消费者信心指数，该指数由美国密歇根大学研究人员对消费者关于个人财务状况和国家经济状况的看法进行定期调查并进行相应评估而得出。如果消费者信心上升，债券市场将视之为利空，价格下跌，股票市场则通常视之为利好。美元汇率通常从联储寻求暗示，若消费者信心上升，则意味着消费增长，经济走强，联储可能会提高利率，那么美元就会相应走强。

（四）领先指数

领先指数（Leading Indicator），也称领先指标或先行指标，是预测未来经济发展情况的最重要的经济指标之一，是各种引导经济循环的经济变量的加权平均数。领先指数由众多要素构成，涉及国民经济的诸多方面。假如领先指数连续 3 个月下降，则预示经济即将进入衰退期；若连续 3 个月上升，则表示经济即将繁荣或持续扩张。通常领先指标有 6 ~ 9 个月的领先时间，在美国，一般认为领先指标可以在经济衰退前 11 个月预测经济下滑，而在经济扩张前 3 个月可预测经济复苏。

第二次世界大战后，领先指数已经被成功地用来预测西方发达国家经济的荣枯拐点。通常来讲，外汇市场会对领先指数的剧烈波动做出强烈反应，领先指数的猛增将推动该国货币走强，领先指数的猛跌将促使该国货币走软。当前对外汇市场影响最大的当属美国的领先指数，由美国商务部公布，时间大体在每月的最后一个工作日。其他国家比如日本、瑞士、加拿大、德国等也会公布领先指数，德国的 ZEW 经济景气指数和 IFO 经济景气指数也包含一定领先指数的意味。

（五）美元指数

美元指数是综合反映美元在国际外汇市场的汇率情况的指标，用来衡量美元对一揽子货币的汇率变化程度，显示的是美元的综合值，代表的是市场对美元的态度。

美元指数（USDX），是参照 1973 年 3 月 6 种货币对美元汇率变化的几何平均加权值来计算的。它通过计算美元和对选定的一揽子货币的综合变化率来说明美元的强弱程度，从而间接反映美国的出口竞争能力和进口成本的变动情况。如果 USDX 下跌，说明美元对其他主要货币贬值。

（六）失业率

一般来说，失业率（Unemployment Rate）在 5%～6% 范围内时，被认为是充分就业。如失业率过低，则表明劳动力供应紧张，引起工资上涨，存在通货膨胀的威胁；如失业率过高，则存在经济收缩停滞的威胁。

其他经济数据还包括耐用品订单（Durable Goods Orders）、全国采购经理指数（National Association of Purchasing Manager，NAPM）、设备使用率（Capacity Utilization）等。

这些经济数据的变化与美联储为调控宏观经济所采用的货币政策有关，它们直接影响汇率。由于数据公布之前市场已经对数据做出预测，所以当数据与预测情况相差很大时，会在短时间里引起外汇市场的急剧变动，短期市场行为的参与者都非常关心这些数据，以把握入市时机，决定外汇买卖的操作策略。

五、汇率预测

市场参与者的主要任务集中于对汇率走势的预测，以通过外汇衍生品进行保值或投机。外汇汇率的预测可以分为技术预测、经济预测与市场预测。技术分析被广泛地运用于近期的预测，而基本经济分析在长期预测中则占据了主导地位。

（一）技术预测

基于技术分析的汇率预测仅仅依据历史汇率数据，这种分析不以与汇率有关的经济决定因素为基础，而是通过分析历史数据，寻找价格变化模式的重复。一旦这种模式的初始时段显现，便自动暗示了短期汇率变化的路径。

股票市场很早就开始应用技术分析，而把技术分析应用到外汇市场则是这几年的事情。计算机模拟试图同时找到主要趋势和关键点或转折点。研究者发明了移动平均模型、过滤方法以及更为复杂的统计模型。

随着计算机图形软件的发展，越来越多的人热衷于技术分析。大家应该意识到，如果有成千上万的人在不断地运用诸如移动平均这样的技术模型计算，其结果是使用这种方法的投资者很难战胜市场，因为还有为数众多的其他投资者正在使用类似的方法。

（二）经济预测

经济预测是基于经济变量与汇率变动的基本关系的预测。给定相关经济变量的历史值与当前值，公司可以得出对汇率的预测值。例如，高通货膨胀将导致货币贬值。当然，所有其他影响汇率变动的因素也必须考虑。从统计学的观点出发，预测必须基于对影响汇率的所有因素的定量分析。

在预测汇率时考虑到中央银行干预也是非常合理的。因为中央银行参与外汇市场，努力执行货币当局制定的货币政策并维持目标汇率。这种情况下，中央银行的行为从某种程度来说是可以预测的。

十分明显的是，透彻地分析货币当局的政策及其目标，在某些情况下可以帮助预测短期投机行为和汇率变化。在面对不确定的社会、政治甚至是选举形势时，货币当局会倾向于将货币稳定在安全水平，避免危机出现。

（三）市场预测

市场预测（Market-based Forecasting）是从市场指标中发展起来的预测，通常基于以下两个因素：

1. 即期汇率的使用

假设市场预期近期英镑对美元将会升值。这一预期将刺激投机者今天用美元买英镑，从而推动英镑立即升值。相反，如果市场预期英镑对美元贬值，投机者将会卖出英镑，期待在更低的价位买回，从而将导致英镑迅速贬值；因此，英镑的现价将反映对不久的将来英镑币值的预期。

2. 远期汇率的使用

远期汇率可以作为对未来即期汇率的预测，因为如果远期汇率与未来即期汇率的预期之间存在偏差，投机者会持有头寸。

实际上，没有任何一种预测技术在所有方面都优于其他的预测技术，许多跨国公司通常采用一种混合的预测技术，称为混合预测（Mixed Forecasting）。对某种货币币值的预测发展到采用几种预测技术同时进行预测，每种预测技术都占有一定的权重，全部权重加起来为百分之百，可靠的预测技术占有相对较多的权重。跨国公司所做出的币值的实际预测是多种预测的加权平均值。

📈 **学以致用**

人民币升值"倒逼"企业技术升级换代

进入 5 月以来，人民币汇率持续上涨。在上周，人民币兑美元的汇率中间价连续四个交易日上涨，并最终突破 6.2 关口，再创汇改以来新高。人民币的持续升值，让东莞的外贸出口企业感到了压力和担忧。

点评：人民币目前的形势有一个形象的说法叫"外升内贬"，意思是，在人民币汇率持续上升的同时，人民币在国内却呈现出"贬值"的趋势，其原因是国内的原材料成本、劳动力成本以及水电价格等都在上涨，这在成本和利润两方面同时挤压了外向型企业的生存空间。

事实上，就东莞而言，莞企所面临的生存压力更大。传统的劳动密集型企业仍然占据了东莞企业很大的比例，这些企业在原先的优势之一正在于廉价的劳动力成本，而在人口红利逐渐式微、原材料价格普遍上涨的形势下，人民币升值所带来的压力非同小可，一些中小企业受此影响，甚至不敢接单。

今年以来，东莞出口形势好转，不少企业订单增长，这一定程度上抵消了人民币升值的压力。不过，人民币升值的趋势短期不会逆转，而从更长远的趋势来看，企业出口利润提升，所要求不仅是订单增长，更是在国际市场的议价权，这实际上对出口产品的技术含量和附加值有了更高的要求。也正因此，要真正抵御人民币汇率风险，企业从根本上还是要加快技术升级和换代的步伐。

（资料来源：《南方日报》，2013 年 5 月 20 日）

思考题：

（1）人民币快速升值的内因和外因各是什么？

（2）人民币升值对中国经济有什么影响？

（3）外贸企业面对人民币升值应采取的对策有哪些？

第三节　外汇市场

一、外汇市场的概念

外汇市场（Foreign Exchange Market）是指经营外汇业务的银行、各种金融机构及公司企业和个人进行外汇买卖和调剂外汇余缺的交易市场。在所有的金融市场里外汇市场不仅是生成汇率的载体，而且是规模最大、营业时间最长、资格最老的市场。由于它的存在，国际间的债权债务才能得以清偿，国际资本才能得以流动，跨越国界的资金借贷才能得以实现。

二、外汇市场的特点

外汇市场的特点主要有以下几点：

（1）从规模上看，外汇市场是全球规模最大的市场。

（2）从市场的形态上看，主要有有形市场（又称交易所市场）和无形市场（又称柜台市场）两种。前者指在具体、固定的交易所进行外汇交易。后者没有固定场所，外汇买卖双方无须面对面进行交易，而是通过电子计算机、信息网络同经营外汇的机构进行联系以达成外汇交易的市场。无形市场已成为当今外汇市场的主要组织形式。

（3）从交易主体的构成看，95%的交易发生在银行间，我们称银行同业间买卖外汇形成的市场为批发市场（Wholesale Market），2.3%用于国际投资，2%用于货币管理、为贸易和投资进行保值。我们称由外汇银行、个人和公司客户之间交易构成的外汇市场为零售市场（Retail Market）。

（4）从外汇交易的区域范围和周转速度看，外汇市场具有空间的统一性和时间的连续性。

从空间统一性看，全球主要外汇市场相互之间通过先进的通讯设备和计算机网络连成一体，市场的参与者可以在世界各地进行交易，外汇资金流动顺畅，市场间的汇率差异极小，形成了全球一体化运作的市场。

从时间的连续性看，全球主要外汇市场交易时间由于所处的时区不同，各外汇市场在营业时间上此开彼关，相继挂牌营业，形成全天候运行的统一的国际外汇市场。每天凌晨，澳洲的惠灵顿、悉尼最先开盘，接着往西移到亚洲的东京、香港、新加坡，然后是欧洲的法兰克福、苏黎世、巴黎和伦敦（如表2-2）。

表2-2　世界主要外汇市场的营业时间表

地区	市场	当地时间 开盘—收盘	10月1日～3月31日	4月1日～9月30日
			北京时间开盘—收盘	
大洋洲	惠灵顿	9:00～17:00	04:00～12:00	05:00～13:00
	悉尼	9:00～17:00	06:00～14:00	07:00～15:00
亚洲	东京	9:00～15:30	08:00～14:30	
	香港	9:00～16:00	09:00～16:00	
	新加坡	9:30～16:30	09:30～16:30	

续表

地区	市场	当地时间 开盘—收盘	10月1日～3月31日	4月1日～9月30日
			北京时间开盘—收盘	
欧洲	法兰克福	9:00～16:00	16:00～23:00	15:00～22:00
	苏黎世	9:00～16:00	16:00～23:00	15:00～22:00
	巴黎	9:00～16:00	16:00～23:00	15:00～22:00
	伦敦	9:30～16:30	17:30～00:30	16:30～23:30
北美洲	纽约	8:30～15:00	21:00～04:00	20:00～03:00
	芝加哥	8:30～15:00	22:00～05:00	21:00～04:00

外汇市场最活跃的时间是欧洲的下午，此时欧洲与美国东海岸两大市场均在营业，是大额交易成交的最佳时间。而美国西海岸市场闭市，东京、香港市场刚开市时，外汇交易最清淡，中央银行以及大的外汇投机商均倾向于选择这段时间影响外汇汇率，从而影响第二天欧美市场的行情。

外汇市场对国际经济和国际金融的发展起着重要的作用，主要表现在：①使货币支付和资本转移得以实现；②为国际经济交易提供资金融通；③减少汇率变动风险，有利于国际交易的发展；④提供国际金融与国际资本流动发展趋势的信息，通过它便于掌握国际金融的发展动向，制定并调整各国的对外经济发展战略。

三、亚洲金融危机对外汇市场和其他金融市场的影响

亚洲金融危机充分证明了外汇市场与所有主要金融市场之间的联系。在金融危机期间，外汇市场的诸多问题导致所有市场的证券价格的波动。事实上，如今金融市场之间的高度一体化使得每个金融市场都对其他金融市场的事件十分敏感。

（一）泰国金融危机

1997年以前，泰国是全球发展最快的经济体之一。泰国的消费者花钱随意，导致泰国与其他东南亚国家相比储蓄率较低。较高水平的消费和较低水平的储蓄给房地产、产品以及本国利率都造成上升的压力。一般而言，由于购买力平价的作用，高通货膨胀国家的货币往往会疲软。

然而，在1997年7月以前，泰国货币（泰铢）盯住美元；这种盯住政策使得泰国成为对外国投资者极具吸引力的地方，因为他们投资的资金不仅可以赚取高利率，而且受到泰铢不会大规模贬值的保护（直到金融危机前）。

大规模的资金流入使得泰国对于大量资金外流十分敏感。当外国投资者对泰国经济失去信心时，大量资金外流便会发生。1997年7月，当一些外国投资者意识到泰铢将走软时，泰铢经历了贬值的压力。随着外国投资者将泰铢兑换成其本国货币，资金

的外流加速了货币的贬值。大量泰铢兑换美元使得泰铢相对于美元的价值受到了巨大压力。1997 年 7 月 2 日，泰铢脱离了与美元的联系。泰国中央银行进行干预，试图维持泰铢的价值。特别是，它用泰铢的资金储备与其他中央银行的美元储备互换。然后在外汇市场上用美元储备购买泰铢（互换协议要求泰国在未来某日用美元与泰铢互换进行反向交易）。中央银行希望其干预可以对冲外汇市场上外国投资者对泰铢的抛售，但以失败告终。在外汇市场上，泰铢的供给大于需求，泰国政府被迫放弃对泰铢价值的保卫。1997 年 7 月，泰铢大幅贬值，在 5 周内其对美元价值下跌超过 20%。

1997 年 8 月 5 日，国际货币基金组织（IMF）和几个国家同意向泰国提供 160 亿美元的援救方案。日本和国际货币基金组织各提供 40 亿美元，剩余资金由其他国家提供。作为对援助的回报，泰国同意降低赤字水平、防止通货膨胀率达到 9%、将增值税从 7% 增加至 10%，并且清理银行财务报表中大量未披露的不良贷款。

（二）金融危机在东南亚的传播

泰国的金融危机对于其他东南亚国家具有传染性。东南亚国家之间的贸易联系使得其具有一定的一体化程度。金融危机削弱了泰国的经济，因而减少了泰国对其他东南亚国家的产品需求。由于泰国对其他国家产品的需求减少，所以其他东南亚国家的国内收入和它们对于自身产品的需求也下降了。其他东南亚国家与泰国一样拥有相对较高的利率，政府努力维护本国的货币币值稳定。于是，这些国家也吸引了大量的外国投资。但是外国投资者意识到这些国家也非常脆弱，开始从这些国家抽回资金。

以日本为例，日本向东南亚出口商品，许多日本公司在其他亚洲国家拥有子公司，从而受到当地经济状况的影响。许多日本公司面临资金压力并且无法偿还贷款。1998 年春天，日元兑美元持续走软。日元的贬值给其他亚洲货币增加了贬值的压力，因为亚洲国家想要获得由于货币贬值带来的向美国出口的竞争优势。1998 年 4 月，日本银行利用 200 多亿美元在外汇市场上购买日元，但这一使日元升值的努力没有成功。

（三）对亚洲货币的影响

1997 年的 7 月和 8 月，马来西亚林吉特、新加坡元、菲律宾比索以及印尼卢比纷纷贬值。马来西亚最初试图将林吉特的价值维持在狭窄的范围内，但是最终放弃并且让林吉特自由浮动。

1997 年 8 月，印尼银行（中央银行）使用 5 亿多美元进行直接干预，在外汇市场上购买印尼卢比来拉升卢比的价值。然而在 8 月中旬，印尼银行放弃其将卢比价值维持在一定区间内的努力，并且让卢比自由浮动。这个决定可能是受到泰国维持泰铢成本高昂的惨痛失败的影响。直接干预无法抵消市场强大的力量。1998 年的春天，国际货币基金组织为印尼提供价值 430 亿美元的援救方案。

1997 年 10 月 23 日，我国香港股票市场价格平均下跌了 10.2%，加上前三个交易日，4 天累计下跌了 23.3%。港股下跌主要由于对港币的投机，因为港币也会面临类似于其他东南亚国家的金融问题而发生贬值。4 天内大约 1/4 的香港公司市场价值的下跌导致香港金融危机的风险增大。香港在这期间保持港币盯住美元的联系汇率制度。然而，它必须提高利率来防止投资者将资金从香港抽走。

在金融危机发生前的几年中，我国经济增长没有东南亚国家强劲。我国政府对经济状况的控制要强于其他亚洲国家政府，政府控制大部分房地产市场，并且控制提供信用支持经济增长的大部分银行。于是，我国较少发生由于金融危机导致的破产。此外，我国政府通过限制国外的投机资金流入维持了我国货币（人民币）的价值。尽管在金融危机期间人民币利率上升，但相对仍然很低。这使得我国的公司能够以合理的成本获得资金并且使其能够继续履行利率支付。

我国虽遭遇金融危机的负面影响较小，但是对我国的担忧也有所增加，因为我国严重依赖出口刺激经济，当时相对于货币贬值的东南亚国家来说我国具有竞争劣势。因此，来自美国和欧洲的进口方将其部分购买转向货币严重贬值的国家。此外，亚洲货币对人民币的贬值促使我国消费者购买进口品来替代当地生产的产品。

在金融危机期间，投资者对俄罗斯卢布的价值也失去信心，并开始从俄罗斯撤回资金。为了阻止由于资金外流对卢布造成的贬值压力，俄罗斯中央银行进行了直接干预，在外汇市场上用美元购买卢布。俄罗斯中央银行还采用了间接干预的措施，提高利率来吸引投资者并且防止资金进一步外流。1998 年 7 月，国际货币基金组织为俄罗斯组织了价值 226 亿美元的贷款组合（部分来自于日本和世界银行）。贷款组合要求俄罗斯增加税收，减少赤字，并且为本国公司建立更加资本化的商业环境。1998 年 8 月，俄罗斯中央银行频繁进行干预阻止卢布大幅贬值。然而 8 月 26 日，俄罗斯放弃了保卫卢布价值的战斗，市场的力量导致卢布对当天大部分货币贬值了 50%。这导致了对新金融危机的恐惧，第二天（史称"血色星期四"）恐惧笼罩了世界股票市场。一些股票市场（包括美国市场）经历了超过 4% 的下跌。

亚洲金融危机也同样影响了拉丁美洲国家，像智利、墨西哥和委内瑞拉均遭遇了负面影响，由于这些国家向亚洲出口，亚洲疲软的经济导致对拉丁美洲商品需求的下降。此外，拉丁美洲国家也由于其他进口者转向购买亚洲产品而减少了出口，因为亚洲货币的大幅贬值使其产品比拉丁美洲国家的商品更便宜。这些负面影响给拉丁美洲国家的货币带来了压力，因为很多人担心投机性的资金外流也会像削弱亚洲货币一样削弱拉丁美洲国家的货币，特别是，巴西的货币（雷亚尔）在 1997 年 10 月末面临压力。一些投机者认为因为大部分亚洲国家未能将其货币维持在一定区间内，巴西也无法稳定其货币币值。

巴西的中央银行运用直接干预，使用 70 亿美元的储备在外汇市场中购买雷亚尔防止其贬值。中央银行同时通过提高短期利率进行间接干预。这项措施鼓励外国投资者购买巴西短期证券获得高利率好处，并且鼓励当地投资者投资于本国市场而不是外国市场。利率的提高标志着中央银行维持雷亚尔稳定的决心。然而，这种干预成本很高，因为它提高了家庭、公司、政府机构的借款成本，进而减缓了经济增长。如果巴西货币疲软，投机性力量很可能也向其他拉丁美洲货币蔓延。

亚洲金融危机导致拉丁美洲许多大公司和政府机构的债券评级降级。例如，1997年 11 月，当韩国顶级政府支持债券在国际信用市场中降至垃圾债券时，银行抛售亚洲债券的谣言导致了债券市场中所有新兴市场债券被抛弃的恐惧。而且，人们担心许多出现财务问题的银行（因为他们的贷款未被偿付）将在二级市场中出售其持有的债券来获取资金。于是，新兴市场（包括那些拉丁美洲国家）发行的债券价格下跌。

在亚洲金融危机期间，欧洲国家正处于非常强劲的经济增长时期。然而，许多欧洲公司也受到金融危机的负面影响。与拉丁美洲的公司类似，一些欧洲公司向亚洲出口产品减少。而且，它们失去一些向亚洲出口的业务，因为从进口商的角度看，亚洲货币的疲软降低了亚洲商品的价格。

美国也受到了亚洲金融危机的影响。美国许多在亚洲有业务的公司的股票价值受到负面影响，如 IBM、摩托罗拉、惠普和耐克。许多美国工程和建设公司受到亚洲国家缩减改善基础设施的计划的负面影响。因为亚洲消费者和公司降低支出以及亚洲货币的贬值导致美国商品更加昂贵，美国向亚洲出口商品的出口商的股票价值受到不利影响。

（四）亚洲金融危机的教训

金融危机说明了金融市场要面临其他国家金融问题带来的不利影响，具体如下：

1. 面临汇率的影响

亚洲金融危机证明，失去了对中央银行有能力维持当地货币稳定的信心，将导致货币大幅贬值。如果投资者和公司认为中央银行能够避免货币价值的任意下跌，他们就不会将资金投向其他国家，这会消除对货币贬值的压力。

2. 面临利率的影响

亚洲金融危机同时证明了利率会受到一国资金外流的巨大影响。利率的上升是为防止当地货币继续贬值或者为防止大量资金外流，或者为防止两种情况同时出现而采取的间接干预。特别是，印度尼西亚、马来西亚和泰国的利率比危机前的水平大幅上升。当地货币经历更大幅度贬值的国家的利率上升幅度更大。由于利率的大幅上升（这会导致经济增长下降）因资金外流所致，利率间接受到投资者和公司对于亚洲中央银行稳定当地货币能力的信心的影响。

3. 面临证券价格的影响

为了表达方便，下文中债券、银行贷款以及货币市场工具被统一简称为债务证券。

泰国经济较弱、经济增长严重依赖外国资金且存在过度信用的问题，这是引发泰国金融危机的初始条件。这些状况使投资者感到恐惧，从而促使投资者出售投资工具并收回其在泰国的资金。泰国发行的债务证券的价格主要受投资者必要收益率的影响，投资者购买的债务证券受当地无风险利率和风险溢价影响。在金融危机期间，泰国经历了较高的利率，因为投机性的资金外流降低了可贷资金的供给，同时也是中央银行努力提高利率的结果。由于经济疲弱，且市场对于当地公司信用问题关注度提高，因而违约风险溢价上升。事实上，国际货币基金组织的援救计划提高了违约风险溢价，因为国际货币基金组织要求当地银行提高信用标准，这使得泰国公司获得资金更加困难，使得这些公司濒临破产。由于无风险利率的上升和违约风险溢价的提高，泰国债务证券的必要收益率提高，债务证券的价格下降。

泰国的股票价格依赖于发行股票公司的预期现金流和投资者的必要收益率，因为经济疲软和信用规模的限制，泰国公司的预期现金流减少。此外，利率的上升减少了借款，因为高利率提高了项目融资的成本，进而对经济增长和预期现金流产生不利影响。泰国股票的必要收益率总体依赖于无风险利率和股票市场的风险溢价。如上所述，由于对不良经济环境和不确定性关注的提高，无风险利率和股票市场风险溢价都会上升，从而导致对股票的必要收益率上升。现金流的减少和股票必要收益率上升的预期导致泰国股票价格暴跌。

股票和债务证券市场的疲软减少了当地投资者的财富，并且对于经济有进一步的不利影响。泰国经济、货币、股票市场以及债务市场的关系形成了一个恶性循环，进一步减少了受不利影响的消费者、公司以及投资者的信心。

亚洲金融危机同样影响许多其他亚洲国家的证券价格。这些国家如同泰国一样，对于一国金融市场信心的降低导致外国投资者外逃，进而对该国货币产生贬值的压力。资金外流以及中央银行干预导致利率上升的压力，使得投资者的必要收益率上升。而且，疲软的经济环境和较高的不确定性提高了投资的风险溢价。另外，疲软的经济状况导致了公司较低的现金流。

4. 面临资本撤离的影响

许多亚洲国家同样存在经济疲软、过度信用和严重依赖国外投资促进增长等问题。因此，这些国家面临与泰国相同的投资性资本外流。泰国的金融危机迅速影响了这些国家。

一些拉丁美洲国家同样受到经济疲软和信用问题的影响，并且它们的货币有贬值的潜在风险。这使外国投资者感到恐惧，导致一些投机性资本外流。于是，这些国家同样经历了利率的上升，导致股票和债务证券市场受到不利的影响。

亚洲金融危机对于股票和债务证券市场的影响并不意味着所有不利的因素对所有市场同时产生不利影响。导致一国利率、违约风险溢价和市场风险溢价上升并同时影响到其他国家的现象并不常见。然而，亚洲金融危机的一个明显教训是：当国家依赖国外投资者的资金（投资）来支持增长时，该国将会对投资者恐惧导致的大规模资金流出十分敏感。任何出现资金迅速外流的国家同时面临利率迅速上升的潜在可能，这会损害股票市场和债务证券市场，进而减缓经济增长。

5. 全球一体化程度

亚洲金融危机证明国家经济是如何一体化的，特别是在金融危机期间。就像美国和欧洲经济可以影响新兴市场一样，它们对新兴市场也十分敏感。尽管中央银行可以承受其他国家情况导致的货币压力，但该国经济却不一定能够与其他经历金融危机的国家孤立开来。

第四节　世界主要外汇市场

一、世界主要外汇市场

目前世界主要外汇市场有：伦敦外汇市场、纽约外汇市场、新加坡外汇市场、东京外汇市场、中国香港外汇市场等。

（一）伦敦外汇市场

伦敦外汇市场是全球最大的外汇市场，其外汇交易额约占全世界的1/3。伦敦外汇市场是一个典型的无形市场。其参与者包括清算银行、商业银行、外国银行的分行、外汇经纪商、其他的金融机构和英国央行——英格兰银行。伦敦外汇市场交易货币品种众多，经常有30多种，其中交易规模最大的为英镑兑美元的交易，其次是英镑兑欧元、瑞士法郎和日元等。投资者在交易英镑时对伦敦的市场要特别关注。

（二）纽约外汇市场

纽约外汇市场又称北美外汇市场。该市场也是无形市场，是美国规模最大的外汇市场，同时也是国际第二大外汇市场，交易量仅次于伦敦。参与者是在美国的大商业银行、外国银行的分行和一些专业的外汇经纪商。由于目前占全球 90% 以上的美元交易最后都通过纽约的银行间清算系统进行结算，因此纽约外汇市场为美元的国际结算中心。除美元外，其主要交易货币有欧元、日元、英镑、加拿大元等。纽约外汇市场相当部分的外汇交易户与金融期货市场密切相关。

（三）新加坡外汇市场

新加坡外汇市场是一个无形市场，大部分交易由外汇经纪人办理，并通过他们把新加坡和世界各金融中心联系起来。其参加者包括经营外汇业务的本国银行、经批准可经营外汇业务的外国银行和外汇经纪商。其中外资银行的资产、存放款业务和净收益都远超本国银行。该市场交易以美元为主，约占交易总额的 85% 左右。大部分交易都是即期交易，掉期交易及远期交易合计占交易总额的 1/3。汇率均以美元报价，非美元货币间的汇率通过套算求得。新加坡外汇市场直接同纽约的 CHIPS 系统和欧洲的 SWIFT（环球银行金融电信协会）系统连接，一般不能直接进入市场进行外汇买卖，必须通过外汇经纪人完成与其他银行的外汇买卖。交易的币种为欧元、美元、英镑、瑞士法郎和日元等货币。

（四）东京外汇市场

东京外汇市场的交易者是外汇银行、外汇经纪商、非银行客户和日本银行。东京外汇市场的交易品种比较单一，主要是美元 / 日元、欧元 / 日元。外汇交易的 90% 以上都是以美元和日元成交。其他货币交易量所占的比重很小，且在交易时受到一定的限制。东京外汇市场的突出特点是行政性的干预特色。因为日本是进出口贸易大国，为了稳定日本进出口贸易，大藏省和日本银行共同制订方案，分析市场情况，来干预外汇市场。

（五）中国香港外汇市场

中国香港外汇市场是 20 世纪 70 年代发展起来的国际性外汇市场。中国香港外汇市场也是一个无形市场。其参与者主要是商业银行和财务公司。中国香港外汇市场上的交易可划分为两类：一类是港币和外币兑换，其中以和美元兑换为主。另一类是美元兑换其他外币交易。在中国香港外汇市场，港币与其他货币不能直接兑换，必须先兑换成美元，再由美元兑换成所需的货币。

小阅读

外汇市场清算机制比较

清算机制是指在给定的交易对手搜寻与信息传播机制以及定价机制下，双方达成交易协议后，计算出交易参与方在结算日进行交割的金融资产数额的程序。根据市场微观结构理论，作为交易机制的组成部分与最后的交易程序，清算机制的特性与运行效率同样会对市场的交易量、市场的活跃程度与流动性，甚至汇价的市场化产生重要影响。

目前，外汇市场清算机制依据不同的标准可做不同划分。按币种可分为单币种与多币种清算，按参与方的数量可分为双边清算与多边清算，进行组合后可得到以下几种清算方式（如表2-3）。

表2-3　清算方式

	全额清算 (Gross Clearing)	净额清算 （Netting Clearing）	
		双边净额清算 (Bilateral Netting)	多边净额清算 （Multilateral Netting）
单币种 (Single Currency)	单币种全额清算	单币种双边净额清算	单币种多边净额清算
多币种 (Multi Currency)	多币种全额清算	多币种双边净额清算	多币种多边净额清算

现行各国外汇市场与国际外汇市场采用的清算机制主要包括：

（1）单币种全额清算与净额清算。这通常是指一国国内的外汇清算系统。一般由一国的中央银行设立，并由其承担清算支付系统的运行和监管职责。各国中央银行提供清算支付服务的方式与范围存在不同，但运行机制一般相同。金融机构需要在中央银行开立往来账户，为保证清算支付的顺利进行，中央银行通常要求金融机构在账户中保持一定的支付准备金。金融机构之间的债权、债务以及应收应付款项，通过借记或贷记其设立在中央银行的往来账户进行清算和划转。这一过程包括两个基本程序，一是支付方通过支付系统向收款方发出支付信息；二是支付方和收款方之间实现资金划转。按照对转账资金头寸的计算方式，可以分为全额清算系统与净额清算系统两种。全额清算系统对各金融机构的每笔交易与支付进行一一对应清算，交易一笔清算一笔。净额清算系统则将在一定时点上收到的各金融机构的支付金额总数减去发出的支付金额总数得出净余额，即净清算头寸，然后按照净头寸对相关账户进行借记或贷记。目前多数发达国家中央银行经营的支付系统即属 RTGS 系统（实时全额清算系统），而部分特定类型的交易则采用净额清算的方式。

（2）单币种多边净额清算。外汇清算中心 ECHO（Exchange Clearing House Limited），是在伦敦成立的第一家向全球主要外汇市场 ECHO 成员提供 14 个币种、多边外汇交易轧差清算服务的环球外汇交易清算所。ECHO 主要使用的是各国的国内支付系统。ECHO 为每种交易货币提供往来账户，使其会员拥有进入相关货币发行国国内支付系统的入口，与该国外汇市场上的交易商具有同等地位。在清算日的清算时间内，ECHO 向整个清算中心通报所有净支付方的借方余额，而支付者向 ECHO 账户划转相应的金额完成清算，再由系统向净收入方进行支付。因此，尽管 ECHO 是一个拥有 14 个币种的清算系统，仍然是进行单币种净额轧差清算。ECHO 对每一个会员支付义务提供担保，这一担保具有上限，这个上限由会员向 ECHO 提供的抵押决定，这一抵押通常是美国政府债券，换句话来说，这种担保受到各家银行信用额度的限制。

（3）多币种全额清算。持续连结清算系统（Continuous Linked Settlement）CLS 为外汇交易市场提供全球银行业清算服务，其清算币种包括美元、欧元、日元、英镑等 15 种货币。CLS 采用会员制，各清算会员在 CLS 开设一个多币种账户，所有提交该系统的清算都在两家会员之间进行双边清算，会员的账户在任何给定的时间内，都表示该会员多种货币的正余额与负余额之差。CLS 系统的中心原则就是"同时交付"，要求外汇交易的双方同时支付相应的货币，货币支付不能单方面进行，在清算日的清算时间内，只有当交易双方开设在 CLS 的账户里都有足够的交易货币资金，才会进行清算，且为不可撤销的最终清算。该系统的全部理念和设计都是建立在这一原则之上。CLS 是清算各方的中介，并非交易对手。在 CLS 系统中，在所有的清算货币发行国的中央银行开设账户并与其国内的 RTGS 系统连接。同时，资金通过货币发行国的 RTGS 系统支付给 CLS 在其央行开设的账户。反之，CLS 也通过清算货币币种发行国的 RTGS 系统向清算会员在央行的账户划付资金，这在很大程度上是各国国内的 RTGS 系统在国际外汇清算中的衍生和放大。同时，CLS 的部分交易也采用多边轧差、净额清算模式，但比例较小。

二、各国货币可自由兑换状况

表2-4　各国货币可自由兑换状况表

可自由兑换货币	亚洲	中国香港港元（HKD）、中国澳门澳门元（MOP）、日本日元（JPY）、菲律宾比索（PHP）、新加坡元（SGD）、缅甸元（BUK）、马尔代夫拉菲亚（MVR）、印度尼西亚卢比（IDR）、沙特阿拉伯里亚尔（SAR）、科威特第纳尔（KWD）、巴林第纳尔（BHD）、阿曼里亚尔（OMR）、以色列新谢克尔（ILS）
	大洋洲	澳大利亚元（AUD）、新西兰元（NZD）
	欧洲	欧元（EUR）、冰岛克朗（ISK）、丹麦克朗（DKK）、瑞典克朗（SEK）、挪威克朗（NOK）、俄罗斯卢布（RUB）、波兰兹罗提（PLN）、匈牙利福林（HUF）、瑞士法郎（CHF）、卢森堡法郎（LUF）、英镑（GBP）、爱尔兰镑（IEP）、罗马尼亚列伊（RON）、阿尔巴尼亚列克（ALL）
	美洲	加拿大元（CAD）、美元（USD）、哥斯达黎加科朗（CRC）、特立尼达多巴哥元（TTD）、哥伦比亚比索（COP）、圭亚那元（GYD）、秘鲁新索尔（PEN）、智利比索（CLP）、毛里求斯卢比（MUR）
	非洲	埃及镑（EGP）、赞比亚克瓦查（ZMK）、吉布提法郎（DJF）
有限自由或不可自由兑换货币	亚洲	中国人民币元（CNY）、泰国泰铢（THB）、印度卢比（INR）、黎巴嫩镑（LBP）、朝鲜元（KPW）、越南盾（VND）、老挝基普（LAK）、柬埔寨瑞尔（KHR）、马来西亚林吉特（MYR）、斯里兰卡卢比（LKR）、巴基斯坦卢比（PKR）、尼泊尔卢比（NPR）、阿富汗尼（AFN）、伊朗里亚尔（IRR）、约旦第纳尔（JOD）
	大洋洲	斐济元（FJD）
	欧洲	保加利亚列弗（BGN）
	美洲	洪都拉斯伦皮拉（HNL）、尼加拉瓜科多巴（NIO）、委内瑞拉博利瓦（VEF）、巴西雷亚尔（BRL）
	非洲	突尼斯第纳尔（TND）、阿尔及利亚第纳尔（DZD）、摩洛哥道拉姆（MAD）、西非法郎（XOF）、布隆迪法郎（BIF）、利比亚第纳尔（LYD）、毛里塔尼亚乌吉亚（MRO）、卢旺达法郎（RWF）、津巴布韦元（ZWD）

三、外汇市场的主要参与者

外汇市场的参与者主要包括各国的中央银行、商业银行、非银行金融机构、经纪人公司、自营商及大型跨国企业等。它们交易频繁，交易金额巨大，每笔交易均在几百万美元，甚至千万美元以上。外汇交易的参与者，根据他们交易的目的，可分为投资者与投机者两类。

（一）中央银行

中央银行是外汇市场上的重要参与者。各国央行都持有相当数量的外汇余额作为国际储备的重要构成部分。央行参与外汇市场的目的不是获利，而是对外汇市场进行干预，使本币汇率朝着有利于本国经济发展的方向变动。近年来，不仅单独的一国中央银行在干预外汇市场，一些主要国家的中央银行也在联合干预外汇市场。

（二）商业银行和非银行金融机构

商业银行和非银行金融机构是指经本国中央银行批准，可以经营外汇业务的商业银行或其他金融机构。它们是外汇供求的中介机构，也是主要的报价者，它们可以与外汇市场中所有其他参加者发生交易。它们不但对客户买卖外汇，而且还在同业银行之间进行大量的交易，一些大的机构还是外汇市场的做市商。

（三）外汇经纪人

外汇经纪人指外汇管理当局指定的外汇经纪商，它们专门在外汇交易中介绍交易双方成交，充当中介，从中收取佣金。由于通过外汇经纪人交易可以不用披露交易双方的名称，外汇交易商往往利用外汇经纪人来安排交易，这样可隐瞒其身份，不使报价处于被动地位。大型的经纪人通常属于全球性的机构，并为银行间市场提供一天 24 小时的服务。

（四）零散客户

这类市场参与者包括进出口商、跨国公司、外汇投资和投机者、国际旅游者等，它们都是外汇市场最后的供给者和需求者。这些零散客户之间一般不直接进行外汇交易，而是各自与商业银行或外汇指定银行做买卖。零散客户可分为四类：一是交易型的外汇买卖者；二是保值性的外汇买卖者；三是投机性的外汇买卖者；四是跨国公司，跨国公司已经成为外汇市场的主要顾客。

第五节　中国外汇市场

一、境内人民币市场

（一）中国外汇交易中心概述

中国外汇交易中心（China Foreign Exchange Trade System，简称 CFETS）暨全国银行间同业拆借中心，于 1994 年 4 月 18 日成立，是中国人民银行总行直属事业单位。主要职能是：为银行间同业拆借市场、债券市场、外汇市场等提供交易、信息、基准、培训等服务，承担市场交易的日常监测工作，为央行货币政策操作和传导提供服务，开展经人民银行批准的其他业务。

交易中心受中国人民银行和国家外汇管理局委托，为银行间外汇市场提供统一、高效的电子交易系统，该系统提供集中竞价与双边询价两种交易模式，支持人民币对十一个外币 [美元、欧元、日元、港元、英镑、林吉特、俄罗斯卢布、澳大利亚元、新西兰元、加拿大元和泰铢（区域交易）] 的即期，人民币对七个外币（美元、欧元、日元、港元、英镑、澳大利亚元和加拿大元）的远期、掉期，人民币对五个外币（美元、欧元、日元、港元、英镑）的货币掉期和期权交易，以及九组外币对（欧元／美元、澳元／美元、英镑／美元、美元／日元、美元／加元、美元／瑞士法郎、美元／港元、欧元／日元、美元／新加坡元）的即期、远期和掉期交易，同时还包括交易分析、数据直通处理和即时通讯工具等辅助功能。

交易中心主要产品交易特征（如表 2-5）：

表 2-5　主要产品交易特征

产品	交易特征	
人民币外汇即期交易	交易方式：竞价交易和询价交易	
	交易时间：北京时间 9:30 ～ 16:30（周六、周日及法定节假日不开市）	
	清算方式：竞价交易集中清算，询价交易双边清算或净额清算	
人民币外汇远期交易	交易方式：双边询价	
	交易时间：北京时间 9:30 ～ 16:30（周六、周日及法定节假日不开市）	
	清算方式：双边清算或净额清算	
人民币外汇掉期交易	交易方式：双边询价	
	交易时间：北京时间 9:30 ～ 16:30（周六、周日及法定节假日不开市）	
	清算方式：双边清算或净额清算	
人民币外汇货币掉期交易	交易方式：双边询价	
	交易时间：北京时间 9:30 ～ 16:30（周六、周日及法定节假日不开市）	
	清算方式：双边清算	
人民币对外汇期权交易	交易方式：双边询价	
	交易时间：北京时间 9:30 ～ 16:30（周六、周日及法定节假日不开市）	
	清算方式：由交易双方按约定方式进行清算，目前主要采用双边清算	
外币对交易	交易方式：竞价交易和询价交易	
	交易时间：北京时间 7:00 ～ 19:00（周六、周日及法定节假日不开市）	
	清算方式：竞价交易集中清算，询价交易双边清算	
外币拆借中介服务	交易时间：北京时间上午 9:00 ～ 12:00，下午 13:30 ～ 16:30 中国法定节假日除外	

（二）人民币汇率形成机制

1. 人民币对主要外汇币种汇率中间价

2005 年 7 月 21 日人民币汇率形成机制改革后，交易中心根据中国人民银行授权，每个工作日上午 9 时 15 分发布人民币对美元等主要外汇币种汇率中间价（如表 2-6）。

表 2-6　人民币对主要外汇币种汇率中间价

人民币对美元汇率中间价的形成方式	人民币对欧元、港元、加拿大元汇率中间价	人民币对日元、英镑、澳大利亚元、新西兰元、马来西亚林吉特和俄罗斯卢布汇率中间价的形成方式
交易中心于每日银行间外汇市场开盘前向外汇市场做市商询价，并将全部做市商报价作为人民币对美元汇率中间价的计算样本，去掉最高和最低报价后，将剩余做市商报价加权平均，得到当日人民币对美元汇率中间价，权重由交易中心根据报价方在银行间外汇市场的交易量及报价情况等指标综合确定	由交易中心分别根据当日人民币对美元汇率中间价与上午 9 时国际外汇市场欧元、港元、加拿大元对美元汇率套算确定	交易中心于每日银行间外汇市场开盘前向银行间外汇市场相应币种的做市商询价，将做市商报价平均，得到当日人民币对日元、英镑、澳大利亚元、新西兰元、马来西亚林吉特和俄罗斯卢布汇率中间价

2. 一级交易商

中国人民银行于 2006 年 1 月 4 日在银行间即期外汇市场推出询价交易方式（OTC 方式），并引入做市商制度。新市场框架虽然继续保留撮合交易方式，但场外市场是外汇市场的主体，主要由做市商向市场提供流动性，与外汇市场交易方式的转变相适应。

在外汇市场以 OTC 方式为主的市场模式下，市场成员主要在双边授信的基础上，通过双边询价、双边清算进行外汇交易，中央银行进行外汇公开市场操作不但需要考虑交易对手的价格传导能力、市场信息的收集和反馈能力，还需考虑其信用风险状况。发达国家中央银行（美联储和欧洲中央银行等）外汇公开市场操作的一般做法是，选择信用状况好、承诺向中央银行及时报告信息的金融机构作为外汇交易对手，也称外汇一级交易商，以保证中央银行公开市场外汇操作的安全性和效率。而且，从维护各国中央银行外汇公开市场操作的有效性出发，尽管有的中央银行会公布外汇一级交易商的准入标准，但所有的中央银行均不公布外汇一级交易商的名单。

借鉴发达国家中央银行外汇公开市场操作的成熟做法，适应中国外汇市场结构的变化，中国人民银行决定建立外汇一级交易商制度，并公布《外汇一级交易商准入指引》。根据《外汇一级交易商准入指引》，凡具备外汇市场做市能力的外汇指定银行，只要遵守有关经济和金融法律、法规及中国人民银行各项规定，符合监管当局的监管指标要求，且信用状况达到中国人民银行要求的标准，可向中国人民银行申请外汇一级交易商资格。中国人民银行根据申请人在银行间外汇市场交易的活跃程度以及市场信息的收集和分析能力，决定是否同意其成为外汇一级交易商。

经中国人民银行指定的外汇一级交易商，在享有与中央银行交易权利的同时，需履行相应的义务，具体包括：在银行间外汇市场积极做市，保持市场价格平稳；按照诚实信用的原则与中央银行进行外汇交易，提供市场最优报价；与中央银行保持沟通，按要求及时报送有关信息等。中国人民银行根据外汇一级交易商履行义务的情况，定期进行评估，对评估结果不合格的外汇一级交易商，中国人民银行将暂停或取消其资格。

建立外汇一级交易商制度，有助于传导中央银行外汇公开市场操作的政策意图，通过影响市场预期，促使市场交易行为回归理性，从而以较低的操作成本迅速稳定外汇市场，实现较高的外汇公开市场操作效率，增强中央银行外汇公开市场操作的市场化程度。外汇一级交易商集中了外汇市场主要的供求信息，中央银行通过外汇一级交易商能比较全面地了解市场信息和预期的变化，有助于全面、及时把握外汇市场动态，稳定市场。外汇一级交易商通过履行做市义务，向市场连续提供双边报价，能够维持市场流动性，平滑市场汇率波动和提高交易活跃程度。

3. 即、远、掉期做市商

银行间外汇市场做市商，是指经国家外汇管理局（以下简称外汇局）核准，在我国银行间外汇市场进行人民币与外币交易时，承担向市场会员持续提供买、卖价格义务的银行间外汇市场会员。

银行间外汇市场做市商分为即期做市商、远期掉期做市商和综合做市商。即期做市商是指在银行间即期竞价和询价外汇市场上做市的银行。远期掉期做市商是指在银行间远期、外汇掉期和货币掉期市场做市的银行。综合做市商是指在即期、远期、外汇掉期和货币掉期等各外汇市场开展做市的银行。

银行间外汇市场即期做市商和远期掉期做市商享有以下权利：

（1）适度扩大结售汇综合头寸区间，实行较灵活的头寸管理。

（2）享有向中国人民银行（以下简称人民银行）申请外汇一级交易商的资格。

（3）具有参与外汇市场新业务试点的优先权。

银行间外汇市场综合做市商除享有上述三项权利外，对于银行间外汇市场新批准交易品种，经外汇局批准交易资格后，可自动获得该交易品种的做市资格；可优先获得集中净额清算分层管理一级清算资格。

银行间外汇市场做市商应履行以下义务：

（1）在规定的交易时间内，连续提供人民币对主要交易货币的买、卖双向价格，所报价格应是有效的可成交价格。

（2）在银行间即期竞价和询价外汇市场上，报价不得超过人民银行规定的银行间市场交易汇价的浮动幅度。

（3）在外汇市场诚实交易，不利用非法或其他不当手段操纵市场价格。

（4）严格遵守外汇市场交易和结售汇综合头寸的相关管理规定，及时报送结售汇综合头寸日报表。

（5）每季度报送本机构的资本充足率、外币资产负债情况、本机构和境外关联金融机构的重大事件（如资信评级调整）及外汇局要求报送的其他资料。综合做市商还须每月向外汇局报告客盘结售汇变化及原因分析、报告期内对客户远期签约期限分布和报告期末对客户远期未到期敞口期限分布、国际外汇市场走势及重大事件分析和判断、境外资产运用情况及外汇局要求报送的其他资料。

4. 央行汇率干预

中央银行在外汇市场上的活动包括两个方面：

（1）作为政府的银行，在外汇市场上为政府和重要的国有企业进行外汇交易。在从事这类交易时，中央银行会尽量减少对外汇市场的影响。此外，各国中央银行之间、中央银行与国际金融机构之间也有外汇交易发生。

（2）中央银行作为管理者介入外汇市场，进行外汇买卖，通过政府干预影响汇率波动，干预外汇市场，其目的在于缓和汇率波动程度，保证政府实现既定的经济目标，并维持市场秩序。

布雷顿森林体系崩溃后，主要发达国家汇率相继浮动，汇率开始变得起伏动荡，汇率波动的幅度远超过同时期价格水平、利率和国际收支的波动幅度，为了稳定经济运行，各国政府经常地干预外汇市场。

外汇干预（FX Intervention）定义为：一国货币当局为改变本国货币的汇率而进行的买入或卖出外国货币的行为。根据央行进行外汇交易对国内货币供给量和国内经济的不同影响，外汇干预可分为非冲销干预（Un-sterilized Intervention）和冲销干预（Sterilized Intervention）两种。前者是指中央银行为干预本币不适当的升值或贬值，在外汇市场上买入或卖出一定数量的外汇。后者则是指中央银行为干预本币汇率，在外汇市场上买入或卖出一定数量外国资产的同时，为了避免由此产生的国内货币供给量的变化，而在国内公开市场上卖出或买入同等数量的本国债券的干预方式。

央行外汇干预的具体目标包括：

一是"平滑干预"，即"熨平汇率的暂时波动"，它是指央行执行"逆向干预"政策的主要目的是抵制汇率的短期波动，打击汇率投机，而并不是想使汇率变动的潜在趋势发生改变，这也是我们平常意义上的外汇干预。

二是"趋势中断干预"，它是指中央银行出于经济或政治的原因，为改变汇率的变动趋势而进行的外汇干预。

三是"引导干预"，它是指在汇率变动已完全失去控制时，中央银行进行的外汇干预，这种干预的目的是向公众宣告政府所支持的汇率变动方向，最后是央行为改变外汇储备的数量和组成结构所进行的其他外汇买卖。

外汇干预对汇率产生影响主要是通过货币、预期（或信号）以及资产组合平衡等三种渠道来起作用的。

货币渠道是央行买入或卖出外币资产，将导致该国外汇储备量的变化，又引起货币基础的变动，再通过货币乘数的作用进一步使国内货币供给量发生较大的波动，从而使国内货币市场和国内经济受到影响。

预期渠道建立在弹性价格货币模型基础上，冲销干预向外汇市场中的私人投资者提供政府有关货币政策的信号或信息，借此影响投资者对于外汇市场的预期及其决策行为，这一影响机制也被称作"信号渠道"。

资产组合平衡渠道是以资产组合平衡模型为基础来研究的，国内资产和国外资产被认为是不可完全替代的，汇率表现为金融市场波动的产物，它的变动起因于各金融资产的供求变化。理性经纪人将依据其财富总量的大小及各种资产收益率的高低来决定其资产组合中各种资产的份额，通过资产组合平衡渠道，各种资产的收益率发生了变动，影响了私人持有各种资产的比例，进而影响汇率水平。

非冲销干预主要通过货币渠道来影响汇率。冲销干预主要通过预期渠道和资产组合平衡渠道对汇率产生影响。

央行对汇率的干预能否奏效，事实上取决于干预对汇率波动影响因素的作用。一般地，影响汇率波动的因素主要是：市场基本经济因素的变动，如利率、国民收入、国际收支、通货膨胀等经济变量；人们对市场基本经济因素（变动）的预期；投机浪潮。

央行汇率干预时机的选择在很大程度上影响着干预效果。一般而言，央行在本币出现异常波动趋势之后与市场参与者对汇率变动的不良预期形成之前这段时间，入市干预的效果会比较理想。

在央行汇率干预的步骤方面，汇率干预理论认为，初始干预力度与干预成功的可能性之间往往呈正相关关系。初始大力度的抛售或吸纳既可以表明央行干预汇率的决心，又可以在短期内控制汇率恶性发展趋势，稳定投资者的预期，为进一步的干预奠定基础。此后，央行根据市场的发展趋势，可逐步调整干预力度，最后使市场趋于稳定。如果央行利用外汇入市干预汇率，同时配之以相应的财政政策和货币政策，干预成功的可能性就会大大提高。

关于冲销干预的时效，几乎所有国家的经验均表明，这种干预对汇率的影响只在短期内有效，非冲销干预亦是如此。因为汇率发展的长期趋势是由国内外相对的经济增长率、货币供应增长率、经济结构的相对变动等综合因素决定的。

冲销干预的缺陷促使各国同时寻求其他政策措施予以弥补。措施之一是放宽外汇管制。在贸易顺差过大和资本净流入的情况下，这可以减少经常账户盈余并鼓励资本外流以减少国外净资产的积累，同时也会使冲销效果显著提高。措施之二是当发生持续的外部冲击时，增大汇率的灵活性或对名义汇率进行法定升值或贬值。浮动汇率的不确定性有时能增加人们对国内资产的偏好，恰恰能阻止资本的流动。措施之三是进行财政政策的配合，紧缩或放松财政政策可以通过对总需求的调节来抵消外汇市场干预的负面影响。

（三）人民币汇率的历史走势阶段和成因

人民币对美元汇率的中间价

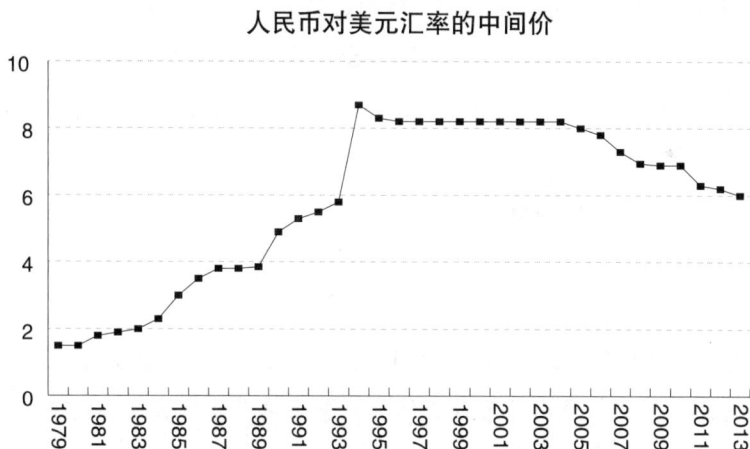

图 2-1　人民币兑美元汇率走势图

1.1979 年至 1984 年第一个双重汇率时期

如图 2-1 所示，这一阶段，政府决定实施双重汇率制度，一是对出口贸易采用贸易内部结算价，按照 1978 年的测算，1 美元的出口平均换汇成本为 2.56 元人民币，再加上 10% 的外贸经营利润，1979 年的汇率改革决定，内部结算价为 1 美元兑换 2.8 元人民币。其二是官方汇价，沿用旧有的一篮子货币加权平均的计算方法，1980 年 7 月为 1 美元兑换 1.5 人民币，该汇价适用于进口和服务贸易等交易内容。

这一时期的双重汇率制度，被国际社会认为是缺乏公平性的。此后，随着国际市场美元汇率的上升，官方汇率被逐渐调低，至 1984 年末两种汇率水平已经相当接近。

至 1985 年 1 月 1 日，内部结算价被取消，官方汇率被确定为 1 美元兑换 2.8 元人民币。至此，第一阶段的双重汇率时期结束。

2.1985 年至 1993 年第二个双重汇率时期

这一阶段，全国各地普遍设立了外汇调剂中心，放开外汇调剂市场汇率，通过外汇调剂来沟通外汇的供给与需求，从而形成了官方汇价与调剂汇价的双重汇率。

在 1993 年底，官方汇价涉及的外汇交易活动仅占 20% 左右，而反映外汇市场供求的调剂市场汇价则占到其余的 80%。随着两者在外汇交易活动中的重要性变化，人民币汇率制度实际上经历了从官方汇率为主导向外汇调剂市场汇率为主导的演变，并在 1991 年 4 月称为浮动汇率制度。

3.1994 年至 2005 年 7 月有管理的浮动汇率时期

从 1994 年 1 月 1 日开始，政府以 1 美元兑换 8.72 元人民币作为全国统一的人民币市场汇率，这一汇率水平比 1993 年年末的 1 美元兑换 5.7 元人民币贬值了约 35%。但这一币值并没有引起市场的恐慌，相反，在 1994 年至 1997 年，人民币汇率渐近升值了 4.5%。1997 年金融危机后，人民币对美元汇率保持相对稳定，这种状态持续到 2005 年 7 月。

这一阶段汇率水平的变化及后来的相对稳定状态源自中国人民银行于 1993 年 12 月 29 日公布的对中国外汇体制进行的重大改革。这一重大改革的主要措施包括：

（1）人民币官方汇率与外汇调剂市场汇率并轨。并轨后的人民币汇率实行以市场供求为基础的、单一的、有管理的浮动汇率制度。

（2）取消外汇留成制度，实行银行结售汇制度，允许人民币在经常项目下的自由兑换。

（3）取消强制性外汇计划，允许外汇使用者凭有效进口单据从指定银行购买外汇。

（4）取消任何形式的境内外币计价结算，禁止境内外币流通和指定金融机构以外的外汇买卖，停止发行外汇券及其流通。

（5）建立银行间外汇市场，形成全国统一的银行间外汇交易市场。

4.2005 年 7 月至 2010 年 6 月参考一篮子货币的浮动汇率制度

2005 年 7 月 21 日，中国人民银行宣布人民币汇率制度重要改革。主要内容包括：

（1）开始实行以市场供求为基础、参考一篮子货币进行调节、有管理的浮动汇率制度。

（2）将当日人民币交易价格调整为 1 美元兑换 8.11 元人民币，升值约 2%，并作为次日外汇交易市场的中间价。

（3）2006 年 1 月，在银行间外汇市场进一步引入询价交易方式（OTC 方式）和做市商制度，人民币汇率中间价改由 15 家中、外资银行做市商报价产生，人民币汇率形成机制的市场化程度进一步得到了提高。

这一阶段，国际热钱通过各种渠道流入中国，从事股票、房地产等行业的投机活动，而国家外汇管理局也出台了许多措施来加强控制。热钱流入和资本管制的博弈结果是：

（1）资本管制措施给热钱流入制造了门槛，有效控制了热钱流入，避免了热钱对中国宏观经济和资产市场造成的冲击。

（2）由于这一时期的贸易顺差和持续的资本流入，外汇储备继续迅猛增加，国家因此出台了一系列政策鼓励境内企业和个人开展境外投资，为境内资金向外投资的便利化创造了条件。

（3）经过这一阶段的汇率升值，人民币兑美元汇率升值幅度约合20%，再考虑到此期间国内物价水平的相对快速上升，人民币实际汇率已经发生了实质性的调整。

2008年下半年开始，美国次贷危机逐渐演变成一场全球性的金融危机，并对实体经济产生了严重影响。2008年7月底左右，中国收窄了人民币汇率波动幅度，没有参与国际上的竞争性货币贬值。从数据上看，2008年9月开始，人民币汇率在国际金融市场上开始面临贬值预期，国际金融市场上对人民币六个月远期汇率的贬值预期一度高达3%。虽然如此，人民币汇率在实际中仍然表现出了稳定的状态。

5.2010年6月19日至今对人民币汇率形成机制改革的再推进

2010年6月19日，中国人民银行宣布在2005年汇改的基础上进一步推进人民币汇率形成机制改革，增强人民币汇率弹性。这次汇改的特点有：

（1）本次汇改没有进行一次性的汇率水平重估，这不仅体现了本次汇改的渐进性，更重要的是体现了本次汇改的重心不在于汇率水平本身的调整，而在于对汇率制度改革的进一步推进。

（2）汇率的双向波动明显加强。这将避免外汇市场上形成人民币汇率的单边升值预期。

2011年末以来，离岸市场和在岸市场的价格信号显示，市场对人民币升值的预期发生分化，原来对人民币汇率的单边升值预期开始走向多元化。在此背景下人民银行再次对汇率制度进行了调整，自2012年4月16日起，银行间即期外汇市场人民币兑美元交易价浮动幅度由0.5%扩大至1%，即每日银行间即期外汇市场人民币兑美元的交易价可在中国外汇交易中心对外公布的当日人民币兑美元的中间价上下1%的幅度内浮动。外汇指定银行为客户提供当日美元最高现汇卖出价与最低现汇买入价之差不得超过当日汇率中间价的幅度由1%扩大至2%。就此，人民币汇率制度改革又迈出了重要的一步。

二、海外人民币市场的发展

(一) NDF 市场

1. 无本金交割外汇远期交易

无本金交割外汇远期交易（Non-Deliverable Forwards，NDF），是指一种外汇远期交易的模式，是一种离岸金融衍生品交易。无本金交割外汇远期交易由银行充当中介机构，供求双方基于对汇率看法（或目的）的不同，签订非交割远期交易合约。该合约确定交易的名义金额、远期汇价、到期日。当远期合约到期时，由于其中一种货币存在货币不可自由兑换的约束，无法进行本金交割，只能采用另一种货币进行净额结算，例如，在境外离岸市场上交易的人民币 / 美元的 NDF 合约到期时，就会统一采用美元进行净额结算，以规避人民币不可自由兑换的限制。交易双方根据确定的即期汇价和交易伊始时的远期汇价的差额计算出损益，由亏损方以可兑换货币（如美元）交付给收益方，不需要对本金进行交割。

NDF 交易的交易价格是按照一个贴补率进行的，而这一贴补率通常是由到期日前两天的即期汇率决定的，例如对一笔 30 天期人民币的 NDF 交易而言，交易当天，双方就未来 30 天后交割的人民币订下一个协议价格，在第 28 天时中国人民银行公布的人民币的即期价格就被用来计算与协议价格的价差。在第 30 天时，交易双方会就这一价差进行交割。

需要注意的是，在 NDF 交易中事先定好的协议汇率并不是最终支付价格，而仅仅是一种测度的基准，它最终要和到期日前两天的即期汇率相比较，并且只就差额部分进行交易，这一过程看起来有点像就未来的货币交割走势进行预测，预测对的人将获得汇差。

NDF 的期限一般在数月至数年之间，主要交易品种是一年期和一年以下的品种，超过一年的合约一般交易不够活跃。

NDF 主要用于实行外汇管制国家的货币。目前，亚洲地区的人民币、韩元、新台币等货币的非交割远期交易相当活跃。其兴起的直接原因是各国限制非居民参与本国远期市场。NDF 与外汇远期最大的不同在于 NDF 不需要交割本金，只需要交割到期时美元兑人民币中间价和 NDF 交易协定汇率之间的差额。另外，NDF 交易不需要真实的贸易背景，而远期结售汇需要遵循实需原则。

2. 人民币 NDF 市场

1996 年 6 月，人民币 NDF 市场建立，在新加坡开始交易。目前，新加坡、东京和中国的香港地区均存在较为活跃的人民币 NDF 市场，新加坡和中国香港的人民币 NDF 市场是亚洲最主要的离岸人民币远期交易市场，其主要参与者均是欧美国家中排名前

20 位的大银行和投资机构。

人民币 NDF 市场的参与者包括市场需求主体和做市商。其中，市场需求主体分为套期保值者和投资者，前者主要包括在中国大陆有大量人民币收入的跨国公司，以及总部设在中国香港的内地公司；后者主要为国际对冲基金。做市商主要由欧美等国的大银行及投资机构充当，它们作为供给主体满足 NDF 市场需求主体的相应需求。

人民币 NDF 之所以出现，一方面是由于中国一直实施外汇管制，人民币在资本项目下不可自由兑换，境外投资者很难得到人民币，中国内地缺少真正意义上的外汇远期市场。另一方面，随着中国的经济发展，中国成为世界上最大的资本输入国之一，那些在中国有大量人民币收入的跨国公司，有规避可能面临的人民币汇率风险的需求。

3. 人民币 NDF 市场报价、交易及清算方式

人民币 NDF 是典型的 OTC（场外交易，或称为柜台交易）产品，在金融机构间直接询价成交，没有相关的系统，也很少通过经纪商。

人民币 NDF 产品的运行机制较为简单，一般采用标准的外汇远期市场双向报价的惯例，即以即期市场的升水或者贴水表示。

不交割人民币远期合约具体操作说明：

客户买入一年期一百万美元，沽出人民币不交割远期合约

客户买入：美元一百万

交易日：2010 年 8 月 23 日

观测日：2011 年 8 月 23 日

交割日：2011 年 8 月 25 日

合约汇率：6.6800

定价：观测日当天人民银行于 09:15 刊登于路透社"SAEC"版面的美元兑人民币即期汇率

交割形式：人民币应付款项根据定价转换为美元金额。交易双方只交割美元的差额

（二）CNH 市场

1. 香港离岸人民币市场

香港离岸人民币市场，也就是人们所称的 CNH 市场（The offshore CNY market in Hong Kong）是由政策推动的人民币的境外本币离岸金融市场。

中国为了提升在国际金融领域中的地位和影响力，提出了人民币国际化战略，香港人民币离岸市场作为人民币国际化战略的重要步骤，在政策推动下逐渐建立起来。所以，人民币国际化战略是香港人民币离岸市场建立的重要背景。

中国在建立香港人民币离岸市场过程中，没有明确的设立时间，香港离岸人民币

回流机制的正式启动以及香港离岸人民币产品体系框架的基本形成，可以看作是香港人民币离岸市场的初步形成。

小阅读

CNH 市场报价

香港财资市场公会 2011 年 6 月 23 日宣布，2011 年 6 月 27 日将正式推出美元兑人民币（香港）即期汇率定盘价，即离岸人民币的汇率定盘价。

定盘价是从指定的报价银行所提供的中间报价中，剔除两个最高及两个最低的报价，再取其平均数而定出。香港财资市场公会指出，定盘价将成为香港时间上午 11 时离岸人民币市场的汇率基准，并可作为离岸市场的人民币产品定价的参考汇率。

15 家活跃于离岸人民币市场的银行获得香港财资市场公会指定，为计算定盘价提供报价。包括中银香港、恒生银行、汇丰银行、工银亚洲、中信银行国际、星展银行香港、渣打香港以及美国银行、交通银行、花旗银行、法国巴黎银行、德意志银行、苏格兰皇家银行、瑞士银行和摩根大通银行的香港分行。

信息供货商路透集团已获委任为计算机构，负责计算及公布美元兑离岸人民币的即期汇率定盘价。该离岸人民币的汇率定价将在每周一至五的香港时间上午 11 时 15 分，于路透交易代码及路透页面 CNHFIX 公布。

（来源：第一财讯，2011 年 6 月 23 日）

2.CNH 市场交易及清算方式

香港人民币离岸市场拥有统一的清算体系，中国人民银行通过中国银行（香港）有限公司实现离岸人民币的清算。中银香港作为香港人民币清算业务的唯一清算行，将离岸人民币存放在中国人民银行深圳分行并获得存款利息。中银香港扣除手续费（或称经营成本）再向参加行支付利息，参加行再扣除手续费后，才将剩余利息支付给客户。

2011 年 4 月 8 日，中银香港为人民币业务参加行推出人民币托管账户服务。在人民币托管账户方案下，有需要开立人民币托管账户的参加行，可与中银香港签订《人民币托管账户开户书》。完成开户手续后，参加行可将人民币资金经清算行转存至清算行代参加行于中国人民银行开立的账户内。央行代客账户内的存款并不反映在清算行的资产负债表上，故人民币托管账户方案可以有效地降低有关参加行对清算行的交易对手风险。目前，离岸人民币的回流主要通过清算体系来完成（如图 2-2）。

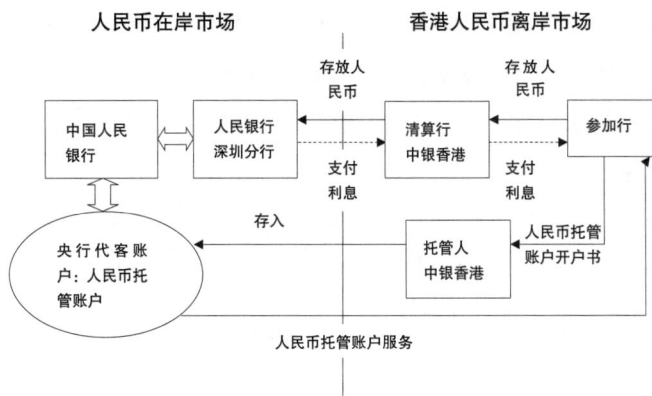

图 2-2　香港离岸人民币清算体系

三、境外人民币衍生品现状与发展

境外的人民币衍生品形成于 1996 年，与境外人民币衍生品市场相比，境内的人民币衍生品交易还比较落后，除了商品期货外，国内最早的金融衍生品是 1997 年 4 月开始的人民币远期结售汇。我国国内的人民币衍生品市场还处于一个相对落后的发展阶段，远远不能满足各个经济主体的需要。

汇改以来，随着完善人民币汇率形成机制进程的不断实施，我国金融衍生品市场创新的步伐明显加速，人民币衍生品也取得了可喜的成绩。然而，与活跃的境外市场相比，国内人民币衍生品市场发展仍然相对滞后。2006 年 3 月中旬，银监会向取得衍生品交易资格的 57 家中外资银行印发了市场风险检查问卷和表格，对这些银行的风险管理政策、程序及其执行情况和各类衍生品的交易量进行了摸底，并对 8 家中外资银行进行了市场风险的现场检查。通过报表问卷检查和现场检查的数据结合来看，银行间的金融衍生品，从交易量、交易金额、交易品种等各个方面，都有了相当大的发展。从产品的类型来看，银行交易的金融衍生品还是以外汇类型为主，其次是利率类型的衍生品，而其他产品做得相对较少。此外，也有几家国内银行和外资银行开始进行交易信用衍生品。几年来，国内衍生品市场有了很大的发展，然而，这个市场中还存在诸多问题，例如：我国银行人民币远期结售汇业务依然很不活跃、外汇交易有限等，正确认识这些问题，对于有效分析相应对策具有重要意义。

人民币衍生品在国内外的发展情况大不相同，例如人民币衍生品形成的时间、人民币衍生品市场的规模、人民币衍生品交易的规模等。

境外的人民币衍生品形成于 1996 年，交易品种为人民币无本金交割远期（NDF）。形成初期的流动性很差，2002 年以后交易量开始上升。到 2003 年，人民币无本金交割远期（NDF）合约交易额已达到 1,500 亿美元左右。其中主要交易品种有人民币无本金交割远期（NDF）、无本金交割期权（NDO）、无本金交割远期期权（NDFO）、无本金交割掉期（NDS）、结构性票据（Structured Notes）、与人民币升值挂钩的外汇存款等。这其中，交易最活跃的为人民币无本金交割远期（NDF），主要发生在香港、新加坡等地的金融市场。

随着 2005 年 7 月 21 日人民币汇率改革的进行，人民币开始面临着巨大的升值压力，国际金融市场对人民币汇率产品也日益关注。2006 年 1 月 14 日，恒生银行和东亚银行等香港 11 家银行推出零售人民币 NDF。2006 年 8 月 28 日，芝加哥商业交易所在其 GLOBEX 电子交易系统上推出人民币外汇期货和期权交易。

> **小阅读**
>
> ### 中国外汇市场改革历程
>
> 　　1994 年初，中国外汇体制进行了重大改革，其主要内容是，实行外汇调剂市场汇率和官方汇率的并轨，取消外汇留成制，在银行结售汇的基础上建立银行间外汇市场，实行以市场供求为基础的、单一的、有管理的浮动汇率制。改革后的实践证明这次外汇体制改革是非常成功的，外汇供给持续大于需求，人民币汇率稳中有升，国家外汇储备不断增加。但与成熟的外汇市场相比，中国银行间外汇市场还处于发展的初级阶段，其在市场交易工具、市场活跃程度和市场竞争方面都存在着较大的发展空间。
>
> 　　作为人民币汇率制度改革不断深入的重要组成，中国的外汇市场大体经历了三个发展阶段：
>
> 　　第一个阶段，1994 年前彼此分割的外汇调剂市场。人民币汇率制度的改革是从 1978 年召开的党的十一届三中全会后开始的。1978 年至 1985 年基本上是单一固定汇率制度：1980 年，开展了外汇额度调剂业务；1981 年，实行公布牌价与贸易结算价双轨制；1985 年，取消内部结算价。从 1985 年至 1994 年是汇率双轨制：1986 年，允许三资企业进行外汇调剂；1988 年，扩大调剂市场的范围，放开外汇调剂价格。
>
> 　　第二个阶段，建立统一的外汇市场、实现人民币经常项目下可兑换。1993 年 11 月中共中央《关于建立社会主义市场经济体制若干问题的决定》指出"改革外汇管理体制，建立以市场为基础的有管理的浮动汇率制度和统一规范的外汇市场。逐步使人民币成为可兑换的货币"；中国人民银行决定从 1994 年 1 月 1 日起，开始实行人民币汇率并轨，并轨后的人民币汇率，实行以市场供求为基础的、单一的、有管理的浮动制。在银行结售汇制基础上建立全国统一的银行间外

汇交易市场。

在中国的外汇市场上，零售市场包括外汇指定银行及其客户（企业和个人），企业和个人买卖外汇必须通过外汇指定银行；银行间市场是批发市场，成员包括外汇指定银行、具有交易资格的非银行金融机构和非金融企业。外汇指定银行是连接零售市场和银行间市场的桥梁，中国外汇交易中心提供银行间外汇交易平台。中国人民银行根据前一日银行间外汇市场形成的价格，每日公布人民币对美元交易的中间价，并参照国际外汇市场变化，同时公布人民币对其他主要货币的汇率。银行间外汇市场的运作模式是实行会员制、集中撮合成交、本外币资金集中清算。建立银行间外汇市场时交易品种只有人民币对美元、人民币对港币和人民币对日元的三个即期交易品种，人民币对美元交易占市场总份额的90％以上。银行间外汇市场的主要作用：一是有效统一了人民币汇率；二是保障了结售汇制度的顺利实施；三是便利央行的宏观调控由直接调控向间接调控转变。随着中国外汇市场改革的深入，从1996年2月1日起，我国实现了人民币经常项目可兑换。

第三个阶段，深化外汇市场改革、完善人民币汇率形成机制。2005 年 7 月21 日中国政府启动了完善人民币汇率形成机制的改革。开始实行以市场供求为基础，参考一篮子货币进行调节，有管理的浮动汇率制度。人民币汇率不再盯住单一美元，形成更富弹性的人民币汇率机制。人民币对美元即日升值2%，即1美元兑8.11 元人民币。

（来源：李豫. 中国外汇市场改革与人民币国际化 [D].

上海：上海金融学院，2012，6-7）

☐ Tips

人民币汇率与人民币国际化

最近一段时间以来，伴随着美国政府债务问题的再次出现，美国政府部门"关门"以及中国经济的企稳回升，人民币汇率再次快速升值，人民币兑美元汇率一度攻破6.10大关，创历史新高。人民币汇率与国际化的发展对于我国国民经济的长远发展有着十分重要的影响，因此本文就对这一问题进行了专门研究。

一、人民币汇率与国际化的发展现状

2005 年以来，随着人民币汇率改革的实施，人民币的汇率出现了较为明显的变化，国际化进程也得到了快速推进。作为我国经济发展的重要内容，人民币汇率与国际化的发展现状主要具有以下几个特点。

（一）人民币汇率快速升值

人民币汇率快速升值，是近年来人民币变化中最为显著的特点。2005 年年初时，美元兑人民币的汇率为 8.2765，而到了 2013 年的 10 月 21 日，这一数据达到 6.1352，升值近 25%，其中人民币汇率曾攻破 6.1 的大关。而从人民币升值的过程上来看，其基本保持着稳定升值的态势，除了在 2008 年出现停滞外，并没有出现太大的波动。人民币的持续升值，一方面是由于近年来中国经济的持续发展，经济实力与国际收支水平显著增强，为人民币的升值提供了强有力的基础支撑；另一方面，人民币升值的快速进行也与发达国家国内经济频繁出现问题，主流货币地位动摇有着密切的关系。

（二）人民币国际化水平快速提高

人民币国际进程的推进始于 21 世纪初，随着我国国民经济发展水平的不断提高，综合实力的不断增强，特别是国际贸易规模的快速扩大，人民币的国际化进程也得到了很大程度的加快。2011 年我国人民币跨境贸易结算突破两万亿大关，达到 2.08 万亿，增长了 3.1 倍；而 2012 年，我国跨境贸易人民币结算量仍旧保持较快增长的速度，银行累计办理跨境贸易人民币结算业务 2.94 万亿元，同比增长 41%。人民币跨境结算数量的大幅增加，反映的是国际贸易中人民币使用范围的快速扩大。近年来，我国不断推进人民币在对东盟等国家和地区双边贸易中的结算使用，使人民币与我国对外贸易的快速发展更加紧密地结合在一起，不仅有利于我国对外贸易的快速发展，也对人民币的国际化起到了十分重要的推动作用。

（三）改革压力越来越大

虽然，从近年来人民币汇率与国际化的发展轨迹和现状上来看，人民币的总体发展形势较为良好。然而，我们必须客观地看到，当前人民币的快速发展，其主要依赖的是我国国民经济的快速发展，而在汇率形成机制方面并没有深彻的改变。因此，从这一角度来看，人民币当前的发展在制度与货币层面存在着明显的缺陷。如果人民币的汇率制度不进一步地进行深入改革，则人民币汇率与国际化的发展将无法深入推进，包括货币自由兑换、汇率市场化等内容的缺失将直接限制人民币的未来发展。因此，对人民币的发展而言，改革压力也越发突出。而且，从刚刚成立的上海自贸区的人民币改革措施上来看，国家有意以上海自贸区为试点，推进人民币汇率制度的深彻改革。

二、人民币汇率与国际化发展的影响因素

人民币作为我国经济社会发展中的重要工具，其汇率的变化与国际化的发展也会受到各种因素的影响，而这些因素中，既有内部因素，也有外部因素。

（一）内部影响因素

1. 国民经济发展状态

国民经济是人民币汇率与国际化发展的基础，近年来，人民币汇率与国际化的快速发展与我国经济的崛起有着密不可分的关系。作为一种交换工具，货币本身是不具备价值的，而其交换价值的由来在于它能够利用稳定的交换关系来确立自身的权威，而这种权威构成了货币的购买力基础。以人民币为例，中国经济的快速发展，为人民币在国际市场上的使用提供了强大的支持，有了人民币就可以从中国获得自己想要的商品。正是在这种强有力的购买力基础支持下，人民币的汇率与国际化才会得到快速的发展。

2. 对外贸易的发展水平

对外贸易是影响人民币汇率与国际化发展的直接影响因素，货币汇率制度产生的起源就在于更好地促进国与国之间贸易的开展。而对外贸易对人民币的影响主要包括两个途径。一是在汇率方面，对外贸易的快速发展，特别是出口量的增加，会使外汇市场上人民币的需求大幅增加，进而拉动人民币汇率的升值，而随着对外贸易规模的扩大，人民币在外汇市场上的交易总量也将大幅提高，这也会对人民币汇率的提升起到极强的促进作用。二是在国际化方面，对外贸易的快速发展会极大地扩展人民币的影响范围与使用范围，为了更好地与中国进行贸易，其他国家将更加倾向于在对华贸易中使用人民币，这也就从需求的角度带动了人民币的国际化。

（二）外部影响因素

从人民币的发展过程上来看，国际性因素是其中不可忽视的一个重要影响因素。总体来看影响人民币发展的国际性因素主要包括三个部分。一是国际主流货币的"阻击"作用。虽然，近年来人民币的汇率与国际化水平有了较大的提升，但与国际主流货币——美元、欧元、瑞郎等货币相比还有较大差距，而这些货币地位的存在本身就是对人民币发展的一个限制；二是国际金融投机力量。随着现代信息技术的快速发展，外汇投资开始成为国际金融投资的一个重要组成部分，也成为了国际金融巨鳄攻击的重点。国际金融巨鳄对于一国货币的攻击往往会对该国货币的发展造成不利影响，例如当年的东南亚金融危机，其导火索就是国际金融投机力量攻击泰铢；三是国际政治的影响。2008 年之后，国际社会特别是欧美国家对于人民币升值的要求就不曾间断，对人民币汇率的变化产生了一定的外部压力。

三、人民币汇率与国际化未来的发展趋势

（一）短期内

从短期来看，在当前国内外经济环境低迷的情况下，人民币汇率的变化以确保国内经济的稳定发展为出发点，稳步推进汇率制度的改革，以发挥出汇率制度本身所具有的"防火墙"作用。同时，考虑到中国经济自身所存在的问题也较为突出，人民币的快速升值对于国民经济的恢复发展有着不利影响。因此，在短期内，人民币的汇率水平仍会保持升值势头，但总体的升值空间较为有限。而在国际化方面，近期内人民币的国际化仍将以地区性为主，通过双边的货币交换与结算等方式逐步扩大人民币的使用范围和使用量。总体来看，人民币的国际化水平会有一定程度的提升，但并不会出现质的变化，不会成为国际交易市场的主流货币。

（二）长期内

从长期来看，随着我国经济发展水平的进一步提高，特别是产业结构调整的完成，我国的经济发展质量实现新的跨越，这就将从经济基础的角度为人民币汇率的发展奠定坚实基础，也将从根本上推动人民币汇率制度市场化改革的深入进行。而一旦人民币汇率制度完成市场化的改革，加之中国经济崛起所积累起的雄厚基础，人民币汇率将出现大幅升值的局面。同时，在国际化方面，伴随着国民经济的崛起，以及人民币汇率制度改革的完成，人民币国际化的制度约束将被根本性的打破，以中国经济与庞大对外贸易为基础的人民币将快速成为世界主流货币之一，在国际金融、外汇市场上发挥越来越重要的作用。

四、结论与思考

人民币汇率与国际化的发展事关我国国民经济的健康运行。从近年来人民币的发展轨迹上来看，其基本处于良性发展的轨道上，对于促进国民经济发展，"屏蔽"经济危机影响起到了十分重要的作用。然而，从我国国民经济以及人民币的长远发展来看，推动人民币的汇率改革都是必然的选择。从目前我国宏观经济的发展趋势上来看，除了人民币自身的汇率制度之外，已经没有什么因素能够对人民币的发展产生决定性的限制作用。虽然人民币的汇率改革会面临很大的风险与阻碍，但我们仍然需要坚定汇率改革的信心，只有通过改革才能释放出人民币未来发展的巨大潜能，为国民经济发展发挥更大的积极作用。因此，在未来，我们应该在充分考虑国民经济发展现状的基础上，以国民经济承受能力为基准，稳步而大胆的推动人民币的汇率制度改革，为人民币汇率与国际化的发展创造坚实的基础。

（资料来源：http://d.wanfangdata.com.cn/Periodical_shidjm201319062.aspx 万方数据库）

思考题：

（1）试简述当今外汇市场有哪些特征。

（2）试列举影响汇率的各种因素。

（3）简述不同货币制度下汇率决定的基础。

第三章　外汇产品与风险管理

第一节　即期外汇交易

🔍 **案例**

H、F、G 三位先生在 1 月 26 日这一天，分别将各自银行账户内的 1,000 欧元兑换成人民币，然而三人得到的人民币金额却不一样。H 兑换得到 8,367.4 元，F 兑换得 8,633.9 元，G 兑换得 8,657.1 元。同一天，H 与 G 兑换所得人民币相差 289.7 元。为什么会产生这种差距？

即期交易的定义

即期外汇交易（Spot Exchange Transaction）也称现汇交易，是指外汇银行与其客户或与其他银行之间的外汇买卖成交后，原则上两个工作日内办理交割的外汇业务，是外汇市场上最常见、最普通的交易形式。

即期外汇交易的基本作用在于满足临时性的付款需求，实现货币购买力的转移；调整各种货币头寸；进行外汇投机等。即期外汇交易的汇率是最重要的，因为它构成了所有外汇交易的基础。

📖 **小阅读**

现汇与现钞

现钞买入价和现汇买入价是不同的。现钞是指由境外携入或个人持有的可自由兑换的外国货币，例如美元、日元、英镑等。现汇是指由国外汇入，或由境外携入、寄入的外币票据和凭证，例如境外汇款和旅行支票等。

由于人民币是我国的法定货币，外币现钞在我国境内不能作为支付手段（只能在规定的场所使用），只有在境外才能成为流通货币。由于银行在使用外币现钞过程中需要支付包装、运输、保险等费用，而且银行收入现钞要经过一段时间积累到一定金额后才能将其运送并存入外国银行，其中产生了一些利息的损失。而现汇作为账面上的外汇，它汇出境只需进行账面上的划拨就可以。因此，现钞的买入价要低于现汇的买入价。外汇买卖价详情如下（如表3-1）。

表3-1　外汇买卖价

货币名称	交易单位	现汇买入价	现钞买入价	现汇卖出价	现钞卖出价	中行折算价
澳大利亚元	100	579.89	562	583.97	583.97	573.27
加拿大元	100	564.86	547.42	569.4	569.4	557.78
瑞士法郎	100	708.97	687.08	714.67	714.67	708.41
丹麦克朗	100	115.67	112.09	116.59	116.59	115.75
欧元	100	863.39	836.74	870.33	870.33	850.67

💲案例

前述案例中，H 在兑换前，先将 1,000 欧元取出来变成欧元现钞，再兑换成人民币，这样是以现钞价兑换，用当天欧元"现钞买入价"836.74 元 /100 人民币；而 F 直接将现汇账户中的欧元兑换成人民币，用当天欧元"现汇买入价"863.39 元 /100 人民币。精明的 G 用当时汇率卖掉 1,000 欧元现汇，买入 1,387.33 美元现汇，再用当天美元"现汇买入价"624.01 元 /100 人民币，换到了 8,657.1 元。

📈学以致用

本行即期外汇买卖产品

1. 产品定义

· 定义：指我行根据客户的交易指令，按即期市场价格买卖外汇，并在交易日之后两个工作日（含）以内交割的业务。

· 交易币种：同结售汇币种（包括美元、欧元、日元、英镑、瑞士法郎、澳大利亚元、加拿大元、香港元、瑞典克朗、新加坡元、挪威克朗等）。

2. 目标客户

适用于有外币转换需求的公司客户，用于进出口贸易结算、支付信用保证金、外币资产保值增值等目的。

3. 产品功能

满足客户特定币种对外支付要求，通过优化币种结构实现资产的保值增值。

4. 产品优势与特色

·可以满足客户的支付需要。通过即期外汇买卖，客户可将一种外币及时兑换成另一种外币，用于进出口贸易、投标、海外工程承包等外汇结算或归还外汇贷款。

·调整客户外币的币种结构。如果客户未来一段时间必须持有多元化的外汇资产，则根据分散风险的原则，通过即期外汇买卖，分别持有不同币种、不同比例的外汇资产。

·满足客户对外汇投资、保值增值的需要。客户可以根据自己的专业知识和市场预期买入看涨的货币。

5. 收费标准

无手续费。

6. 案例参考

某公司近期需对外支付日元，但目前只有美元资产，没有日元资产，则可以通过即期外汇买卖，卖出美元，买入日元，满足即期支付需求。

第二节　远期外汇交易

⑤ 案例

2013年5月，S公司为了购买原材料而借入一笔美元贷款。同时S公司在日本市场的销售收入为日元，S公司用收入的日元通过外汇市场兑换成美元来支付美元本息。如果S公司需要在6个月后（2013年11月）支付一笔美元的本息费用。但公司的财务总监认为未来日元有贬值的倾向，那么到时候，为了支付美元本息可能就需要更多的日元，这对于公司来说就存在日元贬值的风险。问：S公司如何通过金融市场规避未来日元贬值的风险？

一、远期外汇交易的概念

远期外汇交易（Forward Exchange Transaction）又称期汇交易，指外汇买卖双方签订外汇远期买卖合同，在合同中规定买卖外汇的币种、金额、汇率和将来交割的时间，到未来规定的交割日期，按合同由卖方交汇、买方付款的一种预约性外汇交易。最常见的外汇远期交易的交割期一般有1个月、2个月、3个月、6个月、12个月。买卖远期外汇所使用的汇率叫远期汇率。

远期外汇交易根据交割日的不同，分为固定交割日的远期外汇交易和选择交割日的远期外汇交易。固定交割日的远期外汇交易是指交易的交割日期是固定的。交易双方必须在约定的交割日期办理外汇的实际交割，此交割日不能提前也不能推后。

选择交割日的远期外汇交易又称择期外汇交易，是指在做远期外汇交易时，不规定具体交割日期，只规定交割的期限范围。择期外汇交易主要是为了弥补固定交割日的远期外汇交易的局限性而产生。因为固定交割日的远期外汇交易必须确切地知道收付外汇的具体日期，但在实际交易中，进出口商往往并不能确定付款或收款的确切日期，在这种情况下，择期外汇交易应运而生。

📚 小阅读

远期外汇交易的目标客户

远期外汇交易适用于有外币转换需求的公司客户，用于进出口贸易结算、支付信用保证金、外币资产保值增值等目的。

（1）在国际贸易中，进口商经常会遇到合同中的结算币种与自身持有的货币币种不一致的情况。为避免外汇汇率波动风险，进口商可以提前进行远期外汇买卖，锁定汇率成本。

（2）在国际借贷中，借款货币与实际经营收益（通常指还款来源）的货币币种不一致。为避免外汇汇率波动风险，借款人可以提前进行远期外汇买卖，锁定汇率成本。

💲 案例

远期汇率的计算

假设前述案例中的S公司曾向银行借入6个月到期的8,352.4美元用于购买原材料，6个月到期的美元年利率为 0.6875%，因此到期本息为 8,381.1 美元。
而 S 公司在 6 个月（180 天）后会得到销售收入 100 万日元，公司在即期外汇市场
及美元和日元资金借贷成本如下：①即期汇率为 119.72 日元 /1 美元；②当前 6
个月期的美元年利率为 0.6875%；③当前 6 个月期的日元年利率为 0.0100%。不
考虑借贷利率的差别，S 公司为规避此汇率风险，可以采取以下步骤（如表 3-2）：

表 3-2　无风险套利步骤

无风险套利步骤	即期交易日的现金流	远期交割日的现金流
（1）在即期借入 999,950 日元	+999,950 日元	需要还的本金加利息 -999,950×（1+0.01%×180/360） =-1,000,000 日元
（2）在即期将（1）得到的 999,950 日元兑换成美元	+999,950/119.72 =+8,352.4 美元	
（3）将（2）得到的美元存入银行	-8,352.4 美元	得到的本加息： =8,352.4×（1+0.6875%×180/360） =8,381.1 美元
合计	0	-1,000,000 日元 +8,381.1 美元 =0

表 3-2 实际上给出了计算远期汇率的计算方法，用公式的形式表示如下：

$$F \times \left[1+\left(i_b \times \frac{Days}{Basis_b}\right)\right] = S \times \left[1+\left(i_q \times \frac{Days}{Basis_q}\right)\right]$$

$$F = S \times \left[\frac{1+i_q \times \dfrac{Days}{Basis_q}}{1+i_b \times \dfrac{Days}{Basis_b}}\right]$$

其中：F 是远期汇率，S 是当前的即期汇率，i_q 是报价货币（本案例中为日元）
的年利率，i_b 是基础货币（本案例中为美元）的利率，Days 是从即期到远期的天数，
$Basis_q$ 是报价货币一年的天数（计算日元我们假设一年为 360 天），$Basis_b$ 是基
础货币一年的天数（计算美元也是 360 天）。

本案例中，代入数据，

$$F = 119.72 \times \left[\frac{1+0.01\% \times \dfrac{180}{360}}{1+0.6875\% \times \dfrac{180}{360}}\right] = 119.32 日元/美元$$

因为远期交易市场的存在，S 公司不需要作表 3-2 中的三个步骤，只需要在远期外汇市场上做一个 6 个月后交割的美元对日元的远期外汇合约——即按约定的汇率用日元换美元，这样既能在 6 个月后取得所需的美元金额，而又能将日元和美元汇率锁定在一个固定的价格上。

二、远期外汇交易的汇率

（一）远期汇率的报价

1. 直接报价法

也称完整汇率报价方式（Outright Rate），是直接给出远期外汇交易的买入价和卖出价。瑞士、日本等国家采取这种报价法。

2. 掉期率报价法

掉期率也称远期汇水，指某一时点远期汇率与即期汇率的汇率差。升水（Premium）表示远期汇率比即期汇率高，贴水（Discount）表示远期汇率比即期汇率低，平价（Par）表示两者相等。

在汇率的直接标价法下：

远期汇率 = 即期汇率 + 升水

远期汇率 = 即期汇率 − 贴水

在汇率的间接标价法下：

远期汇率 = 即期汇率 + 升水

远期汇率 = 即期汇率 − 贴水

3. 点数报价法（Points）

点数是表明货币比价数字中的小数点以后的第四位数。一般情况下，汇率一天内的变动也就是几十个点，不到 100 个点。表示远期汇率的点数有前后两个数字，如 10/15，分别代表买入价和卖出价。直接标价法买入价在先，卖出价在后。间接标价法反之。

不论是直接标价法、间接标价法，还是国际市场上的美元标价法或非美元标价法，我们都可以按以下原则来计算远期汇率：

如远期汇率的点数前一数字大于后一数字，其实际远期汇率的计算方法则从相应的即期汇率减去远期汇率的点数；

如远期汇率的点数前一数字小于后一数字，其实际远期汇率的计算方法则在相应的即期汇率上再加上远期的点数。例如，在纽约外汇市场，即期汇率为 USD1=CHF 1.5086/91，3 个月远期为 10/15。由于瑞士法郎兑美元远期汇率点数为 10/15，前一个数字小于后一个数字，故实际远期汇率应在相应的即期汇率数字上加上远期点数，即 1.5096/1.5106。

（二）远期汇率与利率的关系

一般情况下，银行经营外汇业务必须要遵循"买卖平衡"原则，即银行卖出多少外汇，同时就要补进相同金额的外汇。假设英国一家银行卖出远期美元外汇多于买进的远期美元外汇，该银行就必须拿出一定金额的英镑去购买上述差额的美元外汇，将这笔美元外汇存入美国相关银行，这样在已卖出的远期美元外汇到期时才有美元外汇进行交割。如果美元利率低于英镑利率，银行就会发生利率上的损失，这笔损失应该由远期美元外汇的购买者承担。所以客户买进远期美元的汇率应该高于即期美元的汇率，从而发生升水。

假设英国伦敦市场的年利率为 4%，美国纽约市场的年利率为 1%，伦敦市场的美元即期汇率为 GBP1=USD1.77。如果英国银行卖出 3 个月期的远期美元外汇 17,700 美元，而未能同时补进 3 个月期的美元远期外汇，则该银行必须用 10,000 的英镑，按 GBP1=USD1.77 的比价购买 17,700 美元即期外汇，存放在美国纽约银行，以备 3 个月后向客户交割。因为英镑的年利率有 4%，而美元的年利率只有 1%，英国银行发生了利息损失，利息损失为：

$$10,000 英镑 \times \frac{4-1}{100} \times \frac{3}{12} = 75 英镑$$

这笔损失当然要由购买 3 个月期的远期美元外汇的客户承担，即客户要支付给银行 10,075 英镑才能购买 3 个月远期 17,700 美元，那么远期汇率的计算如下：

10,075 英镑:177,000 美元 =1 英镑:X 美元

X=1.756824 美元

所以，在英国伦敦市场 3 个月美元远期汇率为 GBP1=USD1.7568，比即期汇率 GBP1=USD1.77 升水 1.32 美分。

由上例可总结出远期汇率、即期汇率和利率三者的关系：

（1）其他条件不变，两种货币之间利率水平较低的货币，其远期汇率为升水，利率水平较高的货币，其远期利率为贴水。

（2）远期汇率与即期汇率的差异决定于两种货币的利率差异，并大致和利率差异保持平衡。

三、远期外汇交易的作用

远期外汇交易能为企业、银行、投资者规避风险，具体包括：

（一）规避国际贸易汇率风险

为减少外汇风险，有远期外汇收入的出口商可以与银行订立出售远期外汇的合约，将汇率锁定在指定的水平，防止因汇率下跌而造成的经济损失。同样的，有远期外汇支出的进口商也可通过与银行签订购买远期外汇合约，锁定未来外汇交易的汇率水平，防止因汇率上涨而造成的经济损失。此外，由于远期外汇交易的存在，有远期外汇收支的进出口商可以核算其进出口商品的成本，匡算利润，确定销售价格。

（二）外汇银行为平衡其外汇头寸而进行的必要抛补

前述的进出口商为避免外汇风险而进行的远期外汇交易，实际上把汇率变动的风险转嫁给了外汇银行。外汇银行的风险在于，当它与客户进行了多种交易后，会产生一天的外汇"综合持有头寸"或总头寸（Overall Position），银行往往很难实现买卖平衡，这样就出现了外汇的多头或空头。这样外汇银行就处于汇率变动的风险之中。外汇银行需要通过对不同期限不同货币头寸的余缺进行抛售或补进，由此达到外汇头寸的平衡。

（三）外币投资的套期保值

在没有外汇管制的情况下，若一国利率低于他国，该国的资金就会兑换成外币以对外进行短期投资。为了避免外币贬值而遭受损失，则投资者在投资的同时可做一笔远期交易，从而保证预期收益实现。

（四）进行外汇投机

当投机者预测某种外汇的未来汇率将高于到期远期汇率时，他会买入远期外汇，如果预测正确，到期就可以用更高的价格将买入的外汇出售，从而获得差额利润。反之，如果预测未来汇率将低于到期远期汇率，他会选择卖出远期外汇，如果到期日或到期前汇率果然跌至远期汇率之下，便可以用低价买入远期合约中卖出的外汇，从而获得差额利润。

四、外汇远期市场的发展

据国际清算银行（BIS）统计，截止 2012 年 6 月，全球单纯远期及外汇掉期交易市场的名义本金（Notional Principal）达到了 31 万亿美元的历史最高点。若以市场价值来衡量，全球单纯远期及外汇掉期交易市场的规模只有 0.7 万亿美元，总市值最高时也只有 1.8 万亿美元。

截至 2012 年 6 月，全球单纯远期及外汇掉期交易市场的投资者中，申报交易商和其他金融机构占了绝大多数，两者合计占比接近 90%。

🐚小阅读

远期合约与金融期货

远期合约（Forward Contract）是一种场外交易（OTC）的金融工具。交易双方通过直接协商（经常是通过电话），确定某一特定的交易金额和交割日期。

金融期货合约（Financial Futures Contract）是指协议双方同意在约定的将来的某个日期按约定的条件（包括价格、交割地点、交割方式）买入或卖出一定标准数量的某种金融工具的标准化协议。

期货合约和远期合约虽然都是在交易时约定在将来某一时间按约定的条件买卖一定数量的某种标的物的合约，但它们存在诸多区别（如表3-3）。

表3-3　期货合约与远期合约的比较

	远期合约	期货合约
标准化程度	遵循"契约自由"的原则，合约中的相关条件如标的物的质量等都是根据双方的需要确定的	期货交易所为各种标的物的期货合约制定了标准化的条款，只有价格是在成交时根据市场行情确定的
交易场所	没有固定场所，交易双方各自寻找合适的对象	在交易所内交易，一般不允许场外交易
违约风险	合约的履行仅以签约双方的信誉为担保，违约、毁约的现象时有发生，因而违约风险很高	合约的履行由交易所或清算公司提供担保。交易双方直接面对的都是交易所，即使一方违约，另一方也不会受到丝毫影响
价格确定方式	合约的交割价格是由交易双方直接谈判并私下确定的	价格是在交易所中由很多买者通过其经纪人在场内公开竞价确定的
履约方式	远期合约是非标准化的，转让相当困难，并且转让要征得对方同意，因此绝大多数远期合约只能通过到期实物交割来履行	期货合约是标准化的，当交易一方的目的达到时，他无须征得对方同意就可通过平仓来结清自己的头寸并将履约权利和义务转让给第三方
合约双方关系	由于远期合约的违约风险主要取决于对方的信用度，因此签约前必须对对方的信誉和实力等方面作充分的了解	期货交易中，交易者可以对对方完全不了解，甚至根本不知道对方是谁，这就极大地方便了期货交易
结算方式	远期合约签订后，只有到期才进行交割清算，期间均不进行结算	期货交易每天结算。当市场价格朝有利的方向变动时，交易者不必等到到期就可逐步实现盈利。当市场价格朝不利的方向变动时，交易者在到期之前就得付出亏损的金额

外汇期货是最早的金融期货合约，目前全球的外汇期货交易主要集中在芝加哥商品交易所的国际货币市场、新加坡国际金融交易所（SIMEX）和伦敦的国际金融期货交易所（LIFFE）。表3-4是港交所和CME人民币期货合约的比较情况。

表 3-4　港交所和 CME 人民币期货合约的比较

	CME（2011 年的标准合约）	港交所
合约标的	美元 / 人民币汇率	美元 / 人民币汇率
合约月份	未来连续 13 个日历月份以及此后的 2 个季度周期月份到期的共 15 份合约	现月、下三个月及之后的三个季月（即 3 月、6 月、9 月及 12 月）。香港期货交易所行政总裁可咨询证监会后而不时增设其认为合适的合约月份以供交易
合约规模	100,000 美元	100,000 美元
报价形式	1 美元的人民币价格	1 美元的人民币价格
最小价格波幅	RMB 0.001	RMB 0.0001
交易时间	周日至周五的每天下午 5:00 到第二天下午 4:00，交易 23 个小时（美国中部时间）	早上 9:00-下午 4:15（香港时间），早上 9:00-中午 12:00（圣诞节前夕、新年前夕及农历新年前夕）
最后交易日	合约月份第三个周三前一个交易日（通常是周二）的北京时间上午 9:00 点结束	最后交割日前两个交易日早上 9:00～早上 11:00（香港时间）
每日结算价格	交投活跃的近月合约可使用最后 30 秒交易价格的加权平均价格	结算所登记的 USD/CNH 期货合约价格
交割方式	现金交割	实物交割
交割日	合约月份的第三个周三	合约月份的第三个周三
交割结算价	中国人民银行每日上午 9:15 公布的即期中间价作为交割结算价	最后交易日早上 11:15 香港财资公会发布的香港 USD/CNH 定盘价
持仓限制	持有不同月份到期的期货合约净多头或净空头不得超过 6,000 份，对于当月到期的期货合约，到期前一周内持有的头寸都不得超过 2,000 份	对于交易所会员，直至最后交易日（包括该日）的五个香港工作日内，所有合约净额 8,000 份，及现货月未平仓合约不超过 2,000 份 对于每名客户而言，直至最后交易日（包括该日）的五个香港工作日内，所有合约月份合约净额合约共 8,000 份，及现货月合约未平仓合约不超过 2,000 份

续表

	CME（2011 年的标准合约）	港交所
大额交易最小手数	50 手	50 手

（资料来源：解读港交所人民币外汇期货合约．衍生品研究网
http://www.cifd.com.cn/）

第三节　掉期交易

一、掉期交易的概念

掉期交易（Swap Transaction）是指交易者与交易对手以约定汇率在某一交割日（近端交割日）以货币 A 交换一定数量的货币 B，并以另一个约定汇率在此交割日后的约定日期（远端交割日）用货币 B 反向交换同样数量货币 A 的业务。

掉期交易的目的是轧平各货币因到期日不同所造成的资金缺口，在掉期交易中，一种货币同时被约定买进和卖出，并且买进和卖出的数额是相同的，但是交割的期限不同。所以掉期交易不会改变交易者的外汇持有额，而是使交易者所持有的货币期限发生变化，从而达到规避汇率风险的目的。掉期交易适用于有返回性的外汇交易。

二、掉期交易的分类

（一）即期对远期（Spot Against Forward）

是指在买进或卖出一笔即期外汇的同时，卖出或买进相同金额的同种货币的远期外汇。交割期限大都为 1 星期、1 个月、2 个月、3 个月、6 个月。常见的掉期交易有如下几种形式：

（1）即期对次日（Spot-Next，S/N），是指在即期交割日买进或卖出，至下一个营业日做相反交易。这种掉期一般用于外汇银行间的资金调度。

（2）即期对一周（Spot-Week，S/W），是指在即期交割日买进或卖出，一个星期以后再做反向交易。

（3）即期对整数月（Spot-n Months，S/n M），是指在即期交割日买进或卖出，过几个月后做反向交易。n Months 表示 1 个月、2 个月、3 个月等。

（二）即期对即期

即期对即期的掉期交易（Spot Against Spot）是一种即期交割日以前的掉期交易。在即期交易中，标准交割日之前有交易日（Cash）和第一营业日（Tom）。在外汇交易中，有的交易者要求将交割日提前，如要求在交易日的当日交割或次日交割。这种类型的掉期交易常见的有如下几种：

（1）隔夜交易（Over-Night，O/N），是指在交易日做一笔当日交割的买进或卖出交易，同时做一笔第一个营业日交割的卖出或买进交易。

（2）隔日交易（Tom-Next，T/N），是指在交易日后的第一个营业日做买进或卖出交割，第二个营业日做相反的交割。

（三）远期对远期（Forward to Forward）

是指在即期交割日之后某一较近日期做买进或卖出交割，在另一较远日期做反向交割的交易。这种掉期形式多为转口贸易中的中间商所使用。

三、掉期交易的作用

（一）套期保值和防范汇率风险

例如，某公司向银行借入美元，要换成日元以进口日本商品。又担心美元升值，3 个月后以日元购回美元会导致汇价上的损失。这时公司可通过掉期交易避险。先卖出即期美元购入日元用于进口，再买回 3 个月远期美元，卖出日元用于 3 个月后的还款，这样既满足了公司目前的用汇需要，又将还款时日元购回美元的汇价固定下来，从而避免了美元升值带来的外汇风险。

（二）改变外汇的币种

例如，美国一家银行有一笔 18 万美元的资金暂时闲置 3 个月，因国内暂时没有投资机会，决定投向英国市场。首先把美元兑换成 10 万英镑（GBP1=USD1.8），再投入到伦敦市场，3 个月后，投资收回，再把英镑换成美元。但是如果把英镑换回美元时英镑贬值，该行可能换不回足额的美元，造成资金损失。所以为了避免损失，该行往往在投资的同时做一笔掉期交易，在买进 10 万英镑的同时，卖出相同数量的 3 个月远期英镑。

（三）调整资金期限结构

所谓资金期限结构是指支付外汇与收到外汇的期限分布，所谓调整就是当外汇收付时间不匹配时将所持有的即期外汇变成远期或是比原来期限短的远期，使得外汇收付时间一致。假如银行从客户手中买进 100 万 6 个月期的远期英镑，银行通常做如下操作以避免英镑贬值风险：

银行在买入这 100 万远期英镑之后，立即在同业市场售出 100 万即期英镑，同时进行买／卖 180 天远期 100 万英镑的掉期交易。这样既可避免英镑贬值风险，同时又可使银行英镑资金期限结构不匹配的情况得到调整。

总之，掉期交易的用途，或者是改变外汇的币别，或者是改变外汇的期限结构，目的都是保值。

📈 学以致用

本行产品：人民币与外币掉期

1. 产品定义

·定义：指客户与我行约定在期初以指定汇率进行一次交割，在期末按照另一指定汇率价格进行一次相反方向的交易，期初与期末交易所对应外币金额相同。到期外汇收入或支出发生时，按照合同中订明的币种、金额、期限、汇率办理结售汇业务。

掉期业务的近端是指前一次资金交换（期初）；掉期业务的远端是指后一次资金交换（期末）。

·交易期限：一年之内。对于一年期以上的客户需求，可根据市场情况受理。

·交易货币：外币与人民币之间的调换（包括美元、欧元、日元、英镑、瑞士法郎、澳大利亚元、加拿大元、香港元、瑞典克朗、新加坡元等）。

·与远期结售汇的区别：人民币外汇掉期业务为方向相反、外本金相同的两笔交易，可以认为是一笔即期结售汇和远期结售汇或两笔远期结售汇业务的组合。

2. 目标客户

有结售汇需求且贸易背景符合外汇管理规定的客户。

客户掉期近端换出的外汇资金，限于按照外汇管理规定可以办理即期结汇的外汇资金；掉期远端换出的外汇资金，限于近端换入的外汇资金。

客户可以通过掉期业务直接以人民币换入外汇，换入外汇资金的支付使用应符合外汇管理规定。客户掉期远端换入外汇资金原则上应进入原换出外汇资金账户；对于近端来自外商投资企业资本金账户、外债专户、外债转贷款专户的外汇资金，远端换入时可以进入经常项目外汇账户，不得再进入上述三类资本项目外汇账户。

3. 产品功能

·调整币种期限结构。

·调整起息日。

·规避汇率风险。

4. 产品优势与特色

·灵活调整币种期限结构，满足支付及汇率风险管理需求。例如，客户目前持有外币而需使用人民币，但在经过一段时间后又需要将人民币换回外币，可通过叙做人民币与外币掉期来调整币种期限结构。

·满足客户对原有远期结售汇交易交割日调整的需要。如公司叙做远期结售汇后，因故需要提前交割，可以通过叙做人民币与掉期业务对原交易的交割时间进行调整。

5. 风险提示

在规避汇率波动可能带来的损失的同时，也放弃了汇率向有利方向波动可能带来的收益。

6. 收费标准

无手续费。

7. 相关政策

同远期结售汇。

8. 操作流程

同远期结售汇。

9. 案例参考

2012年8月，某公司向美国出口产品，收到货款100万美元，同时该公司需从美国进口原材料，并将于3个月后支付100万美元的原材料款项。目前，该公司需630万人民币用于国内采购货物、支付员工工资等，3个月后国内销售货款回收650万人民币。此时，该公司可以叙做一笔3个月人民币与外币掉期交易，即期卖出100万美元，买入630万人民币；3个月后买入100万美元，卖出650万人民币。

通过人民币与外币掉期交易，解决公司币种期限错配问题，满足支付及规避汇率风险需求。

第四节 外汇风险及其管理

一、外汇风险概述

外汇风险，又称汇率风险，是指由于汇率波动而使以外币计值的资产、负债、盈利或预期未来现金流量的本币价值发生变动从而给外汇交易主体带来的不确定性。这种不确定性既可能是损失，又可能是收益，本节讨论的外汇风险专指损失而言。

外汇风险针对的是经济主体持有外汇的敞口头寸（Exposure Position，也称受险部分或风险头寸）而言，并非指其全部资产或负债。敞口头寸是指经济主体所持有的外汇资产与负债的差额。

一笔应收或应付外币账款的时间结构对外汇风险的大小有直接的影响，时间结构越长，外汇风险越大。因而，规避外汇风险，就要规避时间风险与价值风险两大部分。例如，一个企业 60 天后有一笔外汇收入，这里，既存在时间风险，也存在价值风险。如果该企业现在借入一笔与 60 天后收到的外汇收入等金额的外汇贷款，并将这笔贷款的偿付时间也规定在 60 天后，把将来的时间风险转移到了现在，这样就消除了时间风险，但是受汇率波动影响的价值风险仍然存在。如果要消除这种价值风险，还需要将外币借款换成本币，然后以本币进行投资，以获得一定的投资利润。

二、外汇风险的分类

按照外汇风险发生的时间阶段的不同，可将经济主体面临的风险分为三大类，折算风险（Translation Risk）、交易风险（Transaction Risk）和经济风险（Economic Risk）。

（一）折算风险

折算风险又称会计风险，会计风险是因为在评价外币计价的债权债务及决算时采用的汇率与初始记账时的汇率不同，从而产生的账面上的损益差异的可能性。会计评价结果会影响股东和投资者对企业的评价，对股票价格产生关联影响，影响企业的融资能力等。

（二）交易风险

交易风险是指由于以外币计值的未来应收款、应付款在以本币进行结算时，其成本或收益因汇率波动而导致损失的可能性。其本质是由于交易合同中的计价货币与本币不一致所带来的风险。

交易风险大致可分为如下三个类型：

（1）企业有以外币计价的应收款或应付款。

（2）外汇银行外汇买进卖出的不平衡。外汇银行买入外汇大于卖出外汇的多头部分，银行要承担该种外币汇率下降的风险；卖出外汇大于买入外汇的空头部分，银行要承担该种外币汇率上涨的风险。

（3）以外币计价的国际信贷活动中，在债权债务未清偿了结之前存在的交易风险。

（三）经济风险

经济风险又称经营风险，是指意料之外的汇率变动通过影响企业生产销售数量、价格和成本，而引起企业未来一定期间内收益或现金流量发生变化的一种潜在风险。这里所说的汇率变动是企业没有预料到的汇率变动，因为预测到的汇率活动，企业已经做了相应的处理。经济风险对企业的影响是长期和复杂的。

三、外汇风险管理的一般方法

任何可以完全或部分消除外汇风险的技术称为保值措施（Cover The Risk）。有的方法可以完全消除外汇风险，有的要几种方法相互配合、综合使用才能消除全部风险。要达到消除全部外汇风险（既消除时间风险，又消除价值风险）的目的，一定要针对风险创造一个与其方向相反、金额相同、时间相同的货币流动。

企业消除外汇风险的方法有很多种，包括货币选择法、配对法、货币保值法、外汇交易法、借贷投资业务法、国际信贷法等。本节主要介绍外汇交易法。除了前面介绍的即期交易、远期交易、掉期交易可用来对冲外汇风险外，期权、期货也常被用来对冲风险。

（一）期货交易法

外汇期货交易（Foreign Exchange Futures Transaction）又称货币期货交易，是指在期货交易所内，根据成交单位、交割时间标准化的原则进行的外汇期货合约买卖。外汇期货合约是交易双方承诺在未来某个确定的日期、按事先确定的价格交割特定标准数量外汇的合约。

运用外汇期货交易进行套期保值，主要是根据外汇期货价格与现汇价格变动方向一致的特点，通过在外汇期货市场和现汇市场的反向买卖，以达到对所持有的外汇债权或债务进行保值的目的。外汇期货套期保值分为买入套期保值和卖出套期保值。相对于远期交易而言，期货合约更适用于规避较小交易金额的外汇风险，对中小企业更为适用。

1. 买入套期保值（Buying Hedging）

也称"多头套期保值""买进对冲"。它指在现货市场处于空头地位的人，即将来的用汇者（如进口商等债务人），先在期货市场买入期货以锁定外汇的价格，当将来期货价格上涨时，再将其卖出，以补偿现货市场价格变动的损失。在芝加哥商品交易所，投资者可以买入和卖出价值 62,500 英镑的合约。在那里，期货的价格由每英镑兑换多少美元表示。

例如，假设 6 月 10 日美国某公司从英国进口了一批价值 250,000 英镑的商品，3 个月后支付货款，市场即期汇率为 GBP1=USD1.8420。为了防止 3 个月后英镑升值，而使进口成本增加，该公司买入 4 份 9 月到期的英镑期货合约，合约总值为 250,000 英镑（4×62,500），约定价格为 GBP1=USD1.8425。3 个月后，英镑果然升值，9 月市场即期汇率为 GBP1=USD1.8654，期货价格为 GBP1=USD1.8690，则套期保值过程（如表 3-5）：

表 3-5　多头套期保值

现汇市场	外汇期货市场
6 月 10 日 预付 250,000 英镑 汇率：GBP1=USD1.8420 折合美元：250,000×1.8420=460,500（美元）	6 月 10 日 买进 4 份 9 月到期的英镑期货合约 期货价格：GBP1=USD1.8425 价值：62,500×4×1.8425=460,625（美元）
9 月 10 日 买进 250,000 英镑 汇率：GBP1=USD1.8654 折合美元：250,000×1.8654=466,350（美元）	9 月 10 日 卖出 4 份 9 月到期的英镑期货合约 期货价格：GBP1=USD1.8690 价值：62,500×4×1.8690=467,250（美元）
损失：466,350-460,500=5,850（美元）	盈利：467,250-460,625=6,625（美元）

2. 卖出套期保值（Selling Hedging）

也称"空头套期保值""卖出对冲"。它是指在现货市场上处于多头地位的人，即将来的售汇者（如出口商等债权人），在期货市场上先卖出期货以锁定外汇价格，当将来期货价格下降时，再将其买入，以补偿现货市场价格变动的损失，达到保值目的。

例如，假设 6 月 12 日，美国公司向加拿大出口 100 万加拿大元的货物，3 个月后以加拿大元结算货款。市场即期汇率为 CAD1=USD0.7590。为了防止 3 个月后加拿大元贬值带来的损失，于是该公司便以 CAD1=USD0.7580 的价格卖出 10 份 9 月到期的加拿大元期货合约，合约总值为 1,000,000 加拿大元（10×100,000）。3 个月后，加拿大元果然贬值，9 月市场即期汇率为 CAD1=USD0.7570，期货价格为 CAD1=USD0.7560，则套期保值过程（如表 3-6）：

表 3-6　空头套期保值

现汇市场	外汇期货市场
6 月 12 日 预收 1,000,000 加拿大元 汇率：CAD1=USD0.7590 折合美元：1,000,000×0.7590=759,000（美元）	6 月 12 日 卖出 10 份 9 月到期的加拿大元期货合约 期货价格：CAD1=USD0.7580 价值：100,000×10×0.7580=758,000（美元）
9 月 10 日 卖出 1,000,000 加拿大元 汇率：CAD1=USD0.7570 折合美元：1,000,000×0.7570=757,000（美元）	9 月 10 日 买入 10 份 9 月到期的加拿大元期货合约 期货价格：CAD1=USD0.7560 价值：100,000×10×0.7560=756,000（美元）
损失：759,000-757,000=2,000（美元）	盈利：758,000-756,000=2,000（美元）

（二）期权交易法

期权（Option）又称选择权，是赋予期权的买方在规定的期限内按双方约定的价格买进或卖出一定数量某种资产的权利。

外汇期权（Foreign Currency Option）又称货币期权，是指期权的购买者在支付给期权的出售者一笔期权费（保险费）后，获得一种可以在合同到期日或期满前按预先确定的汇率（即执行价格）购买或出售某种货币的权利。在期权的行使期内，期权买方有权执行或不执行期权。但是期权的卖方必须无条件地配合期权买方执行期权或不执行期权。

外汇期权按双方权利的内容划分，可分为看涨期权（Call Option）和看跌期权（Put Option）。一般来说，进出口商、金融机构从事外汇期权交易有 4 种基本方法：买入看涨期权、卖出看涨期权、买入看跌期权、卖出看跌期权。具体操作在介绍期权时会做进一步的介绍。

在这里指出的是，由于存在期权费这笔沉淀的成本，相同情况下，期权交易防范外汇风险的效果要低于期货交易方式。但期权费的支出使期权的买方获得了决定是否执行交割的权利，期权交易的这种客户具有灵活、主动选择性的特点，使其对于存在不确定性未来现金流的进出口业务和投融资活动具有很好的保值作用。

Tips

韩元掉期巧妙交易　抵挡东南亚金融风暴——
中国银行全球金融市场部经典案例

一、历史背景

1997 年受东南亚金融风暴的影响，韩国金融市场上空乌云密布，一场暴风雨就要来临。1997 年 9 月 22 日这一天，受到起亚集团申请破产的影响，韩国综合股价指数不断跌落，很快创下半年来的新低点。与证券市场一样，外汇市场也出现异动，抢购美元之风愈演愈烈。这之后，韩元持续暴跌，外汇市场美元供不应求，韩国外汇储备将近枯竭，各种贷款利率急剧上升，导致韩国金融市场剧烈动荡。韩国政府对此焦虑不安，社会各界反应强烈。为了稳定金融市场，金泳三总统调整了政府经济官员，并在一系列紧急措施未能奏效后向国际货币基金组织请求援助。而且金泳三就当前的国家经济形势对国民发表特别谈话，呼吁社会各界同舟共济，消除危机。

二、企业债务分析

某运输企业负有巨额韩元政府贷款，贷款期限 12 年，利率为韩政府优惠固定利率。在这种债务情况下，面对动荡的韩国金融市场，如何抓住有利时机保证其韩元贷款的安全，就成为该企业当时的头等大事。由于该企业采用优惠固定利率，汇率成本在 1 美元兑 850 韩元，对于企业来说，如何在较低价位用美元购买韩元，用于归还韩元贷款，换句话说，如何锁定汇率风险，就成为该企业在债务期间主要风险来源。根据以往经验，韩元大幅贬值的不可控性十分明显，如何应对则需要具有丰富的实践经验和市场判断能力，为此，该企业选择中国银行为其韩元债务提供保值方案。

三、专家分析建议

中国银行交易员成立专门的风险分析小组。经过缜密分析，为该企业制定了三套可选方案。

方案 1：提前还款

好处：在韩元大幅贬值的情况下，用美元购入韩元，结清该笔债务；

弊端：采用该种方法既需要客户当期支出大笔美元又使得客户无法享受到该笔贷款的优惠利率。

方案 2：用美元买韩元，存入中国银行，用于偿还该贷款

好处：由于当时韩元存款利率高于该笔贷款的借款利率，这样客户可以获得利差收益；

弊端：还是需要客户当期拿出一笔美元。

方案 3：货币掉期

好处：把韩元汇价锁在较低水平，这样既可以减轻偿债负担，又不必当期支付美元。只不过货币掉期属于金融衍生品，叙做难度大，对交易人员的综合素质要求高，在当时国内银行中只有中国银行可以开展该种业务。

综上分析，鉴于当时的市场情况，在企业与中国银行的交易员进行了多次沟通后，最终决定选择韩元／美元的货币掉期对其债务进行风险管理。

四、交易情况及结果

为了将客户的韩元汇率锁在相对低点、努力为客户节约外汇资金，中国银行的交易员发挥了奉献、拼搏、团结合作的精神，开始了紧张而又辛苦的盯盘工作。外汇市场的每次变动都使交易员承受着巨大的心理压力，做还是不做，交易员每天都面临着艰难的抉择。

韩元曾经创出三天内暴跌 24.3% 的纪录，并出现历史低点 1 美元兑 1,995 韩元。鉴于韩元在创出 1 美元兑 1,995 韩元低点以后，出现回调，并且大幅上下震荡，交易员据此判断，韩元可能见底。机会稍纵即逝，交易员果断抓住市场有利时机，将客户的韩元债务汇率锁定在 1 美元兑 1,800 韩元。在叙做此笔货币掉期之后，韩元果然改变趋势走高，由 1 美元兑 1,700 韩元、1,600 韩元、1,500 韩元逐级走升，在 1998 年 3 月底已经回到 1 美元兑 1,400 韩元左右并趋于稳定。

该笔货币掉期交易由于将韩元汇率锁定在相对低点，仅本金一项就为企业节约 670 万美元。而且美元在当时属于低息货币，企业与中国银行叙做掉期交易后，需要支付的美元利率还低于韩元的优惠利率，这样，企业还节省了利息支出 360 万美元。在该项交易中，中国银行的交易员还创新出对此笔交易的交割方式不采用实际支付，而采用支付双方采用美元轧差的方式进行支付，这样确保了交易的顺利进行。

五、综述

在东南亚金融风暴期间，像这样的客户还有一些，这些负有韩元债务的客户由于中国银行的精心服务，通过叙做金融衍生品交易，都取得了良好的经济效益。中国银行的交易员能够在金融风暴中稳住阵脚，捕捉到有利的市场时机，决不是偶然巧遇，而是完全得益于丰富的市场经验和优秀的综合素质。中国银行早在上世纪 80 年代中期就开始叙做金融衍生品交易，是当时国内唯一可以叙做该类业务的金融机构。正是经过十几年来交易经验的累积，中国银行培养了一代又一代的交易员，才能够在关键时刻把握市场机会，为客户赚取经济利润。中国银行的外汇资金交易员的拼搏、奉献和创新精神经受住了东南亚金融风暴的检验，巧妙运用货币掉期交易成功为企业规避汇率风险，以实际行动向客户交出了满意的答卷。

（资料来源：《中国外汇》，2006 年第 21 期）

思考题：

（1）举例说明什么是掉期交易。

（2）举例说明外汇期货交易的套期保值功能。

（3）什么是外汇风险？按经营活动的时间顺序，外汇风险分为哪几种？

第四章 期权产品与风险管理

第一节 期权的基本概念

> ⑤ **案例**
>
> ### 阿莱商品公司发行可回售股票
>
> 1984 年 11 月，德莱克塞尔投资银行在帮助阿莱商品公司（Arley Merchandise Corporation）进行 600 万股的股票首次公开出售时，按当时的市场情况，德莱克塞尔投资银行认为阿莱的股票仅能以每股 6 美元左右的价格出售，但是阿莱商品公司老股东认为市场严重低估了阿莱商品公司的普通股的价值，他们不愿意以每股低于 8 美元的价格出售普通股。怎么办？
>
> 德莱克塞尔投资银行设计了可回售股票（即阿莱商品公司的普通股与一份看跌期权同时出售）。普通股的售价是每股 8 美元，一份看跌期权则是给予投资者在两年之后按每股 8 美元的价格将其持有的普通股回售给发行公司的权利。在这两年内投资者无权行使该权利，只有在满两年时，即 1986 年 11 月，投资者才能行使回售股票的权利（即执行看跌期权）。这样，投资者在这两年的投资损失至多是时间成本，即利息。结果，阿莱的股票顺利地以每股 8 美元的价格销售一空。
>
> （资料来源：吴冲锋，刘海龙，冯芸等 . 金融工程学 [M].
>
> 北京：高等教育出版社，2010）

一、期权的定义

期权（Option）是一种合约，它赋予买方一种购买或者出售标的资产的权利而非义务，并且期权的卖方必须做出相应的回应。根据标的资产的不同，金融期权有利率期权、外汇期权、股票期权等。在有序的期权交易所中，人们主要交易两种类型的期权合约，即看涨期权（买权 Call）和看跌期权（卖权 Put）。

期权的基本要素包括标的资产、看涨还是看跌期权、欧式还是美式期权、到期日、执行价格等（如表 4-1）。

表 4-1　期权的基本要素

要素	内涵
标的资产	是指期权合约中规定的购买或出售的资产
执行价格	是指期权合约中约定的购买或出售资产的价格，执行价格在购买期权时就已经规定好，这样期权持有人就可以通过比较标的资产的市场价格与执行价格的大小，来决定是否要执行期权
期权金	是指购买或售出期权合约的价格，也称为期权的价格或者购买期权的费用。由于期权费是由买方负担的，是买方在出现最不利的变动时所需承担的最高损失金额，因此期权金也称作"保险金"
到期日	是指期权合约最迟必须履行的时间，是期权合约的终点
看涨期权	也称买权，赋予持有人在一个特定时期以某一约定价格购进一种资产的权利
看跌期权	也称卖权，赋予持有人以约定价格出售资产的权利
欧式期权	只能在到期日执行
美式期权	可以在到期日或到期日之前的任何时间执行

（一）看涨期权

欧式看涨期权给持有者一种权利（而不是义务）：

- 在未来特定的时间（到期日）
- 以确定的价格 [敲定价（Strike Price）或执行价（Exercise Price）]
- 和事先确定的数量 [合约规模（Contract Size）]
- 来购买标的资产（The Underlying）的权利
- 为了这种权利，你需要支付看涨期权金 / 价格

交易所中交易的期权大部分是美式期权，因为欧式期权更便于分析，所以本章主要分析欧式期权。

假设投资者以 5 美元购买了一个看涨期权，其标的资产是 XYZ 股票，执行价为 K=100 美元。只要 XYZ 股票在到期日（时间 T）的价格 S_T 高于执行价 100 美元，即 $S_T > K$，投资者就应该执行期权。例如到期日 XYZ 股票价格为 108 美元，投资者以 100 美元的执行价购买 XYZ 股票，在市场上以 108 美元出售，每股盈利 8 美元，去掉购买看涨期权的费用 5 美元，每股净盈利 3 美元。就算 XYZ 股票到期日价格只是略高于 100 美元，

例如101美元，投资者还是应该执行期权，因为执行的话净回报为-4美元，即(101-100)-5美元，如果不执行，他的损失会是5美元（整个期权费）。当到期日的XYZ股票价格（S_T）小于执行价（K），即$S_T < K$时，期权将不会执行，因为执行会使损失更大，这就是看涨期权提供的"保险"。如果情况不利，你可以放弃期权，放弃与否，取决于S_T与K之间的大小。

从股票的到期价格与执行多头看涨期权带来的盈利之间的关系。可以看出，持有看涨期权的投资者的每股最大损失被限定在5美元，而如果到期日的股票价格足够高，他可能取得的盈利却是无限大的（如图4-1）。

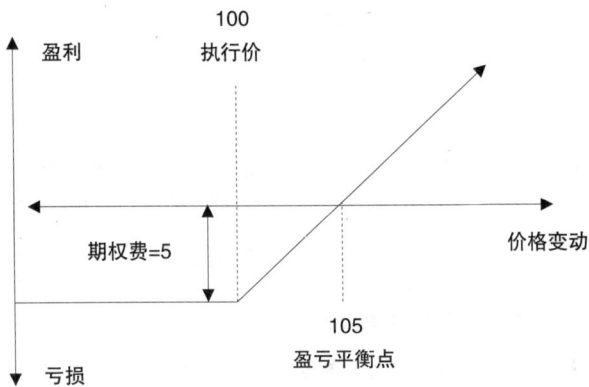

图 4-1　买入一个欧式看涨期权

对于看涨期权的发行者（出售者）来说，其收益曲线与购买看涨期权的投资者的收益曲线成镜像关系。看涨期权的出售者能获得的最多的盈利就是期权费，而如果到期日的股票价格足够高，他可能遭受的损失是无限大的（如图4-2）。

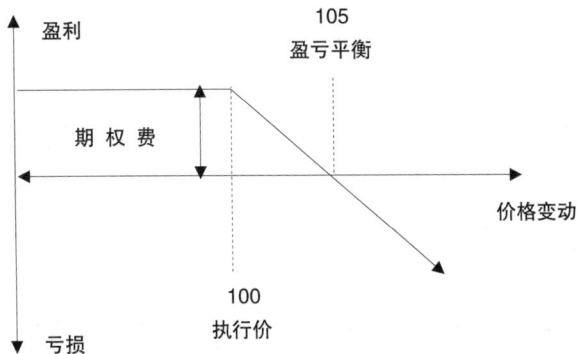

图 4-2　卖出（发行）一个欧式看涨期权

（二）看跌期权

欧式看跌期权给持有者一种权利（而不是义务）：

- 在未来特定的时间（到期日）
- 以确定的价格（敲定／执行价格）
- 和事先确定的数量（合约规模）
- 来出售标的资产的权利
- 为了这种权利，你需要支付期权金／价格

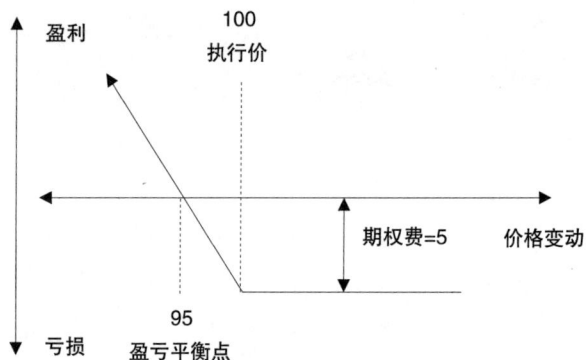

图4-3　买入（看多）一个欧式看跌期权

表4-2　买入（看多）看跌期权

当前股票价格，S=102 美元
今天（t）的行情
执行价 K=100 美元
看跌期权价格 P=5 美元
到期日（T）
到期日的股票价格，S_T=90 美元
执行期权所得利润：$K - S_T$=100 - 90=10 美元
减去期权费的净利润：$K - S_T - P$=100 - 90 - 5=5 美元

　　如果到期日的股票价格 S_T 比执行价格 K 高，即 $S_T > K$，投资者选择不执行期权；如果 $S_T < K$，投资者执行期权。持有看跌期权最大的盈利发生在到期日股票价格为零的时候，最大的损失是期权费（如图4-3）。

对于看跌期权的发行者（出售者）来说，其收益曲线与购买看跌期权的投资者的收益曲线成镜像关系（如图 4-4）。如果你是看跌期权空头，那么你的损失有可能很大，但限定在 K=100 美元以内（如果到期日股票价格为零）。当股票价格增加时，看跌期权空头持有者的利润将随之增加，但是限定在期权费 P=5 美元以内。

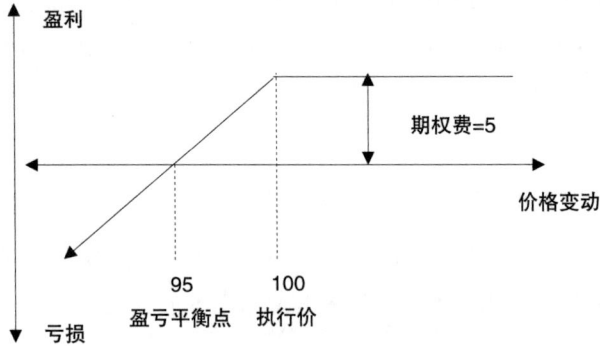

图 4-4　卖出（发行）一个欧式看跌期权

（三）期权头寸

期权的交易涉及两个交易方。签订期权合约的双方分类如下：

• 看涨期权多头 = 购买看涨期权

• 看跌期权多头 = 购买看跌期权

• 看涨期权空头 = 出售（或发行）看涨期权

• 看跌期权空头 = 出售（或发行）看跌期权

表 4-3　期权交易投资策略的损益

交易策略	买进看涨期权	卖出看涨期权	买进看跌期权	卖出看跌期权
市场预测	看涨	看跌	看跌	看涨
潜在最大利润	∞	C	(K − S) − P	P
潜在最大损失	C	− ∞	P	−[(K − S) − P]
盈亏平衡点	K + C	K + C	K − P	K − P

注：K 为执行价，C 为看涨期权金，P 为看跌期权金，S 为期权之标的资产的市场价格。

（四）到期日之前的期权策略

如表 4-3 所示，通常投机者并不持有期权至到期日，而是在很短的时间内购买和抛售掉期权。看涨期权的价格在到期日之前随着标的资产的变化而正向变化。例如，假设投机者以市场价 P_0=3 美元购买一个看涨期权（标的资产为股票），很快股票价格上涨，因此看涨期权的价值也随之上涨到 P_1=3.1 美元，那么投机者可以在 t=0 时支付清算所 3 美元买看涨期权，在 t=1 时抛售看涨期权获得 3.1 美元。这样，投机者并不需要等到期权到期就可以获得投机利润。

所以，如果投机者预计股票价格上升，投机者将购买看涨期权，他将获得杠杆收入（因为看涨期权费只是合约中标的资产的资产价值的很小一部分），而且他的最大损失限定在期初的看涨期权费以内（如果股票价格降为零，则期权价格也降为零）。同样，如果投机者预计股票价格将下跌，投机者也可以通过买卖看跌期权获利。

---

⑤**案例**

杠杆效应

A 公司股票当前股价为 40 元，执行价格为 40 元，对于 3 月到期看涨期权，如果目前市场价格为 4 元，则购买股票和股票期权的损益分别如表 4-4 所示：

表 4-4　购买股票和股票期权的利润和报酬率

到期时股价 单位：元	买进股票投资为 40 元		买进看涨期权投资为 4 元	
	利润	报酬率（%）	利润	报酬率（%）
30	−10	−25	−4	−100
35	−5	−12.5	−4	−100
40	0	0	−4	−100
45	5	12.5	1	25
50	10	25	6	150
55	15	37.5	11	275
60	20	50	16	400

从表 4-4 可以看出，当股票价格从 40 元上升至 60 元时，购买股票的报酬率为 50%，而购买看涨期权的报酬率为 400%，因此购买股票期权具有很大的杠杆效应。

小阅读

场外期权的发展及现状

场外期权指那些没有在交易所挂牌上市的期权。场外期权比交易所期权在合约条款方面更灵活，可以根据投资者的个性化需求进行量身定制，包括行权时间、行权条件、执行价格等。场外期权是一对一交易，在整个交易过程中只涉及买方、卖方和经纪人，市场透明度较低。自 20 世纪 80 年代初起，场外期权市场迅速发展，而且变得十分重要。特别是 2002 年以后，场外市场交易规模增长快速，并且涌现出了更多的奇异期权（Exotic Options），使得场外期权种类更丰富。场外市场的交易者遍及大公司、金融机构、基金和私人银行，它们通过电话在场外市场进行交易，外汇及利率期权十分流行。

截至 2012 年 6 月，场外期权的未平仓名义金额为 666,529.31 亿美元，占整个场外衍生品市场的 10.43%。其中，绝大部分期权交易为利率期权，占期权未平仓金额的 75.49%；其次是外汇期权，占比为 16.64%；同期，交易所市场的期权未平仓名义金额为 357,846.88 亿美元，利率类期权占了绝大部分，占比为 92.85%。

二、利率期权和外汇期权

（一）利率期权

利率期权，是指标的资产为利率工具——利率或与利率挂钩的产品，如国债、存单等的期权产品。除了常见的以债券为标的资产的期权外，还有：利率买权、利率卖权、利率上限期权、利率下限期权、利率双限期权和利率互换期权等。

利率上限期权又称"利率封顶"，通常与利率掉期组合，指期权的买方支付期权金（权利金），并与期权的卖方达成一个协议，该协议中指定某一种市场参考利率，同时确定一个利率上限水平，在规定的期限内，如果市场参考利率高于协定的利率上限水平，卖方向买方支付市场利率高于利率上限的差额部分；如果市场参考利率低于或等于协定的利率上限水平，则卖方无任何支付义务。利率上限经过设计可以满足各种风险收益组合的需要。

大型商业银行和证券公司作为交易商进行利率上限交易，从而成为交易的另一方。但同时它们也充当经纪人，为希望买卖利率上限的参与者撮合交易。它们也可能会为买方的利息支付进行担保，但要收取手续费。

⑤ 案例

假设 ABC 银行购买了名义本金为 6,000 万美元的 5 年期利率上限期权，费用是 4%（也就是 240 万美元），利率的上限设为 10%。此协议指定 Libor 为当前市场利率的指标利率。

假设 Libor 在未来 5 年的走势如表 4-5 所示。根据 Libor 的变动水平，ABC 银行在 5 年里有 3 年获得支付。此利率上限的收入可以抵消 ABC 银行因较高的利率而遭受的损失，从而避免过高的利率风险。

表 4-5　利率上限说明

	年末					
	0	1	2	3	4	5
Libor		6%	11%	13%	12%	7%
利率上限		10%	10%	10%	10%	10%
Libor 超出上限的比率		0%	1%	3%	2%	0%
获得的支付（基于名义本金 6,000 万美元）		0	600,000	1,800,000	1,200,000	0
支付的费用（美元）	2,400,000					

利率下限期权又称"利率封底"，与利率上限相反，买方在市场参考利率低于下限利率时可获得低于下限利率的差额。利率下限可以防范利率下降的风险，如果市场利率下降，浮动利率投资的利息收入会减少，固定利率债务的利息负担会相对加重，企业面临债务负担相对加重的风险。如果买入利率下限期权，一旦市场利率下降，固定利率负债方或者浮动利率投资者可以获得市场利率与协定利率的差额作为补偿。

利率上限期权和利率下限期权的损益（如图 4-5）。

可以看出，利率上限期权费与利率上限水平、协议期限、支付频率等因素有关。相对而言，利率上限水平越高，期权费率越低；期限越短，期权费率也越低；支付次数越少，期权费率也越低。

利率下限期权费与利率上限的类似，相对而言，下限利率水平越低，期权费率越低；期限越短，期权费率也越低；支付次数越少，期权费率也越低。

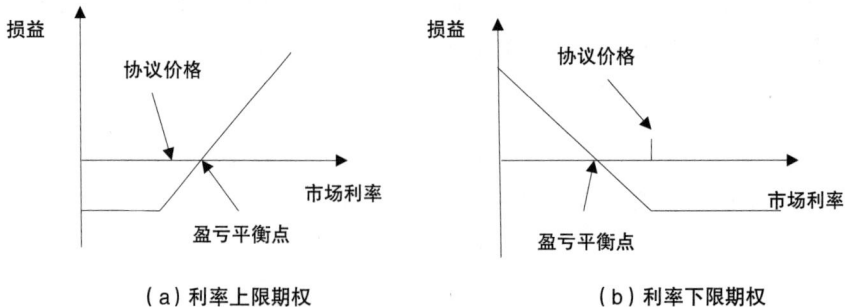

（a）利率上限期权　　　　　（b）利率下限期权

图 4-5　利率上限和下限期权的损益图

🔖 小阅读

利率上限期权与利率下限期权之间的关系

假设一个组合由一个利率上限多头和一个利率下限空头组成，且利率上限和利率下限的限定利率一样，则利率上限在当市场利率 Libor 大于 K 时提供收益为 Libor－K，利率下限的短头寸在当市场利率 Libor 小于 K 时提供收益为－（K－Libor）=Libor－K，因此，在所有情况下，组合的收益均为 Libor－K，这刚好等于利率互换的收益，所以利率上限与下限期权之间存在着一种看涨一看跌平价关系，此关系式为：

利率上限 = 利率下限 + 利率互换

这里面有个特别需要注意的地方，一般来说，利率互换构造时往往在 0 时刻决定第一个重置日的付款量，而上限及下限的构造往往使得第一个重置日没有任何支付。

利率双限期权，又称"利率上下限期权"或"利率领圈期权"，目的是确保支付与指定的市场利率介于两个上下限水平之间，可以看作一个利率上限的多头与一个利率下限的空头的组合，即利率双限期权的买方相当于买入一个利率上限的同时卖出一个利率下限，两个期权具有相同的到期日，但上限的执行利率比下限的执行利率高。

利率双限期权在构造时往往被构造成零成本，即利率上限的权利金等于利率下限期权的权利金。这样企业可以将资金成本控制在一定的范围内，若利率波动在范围内，投资人的融资成本为市场利率；若利率波动超过此范围，则利率双限期权生效，避免了市场利率大幅波动带来的风险，同时投资人无需负担任何费用，大大降低了避险的成本。因此，零成本的利率双限期权是非常流行的利率避险工具。其损益曲线如图 4-6 所示。

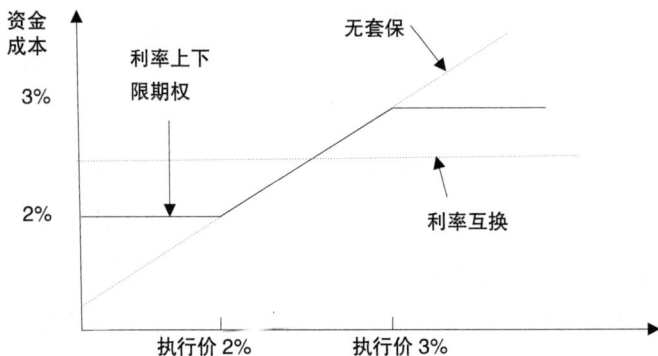

图 4-6　利率双限期权的损益图

（二）外汇期权

外汇期权（Foreign Exchange Options）又称为货币期权（Currency Options）或外币期权（Foreign Currency Options），指的是标的资产为约定的汇率的期权。一般来说，外汇期权的期权费在签订交易合约之后两个交易日内以期权所涉及的两种货币中的任何一种货币支付，有时也可以第三种货币支付。

外汇期权中的看涨期权和看跌期权是相对货币而言的。美元的看涨期权买方在执行时支付欧元，获得美元（指定美元为对应货币），欧元看跌期权买方在执行时也是支付欧元，获得美元，两者在本质上是一样的，只不过欧元看跌期权买方以欧元为外币，美元的看涨期权买方以美元为外币。

假如一家中国企业在海外进行某一项目的并购，如成功就需要支付大量外汇，而此时人民币汇率波动较大。在这种情况下如果企业认为自身可以承受的结汇价格为 K，就可以购买一个执行价格为 K 的美元看涨期权，一旦并购成功，则企业最多只需按照 K 的价格购买外汇。若外汇价格低于 K 还能按照市价进行购汇；反之若并购不成功，则企业可以选择不行权，不必按照远期结售汇一样强制结汇，购买一笔已经没有使用价值的外汇。

外汇期权还能帮助企业比较灵活地确定未来的结售汇成本。假定某一个期限的远期结售汇价格为 6.5200。如果企业客户希望以 6.5100 进行结汇，靠单纯的远期结售汇是无法做到的。但该客户可以通过购买期权实现按照特定价格进行结售汇的目标。

📈 **学以致用**

外汇期权在外汇风险管理中的应用

X 公司每月要支付货款 1.2 亿日元。当时现汇率是 1 美元兑 120 日元，需要花 100 万美元才能购买。为了防止汇率出现不利的变动，公司选择了期权合约的保值方式。公司买了 1 个月的欧式日元看涨期权（美元看跌期权）合约，1 个月后有权以 1 美元 =120 日元的执行价格购买 1.2 亿日元，支付看涨期权金（保险金）5 万美元。公司在 1 个月后可按当时市场情况决定执行还是不执行这个期权，这时可能出现三种情况：

（1）日元升值，从 1 美元兑 120 日元上升到 110 日元。如果没有这项期权，公司从现汇市场购买 1.2 亿日元，需花 109.1 万美元。在此情况下，公司可以执行期权，按执行价格仅付 100 万美元，扣除期权费 5 万美元，可节省 4.1 万美元。

（2）日元贬值，从 1 美元兑 120 日元跌到 130 日元。按照这个市场汇率，公司购买 1.2 亿日元仅需支付 92.3 万美元，此时公司不必执行期权。因为按照期权的执行价格，需要支付 100 万美元，而从现汇市场购买日元可节省约 7.7 万美元，但在购买看涨期权合约时已支付了保险费 5 万美元，实际节省 2.7 万美元（与做即时外汇交易相比）。

（3）日元汇率没有变化。按照假设，现汇率同执行价格一样。这时公司执行期权和从现汇市场直接购买日元所花费的美元相同。但公司在先前已为购买期权合约而支付了 5 万美元。如果外汇购买者能够正确预测汇率趋势，判断 1 个月后日元汇率变化可能性不大，他就没有必要购买日元看涨期权，而节省为此需要支付的 5 万美元。

案例

人民币外汇期权交易

2011 年 2 月 16 日，人民币外汇期权业务同时在银行间市场和银行对客户零售市场上正式推出。银行间市场的人民币外汇期权交易，是指在未来某一交易日以约定汇率买卖一定数量外汇资产的权利。期权买方以支付期权费的方式拥有权利；期权卖方收取期权费，并在买方选择行权时履行义务（普通欧式期权）。交易者在银行间市场进行询价交易，交易的币种、金额、期限、定价参数（波动率、执行价格、即期价格/远期汇率、本外币利率等）、成交价格（期权费）和结算安排等均由交易双方协商议定。

（1）人民币外汇期权的标的资产。人民币外汇期权交易中报价的货币对包括 USD/CNY、HKD/CNY、JPY/CNY、EUR/CNY、GBP/CNY、CNY/MYR、CNY/RUB 等，报价方通常对隐含波动率进行公开报价。

（2）人民币外汇期权的期权费。人民币外汇期权费一般由交易双方约定计算期权费金额的比率，表示方式有两种：非基准货币百分比（Term%）和基点（Pips）。若期权费率采用非基准货币百分比为报价表达方式，则期权费金额 = 非基准货币金额 × 期权费率。若期权费率采用基点为报价表示方式，则期权费金额 = 基准货币金额 × 期权费率。期权费率表示每单位基准货币的费率，应采用基准货币金额数值来计算，最终直接用人民币表示。

（3）人民币外汇期权交易中的几个关键日期。

期权费支付日：人民币外汇期权交易期权费支付日为成交日后第 2 个营业日，简称"T+2"。

期权交割日：期权交割日指人民币外汇期权实际行权后，交易双方按照约定行权价格履行资金划拨，货币收款或付款能真正执行生效的日期。期权交割日等于期权费支付日加上双方约定的期限。

期权到期日：到期日（行权日）为期权交割日前第2个营业日。期权交易中，一般先确定交割日，再根据期权到期日（行权日）规则计算到期日（行权日）。

期权交易相关日期的流程为：成交日——→即期起息日（期权费支付日）——→交割日（起息日）——→到期日（行权日）。

一般情况下，交割日的公式为：

交割日 = 即期起息日 + 期限 = 期权费交付日 + 期限 = 到期日 +2D。

（4）人民币外汇期权的交割方式。交割方式指交易双方在期权交易达成时约定的期权买方行权后，在交割日进行资金清算的方式，包括全额交割（Full Amount Delivery）与差额交割（Netting Delivery）。

全额交割指期权买方在到期日按照约定的执行价格和约定金额，与期权卖方达成即期交易。系统将根据执行价格、交易金额自动产生一笔即期交易，并实时通知期权卖方；期权行权后产生的即期交易，如交易双方均为净额清算会员，则自动纳入询价净额清算；如交易一方或双方不是询价净额清算会员，则由交易双方自行清算。

差额交割指交易双方在到期日当天，按照约定的执行价格与当天人民币对相应货币汇率中间价进行轧差，并在交割日对差额进行交割。该差额称为轧差金额（Netting Amount）。到期日当天人民币对相应外币汇率中间价产生后，系统根据执行价格和当日中间价计算该笔期权的盈亏，对于价外期权或平价期权，外汇交易系统将自动代买方放弃行权（中间价产生后一分钟内）；对于价内期权，买方在到期日当天 15:00 之前有权选择行权或放弃行权，15:00 之前未行权则系统自动行权。

📖 小阅读

结构性存款

结构性存款（DCD，又称双币种存款）是一种将固定收益产品（定存等）与衍生品（如期权）相链接的组合式产品。（即存入一笔定期存款的同时，根据自己的判断向银行卖出一个外汇期权，客户除收取定期存款利息外，还可以得到一笔期权费。）通常来说，双币种存款的收益更高，但是风险也更高。

A 银行在 2009 年 2 月 12 日发行了一款 9 个月期澳元本金保证挂钩澳元／美

元结构性存款。该结构性存款的主要条款如下：

表 4-6 结构性存款主要条款

募集期	2009 年 2 月 2 日～ 2009 年 2 月 13 日	起息日～到期日	2009 年 2 月 17 日～ 2009 年 11 月 17 日
初始评价日	2009 年 2 月 17 日	最终评价日	2009 年 11 月 9 日
挂钩标的	澳元／美元即期汇率	利息支付方式	到期一次支付
区间上限	初始参考汇率 + 0.05	区间下限	初始参考汇率 - 0.05
红利支付说明	到期红利利率（年化利率） =6%×M/N+0%×（N－M）/N； 其中，M= 参考汇率位于区间内 的观察日天数； N= 观察期内观察日总天数		

根据该条款，在初始评价日 2009 年 2 月 17 日，澳元／美元的即期汇率为 0.6349，由此确定的上下区间为 0.5849～0.6849，在观察期内一共有 191 个外汇营业日，即 N=191。

作为一款短期的保本型的汇率挂钩的结构性存款，投资者只有在参考汇率落在特定的汇率区间内时才能获得红利，该红利按天计算，否则红利为 0。

若在观察期内，澳元／美元的即期汇率始终在区间内交易，在最佳情况下，到期红利利率 =6%/ 年。

若在观察期内，累计只有 25 个交易日澳元／美元的收盘汇率在区间内，则 M=25，N=191，到期收益为：

6%×25/191+0%×（191－25）/191=0.78%（年化）。这一年化利率比 6 个月的澳元定存利率还要低。

所以这种结构性存款比较适合对流动资金要求较高，且对未来汇率走势具有较高预测能力的投资者在预期汇率走势平稳且呈现区间震荡的情况下进行投资。

第二节　期权的价值

一、实值、平值与虚值期权

- 实值期权：当前即期价格＞执行价（S＞K）
- 平值期权：当前即期价格＝执行价（S=K）
- 虚值期权：当前即期价格＜执行价（S＜K）

二、内在价值与时间价值

期权的价值＝内在价值＋时间价值，期权到期日前定价的技术和技巧关键就是为时间价值定价（如图4-7）：

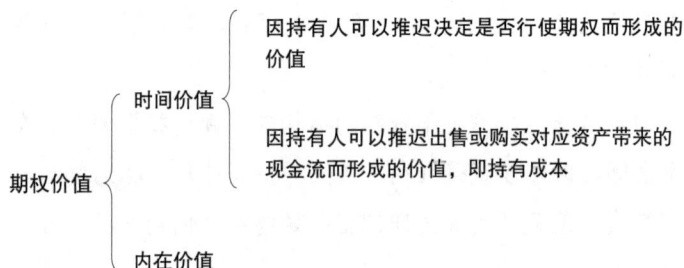

图 4-7　期权的时间价值与内在价值

下面举例来说明内在价值和时间价值。表 4-7 为英国航空公司（BA）的两种看涨期权的价格（2000 年 7 月 27 日），这种期权为美式期权。

表 4-7　BA 公司的看涨期权价格

执行价格 K	到期月份		
	10 月	1 月	4 月
360 便士	$36\frac{1}{2}\left(16/20\frac{1}{2}\right)$	$50(16/34)$	$57\frac{1}{2}\left(16/41\frac{1}{2}\right)$
390 便士	$21\frac{1}{2}\left(0/21\frac{1}{2}\right)$	$35\frac{1}{2}\left(0/35\frac{1}{2}\right)$	$44(0/44)$
当前股票价格 S=376 便士			

注：价格单位为便士。"./." 表示"内在价值／时间价值"。

如表 4-7 所示，BA-360 看涨期权的价格至少在 16 便士以上，因为多头方可以立即以执行价 K=360 便士的价格购买 BA 股票，然后以 376 便士的价格卖掉股票。立即执行的可能确定了期权的最小内在价值：

内在价值 =S － K=376 便士 － 360 便士 =16 便士

10 月份到期的 BA-360 看涨期权的价格为 36.5 便士，大于内在价值 16 便士。这是因为在 7 月 27 日与 10 月份到期日之间这段时间，股票的价格可能会继续走高（因此增加了持有期权的价值）。超出的部分被称为期权的时间价值：

时间价值（10 月份期权）= 期权价格 － 内在价值

=36.5 便士 － 16 便士 =20.5 便士

再看表 4-7 中的 BA-390 看涨期权，很明显这个期权的内在价值是零。因为你决不会以执行价 K=390 便士购买股票，然后以 S=376 便士的价格在市场上出售股票。然而，在 7 月 27 日到 10 月份到期日之间的这段时间，股票的价格仍然有机会升到 390 便士以上，多头方愿意以 21.5 便士来购买这种机会。

要注意的是，不管是哪种看涨期权，到期时间越长，多头方支付的期权金也越高，因此这些期权具有一种时间价值，到期时间越长，这种时间价值就越高。因为时间越长，即期价格超过执行价的可能也越大。所以，对于期权的内在价值与时间价值，我们可以概括为：

对于看涨期权多头：内在价值 =max(期权的即期价格 S － 期权的执行价 K，0)

时间价值 = 期权市场价格 C － 内在价值

关于期权的时间价值，还有一点要注意的是，随着到期日的临近，期权的时间价值也会降低。开始时，时间价值降得很慢，但在距到期日几周之内，它会迅速下降。看涨期权的价格、内在价值与时间价值的关系（如图 4-8）：

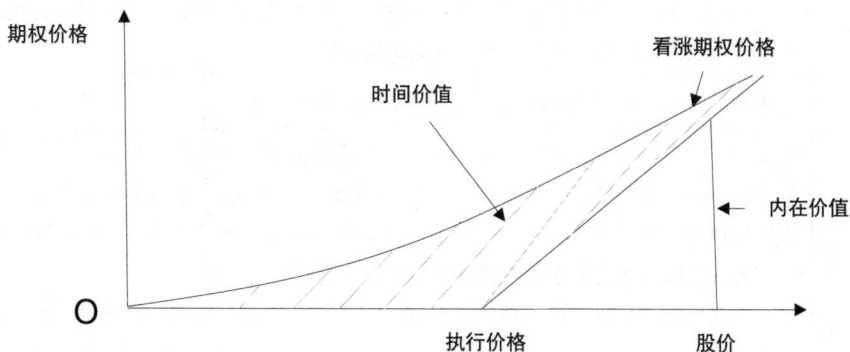

图 4-8　看涨期权的价格

对于看跌期权多头：内在价值 $=\max($ 期权的执行价 K – 期权的即期价格 S，$0)$

时间价值 $=$ 期权市场价格 P – 内在价值

同样的，距离到期日越久，看跌期权的价格也越高，因为此时即期价格低于执行价的机会也越多。

三、期权价格的影响因素

以下是期权价格影响因素的六个方面（如图 4-9）和期权价格因其影响因素而变动的具体情况（如表 4-8）。

图 4-9 期权价格的影响因素

表 4-8 期权价格的变动情况

影响因素	期权价格的变动
执行价格	看涨期权：执行价格越低，表示未来资产价格超过执行价格的可能性越大，看涨期权获利的可能性也越大，因此看涨期权价值较大
	看跌期权：执行价格越高，看跌期权的价格就越高
标的资产价格	看涨期权：标的资产现价越高，表示未来资产价格超过执行价格的可能性也越大，看涨期权获利的可能性也越大，因此看涨期权价值较大
	看跌期权：标的资产现价越低，看跌期权的价格就越高
到期期限	欧式期权：一般来说，欧式看涨期权的价值也随着到期时间的增加而升高，因为它有更长的时间在到期日进入实值状态，而处于虚值时，损失会止于看涨期权的价格。然而，假如公司计划近日将支付一大笔红利，这将使标的资产股票的价格下跌，因此有效期短的看涨期权可能比有效期长的看涨期权价格要低 欧式看跌期权的价格一般也随到期时间变长而升高，但如果有红利发放，则可能出现例外的情形

影响因素	期权价格的变动
到期期限	美式期权：由于它可以在有效期内任何时间执行，有效期越长，多头获利机会就越大，而且到期期限长的期权包含了到期期限短的期权的所有执行机会，因此到期期限越长，期权价格越高
标的资产价格的波动率	波动率是用来衡量基础资产未来价格变动不确定性的指标。波动率越大，表示未来标的资产价格波动幅度大的可能性越大，也增加了标的资产处于高价格的机会，看涨期权可能获利也越大，因此看涨期权价值越大
	同样道理，标的资产价格波动幅度大的可能性越大，也增加了标的资产处于低价格的机会，看跌期权的价格也随波动率的增加而增大
标的资产的红利	由于基础资产分红等将减少基础资产的价格，而执行价格并未进行相应调整，因此在期权有效期内基础资产派发红利会使价格下降，并使看跌期权价格上升，看涨期权价格下降
无风险利率	看涨期权： 第一：无风险利率增加使得任何从期权获得的未来收益的现值减少，这倾向于直接减少看涨期权多头的价值 第二：利率越高一般意味着预期的标的资产价格增加越大，这倾向于增加看涨期权多头的价值 可以证明后者的作用要强于前者，因此看涨期权多头的价值随着无风险利率的上升而增加
	看跌期权： 高利率一般意味着标的资产价格增加越大，这使看跌期权在到期日更有可能处于虚值状态，高利率同时减少来自看跌期权未来收益的现值，因此利率上升，减小了看跌期权的价值

📖小阅读

波动率

波动率，是一种经济形态，是对标的资产投资回报率变化程度的度量。从统计角度看，它是以复利计的标的资产投资回报率的标准差，包括实际波动、历史波动、预测波动、隐含波动、市场投资 5 种。

从经济意义上解释，产生波动率的主要原因来自以下三个方面：

a. 宏观经济因素对某个产业部门的影响，即所谓的系统风险。

b. 特定的事件对某个企业的冲击，即所谓的非系统风险。

c. 投资者心理状态或预期的变化对股票价格所产生的作用。

但是，无论如何，波动率总是一个变量。

（一）实际波动与隐含波动率的区别

实际波动率又称作未来波动率，它是指对期权有效期内投资回报率波动程度的度量，由于投资回报率是一个随机过程，实际波动率永远是一个未知数。或者说，实际波动率是无法事先精确计算的，人们只能通过各种办法得到它的估计值。

隐含波动率（Implied Volatility）是将市场上的期权或权证交易价格代入权证理论价格模型（Black-Scholes 模型），反推出来的波动率数值。

由于期权定价模型（如 BS 模型）给出了期权价格与五个基本参数（标的股价、执行价格、利率、到期时间、波动率）之间的定量关系，只要将其中前 4 个基本参数及期权的实际市场价格作为已知量代入定价公式，就可以从中解出唯一的未知量，其大小就是隐含波动率。

（二）历史波动率具体计算方法

首先从市场上获得标的在固定时间段上的价格（一般是每天的收盘价格或者均价）；然后，对于每个时间段，求出该时间段末的股价与上一时间段末的股价之比的自然对数；求出这些对数值的标准差，再乘以一年中包含的时段数量的平方根，得到的即为历史波动率。用这种方法计算并经过一定程度的调整，国电电力的认股权证上市前一年的波动率假设为 35%（以 2005 年 7 月 13 日至 2006 年 7 月 14 日期间共 242 个交易日对应的收盘价作为观察样本后进行调整）。

下面以计算股票的历史波动率为例加以说明：

（1）从市场上获得标的股票在固定时间间隔（如每天、每周或每月等）上的价格。

（2）对于每个时间段，求出该时间段末的股价与该时段初的股价之比的自然对数。

（3）求出这些对数值的标准差，再乘以一年中包含的时段数量的平方根，如选取时间间隔为每天，则若扣除闭市，每年中有 250 个交易日，应乘以根号下 250，得到的即为历史波动率。

第三节　期权组合与复杂期权

期权交易的精妙之处在于可以通过不同的期权品种构成众多具有不同特征的组合。投资者可以根据各自对未来标的资产价格概率分布的预期，以及各自的风险、收益偏好，选择最适合自己的期权组合。

> **小阅读**
>
> ### 期权的平价定理
>
> 期权平价理论是关于看涨期权价格和看跌期权价格之间关系的定理。当标的资产、执行价格、到期日等条件都相同时，欧式看涨期权的价格和欧式看跌期权的价格之间存在一个确定的关系。两者只要知道一个，便可根据平价关系计算出另外一个。
>
> **看跌—看涨平价关系（欧式期权）**
>
> **股票（多头）+ 看跌期权（多头）= 看涨期权（多头）+ 现金（$Ke^{-r(T-t)}$）**
>
> $S_t + P = C + Ke^{-r(T-t)}$
>
> 以股票为标的资产，考虑下面两组组合：
>
> 组合 A：1 份股票 S_t + 1 份欧式看跌期权
>
> 组合 B：1 份欧式看涨期权和数量为 $Ke^{-r(T-t)}$ 的现金，其中 t 为当前时刻，T 为到期日，r 为无风险利率，X 为期权执行价格。
>
> **表 4-9　两个组合的现金流量表**
>
> | 组合 | | 期初时刻现金流 | 期末时刻现金流 | | |
> |---|---|---|---|---|---|
> | | | | $S_T > K$ | $S_T < K$ | $S_T = K$ |
> | 组合 A | 1 份股票 S_t | S_t | S_T | S_T | K |
> | | 1 份欧式看跌期权 | P | 0 | $K - S_T$ | 0 |
> | | 合计 | $S_t + P$ | S_T | K | K |

续表

组合		期初时刻现金流	期末时刻现金流		
			$S_T > K$	$S_T < K$	$S_T = K$
组合B	1份欧式看涨期权	C	$S_T - K$	0	0
	数量为 $Ke^{-r(T-t)}$ 的现金	$Ke^{-r(T-t)}$	K	K	K
	合计	$C+Ke^{-r(T-t)}$	S_T	K	K

美式看涨期权和看跌期权之间的关系要比欧式看涨期权和看跌期权之间的平价关系要复杂得多，只能用不等式表示。不付红利的股票美式期权价格之间的某种关系为：

$$S - X < C - P < S - Xe^{-r(T-t)} （计算过程略）$$

一、期权组合

（一）基础资产与期权组合

表 4-10　两个组合的现金流量表

组合		期初 t 时刻现金流	期末 T 时刻现金流	
			$S_T > K$	$S_T < K$
组合A	1份股票 S_t	S_t	S_T	S_T
	1份欧式平价看跌期权	P	0	$K - S_T$
	净收益	$-(S_t + P)$	$S_T - (S_t + P) = S_T - K - P$	$K - (S_t + P) = -P$
组合B	1份欧式平价看涨期权	C	$S_T - K$	0
	净收益	$-C$	$(S_T - K) - C$	$-C$

注1：平价看跌期权指看跌期权执行价格 K 与即期标的资产价格 S_t 相等，即 $K=S_t$。
注2：平价看涨期权指看涨期权执行价格 K 与即期标的资产价格 S_t 相等，即 $K=S_t$。

分析组合 A（如表 4-10），当到期日时标的资产价格低于执行价格，即 $S_T < K$ 时，投资者的净损失锁定在购买看跌期权的费用 P，是个常数；当到期日的标的资产价格高于约定价格，即 $S_T > K$ 时，投资者的净收益是 $S_T - K - P$，净收益与资产价格同步增长。

分析组合 B（如表 4-10），当 $S_T < K$ 时，投资者的损失为常数 C，当 $S_T > K$ 时，投资者的净收益为 $(S_T - K) - C$，净收益与资产价格同步增长。

从理论上来讲，组合 A 与组合 B 两种操作的收益是相同的，换言之，一项资产和一个看跌期权相结合与有着相同约定价格的一个看涨期权的效果是一样的。

图 4-10 是六个基本头寸的示意图，这六个基本头寸就好像积木，组合在一起，可以构建无穷无尽的金融工具，只要将它们进行不同的组合，就可以创造出各种各样的盈亏状态，从而满足不同的金融需求。

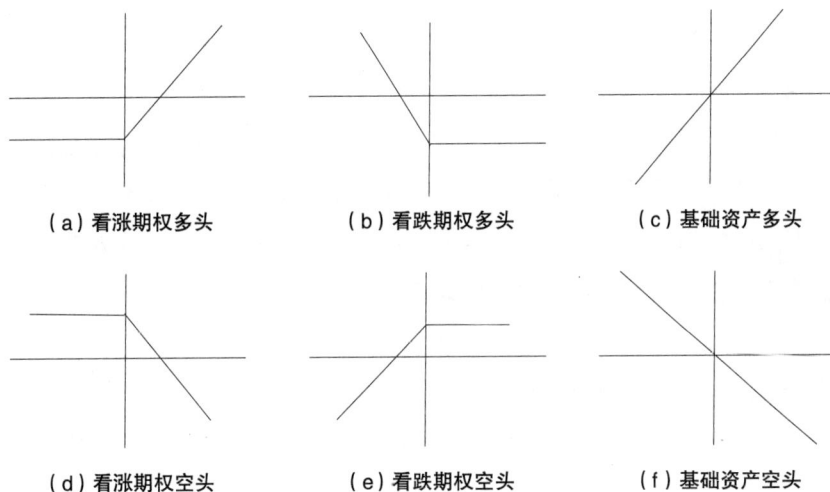

（a）看涨期权多头　　　　（b）看跌期权多头　　　　（c）基础资产多头

（d）看涨期权空头　　　　（e）看跌期权空头　　　　（f）基础资产空头

图 4-10　基本头寸示意图

（二）不同交易的期权组合

期权价差是指为买入某种类型的期权，同时卖出同一类型中有着不同执行价格或到期日的期权。在大多数公开发表的期权价格表上，到期日是水平排列，执行价格垂直排列（如图 4-11）。

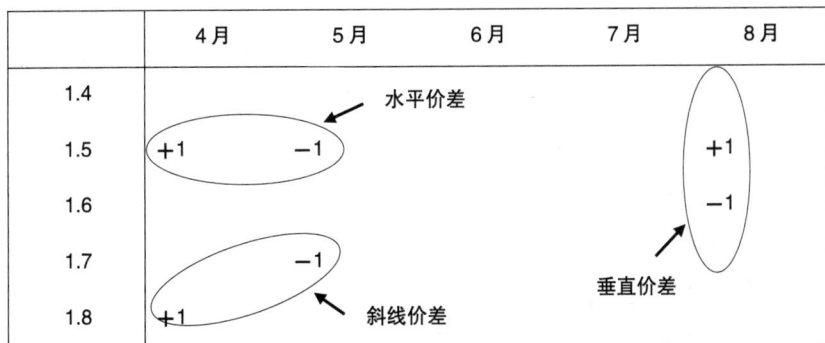

图 4-11　水平、垂直和斜线价差

从图 4-11 中可以清楚看出垂直价差、水平价差和斜线价差的特点。

（1）垂直价差是指买入一个期权，卖出一个有着不同约定价格的同类期权，也叫做价格价差。

（2）水平价差是指买入一个期权，卖出一个有着不同到期日的同类期权，也叫做时间价差。

（3）斜线价差是指买入一个期权，卖出一个有着不同执行价格和不同到期日的同类期权，也叫做对角价差。

（4）另外还有一种价差称为跨式价差，指同时使用看涨期权和看跌期权的一种特别形式的价差。

> **小阅读**
>
> 我国外汇管理局对于经济主体使用人民币外汇期权的方式做了明确的限制，目前只限于买入人民币外汇看涨或看跌期权，不能卖出，以确保经济体利用人民币外汇期权进行套期保值的初衷，但允许经济主体同时买入和卖出相同币种、期限、合约本金相同的人民币对外币的普通欧式期权组合。

1. 区间看涨期权（Call Spread）

买入一个较低执行价格的看涨期权，同时卖出一个相同种类（看涨期权）的到期日相同的较高执行价格的看涨期权（如图 4-12）。

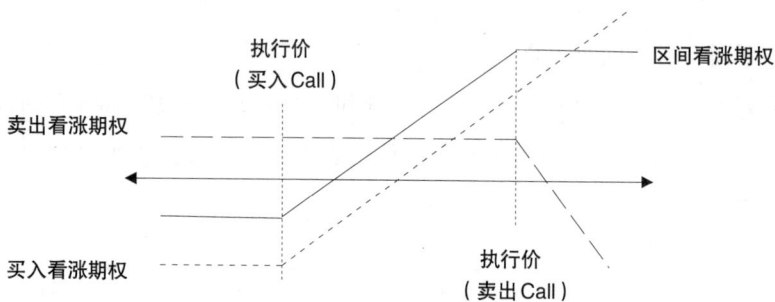

图 4-12　区间看涨期权

区间看涨期权的收益分析如表 4-11 所示，设某交易者买入到期日为 T，执行价格为 K_1 的某欧元看涨期权，同时卖出相同到期日的执行价为 K_2 的同一面值的欧元看涨期权，其中 $K_1 < K_2$。

因为买进看涨期权的执行价格较低，到期实现盈利的可能性大些，所以期权费相对就较高，卖出看涨期权的执行价格较高，期权费相对较低。假设执行价格低的期权费为 C_1，执行价格高的期权费为 C_2，即有 $C_2 < C_1$。

表 4-11　区间看涨期权的收益分析

组 合	期初 t 时刻 现金流	期末 T 时刻现金流		
		$S_T < K_1 < K_2$	$K_1 < S_T < K_2$	$S_T > K_2 > K_1$
买入执行价 较低的看涨期权	$-C_1$	0	$S_T - K_1$	$S_T - K_1$
卖出执行价 较高的看涨期权	C_2	0	0	$-(S_T - K_2)$
净收益	$C_2 - C_1$	$C_2 - C_1$	$(S_T - K_1) + (C_2 - C_1)$	$(K_2 - K_1) + (C_2 - C_1)$

使用时机：预期标的资产价格将温和上涨；

执行价格的选择：当强烈的预期市场为看多市场时，应加大执行价格的差距，以获得更多的价差；

报酬和风险：采用该策略需要付出一笔初始费用，因为 $C_2 < C_1$。该策略最大盈利为 $(K_2 - K_1) + (C_2 - C_1)$，最大损失为 $C_2 - C_1$。

2. 区间看跌期权（Put Spread）

买入执行价格较高的看跌期权，卖出相同类型到期日相同的执行价格较低的看跌期权（如图 4-13）。

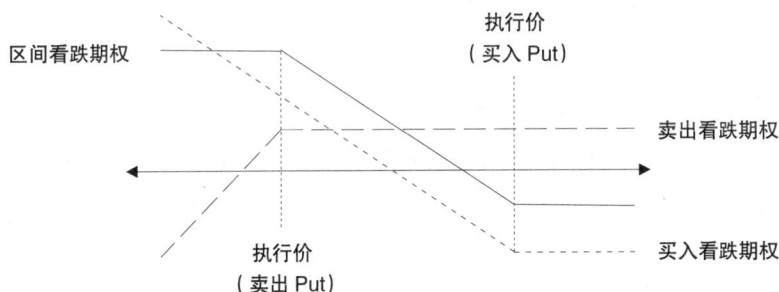

图 4-13　区间看跌期权

区间看跌期权的收益分析如表 4-12 所示，设某交易者买入到期日为 T，执行价格为 K_1 的某欧元看跌期权，同时卖出相同到期日的执行价为 K_2 的同一面值的欧元看跌期权，其中 $K_1 > K_2$。

因为买进看跌期权的执行价格较高，到期实现盈利的可能性大些，所以期权费相对就较高，卖出看跌期权的执行价格较低，期权费相对较低。假设执行价格高的看跌期权费为 P_1，执行价格低的看跌期权费为 P_2，即有 $P_1 > P_2$。

表 4-12　区间看跌期权的收益分析

组　合	期初 t 时刻现金流	期末 T 时刻现金流		
		$S_T > K_1 > K_2$	$K_2 < S_T < K_1$	$S_T < K_2 < K_1$
买入执行价较高的看跌期权	$- P_1$	0	$K_1 - S_T$	$K_1 - S_T$
卖出执行价较低的看跌期权	P_2	0	0	$- (K_2 - S_T)$
净收益	$P_2 - P_1$	$P_2 - P_1$	$(K_1 - S_T) + (P_2 - P_1)$	$(K_1 - K_2) + (P_2 - P_1)$

使用时机：预期标的资产价格将下跌；

执行价格的选择：当强烈的预期市场为看空时，应加大执行价格的差距，以获得更多的价差；

报酬和风险：采用该策略需要付出一笔初始费用，因为 $P_2 < P_1$。该策略最大盈利为 $(K_1 - K_2) + (P_2 - P_1)$，最大损失为 $P_2 - P_1$。

3. 风险逆转期权（Risk Reversal）

风险逆转期权组合给银行创造了针对客户的个性化需求自主设计产品的机会，从而提升客户的忠诚度。由于该期权组合中客户可以卖出期权，因而随着汇率的波动，银行会面临一定的风险。客户在签订该期权组合合约时，需先获得银行授信或缴纳一定比例的保证金。

风险逆转期权分看涨风险逆转期权组合与看跌风险逆转期权组合。看涨（跌）风险逆转期权组合指：客户针对未来的实际购（结）汇需求，卖出（买入）一个执行价格较低的外汇看跌期权，同时买入（卖出）一个执行价格较高的外汇看涨期权。

看涨风险逆转期权的收益曲线（如图 4-14）：

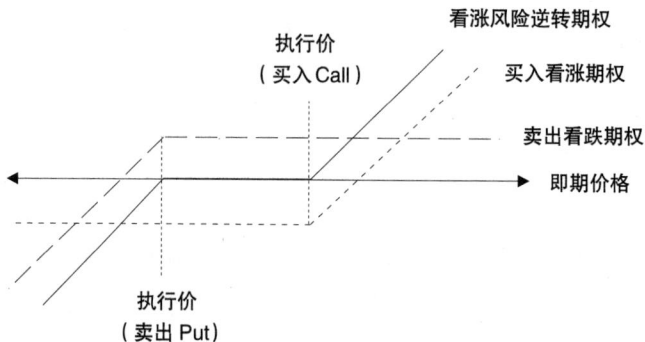

图 4-14　看涨风险逆转期权收益曲线

进口企业主要规避外币升值的风险，所以看涨风险逆转期权组合一般运用于企业在未来具有实际的购汇需求。

💲 **案例**

某进口企业 3 个月后预计要支付 1,000,000 美元的货款。为防止美元升值，进口企业应买入外汇看涨风险逆转组合，包括买入一个执行价较高的 3 个月后交割的 1 美元 =6.3 元人民币的看涨期权，同时卖出一个执行价较低的 3 个月后交割的 1 美元 =6.1 元人民币的看跌期权。根据图 4-15 所示，只有当市场出现较大的反转，出现较大的贬值，只有当汇率低于较低协定价（1 美元 =6.1 元人民币）时，客户才可能出现损失。当汇率出现较大波动时，我们可以通过协定价的设定，结合市场情况，将汇率锁定在设定的区间，避免汇率波动带来的潜在损失。

若客户采用远期购汇，约定以固定的协定价 1 美元 =6.2 元人民币购汇，当到期日汇率市场价 S 高于协定价时，企业获益，收益为 S － 6.2；当到期日汇率市场价 = 协定价时，企业损益为零：当到期日的汇率市场价小于协定价时，企业面临损失，损失为 S － 6.2。与期权组合相比，远期结售汇企业损益波动较大，当市场出现逆转时面临较大的潜在损失。

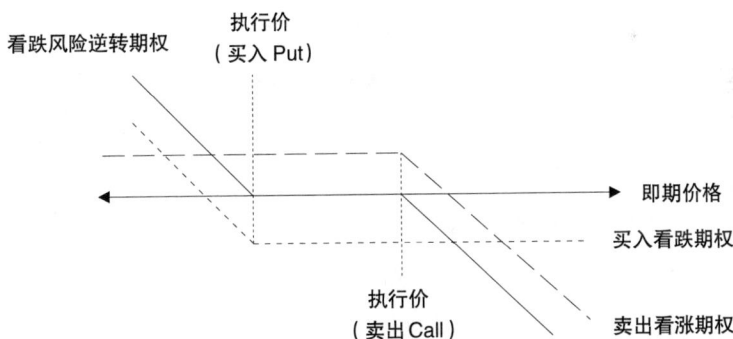

图 4-15　看跌风险逆转期权

出口企业为避免外币贬值带来的汇兑损失，可以选择看跌风险逆转期权组合。当外币实际贬值时，企业可以获得由于外币贬值带来的收益；当汇率在两个执行价之间时，企业的损益为零。只有当市场出现逆转，汇率超过较高的执行价时，企业才可能面临汇兑损失。

如果企业在未来具有实际的结汇需求，同时对人民币有贬值的预期，企业预期未来人民币的贬值幅度将大于现在叙做远期结汇所能得到的收益，因此转而叙做看跌风险逆转期权组合。如果未来人民币如预期发生大幅贬值，那么企业将能以比现有远期结汇汇率更高的价格卖出美元，从而增加收益。但如果人民币的贬值幅度不及预期，甚至重启升值步伐，那么企业也能获得一定程度的保障，其最差的结汇价格等于其买入看跌期权的执行价格。

由于风险逆转期权组合中看涨期权和看跌期权的执行价格可以根据客户的需求随意调整，因而整个期权组合的费用也就会有大于零、等于零和小于零三种可能性。将其与现有的远期结售汇产品结合，可以衍生出不同的产品以达到预期效果，增强市场竞争力。

📈 学以致用

中国银行于2012年4月向企业客户推出了人民币期权组合产品——"区间宝"和"远无忧"，这是国内银行对人民币外汇期权产品的首次灵活运用。

"区间宝"和"远无忧"两种产品的详细内容如下：

1. "区间宝"

"区间宝"可对未来的结汇或购汇设置一个灵活的价格区间，即分别设定一个保底价格和一个封顶价格，根据期权到期日的即期汇率确定最终的结售汇价格，其实质也就是看涨/看跌风险逆转期权组合的直接包装。对企业客户来说，该产品较之传统的远期结售汇，占用的保证金或授信较少，且汇率选择较为灵活。

例如：某企业客户在一年后需要买入100万美元，如果现在签订远期合约，售汇价格为6.3420，如果选择"区间宝"产品，可以买入一个执行价格为6.3500的美元看涨期权(期权费约为3.98万元人民币)，同时卖出一个执行价格为6.3300的美元看跌期权(期权费约为3.94万元人民币)，即实现以零成本锁定汇率风险。如果一年后人民币仅微幅贬值，即期汇率在6.3200，相较于远期合约，该期权组合能为客户带来2.2万元人民币的收益。

2. "远无忧"

"远无忧"主要是针对有实际远期结售汇需求的客户推出，其设计方案为1个人民币远期交易加上2个人民币看涨和看跌期权的组合，通过买入低价期权卖出高价期权的组合操作所形成的收益，来补贴人民币远期交易的结售汇价格，使得客户能够以大幅优于市场现行的远期价格签订远期合约。

继续以上述"区间宝"企业客户为例：如果该客户选择"远无忧"产品，在签订远期购汇合约的同时，买入一个虚值程度较高的看涨期权，如：执行价格为6.4，对应期权费为2.16万元人民币；卖出一个虚值程度较低的看跌期权，如：

执行价格为 6.33，对应期权费为 3.92 万元人民币。买卖两个期权所形成的价差收益（约 176 个基点）使得客户可以 6.3244（6.3420-176Pips）的价格签订远期购汇合约。由于客户卖出了期权，当然会面临一定的风险 如果人民币持续升值，一年后即期价格低于看跌期权的执行价格（6.33），那么该客户不但要以 6.3244 的远期价格买入 100 万美元，还要以 6.33 的价格再买入 100 万美元。但是如果客户的持续运作本身就有不断购入美元的需求，"远无忧"产品所带来的风险就显得微不足道。

但是，银行在大量出售了"远无忧"产品后，除了远期合约所造成的远期敞口需在银行间市场进行平盘，其出售的期权组合所造成的风险敞口也需进行相应处理。其中卖出的看涨期权虚值程度较高可暂且撇开不管，买入的看跌期权由于虚值程度较低而费用相对较高，为了能够抵补付给客户的成本则必须在银行间市场卖出。期权的供大于求使得相应期限期权的隐含波动率显著降低。

4. 跨式期权（Straddle）

跨式期权策略分买入跨式期权策略（Long Straddle）和卖出跨式期权策略（Short Straddle）。买入跨式期权策略是通过组合具有相同执行价格、相同期限、相同标的资产的一份看涨期权和一份看跌期权的合成。当投资者预计汇率变动会很大，但无法知晓往哪个方向变动时，这一买入跨式期权策略非常吸引人。其收益曲线（如图 4-16）：

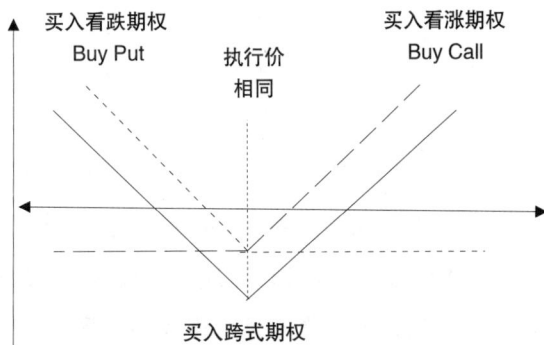

图 4-16 买入跨式期权收益曲线

买入跨式期权的收益曲线为 V 形状，在执行价格附近，期初损失两份期权费，分别为看涨期权费和看跌期权费。当期权交易者预期汇率波动将增大，但难以确定波动的具体方向时，就可以考虑建立跨式期权的多头。当市场价格偏离执行价格较大幅度时，该策略获得正收益，并且与市场价格的变动幅度相当，且幅度越大此策略获得的收益就越大。

　　卖出跨式期权策略是通过组合具有相同执行价格、相同期限、相同标的资产的一份卖出看涨期权和一份卖出看跌期权的合成。其收益曲线（如图4-17）：

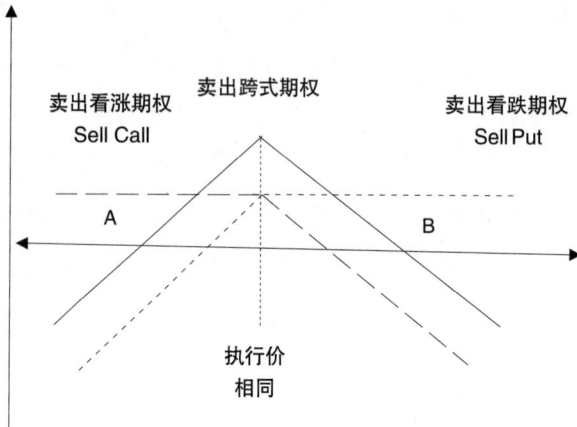

　　卖出看涨期权　　　卖出跨式期权　　　　卖出看跌期权
　　Sell Call　　　　　　　　　　　　　　Sell Put

　　A　　　　　　　　　　　　　　B

执行价
相同

图4-17　卖出跨式期权收益曲线

　　卖出跨式期权的收益曲线为倒V形状，在执行价格附近，跨式期权的卖方预期汇率(或标的资产)会保持相对稳定,因而相应建立波动情况的空头。如果在到期日汇率(或标的资产）接近于执行价，那么跨式价差空头的收益为正，约等于上述看涨期权和看跌期权的价格之和。但当汇率（或标的资产）波动的幅度超过该价格之和时，卖方就会遭受损失，而且这一损失从理论上来讲是无限的。

　　💲**案例**

卖出跨式外汇期权

　　XYZ公司卖出跨式外汇期权，细节如下：

　　期权卖出日：1991年1月15日；期限：90天。

　　看涨期权执行价格：1.95美元／英镑,看跌期权执行价格：1.95美元／英镑。

　　看涨期权权利金：0.027美元／英镑；看跌期权权利金：0.0313美元／英镑。

　　图4-17中，A，B点分别为两个保本点汇率A和汇率B，到期日的市场汇率若在两者之间，则说明正如XYZ公司所料，汇率波动幅度不大，公司因此盈利，否则，若到期日的市场汇率在此范围之外，则说明汇率波动加大，XYZ公司将有所亏损。

　　保本汇率A＝执行价格－（看涨期权权利金＋看跌期权权利金）

　　　　　　＝1.95－（0.027＋0.0313）＝1.8917

保本汇率 B= 执行价格 + （看涨期权权利金 + 看跌期权权利金）

$$=1.95+（0.027+0.0313）=2.0083$$

当到期日的市场汇率小于 1.8917 美元或大于 2.0183 时，XYZ 公司将亏损，而且汇率越大或是越小时，其亏损也会剧增。反之，若汇率在两者之间，XYZ 公司将获利。

5. 鞍式期权（Strangle）

买入（卖出）鞍式期权策略与跨式期权非常相似，不同点在于买入（卖出）的看涨期权和看跌期权具有不同的执行价，这使得原先的 V 形的利益曲线变成了在两个执行价之间"平底"的利益曲线。图 4-18、图 4-19 是买入（卖出）鞍式期权示意图。

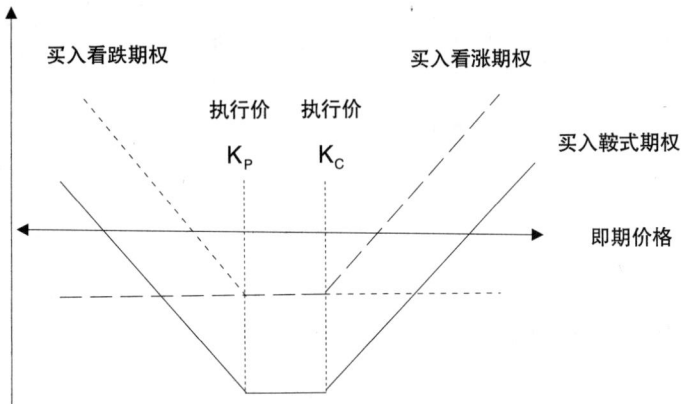

图 4-18 买入鞍式期权

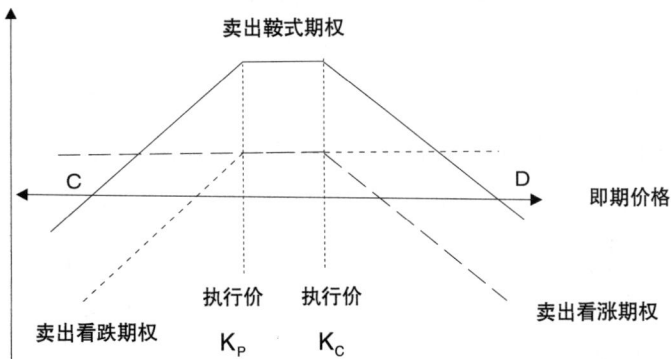

图 4-19 卖出鞍式期权

如果 K_0 是跨式价差的执行价，那么买入鞍式期权要买入执行价 $K_C > K_0$ 的看涨期权和买入 $K_p < K_0$ 的看跌期权。因为鞍式期权中的看涨期权和看跌期权要比跨式期权处于更深的虚值状态，因此鞍式期权的成本要比跨式期权的成本低得多。但是鞍式期权如果要获利，要求标的资产价格有更大的变动。如果你预测波动率上升，那么鞍式期权是一个比跨式期权更好的选择。

---

⑤ 案例

卖出鞍式外汇期权

还是 XYZ 公司，卖出鞍式外汇期权细节如下：

看涨期权执行价格：2.00 美元／英镑；看跌期权执行价格：1.90 美元／英镑。

看涨期权权利金：0.0104 美元／英镑；看跌期权权利金：0.0116 美元／英镑。

若到期日市场汇率处于 1.90 美元和 2.00 美元之间，则每英镑可获得最大收益 0.0220（0.0116 + 0.0104）美元。只要到期日市场汇率处于两个保本汇率之间，该策略就可以盈利。反之则亏损。两个保本汇率计算如下：

保本汇率 C = 1.90 −（0.0104 + 0.0116）= 1.878（美元）

保本汇率 D = 2.00 +（0.0104 + 0.0116）= 2.022（美元）

二、复杂期权

（一）合同条款变化型期权

这种期权是由于标准条款的一些基本特征的变化而产生的新型期权。

1. 半美式期权（百慕大式期权）

欧式期权在到期日才能执行，而美式期权可以在期权有效期内任何时间执行。百慕大式或半美式期权则介于两者之间，它可以在期权有效期内的几个特定日执行。例如，一种可回售债券，即可由投资人在几个特定日回售给发行人的债券。

2. 数字期权（二元期权）

标准期权的收益取决于到期日时实值期权盈利的数额。例如一个看涨期权的收益为 $\max(S - X, 0)$，式中：S 表示到期日标的资产的价格，X 表示执行价格。对于数字期权，如果期权到期时是价内（实值）期权，其收益为预先确定的一个固定数额 A，否则收益为 0。数字期权的收益与期权为价内期权时的盈利程度无关。图 4-20 为标准期权和数字期权的比较。

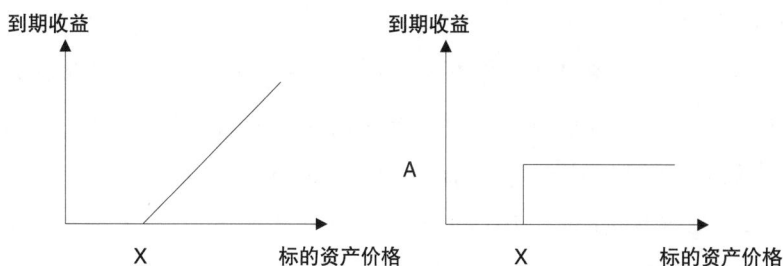

图4-20　标准期权和数字期权

数字期权有两种类型："有或者无"型和"一触即有"型。"有或者无"型数字期权仅仅在到期日期权为价内期权时才有收益，而"一触即有"型只要期权在有效期内某阶段为价内期权的就有收益。"一触即有"型也是路径依赖的期权。

3.迟付期权（或有期权）

这种期权除非已执行，否则不需要支付购买价格。但是，只要该期权在到期日是价内期权就必须执行，即使其价值可能小于购买价格。对于期权购买者而言，如果期权在到期时是价外期权，就不用支付购买期权的费用了。

买入一个迟付期权相当于买入一个标准期权并卖出一个"有或者无"型数字期权，后者的价格应刚好等于标准期权的费用，其收益也相应调整。

4.延期期权

拥有这种期权者有权在未来某时刻获得另一种期权，且该期权的执行价格是当日标的资产的市场价，就像约定价格为0（即未来不需要付钱）的复合期权。然而标的期权的执行价格只有当执行了复合期权时才确定。

5.买卖权可选期权

这种期权持有者在未来某一天选择期权种类，是选看涨期权还是选择看跌期权。

（二）路径依赖期权

这种期权的价格不仅依赖于标的资产到期日的执行价格，更取决于随时间变化的标的资产价格变化的路径。

1.障碍期权

障碍期权（Barrier Option）是指根据标的资产到期前是否触及某一障碍价格（B），来决定其到期日的最后损益。其最终收益依赖于标的资产的变动路径，当标的资产价格（S）上升或者下降到一个"障碍水平"时，期权合约在这一天被终止，或是开始生效。障碍期权有许多种，它们一般可以归纳为两种类型：

（1）触碰失效期权（Knock-Out Options）：也称敲出期权，此合约规定如果标的资产价格达到一个特定的"障碍价格"，该期权就要在这天被终止（即"失效"）；反之，仍然是一个常规期权。

如果期权是由于标的资产价格下跌到障碍水平而终止的，它们就被称为"下降敲出期权"（Down-And-Out Option），然而如果期权是当标的资产价格上升到障碍水平才终止的，我们称它们为"上升敲出期权"（Up-And-Out Option）。

（2）触碰生效期权（Knock-In Options）：也称敲入期权，当标的资产价格在到期日之前上升或是下降到一个"障碍水平"上，这份期权在这一天才开始生效。其收益与相应的常规期权相同；如果在到期日之前资产价格并未触及障碍价格，该期权作废。

"上升敲入期权"（Up-And-In Option）直到股票价格上升到一个较高的障碍价格上时才开始生效，期权费是事先支付的，但是只有达到障碍价格时才能执行期权。类似的，"下降敲入期权"（Down-And-In Option）直到股票价格下跌至某个设计好的价格时才能生效。下降敲入期权通常要比普通的看跌期权便宜，因为只有当达到一个更低的价格时才能执行它。

又因为每一种期权可分为看涨与看跌期权，因此可将障碍期权细分为八类（如表4-13）：

表4–13　障碍期权分类表

种类	看涨期权	看跌期权
生效	上升敲入看涨期权（Up-And-In Call）	上升敲入看跌期权（Up-And-In Put）
	下降敲入看涨期权（Down-And-In Call）	下降敲入看跌期权（Down-And-In Put）
失效	上升敲出看涨期权（Up-And-Out Call）	上升敲出看跌期权（Up-And-Out Put）
	下降敲出看涨期权（Down-And-Out Call）	下降敲出看跌期权（Down-And-Out Put）

上述八种障碍期权的收益（如表4-14）：

表4–14　障碍期权的最终收益

种类	看涨期权	看跌期权
上升 敲入	$0, I_{\{S_t < B, t \in [0, T]\}}$	$0, I_{\{S_t < B, t \in [0, T]\}}$
	$\max(S_T - K, 0), [1 - I_{\{S_t < B, t \in [0, T]\}}]$	$\max(K - S_T, 0), [1 - I_{\{S_t < B, t \in [0, T]\}}]$
下降 敲入	$0, I_{\{S_t > B, t \in [0, T]\}}$	$0, I_{\{S_t > B, t \in [0, T]\}}$
	$\max(S_T - K, 0), [1 - I_{\{S_t > B, t \in [0, T]\}}]$	$\max(K - S_T, 0), [1 - I_{\{S_t > B, t \in [0, T]\}}]$
上升 敲出	$\max(S_T - K, 0), I_{\{S_t < B, t \in [0, T]\}}$	$\max(K - S_T, 0), I_{\{S_t < B, t \in [0, T]\}}$
	$0, [1 - I_{\{S_t < B, t \in [0, T]\}}]$	$0, [1 - I_{\{S_t < B, t \in [0, T]\}}]$

续表

种类	看涨期权	看跌期权
下降 敲出	$\max(S_T - K, 0), I_{\{S_t > B, t \in [0,T]\}}$ $0, [1 - I_{\{S_t > B, t \in [0,T]\}}]$	$\max(K - S_T, 0), I_{\{S_t > B, t \in [0,T]\}}$ $0, [1 - I_{\{S_t > B, t \in [0,T]\}}]$

表 4-14 中，以上升敲入看涨期权为例，S 为标的资产价格，B 为障碍水平，$I_{\{S_t < B, t \in [0,T]\}}$ 代表一个集合，此集合表示所有满足一定条件的路径，这些路径在有效期内（$t \in [0,T]$）的标的资产价格始终没有上升到"障碍水平"，即满足 $S_t < B, t \in [0,T]$ 的情况，这时标的资产价格在有效期内不会触碰到障碍价格 B，期权不被执行，到期收益为 0；$[1 - I_{\{S_t < B, t \in [0,T]\}}]$ 代表集合 $I_{\{S_t < B, t \in [0,T]\}}$ 的补集，在这个集合里，每条路径的标的资产价格至少有一次触碰到障碍价格 B，期权被执行，收益与普通看涨期权一样，为 $\max(S_T - K, 0)$。

对于下降敲出看涨期权，只要 S 的价格没有跌到 B 以下，收益就是 $\max(S_T - K, 0)$。如果某一个特定路径上的价格下跌至 B 以下，那么期权敲出，即使在到期日有 $S_T > K$，收益也将会是零。表中其他六种障碍期权的收益可做类似分析。

对于购买者来说，如果对市场有较准确的预期，他相信标的资产的价格的上升运动在到期前会有一定限制，希望获得看涨期权的回报，但不想为所有上升的可能性付款，那么他就有可能买一份上升敲出期权。由于上升运动受到限制，这个期权的价格就会比相应的普通看涨期权便宜。

注意，如果同时持有下降敲出看涨期权和下降敲入看涨期权，就等价于持有一个普通的欧式看涨期权，因为无论何时敲出下降敲出期权，下降敲入期权将会随之敲入。所以下降敲出看涨期权和下降敲入看涨期权的期权费之和等于欧式看涨期权的期权费，这也说明了单独的敲出期权的期权金要低于普通的欧式期权的期权金。

2. 亚式期权

亚式期权是 20 世纪 90 年代出现的一种新型期权，是金融衍生品市场最为活跃的一种奇异期权。它实质上是欧式期权的一种创新。它与欧式期权的共同点在于它们都只允许其投资者在到期日 T 执行期权合约。不同点在于欧式期权是根据到期日 T 的股价 S_T 相比执行价格 K 来决定是否执行期权合约，而亚式期权是根据期权的生命期 [0,T] 内的一段时间股价的平均价格 A_T 的大小相对执行价格 K 来决定是否执行期权合约。A_T 的表达式可以表示为：

$$A_T = \frac{1}{T} \int_0^T S(t)dt$$

亚式期权引入思想是用来防止市场的操纵行为（尤指临近到期时对价格的操纵）。

在交易量很小的市场（如石油市场），大户们可以通过大单交易操纵市场价格，从而在标准期权的买卖中牟取暴利。而亚式期权的结算价格是由一段时间内的平均价格决定，因此难以操纵。亚式期权在价格波动剧烈的市场上可以起到平滑因素的作用。

从理论上说，亚式期权应该比标准欧式期权便宜。这是因为标准期权的资产价格在一段时间内的平均值的变化比特定日价格变动的幅度小，相应的期权风险也小，从而降低其时间价值，导致平均价格期权比相同期限的标准期权便宜。

3. 回望期权

回望期权（Lookback Option）赋予投资者选择最优的执行价格。如果是回望看涨期权，到期日的执行价格设定为在期权的生命期内标的资产的最低价格 S_{min}（收益为 $S_T > S_{min}$）；如果是回望看跌期权，到期日的执行价格设定为在期权的生命期内标的资产所达到的最高价格 S_{max}（收益为 $S_{max} - S_T$）。这些期权也称为无遗憾期权（No-Regrets Option），因为你永远不会为没有提前执行期权而遗憾。当然，这种期权的期权费往往较高。

（三）复合期权

复合期权是以各种期权合约作为基础资产的期权，它实际上是期权的期权。复合期权是二阶期权。因为复合期权给了对另一个衍生工具的权利。

复合期权在 t_0 时刻给予持有者一个在特定时间 t_1（其中 $t_1 > t_0$）以特定价格买卖另一个期权的权利，后面这个标的期权将在 t_2（其中 $t_1 > t_0$）时刻到期。

复合期权有以下四种组合：

持有人有权买入基础期权：看涨期权的买权、看跌期权的买权；

持有人有权卖出基础期权：看涨期权的卖权、看跌期权的卖权。

复合期权的优点如下：

（1）适合于那些风险敞口尚不明确的避险者，即可以在不能确定是否需要防范风险的情况下提供风险防范，可以称为或有风险的规避。

（2）提供了比直接买期权更便宜的风险保护措施。

⑤ 案例

运用复合期权控制风险

德制轿车进口公司（GCI）是一家专营进口奔驰、宝马和大众等德国产汽车的美国公司。6个月后，该公司将为进口30辆轿车支付3,800,000德国马克。当前，外汇市场上美元兑德国马克的汇率已一路上扬至1.7000，但由于一周后德国政府将公布重要的经济统计指标，美元、德国马克比价呈盘整状态。

市场对将公布的重要经济统计指标预测不定，如果经济指标上佳的话，德国马克将上行至1.65，但如果经济指标不尽人意，德国马克将下挫至1.75。由于GCI公司有德国马克负债，因此，如果德国马克走强对其显然不利，而其又不愿购入一个相对僵化的期货合约。此时，由于未来比价波动的可能性很大，而普通期权的价格又特别高，执行价格为1美元兑1.70德国马克的德国马克看涨期权价格为1德国马克0.0114美元。为了节约成本，GCI公司选择买入一份复合期权即"关于看涨期权的看涨期权"（如表4-15）：

表4-15　看涨期权及看涨期权的看涨期权费用表

	复 合 期 权	基 础 期 权
期权种类	关于看涨期权的看涨期权	德国马克看涨期权
履约价格	1德国马克0.0114美元	1美元兑1.70德国马克
期　　限	10天	45天
期权价格	1德国马克0.0028美元	1德国马克0.0114美元

之所以选择10天期的复合期权，是因为一周后也即公布经济指标之后，汇市一般还要过几天方能克服"超调"和剧烈波动而实现相对稳定。对于其3,800,000德国马克的负债，GCI公司要支付的复合期权的期权费为3,800,000×0.0028=10,640（美元）。

下面分析一下7天后公布的经济指标的三种可能结果和GCI公司的金融状况。

德国的经济指标非常令人满意，市场普遍看好德国马克，德国马克汇率上行至1.65。此时，关于德国马克看涨期权的价格也由于市场对德国马克的乐观而上行，基础期权的价格上涨至1德国马克为0.0197美元，这样GCI公司便可以执行复合期权，即再支付复合期权的执行价格0.0114×3,800,000=43,320（美元），就持有了德国马克的看涨期权。于是GCI公司为该德国马克看涨期权共支付43,320+10,640=53,960（美元），而现在这份德国马克看涨期权的市场成本已为0.0197×3,800,000=74,860（美元）。当然，如果GCI公司一开始就购买德国马克看涨期权，其成本仅为0.0114×3,800,000=43,320（美元）。

如果公布的经济指标令人失望，市场涌出大量的德国马克抛盘，使德国马克汇率挫至1.75，基础期权的价格也大跌至1德国马克0.0023美元。显然，GCI公司不可能去执行协定价格为1德国马克0.0114美元的复合期权。这样，最初的 10,640 美元的复合期权的购买费用便已付之东流。但如果 GCI 公司一开始就进入基础期权，那么其损失的基础期权的购买费用则高达 43,320 美元。

如果公布的经济指标是中性的，德国马克汇率仅为 1.7。由于时间推移，基础期权持有者可选择的时间已经下降（美式期权），其期权价格也应相应下调，例如已下调为 1 德国马克 0.0080 美元。此时，GCI 公司同样也不会执行复合期权，并因此损失 10,640 美元。但如果一开始便购入基础期权，其时间成本损失将为（0.0114 - 0.0080）× 3,800,000=12,920（美元）。

以上分析表明在这个例子中，购买看涨期权的看涨期权这样的复合期权成本是比较低的，即使判断失误损失也是比较小的。

（资料来源：吴冲锋，刘海龙，冯芸等．金融工程学 [M].

北京：高等教育出版社，2010）

第四节　企业的交易动机与时间选择

一、管理风险

期权诞生的主要原因就是因为管理风险的需要，它也是期权最主要的功能。期权可以通过一定的买空和卖空从而实现套期保值，对冲风险。比如：航空公司主要成本是航油消耗，如果航油价格上涨会大量吞食公司利润，这时就可以利用期权来进行套期保值。具体来说就是买入燃油期权，如果油价上涨，期权盈利；反之油价下跌，期权最大亏损也不过是保证金，但是公司营业利润上升，两者相互抵消，公司利润不变。因此通过上述例子我们可以看到期权可以有效地规避燃油价格上涨，从而保证公司的利润不受油价的波动影响。

通常企业买入期权进行套期保值是为了抵消某种产品价格的不确定性带来的风险，它通常发生在该标的产品价格大幅波动或者预计会大幅波动时，此时，企业倾向于用期权来规避风险。

二、投机获利

投机活动有正负两方面的影响，一方面投机的存在可以活跃市场，增大市场交易份额，在一定程度上可以满足套期保值的需要；另一方面投机的存在也加大了期权市场的波动性。期权具有杠杆作用，是一种投机性极强的衍生品，理论上买入看涨期权会有无限大的利润而亏损最多只有保证金，这种权利和义务的不对称在某种程度上刺激了投机的发生。历史上因为期权投机导致巨亏的公司不计其数。

投机活动随时都可以进行，通常要看该企业领导人的偏好，通常风险厌恶的企业家往往不会用期权进行投机活动，原因是期权是典型的高风险高收益，看对时风险收益很大，可是一旦看错风险会极大，甚至导致企业破产。

三、盈利动机

这一动机主要是不同的期权合约组合在一起来获利，最简单的有两种：一种是蝶式组合，另一种是鹰式组合。

（一）买入蝶式组合（Long Butterfly）

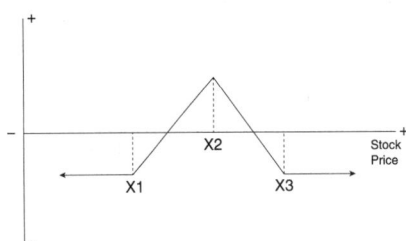

以 X1 和 X3 分别买入一份看涨（看跌）期权，以 X2 卖出看涨（看跌）期权，期权费 P，盈利区间：（X3 − P，X1 + P）。

损益情况：价格在损益区间内波动则获利，最大收益 X3 − X − P，否则亏损，最大亏损为 P。

（二）买入鹰式组合（Long Condor）

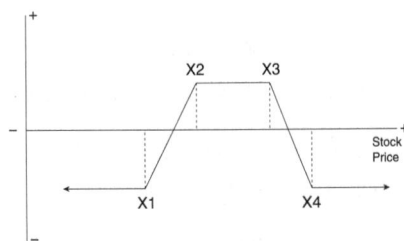

以 X1 和 X4 分别买入一份看涨（看跌）期权，以 X2 和 X3 分别卖出看涨（看跌）期权，期权费 P，盈利区间：（X4 − P，X1 + P）。

损益情况：价格在损益区间内波动则获利，最大收益 X4 − X − P，否则亏损，最大亏损 P。

图 4-21　买入蝶式组合　　　　　图 4-22　买入鹰式组合

从图 4-21、图 4-22 可以看到，当期权价格波动很大时，对于投资者来说，最好的策略是选择鹰式组合；当期权价格波动很小时，最好的策略是蝶式组合，这样可以保证盈利。

第五节　期权风险管理

一、期权的风险识别

金融风险是指相对于某主体，未来某些风险源变化的不确定性可能给主体带来损失。期权对金融衍生工具的风险性引入了一个全新的尺度。期权是一种不对称的合约，其报偿结构是非线性的。不对称性是针对期权特有的风险和报酬机制而言的。正是因为权利和义务的不对称，所以期权的风险要分买卖双方来进行识别。在期权交易中，合约买方所承担的风险是有上限的（最大损失是期权费），而获利的可能却是无限的；与买方相反，合约卖方所承担的风险则是无限的，而其获利却有上限（最大收益为期权费）。因此，从表面上看，期权交易对合同买方是有利的，因为购买者可以根据现货市场上的价格来决定是否履行合约，从而既可得到市场价格波动可能带来的好处，又可避免市场价格波动可能带来的损失，最大的代价只是付出一笔期权费。但是在实际交易中，买卖双方获取收益的概率也是极不对称的，通常卖方获利的概率要大于买方，所以买卖双方在期权交易中能获得平衡。

期权交易的首要风险是市场风险，而且在市场风险方面，合同卖方承担的风险要大于合同买方。不过，期权市场中的四种期权工具可以进一步降低交易者的市场风险，这四种期权工具是买入看涨期权、卖出看涨期权、买入看跌期权、卖出看跌期权，它们提供给那些刚做卖出或买入的一方，在发现市场价格波动不利于自己时做反向对冲来弥补损失。一般来说，在行情看涨时，采取买入看涨期权或卖出看跌期权的做法；而在行情看跌时，则采取卖出看涨期权或买入看跌期权的做法。此外，就市场风险而言，合约购买者支付的期权费的大小也是衡量风险的一个重要方面。

除上述分析的市场风险之外，期权交易通常也是在严密的市场组织体系中进行的，所以其信用风险和流动风险都较小。但是，由于期权交易的运作要远比金融期货交易复杂，且期权费要通过特定的估价模型予以计算，所以期权的操作风险、道德风险以及新型期权（Exotic Options）的法律风险都相对较大。

二、期权风险的测量

随着金融市场波动性的不断增大，市场风险越来越成为期权的各种风险中最主要的风险。在期权风险衡量的方法中，最主要的是方法是 VAR 方法。

VAR（Value-at-Risk）是指在正常市场条件下，在给定的置信水平上，估算出给定时间内可能产生的最大损失值。VAR 试图回答"情况会变得多糟"。

VAR 损失是基于概率置信水平对未来时刻资产可能发生的损失额度加以描述，是指一定概率置信水平下资产在未来某一时刻可能发生的最大损失数额，其最大特点是将损失与一定的概率置信水平相联系。

基本思想与特点：基于概率损失，VAR 越大，风险越大，与风险的实际含义更加吻合。

适用范围：主要适用于市场交易资产，但可以进一步扩展到非交易类资产，如抵押贷款等。

主要用途：用于测算未来时刻可能发生的实际损失额度，可用于内部风险控制、外部风险监管以及投资激励等。

VAR 损失从概念上很好地刻画了市场风险，但要使它真正成为能够提供关于市场风险信息的有力工具，还依赖于它的各种计算方法。有研究者曾用多种常见的计算方法对三种假设的金融资产组合进行了 VAR 估计测定，结果发现各种不同的方法之间有很大的差异，表明 VAR 测定对模型、参数、数据以及相关假设的依赖性非常强。

对于金融机构来说，VAR 损失模型的计算方法至关重要，既可能影响到各年度据此设置资本保证金的对外信誉，也会在不同程度上影响到其内部管理的效果。目前大多数学者对 VAR 损失模型的研究主要集中在对其计算方法的各种讨论，提出了众多的计算思路。

> **案例**
>
> 借助 Merton 提出的模型，运用 VAR 理论的有关知识对欧式看涨期权加以分析。
>
> 定义：S_t 为 t 期期权标的资产的价格；
>
> μ 为基础资产的期望收益率；
>
> σ 为 S_t 的波动性；
>
> T 为期权的期限长度；
>
> $E(S_{T+t})$ 为 S_{T+t} 的期望值。
>
> 经过推导（推导过程从略），得到如下结果：
>
> VAR 可以用临界值 S^* 来定义 $VAR_{T+t} = S^* - E(S_{T+t})$，其中
>
> $$E\left(S_{T+t}\right) = S_t e^{\left(\mu - \frac{\sigma^2}{2}\right)T}, \quad \alpha = \frac{\ln\left(\dfrac{S^*}{S_t}\right) - \left(\mu - \dfrac{\sigma^2}{2}\right)T}{\sigma\sqrt{T}}$$

注意，这里所得到的 VAR 值是看跌期权空头方在一定概率 p 下所面临的潜在损失。

假设一欧式看涨期权的基础资产的初始价格 $S_t=100$ 美元，$\mu=8\%$，$\sigma=30\%$ 美元，其期限为 3 个月（$T=\frac{1}{4}$），计算该期权的空头方以 5% 的概率出现亏损的 VAR 值。

通过查 95% 的正态分布的临界值表，可知 $\alpha=1.645$。把 $\alpha=1.645$ 代入

$$\alpha=\frac{\ln\left(\frac{S^*}{S_t}\right)-\left(\mu-\frac{\sigma^2}{2}\right)T}{\sigma\sqrt{T}}$$ 得：$E\left(S_{T+t}\right)=S_t e^{\left(\mu-\frac{\sigma^2}{2}\right)T}=100.8839$。

$VAR_T=S^*-E(S_T)=129.1107-100.8839=28.2268$

由上面得出的结果可知：对于该期权的空头方而言，存在每单位标的资产所代表的期权合约有 28.2268 美元的亏损，其发生的概率为 5%。

三、期权风险的对冲管理

（一）对冲策略、对冲工具构造与金融工程

对冲策略的设计及对冲工具的选择与构造，是对冲实施的核心。下面分别介绍简单的对冲策略和复杂的对冲策略。

1. 简单的对冲策略

购买看涨期权可以保护空头头寸，购买看跌期权可以保护多头头寸。当市场发生不利情况时，可以避免执行价格之外的损失。

购买期权需要支付期权费。而且，期权的成本与保护功能之间是正相关的，即看涨期权的执行价格越高，成本越低，保护的功能也越差。交易者应该买进哪一种执行价格的期权，取决于其所愿意承担的风险和愿意支付的成本，这是一种主观的判断和偏好，同样，也可以使用互换、远期和期货合约等多种衍生工具实现对冲的目的。

2. 止损策略

止损策略也是对冲的一种方法。假设某金融机构出售了执行价格为 X 的欧式看涨期权。止损策略的基本思想就是，当标的资产的价格刚刚升到 X 以上时，就购买该资产，刚刚下降到 X 以下时就出售该资产。

用 S 表示股票的初始价格：当 S > X 时，对冲的初始成本为 S；当 S < X 时，对冲的初始成本为零。因为零时刻后所有的买入和卖出都以 X 的价格成交，则卖出看涨期权并对冲它的总成本可表示为：C=max（S－X，0）。

因为对冲的现金流发生在不同的时点，所以应当贴现为现值考虑。而且，买入和卖出不可能精确到完全相同的价格 X 上执行。这样只有增大交易的频率，才能降低交易时价格的偏差，但这又增加了交易成本。Monte Carlo 模拟分析表明，止损策略的效果并不理想。

（二）复杂的对冲策略

若要研究期权复杂的对冲策略，首先要考虑影响期权价值的因素和期权的定价模型，然后再讨论它们在期权风险管理中的运用。影响期权价值的因素在前面讨论过，这里介绍 Black-Scholes 定价模型。

Black-Scholes 在以下几个假设条件下，利用无风险套利之投资组合，导出股票期权的定价模型。这几个假设条件是：

（1）存在一无风险利率，其在期权期间为一常数。允许将股票或期权分割成任何细微的部分，并以短期利率水准来借贷。

（2）估价变动的过程符合几何布郎运动。股价在一个持续时间内为一随机漫步的过程，因此在任一时间区间内的任一时点，股价的概率分布都是对数正态分布。

（3）标的资产的波动率为一常数，且为已知。

（4）标的资产在期权期间没有利息，亦即股票不支付任何利息。

（5）投资者只能在到期日才能履约，即为欧式期权。

（6）买卖股票或期权无任何交易成本，如手续费、税收等。

（7）市场提供连续交易的机会，允许股票或期权的卖空交易存在。

在上述假设下，利用无风险套利之投资组合，得出欧式期权定价模型为：

$$C = SN(d_1) - Xe^{-r(T-t)} N(d_2)$$

$$d_1 = \frac{\ln(S(t)/X) + (r + \frac{\sigma^2}{2})(T-t)}{\sigma\sqrt{T-t}}$$

$$d_2 = d_1 - \sigma\sqrt{T-t}$$

其中，C= 看涨期权价值

S= 标的资产即期价值

X= 执行价格

r= 瞬间无风险利率

T－t= 期权剩余时间的长短

σ= 标的资产价格的波动率

ln= 自然对数

N(.)= 标准正态分布的累计分布率

现在我们定义分析衍生工具市场的几个重要参数。

（1）Delta（Δ）是期权价格（C）相对于标的资产价格（S）变动的比率，用数学表示为 $\partial C/\partial S$。它表示当标的资产价格发生一个单位的变化时，相应引起的期权价值（期权费）的变动。由对 Black-Scholes 公式求导可计算出 Delta 值（计算过程略），有：

看涨期权的 Delta 值 $\Delta_C=N(d_1)$，看跌期权的 Delta 值 $\Delta_P=\Delta_C - 1$。

对于看涨期权来说，Delta 的取值在 0 和 1 之间；而对于看跌期权来说，Delta 的取值在 -1 和 0 之间。Delta 值不仅可以用来评价期权价值的变动情况，在风险管理中它还可以用来对冲资产价格变化所带来的风险（即 Delta 对冲）。

（2）Gamma（γ）是期权价值变化相对于 Delta 的变化率，在数学上可以理解为期权价值相对于标的资产价格的二阶偏导，用数学表示为 $\partial\Delta/\partial S=\partial^2 C/\partial S^2$。Gamma 反映了衍生证券价格对标的资产价格的敏感性，基于不支付红利股票的欧式看涨期权或看跌期权的 Gamma 为：

$$\gamma = \frac{N'(d_1)}{S\sigma\sqrt{T-t}}，$$ 一般来说 Gamma 值越大，期权的灵敏度也就越大。

Gamma 值在当标的资产价格与执行价格相等时最大，当期权处于实值或虚值状态时，Gamma 值相应减小。与 Delta 值相同，即 Gamma 值也受剩余期限与波幅的影响。当剩余期限越长，或波幅越大时，Gamma 值的变动就越平稳，它在平价时所取得的最大值相应较小。

（3）Vega（ν）是期权价值变动与标的资产价格的波动率的比率。如果 Vega 的绝对值很大，则衍生证券的价格对于波动率的变化很敏感；如果其绝对值很小，则波动率的变化对衍生证券的价格影响很小。对于不支付红利股票的欧式看涨期权和看跌期权，有 $\nu = S\sqrt{T- t}N'(d_1)$。

（4）Theta（θ）是期权价值变动相对于剩余期限变动的比率，用数学表示为 $\partial C/\partial T$。

看涨期权的 Theta 值为 $\theta_C = -\dfrac{SN'(d_1)\sigma}{2\sqrt{T-t}} - rXe^{-r(T-t)}N(d_2) < 0$，

看跌期权的 Theta 值为 $\theta_P = -\dfrac{SN'(d_1)\sigma}{2\sqrt{T-t}} + rXe^{-r(T-t)}N(-d_2)$。

期权的价值与剩余期限的关系很大。剩余期限越长，其时间价值也越大，期权价值也越高；反之，剩余期限越短，期权价值也越低。因而在市场上表现为期权价格每过一天就下跌，在到期日，期权时间价值为 0，期权价值等于其内在价值。Theta 在平价时取最大值。当剩余期限较长时，Theta 值较小；而越接近到期日，时间价值下降得越大，Theta 值相应越小。

（5）Rho（ρ）是期权价值变动相对于利率变动的比率。用数学表达是 ρ = ∂C/∂r，对于不支付红利股票的欧式看涨期权和看跌期权的 Rho 值，分别有，

$$\rho_C = -(T-t)\,e^{-r(T-t)}\,SN(d_1)\,;$$

$$\rho_P = (T-t)\,e^{-r(T-t)}\,SN(-d_1)\,。$$

对于复杂的证券投资组合，其价值受构成组合的金融工具的波动性、时间等因素的影响，如果包括衍生证券，还受标的资产价值变化的影响，这些因素的变动都会带来风险。因此，对冲的目的在于使得组合的价值免受其中一个或几个因素的影响，从而达到减少或降低风险的目的，针对对冲的风险因素的不同，存在不同的对冲类型。在实际对冲操作中，首先必须确定对冲类型，然后确定对冲工具，最后确定最优对冲比。

1. Δ 对冲策略

Δ 对冲策略又称"Δ 中性"操作策略，是期权与基础资产进行组合。Δ 被称为避险保值比率。我们用这个避险保值比率来构建期权和基础资产之间风险控制机制，实现"Δ 的中性"。无论基础资产怎样变动，期权的价格都可以和基础资产的价格保持同步的变动，从而可以避免由于价格变动的不一致而出现的风险。

---

⑤案例

我们准备卖出 1000 份某公司的股票期权，这里 S=50，K=40，短期利率 r=5%，到期日 T=1，波动率 σ=0.3，这样，我们有：$d_1 = \dfrac{\ln\dfrac{50}{40} + \left(0.05 + \dfrac{0.3^2}{2}\right)}{0.3} = 1.06$

因此，Δ=N(1.06)=0.8554。这个 Δ 值意味着为了对我们卖出的 1,000 份股票期权进行对冲，我们必须购买 855 股该公司的股票。至此，期权出售者完成了对股票市场价格变化的对冲。

实际上，投资者的保值头寸保持 Δ 对冲状态只能维持一个相当短暂的时间，这是因为随着股票价格的变化和时间的流逝，Δ 值也在不断地变化。所以，在套期保值操作中，需要定期地调整保值头寸。假设我们每周进行一次对冲，表 4-16 显示这种定期对冲：

表4-16　定期对冲

到期时间周数	股票价格	d_1	$N(d_1)$	股票股数
52	50	1.06	0.8554	855
51	51	1.131	0.8708	871
50	49	1.00004	0.8413	841

表4-16显示，在第一周时，我们用855股股票进行对冲，第二周股票价格上升，并导致期权价格相对股票出现上升，我们需要再购买进行对冲，使持股数达到871股。第三周股票价格下降，此时我们只需要持有841股股票，即为了保持对冲状态我们要卖出30股股票，采用类似方法，直到期权到期为止。

不过对于此种操作方法要注意 Δ 值与期权费的综合权衡，如果 Δ 值过小而期权费过大则不宜采用此种保值避险方式。因为它造成的避险成本过高，不如用期货来保值避险。

2.Δ，γ 对冲策略

由于 Δ 值在现实中是以 γ 值的速度在变化的，这就要求对 Δ 值进行实时动态修正，这在现实中是不可能的，一般投资者不常用此种方式来规避风险。所以可以采用 Δ，γ 对冲，这种避险组合要优于单纯的 Δ 对冲。

⑤案例

某投资公司持有 A 股票 10,000 股，当前价格 33.6 美元，σ=0.16，r=4%，已知该股票有到期期限为 3 个月和 6 个月，约定价格分别为 30 美元、32.5 美元和 35 美元的欧式买权和卖权（一个合同为 100 股），如何设计投资组合？

分析：

取到期期限 3 个月、约定价格 32.5 美元的买权以及到期期限为 3 个月、约定价格为 35 的卖权，类似于上述 Δ 对冲的计算方法，得到：

约定价格为 32.5 美元，到期期限为 3 个月的买权：$\Delta_c=0.7193$，$\gamma_c=0.12536$

约定价格为 35 美元，到期期权为 3 个月的卖权：$\Delta_p=-0.6350$，$\gamma_p=0.13983$

又知持有的 10,000 股股票，这 10,000 股股票的 Δ 值为每股等于 1，γ 值为每股等于 0，为组成 Δ，γ 中性投资组合，须有：

$1 \times 100 \times (-100) + 0.7193 \times 100 n_c - 0.6350 \times 100 n_p = 0$，即组合后的 Δ 值

为零；

$0 \times 100 \times (-100) + 0.12536 \times 100 n_c - 0.13983 \times 100 n_p = 0$，即组合后的 γ 值为零。

得到 $n_c = 78$，$n_p = -70$ 即应该买进 78 份到期期限为 3 个月，约定价格为 32.5 美元的股票买权，卖出 70 份到期期限为 3 个月、约定价格为 35 美元的股票卖权。

3. Δ，Λ 对冲策略

就是用一个 Δ 和 ν 都为 0 的投资组合来回避潜在的投资风险，这种避险组合也优于单纯的 Δ 中性投资组合。

⑤ 案例

假设仍是上例，投资人员觉得未来的投资风险主要来自于股票价格波动率 σ 的变化，因而应该采用此种方法。取到期期限 3 个月，约定价格 32.5 美元的买权及到期期权为 3 个月、约定价格为 35 美元的卖权。

买权的 Δ 和 ν：$\Delta = 0.7193$，$\nu = 16.463$;

卖权的 Δ 和 ν：$\Delta = -0.6350$，$\nu = 16.424$。

又知持有的 10000 股股票，这 10000 股股票的 Δ 值为每股等于 1，ν 值为每股等于 0，为组成 Δ，ν 中性投资组合，须有：

$1 \times 100 \times (-100) + 0.7193 \times 100 n_c - 0.6350 \times 100 n_p = 0$，即组合后的 Δ 值为零；

$0 \times 100 \times (-100) + 16.463 \times 100 n_c - 16.424 \times 100 n_p = 0$，即组合后的 ν 值为零。

得到：$n_c = 74$，$n_p = -74$，即应该买进 74 份到期期限为 3 个月，约定价格为 32.5 美元的股票买权，卖出 74 份到期期限为 3 个月、约定价格为 35 美元的股票卖权。

4. Δ，γ，ν 对冲策略

⑤ 案例

设某一处于 Δ 中性的组合，其 γ 值为 $-5,000$，ν 值为 $-8,000$。假定某个期权的 γ 值为 0.5，ν 值为 2.0，Δ 值为 0.6。如果买进 4,000 个此项期权的多头头寸，则可以使新组合达到 ν 中性，但此时 Δ 值增加到 2,400（0 + 4,000 × 0.6），因此需要出售 2,400 个标的资产从而使新组合到 Δ 中性的状态，

这时新组合的 γ 值将从 $-5,000$ 变为 $-3,000$（$-5,000+4,000\times0.5$）。如果要同时使组合达到 Δ、γ 和 ν 中性状态，就需要至少两种头寸。假定还有一种期权头寸，此种期权的 Δ 值为 0.5，γ 值为 0.8，ν 值为 1.2。设 n_1、n_2 分别为组合中这两种期权的数量，则有：

$$-5,000 + 0.5n_1 + 0.8n_2 = 0$$

$$-8,000 + 2.0n_1 + 1.2n_2 = 0$$

解得： $n_1 = 400$，$n_2 = 6,000$

因此，买进 400 份第一种期权和 6,000 份第二种期权，就可以使组合同时处于 γ 和 Δ 处于中性的状态。但加入这两种期权后，组合的 Δ 值变为 3,240（$400\times0.6+6,000\times0.5$），因此，要出售 3,240 份标的资产以保持 Δ 中性的状态。

Tips

股票期权推出标志中国金融衍生品迈向新阶段

2014 年 12 月 5 日，中国证监会就《股票期权交易试点管理办法（征求意见稿）》《证券期货经营机构参与股票期权交易试点指引（征求意见稿）》向社会公开征求意见。上交所也在同日发布了《股票期权试点交易规则》《股票期权试点业务风险控制管理办法》《股票期权试点投资者适当性管理指引》和《股票期权试点做市商业务指引》等四个配套业务规则的征求意见稿，并向社会公开征求意见。这表明内地市场推出股票期权工作已完成前期筹备，开始进入实质启动阶段。

一、股票期权交易规则

合约标的。属于上交所公布的融资融券标的证券、上市时间不少于 6 个月、最近 6 个月的日均波动幅度不超过基准指数日均波动幅度的 3 倍、最近 6 个月的日均持股账户数不低于 4,000 户的股票，以及属于上交所公布的融资融券标的证券、基金成立时间不少于 6 个月、最近 6 个月的日均持有账户数不低于 4,000 户的 ETF，可以作为期权合约标的。据悉，试点期间股票期权交易将从 ETF 期权开始，暂不包括个股期权。

交易时间。期权合约的到期日为到期月份的第 4 个星期三，该日为法定节假日、休市日的，顺延至下一个交易日。期权合约的交易时间为每个交易日 9：15 至 9：25、9：30 至 11：30、13：00 至 15：00。其中，9：15 至 9：25 为开盘集合竞价时间，14：57 至 15：00 为收盘集合竞价时间，其余时段为连续竞价时间。

熔断机制。为有效防范市场风险，期权交易中还特别引入了熔断机制。在连续竞价交易期间，如果连续竞价交易期间，合约盘中交易价格较最近参考价格上涨或者下跌超过 50%，且价格涨跌绝对值大于 0.005 元的，该合约进入 3 分钟的盘中集合竞价交易阶段；盘中集合竞价交易结束后，合约继续进行连续竞价交易。最近参考价格是指合约在最近一次集合竞价阶段产生的成交价格，包括在开盘集合竞价阶段或者盘中集合竞价阶段产生的成交价格。期权交易在 14:54 至 14:57 之间达到熔断标准的，进入盘中集合竞价直至收盘。

涨跌幅限制。在涨跌幅的限制上，从合理控制价格波动风险的理念出发，设置了相应的计算公式。与现货市场简单明确的 ±10% 涨跌幅限制不同，期权交易的涨跌幅限制并不表现为百分比，而是通过公式计算出的绝对值。对于认购期权和认沽期权，分别设计了不同的涨幅计算公式，原则上能够覆盖标的证券两个涨跌停板。由于计算公式较为复杂，为便于投资者知悉和操作，上交所将于每日收盘后公告期权合约次一交易日的涨跌停价格。

市场参与者要求。个人投资者参与期权交易，申请开户时托管在指定交易的期权经营机构的证券市值与资金账户可用余额合计不低于人民币 50 万元。并需具备指定交易在证券公司 6 个月以上并具备融资融券业务参与资格或者具备 6 个月以上的金融期货交易经历，或者在期货公司开户 6 个月以上并具有金融期货交易经历等资格等要求。普通机构投资者参与期权交易，申请开户时证券市值与资金账户可用余额（不含通过融资融券交易融入的证券和资金）合计不低于人民币 100 万元，净资产不低于人民币 100 万元。

期权交易实行做市商制度和投资者适当性管理制度。期权做市商对上交所挂牌交易的期权合约提供双边持续报价、双边回应报价等服务，并对个人投资者参与期权交易的权限进行分级管理。

二、市场环境

从境外经验看，一定的现货市场规模是 ETF 期权成功的基础。美国于 1997 年推出首批 ETF 期权时，其 ETF 市场总规模仅 82 亿美元；2000 年港交所推出 ETF 期权时，市场总规模只有 43 亿美元。而上交所拟推出的 ETF 期权标的为上证 50ETF，当前规模为 202.9 亿元，2013 年全年成交额为 1812.1 亿元，均列单市场 ETF 第一名。在流动性上，2013 年，上证 50ETF 换手率为 944%，远高于香港 ETF 期权市场 5 只标的 ETF 的平均水平 454%。上述情况表明，我国 ETF 规模足以支持期权产品开发。

在期权试点初期，上交所对期权义务方收取了相对较高的保证金，因此，义务方的成本相对较高，可能会导致供给不足。与此同时，采取了相配套的、严格的限仓、限购等制度以限制需求，能够有助于平衡买卖双方的力量，避免爆炒风险。

因为期权是较为复杂的金融衍生品，个人投资者需要一定的时间适应期权投资的节奏。不能参与期权交易的投资者也可通过期权交易专户、资产管理计划等形式间接参与期权市场。所以在实施初期采用较为严格的投资者适当性管理制度有助于稳定投资者情绪，保护投资者公平、资金安全及市场稳定。

做市商制度的推出可以活跃市场，通过双边报价增加市场流动性。但对于其监管也要更加严格，如规定做市商必须使用专用账户做市，做市业务必须和自营业务分离，做市商不得利用做市账户进行自营等非做市业务。对于违法违规的做市商，也必须采取相关监管措施、给予纪律处分；情节严重的，将上报证监会查处。防范好风险，维持市场秩序。

三、率先推出 ETF 作为过渡

作为中国市场首个期权产品，率先推出 ETF 有其合理性。一是 ETF 期权和现货证券联系最为紧密，两者投资者群体较为一致，率先推出 ETF 期权，不仅可有效避免由于投资者群体割裂等导致的投机盛行现象，还可以起到活跃现货证券交易，提高现货市场流动性的作用；二是机构投资者是 ETF 的主要持有者，推出 ETF 期权可为其提供便利、可靠、低成本的增强收益机会（如采取备兑开仓策略等），吸引此类资金入市；三是 ETF 期权采用实物交割，更有利于投资者锁定买卖价格，进行精确的风险转移和对冲；四是有助于壮大 ETF 市场，为投资者提供优良且便利的大盘资产配置工具。美国 1998 年推出首批 ETF 期权后，ETF 市场规模从 82 亿美元增加至 176 亿美元，增加了 115%；五是证券公司和期货公司都能参与股票期权业务，率先推出 ETF 期权，有助于推动证券公司和期货公司的创新发展，壮大我国投资银行业，提升我国资本市场国际竞争力和服务实体经济的能力。

并且，因为现货"T+1"和期权"T+0"对接上还存在差异。而股票 ETF 采用实时"申购-卖出"、"买入-赎回"的"T+0"机制，可以间接实现 ETF 的"T+0"交易，方便投资者进行期权与现货的风险对冲。

四、股票期权推出的意义

（一）期权的特性更像是股市的保险，它作为金融市场的衍生品，它的介入不一定会提高总体投资回报预期，更多的是可以帮助投资者规避一些风险，降低投资风险，才能吸引到更多额市场参与者。认沽和认购期权的存在能对标的的正向和负向变化都做出积极反应，在风险事件发生时，可以起到止损的效果。

（二）可以弥补市场空缺。已经实行的期货交易，其定价跟标的物价格是线性关系，主要帮助期货的买卖双方提前锁定未来的交割价格。而买入认购期权让投资者在标的物价格下跌的情况下损失有限，最多损失付出的权利金，但同时又能在标的物价格上涨时获得收益，买入认沽期权也可以在标的物价格下降的过程还有所收益，更加利于市场价格的双向波动，真实反映市场需求。

（三）期权有助于平抑标的资产的波动率，增加了标的资产的流动性，使市场参与者通过投资期权，变得更加理性和成熟。期权不会分流股票市场资金，反而会促进良性循环。一方面期权卖方将权利金进行股票再投资实现了资金的循环利用，另一方面期权卖方需要新购入标的股票对冲风险。此外，一些资金在股市缺乏赚钱效应且没有便利的对冲工具时，会选择离场，而在股票期权推出后，这类资金往往会再次回到股票市场。

（四）股票期权和ETF期权作为对冲风险和投资组合工具，可以完善资本市场价格信号功能，提升资本市场的资源配置效率和服务实体经济的能力，在增强现货市场流动性、活跃蓝筹市场、降低波动性等方面具有重要的意义，有助于增强保险机构等长期资金的持股信心、吸引长期资金回归市场。在当前中国经济转型加速的情况下，上市公司经营不确定性加大，对投资者而言，股票期权业务提供了可供选择的风险管理和风险转移工具，创造践行价值投资理念的良好市场环境。

五、利好大蓝筹等四类股票

此前券商为此项业务已经进行了充分之准备，相关模拟交易系统和操作，各项相关配套研究报告和制度设定均有所准备，这样看来个股期权由于准备充分将较快在市场登陆，对于当下过于火热的资本市场有修复理性之长期作用。

被选为股票期权的标的证券的交投会异常活跃，大蓝筹有望得到更多的资金关注。市场风格偏好将有望中期得到延续，此外与股票期权的推出相关的受益行业，如券商板块、期货公司或参股期货类个股、交易系统维护商及开发交易类软件个股也将同时受到市场青睐。

证券交易所推出股票期权，能直接降低投资者资金和运作成本，更有利于满足投资者的交易和组合策略的构建需求。基于我国金融市场逐步扩大的股市规模、迅速增加的机构投资者和日渐完善的信息披露制度等发展现状，个股期权的推出也指日可待，这样可以做到实时监察证券和期权的交易，能更快发现违规交易行为，有效防范市场操纵和内部交易风险，消除由于信息不对称而带来的风险。

（资料来源：中金在线，2014 年 12 月 8 日）

思考题：

（1）一家银行在银行间市场以 Libor 浮动利率借入资金，并以固定利率抵押的形式借出。请问这家银行都涉及哪些风险？

（2）假设你是一个出口商，6 个月后你将要从欧洲大陆收到一笔 1,000 万欧元毛绒玩具的销售收入。请问你该如何对冲你的外汇风险？

（3）直观地讲，为什么期权的价格随着股票价格的变动而变动？

（4）什么时候一个多头的看涨期权处于"实值状态"？什么时候一个多头的看跌期权处于"虚值状态"？

（5）为什么一个看涨期权的买方不必向清算所交纳保证金，而期权的卖方则需要交纳保证金？

（6）为什么说看涨期权和看跌期权提供了一种保险？

第五章　互换产品及风险管理

第一节　利率互换

案例

哈默史密斯富勒姆的故事

1987 年至 1989 年英国伦敦的哈默史密斯富勒姆自治镇区与银行签订了 600 个利率互换协议以及相关的衍生证券合约，总名义本金大约为 60 亿英镑。这些交易看起来更像是投机行为，而不是套期保值行为。哈默史密斯富勒姆的两个雇员负责这些交易，他们对自己承担的风险以及对交易产品如何运行没有足够的认识。

到了 1989 年，因为英镑利率的变化，哈默史密斯富勒姆在互换交易中损失了好几亿英镑。这些交易的另一方是银行，银行持有的互换的价值为好几亿英镑。这些银行开始担心信用风险问题。他们过去已经签订了抵消互换合约，以便对冲利率风险。如果哈默史密斯富勒姆违约，这些银行还是要履行他们在这些抵消互换中的义务，由此遭受巨大损失。

最后的结果跟违约情况差不多。哈默史密斯富勒姆的审计师提出这些交易是无效的，因为哈默史密斯富勒姆没有权利签订这些合约，英国法院对此表示同意。该案件被上诉，一直到了英国最高法院。最终判决是，哈默史密斯富勒姆的确没有权利签订这些合约，但是为了风险管理的目的，它们在未来应该赋予签订这些合约的权利。不用多说，法庭以这种方式否决这些合约的判决引起了这些银行的一片愤怒。

（资料来源：约翰赫尔．期权、期货及其他衍生品 [M]，张陶伟译．

北京：人民邮电出版社，2009）

一、互换的简要介绍

"互换"（Swap）指交易双方按预先规定的条件就未来债务或现金流的交易所达成的一种协议。交换的现金流可以是不同货币，也可以是相同货币，最常见的是一方的计息基础是固定利率，另一方的计息基础是浮动利率。当然也可以是两者的结合，即以一种货币的固定利率贷款去交换另一种货币的浮动利率贷款；除此之外，还有用一种浮动利率去交换另一种浮动利率（可以是相同货币也可以是不同货币）。互换交易的类型（如表 5-1）：

表 5-1　互换交易的类型

	相同货币	不同货币
固定利率对固定利率	－	货币互换
固定利率对浮动利率	利率互换	货币息票互换
浮动利率对浮动利率	基准利率互换	卡特尔互换

互换交易始于 1980 年，第一个发展起来的互换品种是货币互换 (1981 年)，利率互换则是在 1982 年出现的，推出之后很受市场的欢迎，并且很快其交易规模就超过了货币互换。1995 年利率互换的交易额为 12.81 万亿美元，而同年货币互换只有 2.39 万亿美元，足见利率互换的魅力。

二、利率互换及其条件

利率互换是最典型的互换，是指双方在未来一定时期内将同种货币的同样名义本金的现金流进行相互交换，是以不同的利率指标（包含浮动或固定利率）作为交换的基础金融工具。一般来说，其中一方的现金流以浮动利率来计算，而另一方的现金流以固定利率来计算。利率互换不需要交换本金，只要在每期进行利差交割即可。

之所以会有利率互换，就在于双方信用等级的差异以及金融市场之间存在互相分割的缺陷，这种差异和缺陷的存在使得双方可以通过一定的交易机会来获利。因此，利率互换不是无条件的，要使得利率互换成功必须满足两个条件：

（一）存在比较优势

我们知道，虽然银行会根据供给和需求去不断公布贷款利率，如果企业要贷款，则要付一定利息，但是这并不意味着所有企业的贷款利率都是一样的。由于经营规模的大小及资信等级的高低或者企业性质不同等原因，各经济主体在金融市场上的融资成本是不一样的。不仅如此，即便同一个经济主体，它在不同类型的资金市场上的债务成本也是有差异的，换句话说，假设有两个企业 A、B，就算他们企业信用等级相同，现实中有可能 A 借固定利率资金成本比 B 低，而 B 可能在借浮动利率资金方面成本比 A 低，这个时候我们就说 A 在固定利率资金方面具有比较优势，B 在浮动利率资金方面有优势。

（二）存在不同的筹资意向

利率互换通常是为了减少融资成本。在某些情况下，一方具有相对便宜的固定利率资金的筹资机会，但希望以浮动利率贷款；而另一方具有相对便宜的浮动利率资金的筹资机会，但希望以固定利率筹集资金，这样双方就可以通过互换来获取各自想要的资金，并且比各自去筹集资金成本更低，因而实现双赢。

三、利率互换的全过程

为了方便大家理解，我在这里举个例子来再现利率互换的全过程。假设 A 企业需要筹集 10 年期的债务资金，A 在固定利率资金方面具有比较优势（A 可以以 10% 半年期固定利率或者半年期 Shibor + 100 个基本点浮动利率借款），但希望借浮动利率资金；同时 B 也需要筹集 10 年期的债务资金，但 B 在浮动利率资金方面具有比较优势（B 可以以 12% 半年期固定利率或者半年期 Shibor + 50 个基本点浮动利率借款），但希望借固定利率资金。如果没有利率互换市场，这时 A 只好以半年期 Shibor + 100 个基本点浮动利率借浮动利率资金，而 B 呢，也只好以 12% 半年期固定利率借款。在存在利率互换市场的情况下，A 去借自己占比较优势的浮动资金，而 B 借自己占比较优势的固定资金，然后相互交换。必须要提一下的是，双方不用相互交换本金，只需要付相应的利息就行了，以下我们具体阐述交换过程。

公司 A 从债务市场（货币市场）借得自己占比较优势的固定利率资金，B 从债务市场（货币市场）借得自己占比较优势的浮动利率资金（如图 5-1）。

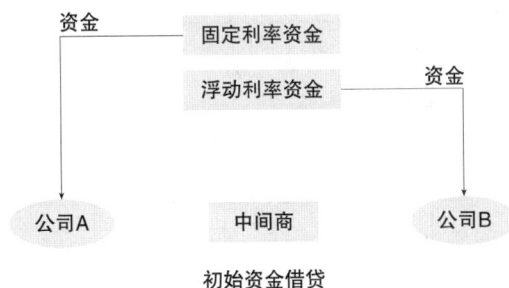

初始资金借贷

图 5-1 本金初始借贷

我们这里假设中间商不收取任何费用，可以看到公司 A 向债务市场支付固定利息，同时又从中间商那里得到同等的固定利息，另支付 Shibor + 50 个基本点的浮动利息，B 也是同样如此，这样就完成了利息的交换（如图 5-2）。

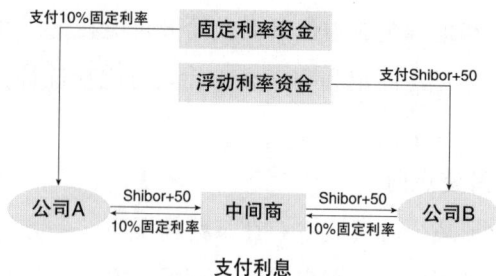

图 5-2 支付利息

当 A、B 公司各自偿还本金时，利率的互换就完成了（如图 5-3）。

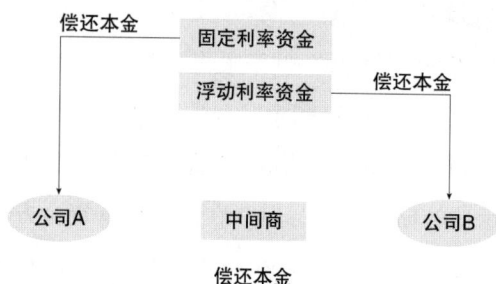

图 5-3 各自偿还本金

四、利率互换的应用

（一）降低融资成本

以前面的例子为例，A 以 Shibor + 100 个基本点的浮动利率借到浮动利率资金，A 因而获益 50 个基本点利率，而 B 以 12% 的利率借到了固定利率资金，获益 200 个基本点利率（如表 5-2）。

表 5-2 A 与 B 面临的信贷成本

成本＼企业名称	A 企业	B 企业
浮动利率融资成本	Shibor+100	Shibor+50
固定利率融资成本	10%	12%
节省贷款成本	50	200

（二）对冲利率风险

利率互换有一个重要功能就是帮助企业对冲利率风险。其基本原理为：若某企业预期市场利率将会上升，这时浮动利率负债的交易方为避免利率上升带来的增加融资成本的损失，就产生了与负债数额相同的固定利率的交易者进行互换的需求，所得到的浮动利率与原负债相抵，而仅支出固定利率，从而避免了利率上升带来的融资成本增加的风险。同样，对于固定利率的融资者来说，若预期利率将会下降，为了享受利率下降而带来的融资成本降低的好处，也可以将固定利率转换成浮动利率。

如图5-4所示，A企业以Shibor + 100的利率从某银行进行借款。由于担心Shibor会上升，因此该企业与某金融机构签订利率互换协议，A企业以固定利率10%向该金融机构进行支付，而金融机构以Shibor + 50利率向A企业进行支付。通过利率互换，A企业将原有的浮动利率贷款转换为固定利率贷款，将融资成本锁定为10.5%，这种做法可以帮助A企业规避未来利率上涨所带来的融资成本增加。

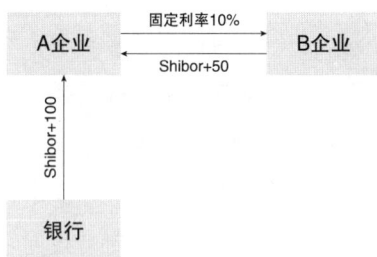

图5-4　利率规避

（三）管理资产负债，构造产品组合

我们之前在阐述利率互换的过程中说到，互换交易不需要经过真实的资金运动，可直接对资产负债额及其利率期限结构进行表外重组。在负债的利率互换中，付固定利率相当于借入一笔名义固定利率贷款，会延长负债的利率期限；付浮动利率相当于借入一笔名义浮动利率贷款，会缩短负债的利率期限。而在资产利率互换中，收固定利率等于占有一笔名义固定利率债权，会延长资产的利率期限，收浮动利率等于占有一笔名义浮动利率债权，会缩短资产的利率期限。因此，利率互换业务也是进行资产负债管理的有限工具之一。

（四）完善利率定价机制，促进利率市场化

利率互换交易具有一般金融产品的共同特征——价格发现机制。核心在于固定利率支付的一方以什么样的利率支付给互换交易对手利息，即利率互换的定价问题，同时也反映出市场对未来利率的预期。可以说，利率互换的价格发现功能反过来可以促进利率市场化，增加不同金融市场和不同国家之间的联系，促进各种形式的套利行为，减弱市场的不完善性，缩小金融工具的买卖差价，消除或修正某些市场或金融工具的不正确定价，为投资者提供正确的价格信号，使经济社会每一个成员都能更快更好地从未来价格预测中获益，从而促进经济社会资源的合理配置。

小阅读

远期利率协议业务

和利率互换一样，远期利率协议（Forward Rate Agreement, FRA）也是金融衍生工具的一种。该金融产品诞生于1983年的瑞士，1984年在英国伦敦的市场得到迅速发展。在一个远期利率协议中，协议双方商定在将来的某一日期开始的协议期间内的协定利率，并同时规定以何种市场利率为参考利率（如Shibor）和名义本金，到了结算日，交易双方进行现金结算，一方支付，另一方接受两个利率之差乘以名义本金，再根据协议利率的期限以及市场参与利率加以贴现的金额。

从定义可以知道，名义本金、合约协定利率与参考利率可以确定利息差额的大小，和利率互换一样，名义本金本身并不实际交换，实际支付和接受的金额由以下两个步骤确定：①结算日的参考利率与协议利率之间的差额，乘以名义本金，再乘以期限。②利用参考利率作为折现率，将第一步求得值折现，最后得到的现值就是支付或接受的数额。大家看到这里，一定有疑问，为什么要折现？原因就在于远期利率协议是在期限开始时进行现金结算，而我们计算利息的时候却用的是期限开始后的协议期间的利率，因而需要折现。

为了方便大家理解，在这里举个例子：如果某银行锁定3个月后开始的1,000万元、期限为6个月的基于Shibor的融资利率。即3个月后，银行将贷出6个月期的1,000万元给客户。然而，客户需要立即从银行处确定利率。另一方面，银行并不确定未来利率，除非银行能锁定其融资成本。这时候远期利率协议就起作用了。

假设当时6个月的Shibor（即期）报价为10%，并且某个远期利率协议交易商给出3个月对9个月期的Shibor远期利率报价为12%。银行利用自己内部制定的对最优信用等级客户的贷款利率是Shibor+50个基本点这一贷款规定来完成这笔交易，也就是说如果Shibor不变的话，银行赚50个基本点。

但是如果利率大幅度上升以至于在远期利率协议结算（3个月后）时，6个月Shibor利率为15%，于是银行在货币市场以15%利率获得1,000万元的Shibor，并将这些资金贷给客户6个月期，利率是原来承诺的12.5%，这样银行就要亏损。注意，这里6个月期给出为182/360。理由是Shibor按货币市场基准报价。按照货币市场基准，利率假设一年有360天计算，但它按期限的实际天数支付利息，有时称为按实际天数对360天。

贷款盈亏=（收取利率－支付利率）×本金×期限　　　　①

$$= （12.5\% - 15\%）×10,000,000×182/360$$

$$= - 126,388.89$$

尽管在贷款中有损失，但由于进行了对冲保值，银行也就解决了这个问题。套期保值给银行带来了利润。下面给出计算过程：

$$对冲盈利 = （参考利率 - 协议利率）× 本金 × 期限 \qquad ②$$

$$= （15\% - 12\%）×10,000,000×182/360$$

$$=151,666.67$$

②式中得到的结果并非最终结果，还需要折现才能算得支付和接受的数量。这里要注意的是由于采用参考利率为折现率，必须调整以反映存款期限为 6 个月。

$$接受 / 支付的量 = 对冲盈利 ÷ （1+ 参考利率 ×182/360） \qquad ③$$

$$=151,666.67 ÷ （1+15\%×182/360）$$

$$=151,666.67/1.0758$$

$$=140,980.36$$

将贷款的盈亏和对冲的盈亏相加，可以得到银行的总盈利（亏损）。在这里的情形，总盈利 $=151,666.67 - 126,388.89=25,277.78$ 元，用的是对冲盈利而不是折现后的接受的量。这一点非常重要，原因就在于贷款的盈亏和对冲的盈亏是在同一个时点（在现值意义上）实现的，但贷款的盈亏和接受 / 支付的量是在不同时点（也是在现值意义上）获得的。

注意，在以上的讲解中，购买远期利率协议的银行并不实际收到存款。代替实际存款的办法是，银行和远期利率协议交易商先以现金结算方式结清②和③式表示的结算差额。银行然后在货币市场上借款以满足贷款需求。

📈 学以致用

利率互换惊现套利空间

近期，国家开发银行和中国银行分别通过彭博咨询系统（Bloomberg）的页面，开始向市场发布各自基于 7 天浮动利率的各期限互换率报价，此举引起了市场的广泛关注。利率互换交易在沉寂了一段时间之后，终于在两家做市商的推动之下再度活跃起来，让投资者看到了这一创新产品在国内市场的前景。

两家银行的确在认真"做市"

分析国家开发银行和中国银行的报价可发现，两者之间的差距并不算大。而且双方报出的双边价差也符合一个流动性不强的新兴市场的特征，并没有市场想象的那样大。这说明两家机构的确按照各自的需求在认真"做市"，因此只要有真实需求，是可以在两家机构的报价基础上有连续成交的。只要利率互换交易有充分的流动性支持，那么这个新兴市场必定有相当的投资价值。

由于两家机构报价的浮动基准都是基于 7 天回购利率，因此能够与其开展互换交易的机构，应该主要是拥有以 7 天回购利率为基准的资产或者是负债的投资者。在这其中，持有以 7 天回购利率为基准的浮动债券的机构便可以这些债券为资产，将其产生的浮动现金流开展互换交易。

存在着相当大套利机会

我们发现，如果将当前的利率互换报价和现券市场浮动利率债券目前的行情联系起来，其中存在着相当大的套利机会。

经过今年二季度债券市场大幅调整之后，以 7 天回购利率为基准的浮动利率债券都遭遇了很大的下挫。5 年左右的国开浮动债利差水平从 3 月底 06 国开 02 发行时的 48 个 BP，直接跳升到 5 月中旬 06 国开 08 发行时的 70 个 BP，目前已经超过 80BP。以 7 天回购利率为基准的企业债收益率升幅更大，导致在高位买入这类浮动债券的机构损失惨重。

如果持券机构在二级市场上卖出，5 年期限浮动债券的利差损失超过 30 个 BP，价格损失则超过 1 元。但是如果采用利率互换的形式，将浮动现金流转换为固定现金流，效果就大不相同。

比如一家机构以 48 个点差的收益率买入 060202，如果目前在二级市场卖出，必然导致超过 1 元的损失。但是如果用利率互换的形式，和国开行和中国银行做一个 5 年期限浮动利率换入固定利率的互换交易，得到的互换率将不低于 3.14%。这样投资者在互换交易的每个结算日，将浮动利率债券所产生的 7 天回购利率的现金流支付出去，留下 48 个 BP 的利差。同时从对手方收到每年 3.14% 的固定利率，这样投资者就将通过利率互换交易，构建出一个 5 年期限，年收益率为 3.14% ＋ 0.48%=3.62% 的固定现金流。这一投资收益率，要远远高于当前银行间市场 5 年期金融债 3.35% 左右的二级市场收益率水平。通过互换交易，投资者非但没有实现浮亏，反倒获得了更高的收益。

当然，如果有机构发现了这样的投资机会，也可以在市场上以超过 70 个 BP 的利差购买如 04 国开 17 这样的一年多的浮动债券，或是以近 80 个 BP 的利差购买如 04 国开 20 这样 3 年左右的浮动债券。通过利率互换，将 7 天回购利率的现金流支付出去，换入一年 2.50% 或 3 年 2.90% 的固定现金流，便可构造出一年 3.20%

或三年 3.70% 左右高收益率虚拟固定利率债券。这其中的投资价值是不言自明的。

（资料来源：证券之星，2006 年 7 月 5 日）

思考题：

（1）你能否用类似于表 5-2 的表格来分析资料中的双方的收益？

（2）文中所说的套利能否持续？为什么？

第二节　利率互换的报价与市场惯例

💲**案例**

渣打与汇丰共同完成基于贷款基础利率的利率互换协议

渣打中国与汇丰中国完成一笔以人民币贷款基础利率作为标的，合约金额为 1 亿元的利率掉期交易。该掉期合约期为一年，固定利率为 5.76%，浮动利率为一年期贷款基础利率。该笔交易是基于央行最近推出的贷款基础利率的利率互换协议，也是市场上首笔约定按季度进行利率重置的利率互换交易。

据悉，与其他按年重置利率的同类型协议相比，汇丰此次与渣打达成的该笔利率互换令参与方可以以更高的频率，并根据实际的市场和业务情况重置利率，因此可以帮助企业进一步加强对利率风险的管理，也更符合市场定价机制。

（资料来源：杜冰．渣打与汇丰共同完成基于贷款基础利率的利率互换协议

[J] 金融时报，2013 年）

一、利率互换的报价

国际资本市场上首次发生的利率互换是由德意志银行和另外 3 家银行达成的。当时德意志银行在发行了 3 亿美元 7 年期的固定利率欧洲债券的同时，通过与另外 3 家银行达成的互换协议，交换成以 Libor 为基准利率的浮动利率债务。这项交易使得双方能互相利用各自在不同金融市场上的相对优势来获得利益，即德意志银行按低于 Libor 的利率支付了浮动利率，而其他 3 家银行则通过德意志银行较高的资信等级换得了优惠的固定利率债务。

利率互换的报价是以支付浮动利率（最典型的是银行间同业拆借利率）的一方将要收到的固定利率是多少的方式进行的，而且以半年为利率的计算基础，其具体的价格以百分率的形式（如 10% 的固定利率对 6 月期 Shibor）或者对国债利率外加几个基点的形式（国债外加 50 个基点对 6 月期 Shibor）表示，后一种报价方法（如表 5-3）：

表 5-3　利率互换的庄家报价

利率互换交易的期限（Maturity）	买入价（Bid Rate）	卖出价 (Offered Rate)
1 年	T+20b. p.	T+25b. p.
3 年	T+22b. p.	T+27b. p.
5 年	T+28b. p.	T+31b. p.
7 年	T+30b. p.	T+37b. p.

注：T 为债券收益率（Treasury Rate）， b.p. 为基点（Basic Point），每 1 基点等于 0.01%

按照互换市场的习惯，支付固定利率、接受浮动利率的一方被称为"买进"互换或对互换"做多"，这可理解为在购买浮动利率票据的同时发行固定利息的附息债；反之，支付浮动利率、接受固定利率的一方被称为"卖出"互换或对互换"做空"，这可理解为在购买固定利息的附息债券的同时发行浮动利率票据。

根据表 5-3 报价，以 3 年期的利率互换为例，庄家作为潜在的固定利率支付方和以 Libor 为基准的浮动利率接受方，愿意按债券利率外加 22 个基点买入利率互换；同时，愿意以支付 Libor 为代价，按债券利率外加 27 个基点接受固定利率，即卖出利率互换。

在任何一个时点上，互换交易的买卖差价是由市场供求关系来决定的。在通常情况下，买卖差价为 5 个基点左右。但是如果市场上希望得到固定利率的客户（卖方）多于希望得到浮动利率的客户（买方），价差趋于缩小；反之，买方多于卖方则价差趋于扩大。

二、影响报价的因素

影响利率互换价格的市场因素包括：

（一）市场对固定利率资金的供需情况

从理论上讲，市场对固定利率资金需求增加时，互换利率会随之增加；反之，市场对固定利率资金需求减少时，互换利率也会受影响而随之下降。在实际中，如果互换市场的参与机构普遍认为长期限的浮动利率将上扬，愿意以更高的成本获得浮动利率，市场对固定利率资金的需求十分旺盛，互换利率随之上升。

(二) 对利率的预期

利率互换还有一个重要的功能，就是揭示预期。交易双方对未来利率预期的趋势，可以通过利率互换价差的波动反映出来。例如，如果投资者预期未来利率走高，希望将负债转为固定形式，则互换中确定的价差将放大，以弥补交易中接受浮动利率一方可能的损失；反之，互换利率会受其影响下降，价差收敛。因此，如果传导畅通，利率预期的变动将反映在利率互换价差的变动上。无论是理论分析还是互换市场的实际情况都可以证明，对未来市场利率变动的预期能够很好地在互换交易的供求上得到反映，从而影响互换固定利率的波动，互换利率是交易双方对未来利率变化预期的博弈结果。投资者可以根据对市场的利率变动预期，对未来互换价格的波动做出一定预测，进而通过与现货债券的套利交易取得超额收益。管理层可以通过观察利率互换的趋势，制定相应的货币市场政策。

(三) 互换市场的流动性

市场的流动性直接影响互换的机会。流动性越大，互换的机会就越多。一般来说，若固定利率资金供给者较少、需求者较多，固定利率资金提供者就有较多的机会并可能获得较为有利的交易价格。人民币利率互换市场由于刚刚发展，流动性不高。为促使市场流动性增加，中介机构在保证中介价差收益的前提下，对互换的理论定价基础加以调整，而提供有助于吸引投资者参与交易的双边互换报价。因此，近期以来，利率互换交易在沉寂了一段时间之后，终于开始在多家中介机构和投资者的共同努力下活跃起来。也就是说，中介机构为了促使利率互换交易有充分的流动性支持，通过调整双边报价在很大程度上实现了促进互换交易顺利进行的目的。反过来说，互换市场的流动性在很大程度上也成为国内中介机构提供互换双边报价的一个主要影响因素。

(四) 互换合约对冲的可能性

银行和客户达成互换协议，由银行方面收取浮动利率利息。在寻找一个匹配的互换交易之前，银行面临市场利率下降的风险，需要对其利率敞口进行对冲。国外成熟市场中最合适的避险方式是使用利率期货或卖空债券对互换交易进行敞口管理。而这两种方式在中国都不大可行，银行只有提高互换价格才能弥补可能遭受到的利率敞口风险。这无疑会降低市场效率。因此，在互换交易参与者对人民币利率互换交易进行定价时，必须把对冲敞口的风险考虑在内。在互换理论定价的基础上，通过估值将这部分敞口风险包含在互换报价之内，经过磋商，才能得到双方认可的合理互换成交价格。可见互换合约对冲的可能性也会影响互换利率。

第三节 人民币利率互换

开行光大完成首笔人民币利率互换交易

中国人民银行 2 月 9 日宣布，商业银行期待已久的人民币利率互换交易终于可以开始试点。当天，国家开发银行与中国光大银行完成了首笔人民币利率互换交易。

业内人士分析称，这标志着人民币利率衍生工具在中国金融市场正式登场，利率市场化和金融市场建设进入了一个新阶段。

央行日前发布的《中国人民银行关于开展人民币利率互换交易试点有关事宜的通知》称，经相关监督管理机构批准开办衍生品交易业务的商业银行，可根据监督管理机构授予的权限与其存贷款客户及其他获准开办衍生品交易业务的商业银行进行利率互换交易或为其存贷款客户提供利率互换交易服务；其他市场投资者只能与其具有存贷款业务关系且获准开办衍生品交易业务的商业银行，进行以套期保值为目的的互换交易。

《通知》所称人民币利率互换（又称利率掉期）交易，是指交易双方约定在未来的一定期限内，根据约定数量的人民币本金交换现金流的行为，其中一方的现金流根据浮动利率计算，另一方的现金流根据固定利率计算。

央行指出，开展利率互换交易试点，是为了满足银行间债券市场投资者利率风险管理及资产负债管理的迫切需要，也是加快利率市场化改革进程的必然要求。随着我国利率市场化改革的进一步推进，金融机构尤其是商业银行管理利率风险的要求日益迫切。特别是在贷款利率上限放开和固定利率贷款并存的情况下，商业银行可能出现大量存贷款利率不匹配的情况，从而加大利差风险。

央行称，今后央行将在推动利率互换交易试点的基础上，认真总结经验，逐步扩大试点范围；加快制定完善相关制度办法，争取尽早全面推出人民币利率互换交易，丰富金融市场交易工具，促进金融市场快速、健康发展。

　　据悉，作为银监会批准的两家利率掉期业务试点银行，国开行和光大银行已在去年10月达成一笔50亿元人民币的利率掉期交易。当时双方约定，待人民银行有关政策出台后交易生效。

（资料来源：国际金融时报，2006年02月10日第一版）

一、我国人民币利率互换业务的发展现状

　　以2006年2月9日中国人民银行发布《中国人民银行关于开展人民币利率互换交易试点有关事宜的通知》后，国家开发银行与中国光大银行完成首笔人民币利率互换交易为标志，我国人民币利率互换市场创立。试点当年，成交额达340亿元，一批机构通过互换达到了避险目的，几家主要报价机构也经受了考验和锻炼，并初步形成了境内人民币互换利率曲线。目前，浮动端基准利率体系初步形成，期限分布日益广泛，与现货市场的走势相关性有所增强，平盘方式多样化，流动性增加。2008年1月18号，人民银行发布了《中国人民银行关于开展人民币利率互换业务有关事宜的通知》，人民币利率互换业务正式开展，交易量在2007年快速增长的基础上进一步提高到4,121.5亿元。

　　到了2013年，人民币利率互换市场交易名义本金总额为2.7万亿元，已经是2008年的6倍了。从期限结构来看，1年及1年期以下交易最为活跃，其名义本金总额为2.1万亿元，占总量的75.6%。从参考利率来看，人民币利率互换交易的浮动端参考利率主要包括7天回购定盘利率和Shibor，与之挂钩的利率互换交易名义本金占比分别为65.4%和33.2%。人民币利率互换成交量情况（如表5-4）：

表5-4　人民币利率互换成交量数据统计表

（单位：亿元）

时间	2008	2009	2010	2011	2012	2013
交易笔数	4,040	4,044	11,643	20,202	20,945	24,409
名义本金额	4,121.5	4,616.4	15,003.4	26,759.6	29,021.4	27,277.8

（数据来源：中国外汇交易中心）

二、利率互换对于中国的意义

　　人民币利率互换市场的发展，在宏观上可以提高债券市场流动性，形成高效统一的债券市场，打通债券市场、货币市场、贷款市场和个人消费信贷市场之间的价格联系，提高债券收益率曲线的效率，完善货币政策传导机制，提高中央银行的金融宏观调控能力。在微观上，随着我国利率市场化改革的进一步推进，利率互换能为商业银行等

金融机构规避资产负债利率错配风险，为客户提供不同利率结构的贷款和理财产品创造了条件。

我国的利率市场化改革已进入启动阶段，已正式开放了贷款利率下限。但是，互换交易充分发展的条件是利率的市场化和金融国际化。而目前中国利率虽然有官方利率，但总体上处于严格的计划控制之下，真正开放的仅仅是同业拆借利率。要实现存贷款的利率市场化，最终实现利率的全面市场化仍然有很长的一段路要走。同时，尽管中国加入WTO已经超过10年了，但是金融市场上的金融工具种类仍然很少，互换交易进一步发展所需要的开放发达的金融市场和大规模、大范围的金融活动以及相关的法律、法规及技术环境也尚未形成，可以说中国金融的国际化才刚刚开始。随着企业外部融资、政府市场筹资规模、居民储蓄规模增加以及金融意识的增强，资金供给双方对金融工具的种类和质量要求会越来越高。由此可见，互换交易仍有着非常大的成长空间。

中国的互换交易只是局限于一些简单的利率互换和货币互换等形式，还处于初级阶段。但成功案例的存在，表明互换交易在中国很有实践价值。随着中国企业逐渐走出去，中国的市场和企业与国际接轨，面对全球范围的竞争，必将更多地面临利率风险、汇率风险以及如何去拓展融资投资渠道以降低融资成本、提高投资效率等难题。因此，在中国发展互换交易，尽快建立一套完善的风险防范和规避系统，以充分发挥金融互换交易功能，规避风险损失将势在必行。

在国际金融创新日新月异和中国政府鼓励企业走出去的政策背景下，金融市场逐步和国际接轨，互换交易以其优越的避险和获利功能在中国有着不容忽视的发展价值。

第四节　货币互换

> 💲**案例**
>
> ### 世界银行的货币互换
>
> 　　早期广为人知的货币互换之一于1981年8月发生于世界银行与IBM之间。鉴于1981年夏天美元的升值，IBM当时拥有未清偿的德国马克和瑞士法郎的债券，

希望将其套售为美元债券。当时，世界银行同意每年支付给 IBM 必要的德国马克和瑞士法郎用以抵偿这些债券的债务责任。作为回报，IBM 为世界银行的某种欧洲债券债务支付美元。这次首例货币互换交易之后，货币互换市场迅速发展起来。

首例互换发生后不久，世界银行参与一项更为典型的货币互换，它要求订约双方同时发行两种资本市场债券并同意利用银行为中介交换其初始收入和未来应偿还的债务，在此协议中，一家知名的 BBB 级美国公司希望得到固定利率的美元融资。但由于评级低，该公司 5 年期欧洲美元债券的利率将为 16%，加上 1.875% 的前期费用，该债券每年的全部成本将在 17.59%。该公司的目标借款成本是取得 16.7% 或更低的美元利率。同时，世界银行可以 16% 的利率及 1.875% 的前期费用发行 5 年期欧洲美元债券，这样就意味着每年的总成本为 16.58%。

然后在瑞士市场，由于该公司很知名而且产品质量很好，风险溢价要大大低于其在美元市场上的风险溢价，瑞士投资者愿意以 7.35% 的利率接受 5 年期瑞士法郎债券。由于前期费用为 2.5%，从而瑞士法郎债券的每年总成本为 7.98%。由于世界银行已在瑞士法郎市场上大举借款，大多数瑞士投资组合中世界银行债券已经充分饱和。世界银行估计要付出 7.75% 的瑞士法郎利率和 2.5% 的前期费用，这样每年全部的瑞士法郎成本为 8.38%，而世行的目标借款成本为 8.1% 或更低的瑞士法郎利率。这样，两个借款人由于借款成本的差异，产生了可观的套利机会。

（资料来源：国际金融学案例）

一、货币互换的内容

货币互换，也称为货币掉期，是指交易双方按照事先商定的规则，相互交换不同货币、相当金额的本金及其利息支付、到期后再换回本金的交易。实际上，这是一种在期初双方按固定汇率交换不同货币资产的本金，然后分别为对方分期偿付利息的交易。

在货币互换中，由于本金的计算货币不相同，因此，通常需要兑换。当掉换的一方获得一种货币比取得另一种货币相对便宜时，就可以进行货币互换。假设掉换对手 A 可按 9.0% 的固定利率借 7 年期的欧元并以 1 年期 Libor 的浮动利率借 7 年期的美元。另一方面，掉换对手 B 可按 10.1% 的固定利率借 7 年期的欧元并以 1 年期的 Libor 的浮动利率借 7 年期的美元。而此时，A 需要浮动利率的美元融资，而 B 需要固定利率的欧元融资。

掉换交易商将安排欧元与美元的货币互换，为交易商工作的金融工程师提出一个解决方案。交易商现在准备支付固定利率为 9.45% 欧元来收取浮动利率为 Libor 的美元，同时它支付浮动利率为 Libor 的美元来收取固定利率为 9.55% 的欧元。掉换对手 A 和 B 双方在他们各自对应的现货市场借款，即 A 以固定利率借欧元，B 以浮动利率借美元，然后参加掉换。这里用三个图来表示整个过程。

A 从欧元货币市场（债务市场）借得欧元，然后按即期汇率的美元/欧元通过一家掉换交易商与 B 进行本金互换（如图 5-5）。

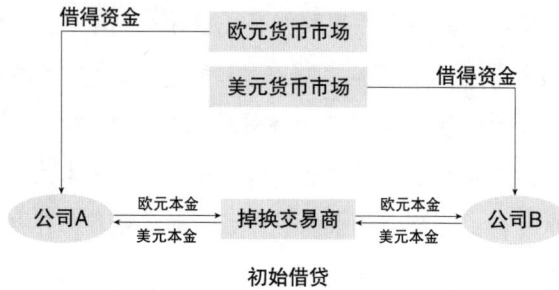

图 5-5　货币互换 – 初始本金借贷

交易期间每隔一段时间进行一次利息互换。A 通过委托掉换交易商向 B 支付固定利率的美元利息，而 B 则通过掉换交易商向 A 支付相应的欧元利息（如图 5-6）。

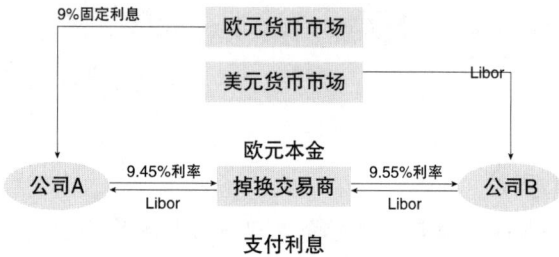

图 5-6　货币互换 – 利息支付

到期日，掉换交易商给 A 偿还欧元本金，收回美元本金偿还给 B，进行本金再互换（如图 5-7）。

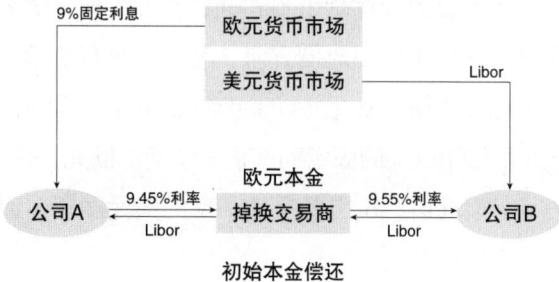

图 5-7　货币互换 – 初始本金偿还

注意，当掉换对手 A 借欧元，这项货币互换将欧元转换为美元。还要注意，这些美元具有浮动利率特性，净成本近似 Libor － 0.45%，这表示比以浮动利率直接借美元节省了 45 个基本点。同样，掉换对手 B 借美元然后又把美元掉换成欧元，这些欧元的净成本为 9.55%。这表示比以固定利率直接借欧元节省了 55 个基本点。因此，我们可以看到，与适当的现货市场交易相结合，互惠掉换不仅可转换融资货币的种类，而且可以转换利率特性。

上面叙述的大众化的货币互换常常被称为借款兑换。货币互换的掉换对手都是在各自的市场借款，然后把借到的资金"兑换"为另一方借到的资金。借款兑换的名字由此而来。

二、货币互换的作用

国际市场上货币互换交易吸引众多交易者参与并获得巨大的发展是与货币互换的功能分不开的。其主要功能和作用有以下几个方面：

第一，货币互换业务将各国的资本市场融为一体，利用各国的比较优势来借款和投资，提高资本的利用效率。

第二，影响国际债券市场的运转。互换交易改变了投资者在债券初级市场和二级市场的活动，拓展了投资者的可投资范围，促进了资本市场的流动性。借款者和投资者通过互换能够得到自己所需要的货币种类，通过改变多种货币债务组合的各种货币的比重来管理自己的货币债务。货币互换使得不同货币计值的债券市场和同一种货币计值的债券之间的内在联系增强，将国际债券市场与国内债券市场连为一体。

第三，互换交易可以用来进行资产负债管理。通过货币互换交易，交易参与者可以改变现有资产或负债的货币种类。在传统的资产与负债管理工具的基础上，通过互换交易进行金融创新，组成新的资产与负债管理工具。

第四，提高了利率和汇率风险的管理效率。货币互换的参与者根据利率和汇率的走势，以及手中资金头寸的状况，通过互换交易改变资金的利率形式和货币种类，加强了对利率和汇率风险的管理。而这一点正是货币互换长足发展的重要原因。由于货币互换的期限较长，一般为 2 至 10 年，所以在一些涉及外汇的长期项目上应该考虑利用这种工具来管理汇率风险。

学以致用

两宗金融互换案例的分析与思考

· 案例 A：甲公司为建水电站项目，向国外融资了 8,000 万美元，期限分别为 10 年和 15 年。其中 10 年期 3,000 万美元为浮动利率 Libor，15 年期 5,000

万美元为固定利率，合同规定只能在贷款每次提款后针对提款金额确定固定利率。应债权方要求，甲公司对未偿还债务必须进行利率风险控制。为避免融资成本浮动带来的投资风险，甲公司与境外银行（互换的对方）进行了利率互换交易。

（1）与互换方进行浮动利率与固定利率的互换，把浮动利率成本转换为固定利率成本。即对 10 年期的债务，在每年付息时，向掉期行支付 6.2% 的固定利率，同时接受互换行按 Libor 支付的浮动利率。实际清算时，则支付 6.2% 与 Libor 的差额，例如，在 Libor 为 4.5% 时，甲公司应按 6.2% 与 4.5% 之差向互换对方支付；当 Libor 为 7% 时，互换对方应按 7% 与 6.2% 之差向甲公司支付。这样无论浮动利率如何变动甲公司的成本便固定在 6.2%，达到了避免利率风险的目的。

（2）对于 15 年期的 5,000 万美元债务，虽然付给债权方的是固定利率，但由于合同规定只能在贷款每次提款后针对提款金额确定固定利率，因而存在从预算和财务模型完成后到实际提款时间的利率上升风险，因此，甲公司大体仍按上述形式签署了利率掉期合同，向掉期行支付 6.2% 的固定利率。到掉期交易履约日，如掉期市场利率上扬，甲公司将从掉期行收到一笔钱，大约相当于该公司多向债权方支付的利率（掉期市场利率—6.2%）；反之甲公司将向掉期行支付一笔钱，约相当于该公司向债权行付息时因外债利率低于 6.2% 所节省的财务费用。

· 案例 B：为修建自来水项目，90 年代中期乙公司对外融资 8,000 万马克贷款，期限为 10 年，利率为"Libor+ 既定利差"，按规定，贷款 2 年后每半年分 16 期等额偿还，每期付 500 万马克。乙公司预期马克升值，为避免汇率风险，乙公司与国外银行（互换对方）进行货币互换交易。将本金 8,000 万马克按 1.50220/1 的汇率掉期为 52,562,418 美元，并按 6 个月的美元 Libor 和 6 个月的马克 Libor 互换支付利息。每期由互换行支付 500 万马克给乙公司，乙公司反支付 3,285,151 美元给互换行，同时交换支付利息。这样乙公司的马克债务及利率支付就互换成了美元债务及利率支付。

（来源：赵蕾．两宗金融互换案例的分析与思考 [J].

农银学刊，2007）

思考题：

上面两个案例是在国际融资中利用掉期来防范汇率、利率风险，以控制额外成本的金融衍生交易。上述两个案例中包括了三个不同的互换交易，请说出它们的异同、作用以及潜在风险。

第五节　货币互换的报价与市场惯例

一、报价、利息计算等

（一）货币互换的报价

货币互换的价格是由人民币外汇远掉期做市商报出的，报价机构在外汇交易系统货币掉期双边报价界面同时报 Bid/Ask 两个方向报价。表 5-5 是 2014 年 6 月 6 日中国农业银行关于人民币对美元 Libor 的报价。第一列表中的 Y 代表 year，第二列的 Bid 代表买入价，第三列的 Ask 代表卖出价。

表 5-5　人民币对美元 Libor 3M

期限	人民币固定利率 – Libor 3M		Shibor 3M – Libor 3M	
	Bid(%)	Ask(%)	Bid(BP)	Ask(BP)
1Y	1.36	1.49	−328.00	−306.00
2Y	1.39	1.54	−314.00	−289.00
3Y	1.62	1.86	−291.00	−257.00
4Y	1.88	2.23	−257.00	−212.00
5Y	2.15	2.43	−231.00	−193.00

（资料来源：中国外汇交易中心）

（二）货币互换的利息计算

表 5-6 是关于付息周期以及计息基准的规定，Act/360 指每年按 360 天计算，计息时按实际天数计算。

表 5-6　计息方式

互换种类	标准期限	付息周期	计息基准
人民币固定利率对美元 Libor 3M	1Y、2Y、3Y、4Y、5Y	人民币固定利率及 3 个月美元 Libor 付息周期均为三个月	人民币固定利率（Act/365）
			美元 Libor（Act/360）

续表

互换种类	标准期限	付息周期	计息基准
人民币 Shibor 3M 对美元 Libor 3M	1Y、2Y、3Y、4Y、5Y	3 个月人民币 Shibor 及 3 个月美元 Libor 付息周期均为三个月	人民币 Shibor（Act/360）
			美元 Libor（Act/360）

（资料来源：中国外汇交易中心）

> ◆ 小阅读
>
> ## 应计天数的市场惯例
>
> 市场上"应计天数"的规则因债券发行者与所在国家不同而不同。实际操作过程中大致有五种惯例：
>
> （1）实际天数/实际天数（Act/Act）。即严格按日历计算天数，并将具体年份的日历天数作为一年的天数（一般年份的天数为 365 天，闰年则为 366 天）。在美国国债市场上，采用"实际天数/实际天数"的规则。
>
> （2）实际天数/365（Act/365）。将每年的天数（不论是否闰年）一律采用 365 天计算。英国债券一般采用这种方法。
>
> （3）实际天数/360（Act/360）。它是用得最广泛的一种方法。投资人也愿意采用这种方法，原因在于 360 比实际一年的天数要少，因而算出的利息也往往比其他算法大。
>
> （4）30/360。把一年中每个月的天数都视为 30 天，而不管各月份的实际天数为多少。美国市政债券、企业债券采用的是这种。
>
> （5）30E/360。除月末的细小差别外它与 30/360 很相似。欧洲很多国家都采用这种方法。

二、影响报价的因素

互换的价格来自交易者对所互换的商品未来价格的预期，对于货币互换来说，是对未来汇率的预期。对未来的预期又受到很多具体因素的影响，如市场条件、供求状况、竞争程度等等。

（一）市场条件

市场数据是影响互换价格的最明显、最客观的因素，如欧洲美元价格、利率期货、远期利率、即期和远期汇率等，对互换价格的影响是具体的、直接的。

（二）互换的结构

互换的期限、浮动利率水平、互换的名义金额等，都是很重要的，它们影响着互换的流动性和所需要的对冲工具的数量，也影响着互换的信用风险的水平。

（三）交易商当前的头寸

每个交易商都努力平衡互换头寸的净额，即在每一到期日使总的固定利率收入的头寸与总的固定利率支出的头寸相等，否则，将面临互换的风险。

（四）对冲的可行性

交易商通常把对冲或管理一笔互换头寸的相应风险加到互换的价格上，如果对冲的条件比较充分，操作比较容易，相应的成本和风险都会减少，这同样会影响到互换的价格。

（五）对手的信用状况

显然，BBB 信用级别的参与者肯定要付出比 AAA 级参与者更高的利率。如果为了信用风险的分担或保护而使用了中介人，则中介费用将增加互换的成本。

（六）监管的限制

比如资本要求、在资本上要求的最低回报等。在当前的规则下，对公司对手的资本要求要大于对银行的资本要求。

（七）其他因素

如竞争的程度、资金的时间价值、通货膨胀情况、社会政治环境等。

📊 **学以致用**

宝洁公司与信孚银行之间的利率互换

该协议为期 5 年，名义金额为 2 亿美元。最初的 6 个月，宝洁公司将从信孚银行收到固定利率为 5.3%，但须向其支付市场上 30 天商业票据的平均利率减去 75 个基点，参见下面。余下的 4 年半利率将在 1994 年 5 月 2 日（该协议签订后的 6 个月）决定，新的利率将等于原利率（市场上 30 天商业票据平均利率减去 75 个基点）加上某一复杂公式算出的一个附加差额。表 5-7 为公司应付利率。

表 5-7 应付利率

商业票据利率 - 75 基点（前 6 个月）
商业票据利率 - 75 个基点 + 附加差额（随后 4.5 年）
附加差额 = 两者之中较大者：0 或 98.5×（5 年期 CMT 收益率）/5.58% - 30 年美国国库券利率

（资料来源：【法】劳伦特·雅克. 滥用之灾——该死的金融衍生品 [M].

北京：北京大学出版社）

思考题：

（1）如果现在商业票据利率为5%，并且未来5年内保持不变，附加差额为0，请问宝洁公司应付多少利息，节省多少利息？

（2）宝洁公司的风险在哪里？

第六节　人民币货币互换（货币掉期）

⑤ 案例

海尔财务获远期结售汇和人民币外汇掉期业务资格

2013年7月初，国家外汇管理局青岛市分局正式批准海尔集团财务公司经营远期结售汇和人民币外汇掉期业务资格，该财务公司由此成为山东省内第一家获此资格的非银行金融机构，预计上述业务的开办每年可为集团公司节约各项成本上千万元。

据悉，目前海尔集团全球涉及的贸易结算货币多达16种，通过远期结售汇等衍生业务可有效锁定进口付汇成本及出口利润水平，协助集团内部企业规避汇率风险和降低经营成本。同时，还将带动集团资金服务及盈利管理水平的进一步升级，整体实现成本最优、风险最小的外汇风险管理。

近年来，海尔集团已在青岛、香港、伦敦等地区搭建起规范完善的境内外资金运营框架，也是国内通过集团财务公司实现全球外汇资金集中管理的少数企业集团之一，随着此次获批远期结售汇和人民币外汇掉期业务资格，未来海尔集团的全球竞争力将不断得到提升。

（资料来源：东方财富网，2013年7月17日）

人民币外汇货币掉期，是指交易双方约定分别在协议生效日和协议到期日依照约定汇率交换约定数量的人民币与外币本金，同时定期交换两种货币利息的交易协议。

货币掉期作为金融衍生工具之一，主要用于货币转换和套期保值，特别在企业从事进出口贸易与国际融资业务时，可以起到降低汇率风险的作用。其特点是买卖同时进行、买卖某种货币的数额相同、交易期限不同，以远期汇率的升、贴、平仓作为交易价格的衡量标志，它最常见的交易方式是即期交易对远期交易。

举个例子，某出口企业收到国外进口商支付的出口货款 1,000 万美元，该企业需将货款结汇成人民币用于国内支出，但同时该企业需进口原材料并将于 6 个月后支付 1,000 万美元的货款。但是如果 6 个月后再买入美元，可能人民币已经贬值，这时企业将面临亏损。这时，该企业就可以与银行办理一笔即期对 6 个月远期的人民币与外币掉期业务：即期卖出 1,000 万美元，取得相应的人民币，6 个月远期以人民币买入 1,000 万美元。通过上述交易，该企业可以轧平其中的资金缺口，达到规避风险的目的，另外需要注意的是收益与风险是并存的，如果 6 个月后人民币对美元不是贬值而是升值的话，企业将会损失掉这一部分收入。

> **📖 小阅读**
>
> ### 建立货币互换的长效机制 尝试"一对多"形式
>
> 一般认为，我国与其他国家开展人民币互换业务的起点，应从 2000 年算起。当年 5 月举行的东盟与中日韩"10+3"财长会议签署《清迈协议》，倡导建立区域性货币互换网络，以期亚洲各国外汇储备形成相互支撑的网络关系。正是在这个协议的框架下，我国先后与日本、韩国、菲律宾等 6 国签订了总额 235 亿美元的双边货币互换协议。到 2008 年国际金融危机爆发后，我国开始在更大范围内与更广泛的国家和地区签订双边本币互换协议。货币互换的规模越来越大，互换对手也从周边的"东盟＋日韩"等，逐步扩大到拉美、中亚、南亚、中东等地区。
>
> 我国加快与其他国家签署货币互换协议，首先是出于促进双边贸易和投资的考虑。因为一旦启动货币互换，协议双方货币当局可将对方货币注入本国金融体系，这样双方的企业都可以借入对方货币用于支付进口。于是对双方的贸易来说，出口企业收到的是本币，可以有效规避汇率风险，降低汇兑费用，从而大大促进双边贸易的发展。其次，从长期看，互换协议的签署意味着双方承诺一定的互换额度，可在必要时随时相互提供短期流动性支持，这有利于降低人民币汇率波动性，从而节约了外汇储备。再次，与巴基斯坦、哈萨克斯坦、冰岛等部分国家开展货币互换，虽然对发展贸易、投资的积极影响并不明显，但对于提高中国在当地的影响力及人民币国际声誉都大有裨益。
>
> 不过，截至目前，我国签署的货币互换协议仍属于双边协议。这就意味着，当一方需要流动性支持时，对方是否按照协议规定履行义务，尚缺乏有效的监督和约束机制。换言之，双边货币互换协议的签订只是意味着人民币增加了类似于

国际储备货币的某种属性，并不意味着人民币已经真正履行储备货币职能。另外，目前协议的有效期较短，期满后虽可续签，但谈判成本较高，因此需要尽快建立可靠的长效机制。

　　货币互换是人民币提高国际影响力的有效手段，相信未来一段时间我国将会与更多国家和地区签署货币互换协议。我们应致力于将货币互换协议由双边性质过渡到多边性质，尝试"一对多"形式，通过制度化安排形成合力，使人民币能够更好地发挥贸易结算、投资计价和储备货币的职能，提高其国际地位。

　　（资料来源：中国经济网——《经济日报》，2012 年 7 月 16 日）

第七节　企业开展互换交易的动机与时间选择

一、利率互换的交易动机

　　一般来讲，利率互换涉及两方：固定利率的支付方和浮动利率的支付方。因此交易动机也可以分两部分来论述：固定利率支付方的交易动机和浮动利率支付方的交易动机。

　　（一）固定利率支付方的交易动机

　　固定利率的支付方通常是一些在市场上想借入长期资金，但是融资成本又比较高的公司。这些公司可能通过发行短期的债券融得资金，然后与其他的公司签订互换合约，将浮动利率债务转换为固定利率债务。之所以采用短期债务和签订互换合约的形式进行融资，其原因主要是：

　　1. 利率互换可以帮助公司发出有利信号，改善信用状况，从而减少融资成本，同时又规避了利率风险

　　理论上，当外部投资者无法识别一个公司的风险高低时，会提出在长期债务利率的基础上加上统一的违约风险溢价。增加的违约风险溢价也意味着增加了融资成本，而对于那些本来经济状况不好的公司来说，这样的成本并不算高，因此他们更倾向于借入长期债务。这就导致了借贷市场的逆向选择。为了消除这种现象，公司尤其是风险低的公司可以通过发行短期债券，然后通过互换合约转换为长期债务。由于公司风

险低，因此有能力履行互换合约，定期支付固定利率。合约的履行实际上向市场上发出了一个对这些公司有利的信号，使得公司的信用等级得到了提高。因此公司可以以更低的短期利率借入短期资金，同时再通过利率互换转换为固定利率债务。伴随着互换合约的履行，公司的信用等级得到了很好的提高，以至于公司最终可以以比较合适的固定利率融入长期资金。

2. 大公司和债务高的公司更倾向于利用利率互换规避风险

很多学者的研究都显示规模较大的公司和杠杆较高的公司更倾向于进行互换交易，成为互换合约的固定利率支付方。公司的规模和杠杆率对公司是否进入受利率互换市场成为固定利率的支付方有很大的影响。原因可能在于公司规模越大，其现金流也越大，受利率波动的影响也越大。而公司的杠杆率高，即公司的借贷比率高，则会导致公司的负债容易随利率波动而波动，特别是公司的负债中短期负债的比例越高时，公司的负债将会有很大的波动性。因此，为了锁定未来债务金额，这些公司将通过签订利率互换合约，将债务转换为固定利率债务。

（二）浮动利率支付方的交易动机

浮动利率支付方往往是市场上借入固定利率计算的资金，然后再通过互换合约，收取固定利率计算的现金流，将债务转换为浮动利率债务。

浮动利率支付方主要有两种企业，使得他们可以通过发行可赎回固定债券和签订一份互换合约转换为浮动利率债务的方式来降低融资成本。一种情况是该企业本身就是金融中介者，通过管理多种风险合约的组合收取一定的费用。另一个是信用等级很高的公司通常也是浮动利率支付方。他们发行可赎回固定债券，然后通过出售可赎回的互换合约出售这些债券的支付权给互换交易商，通过这样的交换来实现套利。

二、货币互换的交易动机

（一）降低筹资成本，规避利率风险和汇率风险

举例来看，假设美国某跨国公司在德国的分公司跟德国一家公司签订了一份 3 年期的合同。美国分公司在 3 年期间每 6 个月向德国公司支付 100 万欧元的原材料费用。假设当前汇率是 1 欧元兑 0.9 美元，合同规定以欧元支付，对美国公司来说，由于美元对欧元贬值会导致公司财务主管增加支付美元数额，从而不利于公司的财务报表。假设这家公司在投资组合中持有价值 2.5 亿美元的国库券。为减少外汇风险，财务主管可以签订一份如下 3 年期的货币互换协议：名义价值为 2,000 万欧元（等价于 2,250 万美元）；浮动利率假设为 Libor；固定利率为 8%。这位财务主管可以把 2,250 万美元的国库券变现，并支付现金给互换对手，而对手支付给这家公司 2,500 万欧元。财务主管会按照欧元 Libor 利率进行投资。

支付欧元的固定利息为 2,500 万欧元 ×8%×0.5=100 万欧元。支付浮动利率利息款项等于 0.5×Libor×2,250。

在每一个支付期，财务主管以 Libor 的利息收入来满足互换所需要的现金流。再用 100 万欧元互换收入来支付借款。因此与每一期支付现金流相关的外汇风险消失了。

（二）债务保值

货币互换是一种常用的债务保值工具，主要用来控制中长期汇率风险，把一种外汇计价的债务或资产转换为以另一种外汇计价的债务或资产，达到规避汇率风险、降低成本的目的。早期的"平行贷款""背对背贷款"就具有类似的功能。但是无论是"平行贷款"还是"背对背贷款"仍然属于在资产负债表上将产生新的资产和负债，而货币互换是一项资产负债表外业务。

举例来看，某公司有一笔美元贷款，期限 10 年，从 1997 年 3 月 6 日至 2007 年 3 月 6 日，利息为每半年计息付息一次，利率水平为 USD6 个月 Libor+70 基本点。公司认为在今后十年之中，美元利率呈上升趋势，如果持有浮动利率债务，利息负担会越来越重。同时，由于利率水平起伏不定，公司无法精确预测贷款的利息负担，从而难以进行成本计划与控制。因此，公司希望能将此贷款转换为美元固定利率贷款。这时，公司可与中国银行续做一笔利率互换交易。

经过利率互换，在每个利息支付日，公司要向银行支付固定利率 7.320%，而收入的 USD6 个月 Libor+70 基本点，正好用于支付原贷款利息。这样一来，公司将自己今后 10 年的债务成本，一次性地固定在 7.320% 的水平上，从而达到了管理自身债务利率风险的目的。

第八节　互换交易的风险评估与管理

一、互换市场的全球化

利率互换市场并非局限在美国、欧洲等发达市场，中国、印度等发展中国家也有利率互换。欧洲的金融机构通常是作为面临利率风险的相反一方，其持有的头寸与美国金融机构持有的头寸相反。各个国家的大型制造公司面临利率风险时也进行利率互换，从而规避利率风险。

利率互换在各国被广泛使用，并以不同的货币衡量。以美元衡量的利率互换占所有利率互换的一半左右。

由于利率互换参与者来自全世界各地，因此作为中介机构，许多银行和证券公司的分支机构网络遍及全球。通过这种方法，参与者可以与全球各地的其他参与者进行沟通。全球互换市场的一个重要障碍是难以了解其他国家参与者的详细情况，因此信用风险将阻碍一些参与者从事互换。通过全球的银行和证券公司中介业务的发展，这一障碍在减弱，互换协议的支付得到了一定程度的保障。

二、利率互换主要风险

互换交易自身也存在风险，其中包括信用风险、利率风险和流动性风险等。

（一）信用风险

信用风险也称履约风险，是交易一方违约不履行互换义务时交易对方所承担的风险。在正常情况下，一旦利率互换期满，应当由利息支出较高的一方向利息支出较低的一方支付按相同本金和两种利率形式计算出的利息差额。

然而，信用风险会因利率互换的市场利率发生改变而产生。当市场利率上涨时，换入浮动利息的一方利息负担会加重，它就可能因此而违约，从而给换入固定利率的对方造成信用风险；反之，当市场利率下降时，换入固定利息的一方可能会因利息负担加重而违约，这样就给即将换入浮动利率的对方造成风险损失。

利率互换合约是两个公司私下协商的合约，肯定会有发生信用风险的可能。如果交易双方都不违约，金融机构就能完全保持对冲状态，即一份合约价值的下降总是为另一份合约价值的上升所抵偿。但事实上，一方有可能陷入财务困境并违约，金融机构那时仍必须与另一方根据合同进行交易。利率互换的信用风险表现为互换交易一方履行合约的可能性发生变化或者不履行互换交易时交易双方所承担的风险。信用风险的大小依赖于互换剩余期限日时间的长短和利率。

（二）利率风险

利率互换通常是一笔固定现金流与一笔浮动现金流的交换，随着时间的推移，市场利率发生变化，互换中浮动利率方的价值可能高于或低于固定利率方的价值，这样对于互换的一方当事人来讲，在互换期限的某一时点，互换收益可能为正也可能为负，这就是利率互换所面临的最主要的风险之一。在不考虑信用风险时，当市场利率上升，对固定利率支付方有利，当市场利率下降，对浮动利率支付方有利。因此，在利率互换合同期间内，互换双方首先要承担的就是因利率变化而产生的利率风险。

（三）流动性风险

由于互换合约具有某些特殊性，使得持有者很难找到对冲的对手，而失去盈利或者通过出货平仓来减少损失的机会而承担的风险。

（四）现金流错配风险

现金流错配风险，主要是指前端参考利率的现金流不能被后端的现金流所抵消。

另外，国际互换参与者还会遭遇到国家风险和结算风险。国家风险指由于某个国家发生战争或政变，使该国对手不履约，或因某国实施外汇管制，从而无法得到对手资金所产生的风险。结算风险是在不同时区的结算中心交割一笔互换，会因交易双方在资金的支付时间上存在差异而产生的风险，如推迟支付的一方银行倒闭或汇率在短时间内大幅波动，在这种情况下，交易的另一方就会遭受损失。

三、利率风险产生的原因

综合上述的风险，其产生的原因有以下几个方面的因素：

（一）经济因素

主要是指利率和汇率的变动，是导致互换市场产生风险的最主要原因。

（二）政治因素

如国家政治体制的变化、政权的更迭、国家发生政变等，这类国际政治事件会对经济产生很大影响，往往会造成国际国内金融市场价格的大幅波动。

（三）操作因素

如过分投机操作、内部协调不当、缺乏交易知识和专业人才而产生的交易风险。

（四）其他因素

如社会因素、自然因素等。

📈 学以致用

宝洁公司与信孚银行之间的利率互换（续）

其实宝洁公司应支付的利率的前两项在通常情况下不会有太大的问题，问题的关键是第3项即附加差额公式，也正是这个公式让宝洁公司差点万劫不复。

附加差额 = 两者之中较大者：

0 或 [98.5×（5年期 CMT 收益率）/5.58%—30年美国国库券]

5年 CMT 是通过美国国库券收益曲线推算出的一种合成型5年期债券指数。有了该指数，即使市场上没有满足某一特定期限的国库券存在，也可以算出同样期限的收益率。

30年美国国库券价格是指在2023年8月15日到期，收益率为6.25%的30

年国库券价格（不包括累计利息），取买入价和卖出价的平均值。这样做的目的是为了使这个附加差额对利率的波动不会特别敏感。但是其实这个公式大有奥妙，由于收益率和价格对应的国库券期限并不匹配，因此附加差额的计算暗藏杀机。

具体来说，若利率变动，债券的收益率和债券价格将向不同方向改变，问题是，对应于某一利率变动，收益率和价格哪个变动更大。举例来说，若美国联邦储备局小幅升息，5年期国库券的收益率将有所上升，但幅度不大。相反，30年期国库券的价格将有较大的降幅。因此，将对我们刚才提到的这个"附加差额"产生很大的影响。事实上，长期债券的价格对利率变动非常敏感，这一概念称为"永期（Duration）"，即债券现金流平均到期时间。

事实上，上述说的事情确实发生了。在1994年1月，宝洁公司与信孚银行谈判要求修订协议。"附加差额"的锁定日期为5月4日推迟至5月19日，基准利率为30天商业票据平均利率减去88个基点（而非75个基点），但"附加差额"的计算不变。多减去的13个基点可以使得宝洁公司每年支付的利息减少26万（若不考虑附加差额的影响）。但有效期达4年半的"附加差额"的计算不变，而且其锁定日期有所推迟，增加了该金额的不确定性。

果然市场利率继续不断攀升。到了1994年3月，宝洁公司决定提前锁定"附加差额"以及剩余4年半的其他条款。"附加差额"厘定为15%，这意味着宝洁公司今后的损失折算成现值为1.06亿美元。相对于2亿美元的名义金额，1亿多美元的损失可谓巨大。

（资料来源：【法】劳伦特·雅克. 滥用之灾——该死的金融衍生品 [M].

北京：北京大学出版社）

思考题：

（1）通过宝洁公司的这次巨亏事件，谈谈您对利率互换的风险认识。

（2）如果您是宝洁公司的负责人，您会怎么样签订互换合同？

📖 **Tips**

衍生金融工具在我国企业中的应用

我国企业使用金融衍生品的历史较短，1973年4月，中国粮油进出口总公司利用伦敦、纽约期货市场完成采购47万吨原糖任务，并净赚240万英镑。从此我国一些大型国企才开始涉足国际期货市场。20世纪90年代初，我国的现代期货交易应运而生。但是国内衍生市场欠发达，而从事境外交易又受到严格限制，我国上市公司使用金融衍生工具进行风险管理的数量较少。一直到后来国内的金融工具和金融市场逐步完善和发展，国内使用金融衍生工具的企业数量开始上升。

1. 使用衍生金融工具的公司数量

2006年陈炜等学者以沪深1,380多家国内A股上市公司进行研究，发现只有少数企业使用衍生品进行风险管理。根据作者的统计，在2004年年度报告和2005年中期报告中，只有大概30家公司披露了公司通过期货等衍生品进行套期保值的相关事项。

沈群2007年研究表明，由于中国期货市场投资主体结构不合理，公司参与国内期货市场的相对数量有限，参与国内金融衍生品市场的机构投资者很少，企业法人入市套期保值的数量也有限。据统计，2004年列入全国期货经纪公司前三名的一家公司，2003年年底和2004年年底的法人客户数量分别为134个和16个。名列全国三甲的期货公司的机构投资者数量仅有百余家。在我国民营经济和民间资本最为活跃的期货业大省浙江，全省共有3.5万家规模以上的工业企业和近百万家中小企业，但是目前在浙江期货经纪公司开户的法人客户仅有几百个。同时，由于我国对从事境外期货交易的资格审批极为严格，至今获准从事境外期货交易的内地企业只有三批共26家。

2010年卢永真等人以"衍生""套期保值""对冲""套利""远期""期货""掉期""期权""互换""CDO""CDS""NDF"等作为运用衍生金融工具的关键词，对所有上市公司年度报告进行检索，结果发现我国A股上市公司中，有71家非金融企业在2007年的年度报告中披露确认运用衍生金融工具套期保值或投机套利，2008年上升到107家，2009年继续上升到123家。因此，即使是金融危机，企业运用金融衍生工具的数量都是稳步上升的，因此可以预见的是企业运用金融衍生工具已是大势所趋。

2. 使用金融衍生工具的行业分布

2006年陈炜研究了进行套期保值的上市公司，他们发现主要包括以下几个行业（按证监会二级行业分类法）：①金属、非金属行业；②能源、材料和机械电子设备批发业；③机械、设备、仪表；④食品、饮料；⑤农业；⑥电力、蒸汽、热水的生产和供应业；⑦商业经纪；⑧其他制造业。其中最主要的是金属、非金属行业中的有色金属加工或生产企业，共有13家企业，例如中金岭南等。其他行业只有少数企业参与，例如农业企业中敦煌种业和新赛股份参与了棉花期货的套期保值。商业经纪与代理业中的建发股份和上海物贸也使用了期货。

此外，利用汇率和利率衍生工具进行套期保值的上市公司主要包括进出口贸易企业、需要大量用汇的公司、产品大量出口的公司、有外汇债务的公司以及商业银行。例如浦发银行、招商银行等。我国上市公司使用金融衍生品进行风险管理的数量很少。同时，套期保值所涉及的套期保值量和金额也不多，对公司业绩的影响也很有限。

2010 年郭飞的研究发现，制造业、原材料和能源行业，使用衍生金融工具的相对较多。

3. 使用衍生金融工具管理风险的种类

郭飞、徐燕（2010 年）发现在制造业、原材料和能源行业，从事对冲的公司相对较多，这与行业的经营特点、所处的市场环境等密切相关（如表 5-8）。

表 5-8　具体行业和风险类别的套期情况

行业	利率风险		汇率风险		商品风险		所有公司		公司总量
	套期公司	非套期公司	套期公司	非套期公司	套期公司	非套期公司	套期公司	非套期公司	
房地产	0	27	2	25	0	27	2	25	27
制造业	10	58	13	55	8	60	19	49	68
原材料	2	64	6	60	15	51	19	47	66
可选消费	1	36	6	31	2	35	6	31	37
主要消费	0	16	1	15	2	14	3	13	16
公用事业	1	19	2	18	1	19	3	17	20
通信业	0	3	1	2	0	3	1	2	3
能源	2	18	6	14	1	19	6	14	20
信息技术	0	12	2	10	0	12	2	10	12
医药	0	7	0	7	0	7	0	7	7
总和	16	260	39	237	29	247	61	215	276

4. 公司使用的金融衍生品的种类

从郭飞（2010 年）调查研究可以看出，上市公司主要关注汇率风险和商品风险，这和我国当前出口外向型经济的快速发展以及产品市场高度市场化是相对应的。上市公司对冲外汇风险主要使用远期合同和期权，对冲利率风险主要用掉期（互换），对冲商品风险主要用期货和期权。基于风险类别，样本公司所使用的衍生工具类别（如表5-9）：

表5-9　样本公司所使用的衍生工具类别

类别	远期	期货	期权	掉期	其他	总计
汇率风险	34	0	6	4	0	44
商品风险	3	23	6	1	3	36
利率风险	0	0	0	16	0	16

窦登奎、卢永真（2010年）也发现企业比较偏好运用远期合约和期货合约，两种工具分别各占衍生工具份额1/3左右。若再从衍生金融工具的基础资产分析，企业比较偏好运用外汇远期合约和商品期货合约。这种偏好主要原因是由于我国现阶段以工业为主，制造产品需要大量原材料，面临大额商品价格风险敞口，而产成品销往海外又面临外汇风险敞口。而远期和期货合约相对于期权和互换合约来说，风险及定价相对简单。其他衍生工具则包括代客债务掉期、认购协议、可转换债券、远期运费协议等复杂衍生工具，这类衍生工具总体来说运用较少，但造成的亏损大（如表5-10）。

表5-10　企业运用衍生工具类型分析表

年度	2007	2008	2009
远期	26	52	50
期货	32	42	50
期权	11	15	18
互换	8	8	6
其他	3	10	16

（资料来源：康翻莲、张兰花等．衍生金融工具在我国企业中的应用 [M]．

北京：知识产权出版社）

第六章　贵金属和大宗商品

第一节　综述

一、大宗商品概述

在世界经济中，大宗商品无处不在。不论科技多么进步，我们都要购买食物和能源，难以想象没有糖、大豆、石油等商品的世界。从全球来看，大宗商品规模庞大，每天的成交金额都以数万亿美元计算。此外，大宗商品种类繁多。

投资者参与到大宗商品投资市场的方式也很多。比如，买卖期货和期权、ETF 基金、共同基金、对冲基金以及期货投资基金，也可以购买矿产和其他与大宗商品相关的公司。还有一种投资大宗商品的普遍方式就是通过衍生品来进行投资，这类衍生品是能够反映标的大宗商品价值的金融工具，包括两大类：期货和期权。当然，也可以购买一些实物商品，如黄金和白银，并将其放在保险库里。

投资大宗商品要考虑长期的趋势，这是因为大宗商品的获取比较困难。假设铅的价格正在上涨，如果希望通过铅获取利益，需要考虑开采铅矿，从勘探到获得开采权，到组织工人开采，这中间可能就需要几年甚至更长的时间。

二、大宗商品投资的风险与风险管理

如同其他的投资渠道一样，大宗商品投资也不可避免地存在风险。

最主要的风险是政治动荡。以新兴国家为例，它们中的一些国家很容易遭受暴乱的影响，比如罢工和社会问题。如果现在印度发生暴动怎么办？这对全球大宗商品需求会有什么影响？

另一个主要的风险是新兴国家难以保持高速增长。随着经济的不断壮大，继续提高产出越发困难。事实上，关键大宗商品的短缺也能抑制经济增长的速度。地缘政治

也是不可忽视的风险因素，投资者应予以关注。

管理大宗商品投资风险的方法就是运用期货和期权工具进行对冲交易。在大宗商品交易所，交易员买卖的是期货合约。这些合约规定在将来特定的时间和地点以约定的价格购买一定数量的大宗商品的权利。这样，企业就可以通过对冲来降低由大宗商品价格波动引发的风险。大多数期货合约不会等到到期日实现交割，而是在到期日前被冲销。

⑤ 案例

天气期货

如果你要在佛罗里达种植橘树，那么通过出售一个 6 个月期的橘子期货合同，锁定橘子的售价和数量，你就可以对你的橘子头寸进行对冲。

因为橘子的产量部分取决于天气状况，但是问题在于你并不知道 6 个月后你能供给多少，所以单单这一份合同还不能够覆盖你所有的风险。不过不必担心，1999 年 9 月天气期货合约应运而生了。该期货合约的收益情况是随着温度的不同而变化的，它对于农民、电力公司和保险公司对冲风险是非常有用的。

以保险公司为例，天气情况恶劣时，由于意外事故和巨灾发生的理赔会更多，这时天气期货可以让保险公司少受损失。

举例来说，农民们知道他们的庄稼产量（即可以提供的数量）是和天气状况紧密联系的，于是一旦庄稼收成不好，他们就可以从天气期货上得到部分的补偿。天气恶劣的时候，农民的庄稼减产，他们就不能提供期货合同中所承诺数量的橘子。这时他需要在现货市场以较高的价格（由于橘子通常供小于求）买入不足的部分。但是，如果他做了天气期货的空头（温度过低时会盈利），情况就不同了，在期货市场得到的收益可以补偿他在现货市场高价购买橘子受到的损失。

同理，天气异常冷时，随着对消费者开始供暖，所有的能源公司都需要购买更多的燃料（天然气），于是现货市场的燃料价格开始提升，这样能源公司就面临着日益升高的成本。如果能源公司事前做了一个天气期货的空头，那么他就可以以期货空头的利润来冲销现货市场的高成本。

当美国有 6 个城市的温度异于 18.3 摄氏度时，芝加哥商品交易所的天气期货合约就会产生盈利或亏损。回报的多少取决于这些城市一个月里温度高于或低于 18.3 摄氏度的天数。如果你喜欢预测天气，并且爱好打赌，那么用天气期货合约进行投机活动再合适不过了。假如做了一个期货的空头，那么就祈祷寒冷的天气吧，然后就可以考虑去那些气候温暖的地方度假了。

很多行业出于避险的需要做对冲交易，但是对冲交易是如何实现的呢？这是由于有大量的投资者（他们通常被称为投机者）愿意充当交易对手。这其中包括了个人投资者、投资公司和对冲基金。简单来说，他们想要挣"快钱"，他们在期货交易所中扮演着重要的角色，即提供流动性。期货市场通常被看作是零和博弈市场，这就意味着每有一个买者就有一个卖者与之对应。最后，一个赚，另一个亏，而赚钱的一方和亏钱的一方在数量上是相等的。

三、影响大宗商品供给和需求的主要因素

在讨论影响供给和需求的主要因素之前，投资者需要分析相关的指数，从而把握住主要的大宗商品的趋势。

（一）大宗商品指数

商品指数一般包含一组期货合约，其中广基指数涵盖广泛的商品品种，如农场品、牲畜、能源等，另外还有一些指数只注重某一类商品市场。

指数受两个重要因素影响：权重和权重调整。

1. 权重就是每种商品在整个指数中所占的百分比

在一些指数中，一个或两个商品的权重就超过了50%，这意味着该指数的分散性不足。

2. 权重调整在一年内可能出现一次或更多次，这要看指数的相关规定

权重调整对于市场的影响非常大。基于标准普尔、高盛大宗商品指数和道琼斯瑞银大宗商品指数的基金规模超过了1,500亿美元。在2011年1月份的前几周里，这些指数权重的调整引起了大宗商品市场的剧烈波动。即使是微小的权重调整，比如说锌或大豆，都会对商品价格产生巨大的影响。这是因为商品基金要对此进行买卖调整。那些表现较差的商品会更多地被购买，因为这样才可以将其资金使用量提升到其分配到的权重水平。但是，这种估值上的变化只会持续很短的时间。

大宗商品指数很多，未来还会不断增加，但是有些指数是投资者十分注重的。这些指数包括：德意志银行流通商品指数、道琼斯瑞银大宗商品指数、高盛大宗商品指数、路透杰福瑞美国商品调查局（CRB）指数、罗杰斯国际大宗商品指数和交易者持仓报告指数。

（二）供给和需求

当说到大宗商品时，最为重要的是要明白主要的供给和需求。如果需求下降而供给不变，商品价格就会下跌。如果供给下降而需求不变，商品价格就会上涨。对于商品投资者来说，好消息是商品的需求在不断地增长而供给却受限。

（三）宏观经济因素

在投资大宗商品之前，投资者都会关注一下宏观经济情况，也就是经济增长的主要动力。如果宏观经济是良好的，那么大宗商品的需求就会增加，价格进而就会上涨。一些重要的宏观经济指标包括：①全球国内生产总值（GDP）；②人均收入；③人口和人口统计数据；④利率；⑤通货膨胀；⑥美元的动向。

第二节 大宗商品基本概念

一、贵金属

（一）黄金

黄金一直都是一个颇有争议的投资品。有些投资者认为黄金就不应作为资产组合的一部分。毕竟，黄金不会提供分红或利润。但是从 2000 年到 2010 年，黄金为投资者带来了巨大的收益，远远超过标准普尔 500 指数。

黄金价格是由伦敦黄金市场的 5 个委员会成员决定的。目前的成员是巴克莱银行、汇丰银行、法兴银行、德意志银行和丰业银行。这些成员每天碰头两次来设定价格，碰头时间分别是伦敦时间上午 10:30 和伦敦时间下午 3:00。此流程从 1919 年 9 月延续至今，而这个过程被称为伦敦金定盘价。全球黄金的需求和供给情况（如表 6-1）：

表 6-1　全球黄金的需求和供给

需求	供给
人们对黄金有三大方面的需求： （1）黄金饰品。黄金饰品占全球黄金消费的 40%。 （2）黄金投资。黄金投资是人们对黄金的第二大需求。这占全球黄金消费量的 25%，黄金投资包括金币和金条的购买。 （3）工业用黄金。人们对黄金需求的第三大部分就是工业使用，这占到全球黄金需求的 12%。	南非曾经是黄金的主要生产国。但是从 20 世纪 80 年代起，其产量开始稳步下降。南非黄金的产量目前占全球总供给的 10%。目前最大的黄金生产国是中国，占全球总供给的 13%。其他主要的生产国包括澳大利亚和美国。 除了金矿，黄金的供给还包括再生金。制造再生金就是把黄金饰品转变为金条或金币的过程。

世界上大约有 17.5% 的黄金被各国央行持有。值得注意的是，尽管中国和印度都

有大量的黄金储备，但是这相对于他们的外汇储备来说微不足道。如意料之中的那样，中国、印度以及其他新兴经济体都在持续增加他们的黄金储备。这种不断增加的需求无疑会成为决定黄金价格的重要因素。

黄金在很多交易所都可以交易，这些交易所主要包括芝加哥商品交易所和东京商品交易所。黄金期货实际上直到 1975 年才开始交易。

（二）白银

世界上主要有两种品级的白银：一种是纯银，含银量最高；另一种是标准纯度白银（标准纯银），该种银是 92.5% 的银和 7.5% 的铜的合金，铜可以改善银的耐磨性。

由于白银是开采其他金属的副产品，所以其供给深深地受到经济变化的影响。也就是说，如果经济增长下滑，采矿公司会减少重要商品的冶炼，那么白银的供给就会减少。影响白银价格的因素有银本位制、政府白银储备和黄金白银比价。全球白银的需求与供给情况（如表 6-2）：

表 6-2　全球白银的需求与供给

需求	供给
白银的需求包括： （1）工业用银。白银的最大需求源于工业使用，这占总需求的 46%。 （2）银饰银器。是白银需求的第二大部分，占到了 23%。 （3）白银投资。许多投资者将白银看成是黄金的良好替代品。 （4）摄影用银。曾经是白银需求的一个重要部分，但是最近几年这一部分需求显著下降。	白银主产国包括：秘鲁、中国、墨西哥、智利、澳大利亚、美国。 白银产量表现出稳定的增长。大约 77% 的白银来源于矿山，20% 来源于废物回收，3% 来源于政府储备。 在下一个十年，白银的产量可能会受到制约。因为越来越多的白银被用于电子产品，而这些白银很难回收利用，并且政府储备的规模很小。

（三）　铂

铂是铂系金属中的主要部分，这类金属还包括钯、铑、钌、铱和锇。它们十分相似，在元素周期表中也很近。由于这些相关性，这些金属很容易在同一个矿藏中被发现。铂很稀有，年产量只有 600 万盎司。铂的需求和供给情况（如表 6-3）：

表 6-3　铂的需求和供给

需求	供给
铂的需求包括： （1）铂饰品。目前只占总需求的 19%。 （2）工业用铂。铂的最大工业需求是用于制造催化式排气净化器，这占到了全球需求的 60%，所以铂的价格同全球汽车产量息息相关。 （3）投资。欧洲已经推出投资实物铂的 ETF 基金。	世界最大的铂的供应者是南非，其供给量占全球的 67%，所以该国的动荡会对铂的价格产生巨大影响。 铂的第二大供应者是俄罗斯，但是其产出波动很大，占世界供给的 10%～20%。 铂储量第二大的国家是津巴布韦。

二、其他大宗商品

其他大宗商品品种众多，大致可分为能源产品、农产品、工业金属、牲畜和乳制品四大类。

（一）能源产品

能源产品包括原油、无铅汽油、燃料油、天然气、页岩气、煤、电、核能、核用铀、太阳能、风能、生物能、地热能等。主要商品的详细信息会在后文介绍商品交易所时提及，这里不做详述。

（二）农产品

农产品包含两大类作物。常见的是一年生作物。农民在一年中可以完成一年生作物的播种和收获，例如播种并收获玉米、大豆和小麦。另外一种是多年生作物。这种作物的生长周期至少有两年。在两者中，一年生作物对价格的影响更大。

例如，如果玉米供给过剩，价格下跌，同时小麦短缺，价格上涨，那么在接下来的几年中，农民会弃种玉米改种小麦。结果就是玉米和小麦的价格都会出现调整。但是近些年来，这种影响正减弱。主要原因是许多一年生作物都出现了价格上涨，所以这就降低了作物间相互替代的可能性。

（三）工业金属

对于投资者来说，主要的工业金属包括铜、铝和钢铁。考虑到工业金属的重要性，交易通常会使用长期合约。一般是开采商和买家每年达成一个协议，其目的是稳定工业金属市场。但是，从 2000 年到 2010 年，工业金属价格的波动依然剧烈。实际上，一些大的工业金属购买者不喜欢长期合约，所以该种形式或许最终会消失。

（四）牲畜和乳制品

从广义来说，牲畜是指那些因某种经济目的而被驯养的动物。说到投资方面，主要的牲畜是牛和猪。牲畜市场的供给一年到头都不间断，需求也通常比较稳定。投资者要考虑存栏量、屠宰率和饲料成本。

乳制品市场十分独特，需要对其供给面和需求面进行专门的研究。影响该行业的另一个需要注意的重要因素是严格的政府管制。

美国这一类的大宗商品市场包括猪产业、牛产业、乳制品产业和鸡蛋产业。中国现在有猪产业和牛产业商品市场。

第三节　大宗商品的衍生品

一、商品远期

商品远期 (Commodity Forwards)，是指标的物为实物商品的远期合约，属于场外交易品种。商品远期历史悠久，种类繁多，主要包括农副产品、金属产品、能源产品等几大类。远期合约双方约定在未来某一时刻按照事先约定的价格，约定的地点交易数量指定的标的商品。

外汇远期（Foreign Exchange Forwards）本质上是一种预约买卖外汇的交易。即：买卖双方先行签订合同，约定买卖外汇的币种、数额、汇率和交割时间，到规定的交割日期或在约定的交割期内，按照合同规定条件完成交割。

二、商品期货

商品期货 (Commodity Futures)，是指标的物为实物商品的期货合约，在交易所内交易。

商品期货投资的特点：(1) 杠杆机制，以小博大。投资商品期货只需要纳 5%～20% 的履约保证金，就可控制 100% 的虚拟资金。(2) 交易便利。由于期货合约中主要因素如商品质量、交货地点等都已标准化，合约的互换性和流通性较高。(3) 信息公开，交易效率高。期货交易通过公开竞价的方式使交易者在平等的条件下公平竞争。同时，期货交易有固定的场所、程序和规则，运作高效。(4) 期货交易可以双向操作，简便、灵活。交纳保证金后即可买进或卖出期货合约，且只需用少数几个指令在数秒或数分钟内即可达成交易。(5) 合约的履约有保证。期货交易达成后，须通过结算部门结算、确认，无须担心交易的履约问题。(6) 与股票市场的期货相比，最终实物交割的概率要大很多。

三、商品互换

商品互换 (Commodity Swaps)，是指交易双方一方为一定数量的某种商品，按照每单位的固定价格定期对交易的另一方支付款项；另一方也为特定数量的某种商品按照每单位的浮动价格定期向交易的对方支付款项，这里的浮动价格是以定期观察到的即期价格为基础计算的年平均数。其非常类似于利率互换，因为利率就是借贷现金的价格。商品互换是一种特殊类型的金融交易，交易双方为了管理商品价格风险，同意交换与商品价格有关的现金流。它包括固定价格及浮动价格的商品价格互换和商品价格与利率的互换。

四、商品期权

商品期权 (Commodity Options) 作为期货市场的一个重要组成部分，是当前资本市场最具活力的风险管理工具之一。商品期权是指标的物为商品的期权，如农产品中的小麦和大豆、金属中的铜、能源的原油等。商品期权是一种很好的商品风险管理的金融工具。2000 年以来，全球期权交易发展更为迅猛。美国期货业协会的统计数据表明，2001—2005 年，全球期权的交易量连续超过了期货交易量，而期权持仓总量从 1999 年开始就超过了相应的期货持仓总量，期权已经成为国际交易所交易的衍生品的生力军。

从本质上来说，相对于金融市场的股票期权，商品期权与它的性质是一样的，期权的买方有权力但没有义务，在规定的时间范围内，按预先确定的价格买入或卖出一定数量的合约。然而，商品期权具有其内在的一些优势，主要包括：保证金、分散化、交易策略的执行和公允价格。具体保证金的优势：在商品期权中不管市场价格对你的位置起反向移动的次数或每次负面移动的严重性，保护预备资金损失在期权寿命期间。交易策略的优势：商品期权中，很容易使用止损指令，来限制损失或者保障盈利。但在股票期权中，这类止损指令使用起来比较困难。商品期权的另一个好处是市场的公允度，在商品市场，没有人曾受到内幕交易的惩罚，商品市场不存在内幕消息，因为所有的报告都是政府报告。

五、实物交割与现金交割

一般来讲，期货交割的方式有两种：实物交割和现金交割。

实物交割，是指期货合约的买卖双方于合约到期时，根据交易所制定的规则和程序，通过期货合约标的物的所有权转移，将到期未平仓合约进行了结的行为。商品期货交易一般采用实物交割的方式。

实物交割的一般程序是：卖方在交易所规定的期限内将货物运到交易所指定仓库，经验收合格后由仓库开具仓单，再经交易所注册后成为有效仓单，也可以在中场上直接购买有效仓单；进入交割期后，卖方提交有效仓单，买方提交足额货款，到交易所办理交割手续。交易所对买卖双方任何一方的违约，都有一定的罚则。买方在接到货物的一定时间内如果认为商品的数量、质量等各项指标不符合期货合约的规定，可提出调解或仲裁，交易所对此均有明确的程序和处理办法。

由于期货交易不是以现货买卖为目的，而是以买卖合约赚取差价来达到保值的目的，因此，实际上在期货交易中真正进行实物交割的合约并不多。交割过多，表明中场流动性差；交割过少，表明市场投机性强。在成熟的国际商品期货市场上，交割率一般不超过 5%、我国期货市场的交割率一般也在 3% 以下。

现金交割，是指到期末平仓期货合约进行交割时，用结算价格来计算未平仓合约的盈亏，以现金支付的方式最终了结期货合约的交割方式。这种交割方式主要用于金融期货等期货标的物无法进行实物交割的期货合约，如股票指数期货合约等。近年，国外一些交易所也探索将现金交割的方式用于商品期货。我国商品期货市场不允许进行现金交割。

现金交割的具体办法，可用香港恒生指数期货为例进行说明。假设某投资者在10 月份以 11,000 点的价格卖出 12 月份交割的恒生指数期货合约 1 手，至 12 月末最后交易日仍未平仓。如果该合约的最终结算价为 10,000 点，则该投资者交割时盈利：（11,000-10,000）×50 港元 =50,000 港元（不考虑手续费）。相同的情况下，如果交易方向相反，不是卖出 1 手，而是买入 1 手恒生指数合约，则该投资者亏损 50,000 港元。

六、利用基差变化进行期现结合和跨期套利业务

对于套期保值交易来说，基差是一个十分重要的概念，在做了套期保值交易后，交易者必须随时注意观察基差的变化情况。由于基差的变动相对稳定一些，这就为套期保值交易者观察现货价格和期货价格的变动趋势和幅度创造了极为方便的条件，只需专心观察基差的变化情况，便可知现货价格和期货价格的变化对自己是否有利。只要结束套期保值交易时的基差等于开始套期保值交易时的基差，那么，就能取得十分理想的保值效果。利用好基差变化的最佳时机，建立套保头寸或结束套保（平仓）对最佳保值效果的实现有着相当重要的意义。

（一）基差概念

现货价格就是在现货市场中买卖商品的成交价格，期货价格就是未来交易的商品成交价格。理论上认为，期货价格是市场对未来现货市场价格的预估值。期货价格与现货价格之间有着密切的联系，这种密切的联系表现在：期货价格或未来市场的现货价格是以当前市场的现货价格为基点而变化的。由于各种因素的影响，期货价格或低于现货价格，或高于现货价格，或大致等于现货价格。

现货价格与期货价格之间的关系变化是以基差的形式表现出来的。基差是某一特定地点的某一商品现货价格与该商品的期货市场中某一特定时间的期货价格之间的差额。基差值是商品某地现货价格减去某时期货价格之差。现货价格低于期货价格，基差呈负值，称之为远期升水，或现货贴水；反之，现货价格高于期货价格，基差呈正值，称之为远期贴水，或现货升水。

一种商品在正常供给的情况下，其基差会是负值，此种市场被称为具有报偿关系，即供大于求，近期的期货价格将高于现货价格，使储存者有一定的报偿。相反，当供求关系中出现短缺现象时，持有成本将消失，甚至反过来，形成负的持有成本。现货价或近期的期货价高于远期的期货价格，基差即为正值，此种市场被称为具有折价关系，称之为反向市场。

基差还包含着两个市场间的运输成本和持有成本，前者反映了现货市场和期货市场的空间因素；后者则反映了两个市场的时间因素，持有或储存某一商品由某一时间到另一时间的成本，包括储存费用、利息（占用资金的成本）和保险费、损耗费等。值得注意的是，利率的变动对持有成本影响较大，而其他几项费用则较为稳定。

就同一地区市场而言，理论上，不同时期的基差应充分反映其持有成本是时间的函数，至合约到期的时间愈长，持有成本愈大，反之则愈小。而当非常接近到期日时，期货市场当地的现货价格应与最近期的期货价格接近，其差别就是交割成本。

影响基差的因素非常复杂，因为基差决定于现货价与期货价，凡是可以影响这两者的因素最终都会影响基差。一般包括商品近、远期的供给和市场需求情况，替代商品的供求和价格情况、运输因素、政治因素、季节因素、自然因素等，其中最主要的当然是供求关系。

（二）基差与套期保值交易

对于套期保值交易来说，基差是一个十分重要的概念，在做了套期保值交易后，交易者必须随时注意观察基差的变化情况。因为基差是一个集中反映现货价格和期货价格的变化情况及其关系的概念，现货价格和期货价格的任何变化都会集中反映到基差上来，现货价格和期货价格随市场的供给和需求情况等变化，基差也会出现变化。基差之所以会变化，是因为现货价格和期货价格的变化幅度不一致。同时，由于基差的变动相对稳定一些，这就为套期保值交易者观察现货价格和期货价格的变动趋势和幅度创造了极为方便的条件，只需专心观察基差的变化情况，便可知现货价格和期货价格的变化对自己是否有利。只要结束套期保值交易时的基差等于开始套期保值交易时的基差，那么，就能取得十分理想的保值效果。然而，基差很少保持不变，任何影响现货价格和期货价格的因素的变化，都会引起基差的变化。利用好基差变化的最佳时机，建立套保头寸或结束套保（平仓）对最佳保值效果的实现有着相当重要的意义。

（三）基差与跨期套利交易

公开市场上，同种商品的不同月份期货之间、不同交易所交易的同种商品之间、不同商品但相互替代或可转换的商品之间、同种商品的现货和期货之间，存在着一种不断变动的价格相关关系。一般来讲，在上述各种情形之中，都存在一定的正常价格关系，但是，由于受到某种因素的影响，使这种正常关系出现反常的变化，如现货与期货之间的变动趋势一致但变动幅度不同、现货与期货价格之间变动趋势不一致、不同交割月份的期货价格变动不一致、不同交易所的同种商品价格存在不正常差价、可替代或可转换的商品价格之间存在不正常差价等。套利交易者就是在相关价格过高的市场卖出合约，同时在价格过低的市场买进同等数量品质的合约，等待有利时机，便平掉手中的持仓，两笔交易同时进行，同时结束，一盈一亏，盈亏相抵，从中获取二者之间的余利。

套利交易在期货市场中发挥着两个方面的作用：其一，套利方式为众多交易者提供了对冲机会；其二，有助于将扭曲的市场价格关系重新拉回到正常水平。

套利的方式有如下几种：

1. 跨月套利方式

这种方式是利用同一商品、不同交割月份之间正常价格差距因商品短期内供求关系失去平衡而出现异常变化，来进行同时买卖远近期合约，等待有利时机再进行对冲而获取差价余利。

2. 跨现货期货间套利方式

这种方式是利用商品交易所的商品现货价格与期货价格之间，由于市场供求关系失去平衡而发生价差的转变，来进行同时买卖现货合约和远期期货合约，等待有利时机再进行对冲而获取差价余利。当市场供过于求时，该商品的期货价格常高于现货价格，基差为负值，为期货升水状态；当市场出现供应短缺，现货价格有时会高于期货价格，基差为正值，为现货升水状态。这两种情况经常相互转化，可以在商品价格出现期货升水过大时，买进现货合约，同时卖出远期期货合约，待期货升水缩小时，进行双向平仓而获利。

🔖 **小阅读**

商品期限结构理论的起源与发展

商品期货价格的期限结构是指商品期货价格与不同的到期期限的关系。因为期限结构综合了市场上所有能够获得的信息和操作者对将来的预期，因此，它为

套期保值与投资决策提供了非常有用的信息，从而有利于现货市场的风险管理。市场可据此调整现货的存货水平和生产率，同时利用这些信息来进行套利交易，并以此给期货合约进行定价。

近年来，随着市场日趋成熟，期货合约的到期期限不断延长。例如，1997年美国原油市场的期货期限已达到七年之长。但在大多数的商品市场中，这类期货的价格是以远期价格给出的，由于远期合约并不是标准化的合约，而且它的价格也不是以公开竞价的方式获取，所以，以远期价格给期货定价是不合理的。商品期货价格的期限结构理论主要就是要解决不同到期期限的商品期货的定价问题。

一、现货与期货价格关系的传统理论

1930年凯恩斯提出正常现货升水理论。该理论认为在正常情况下，远期价格低于现货价格（即现货升水），因此，他假设套期保值者倾向于做空头，而投机者倾向于做多头。期货价格与到期期货现价之间存在一个正的风险溢价，它是对投机者承担的风险的补偿，而投机者只有在预期期货价格上涨的情况下，才会买进期货。但是，Dusak（1973），Bodie and Rosanky（1980），Richard and Sudaresan（1981），以及 Bessembinder（1993）等通过实证研究发现，对于同样的期货市场和不同的到期期限，既存在现货升水，也存在远期升水。为了进一步解释商品市场上期货价格与现货价格的关系， Kaldor（1939）提出了便利收益的概念，从而创立了存储理论。Brenna（1958）指出便利收益 C 与现货价格 S 正相关且是存货水平的反函数。从传统的存储理论可得到三个结论：（1）期货价格至少受三个变量，即现货价格、便利收益和利率的影响；（2）C 和 S 正相关且是储存水平的反函数；（3）便利收益具有不对称性，当期货升水时，便利收益不超过储存成本且比较稳定，但当现货升水时，便利收益没有此限制且波动大。

二、期限结构的延长

从1930年到1960年，期货市场上的交割期限一般不超过一年。随着市场的发展，商品期货合约的期限也不断延长，但传统理论无法准确地解释较长期限的期货价格与现货价格的关系。

凯恩斯认为，当考虑较长期限的价格曲线时，沿着该曲线会出现现货升水和期货升水并存，这一现象是由于市场上对于某一到期期限的期货的供求不平衡造成的，为了缓和这种不平衡，市场就会将风险溢价补偿给承担风险的投机者。Modigliani 和 Sutch（1966）指出商品期货价格的期限结构可以看作是由一系列不同到期期限的期货组成,市场参与者根据自己的需要选择不同到期期限的期货。而存储理论则用商品供求的季节性变化来解释商品期货期限延长后现货升水和期货升水并存的期限结构,但是,季节性因素不是偶然的也不是不可预测的。

为此,Gabillon(1995)指出随着期限的延长,必须引进新的用于解释期限结构的变量。他从研究原油价格的期限结构出发,把原油价格的期限结构划分为两个不同的部分:第一部分是较短期限部分(第1个月到第18个月),这一部分主要用于套期保值,解释这部分价格关系的变量主要有产量、消费和存货水平。第二部分是较长的期限部分,这一部分是用于投资目的,解释这部分价格关系的变量是利率、期望通胀率和竞争性能源的价格,从而得出了不同的期限结构有不同的解释变量的结论。上述这些对延长的期限结构的研究比凯恩斯正常现货升水理论更自然合理,从而使得期限结构的研究分析脱离了凯恩斯理论框架。

三、期限结构的动态分析

萨谬尔森(1965)提出,期货价格的方差和期近的期货价格与期远的期货价格的相关程度随到期期限的延长而下降,短期合约的价格波动大而不稳定,但从长期来看,期货价格相对稳定,这就是著名的萨谬尔森效应。萨谬尔森认为短期期货价格波动大是由于实物市场的供求波动引起的,Anderson(1985)、Milonas(1986)、Fama和French(1987)等从大量的商品和金融资产研究出发,对此进行了实证支持。Deaton、Laroque(1992,1996)和Bailey(1996)也证明了萨谬尔森效应是存储成本的函数,即高的存储成本则价格波动较小。但是,Fama和Fench (1988)在其研究中却发现存货较高时,萨谬尔森效应不明显。为了进一步研究期货价格的动态结构,Cortazar和Schwartz(1994)、Tolmasky和Hindanov(2002)、Lautier(2005)等应用主成分分析法来研究期限结构。由于引入主成分分析法后,计算每一种变量对期货价格波动的贡献成为可能,因此,他们通过计算发现,原油和铜期货价格波动的99%是由现货价格和便利收益的变化引起的。

(来源:戴晓凤,曹建军.商品期货价格的期限结构:

理论与实证的回顾 [J].金融经济,2007)

第四节　大宗商品市场

期货交易所

芝加哥期货交易所 1865 年推出标准化合约，实行交易保证金制度；1882 年开展合约对冲交易，以免除合约持有人的商品交割履约责任；1925 年设立结算公司（BOTCC），所有交易都要进入结算公司结算；以后建立了期货经纪人、私募基金投资人等制度，形成了现代意义的期货交易体系。期货交易所有两类投资人，一类是供应商和采购商等套期保值者，以减少价格波动风险，确保正常利润；一类是以少量资金博取较多利润的套期逐利者，他们的市场表现有两个共同点：第一，不以现货交割为目的，因此期货市场的现货交割率很低。第二，以取得价差市差为目的，作行情相关、方向相反和数量相当的交易，即采用对冲交易手段实现盈亏保平或盈大于亏。对冲交易方式主要是：期货市场与现货市场的对冲交易、同一期货品种不同交割时间的对冲交易、同一期货品种不同期货市场的对冲交易以及不同期货品种的对冲交易。

一、境内市场

中国的大宗商品市场正在经历着历史性的转型和变更。在全球化时代、在互联网时代以及电子商务快速发展时代，中国商品市场从概念、形态和规则都需要走出中国数千年商品交易的古老传承。在转型过程中，许多参与者的类型也会产生根本性的变化，由金融性需求所驱动的多元化机构将持续地进入大宗商品市场。因全球化大宗商品交易的指数化发展影响，促使中国必须面对复杂的国际商品交易环境和日趋复杂的国际商品交易指数发展的冲击。

20 世纪末，中国重启资本市场的实践，设立了证券、黄金、外汇、金融期货等交易所，从事金融产品和金融期货交易。同期设立了三家商品交易所，从事商品期货交易。

郑州商品交易所成立于 1990 年，在现货交易成功运营两年后，推出期货交易产品，主要是小麦、棉花、白糖、菜籽油等商品期货。

大连商品交易所成立于 1993 年,主要交易玉米、大豆、豆粕、豆油、棕榈油、聚乙烯、聚氯乙烯等商品期货。

上海期货交易所是两次整合金属、农货、石油、粮油、建材和化工等六家交易所形成,交易黄金、铜、铝、锌、螺纹钢、线材、燃料油、天然橡胶等商品期货。

天津设立了期货交割仓库,为上海、大连、郑州等三家商品交易所服务。期货价格与现货价格紧密联系并相互影响,有利于完善大宗商品定价机制,掌握价格话语权和定价权。

天津已经形成了几个重要的现货市场,包括化工、煤炭、棉花、食糖、粮油以及金属等现货市场等。这些市场既为期货交割仓库设立提供了物质基础,也为大宗商品现货交易提供了市场空间,对调整市场供求和市场配置资源发挥了作用。

上海黄金交易所实行会员制组织形式,会员是由从事黄金、白银、铂等贵金属及其制品的生产、冶炼、加工、批发和进出口贸易的企业法人,并具有良好资信的单位组成。上海黄金交易所是全球最大黄金现货交易所,截至 2011 年底该所总交易额为 4.44 万亿元人民币。

上海黄金交易所主要实行标准化撮合交易方式。交易时间为每周一至五(节假日除外)上午 9:00 ~ 11:30,下午 13:30 ~ 15:30,晚上 20:00 ~ 2:30。交易所的商品有黄金、白银和铂金。黄金有 Au99.95、Au99.99、Au50g、Au100g 四个现货实盘交易品种,和 Au(T+5) 与 Au(T+D) 两个延期交易品种及 Au(T+N1)、Au(T+N2) 两个中远期交易品种;白银有 Ag99.9、Ag99.99 现货实盘交易品种和 Ag(T+D) 现货保证金交易品种;铂金有 Pt99.95 现货实盘交易品种;交易所实物交割实行"一户一码制"的交割原则,在全国 37 个城市设立 55 家指定仓库,金锭和金条由交易所统一调运配送。

过去的一两年,中国大宗商品交易领域取得了快速的发展,但也暴露了诸如钢铁贸易面临崩盘的风险等严重问题。从全球角度来说,大宗商品价格已然成为全球商品价格体系关键决定因素之一。为争夺大宗商品的定价权,全球各国大力发展各类大宗商品交易市场。然而,中国大宗商品交易市场的发展却一直以来处于"混沌"状态,无论从国家层面、行业层面,还是企业组织层面,都未完全理清该领域的一些基本概念与问题,更是缺乏相关标准的建立,从而导致该领域在混沌中发展,不断积累和暴露市场风险,更无法在全球大宗商品市场领域掌握价格话语权。

我国大宗商品市场鱼龙混杂,有上百家在做,市场称谓也十分混乱。国务院下发的 38 号文件——《国务院关于清理整顿各类交易场所切实防范金融风险的决定》中也只能用"各类交易场所"来囊括形形色色所有类似市场。表 6-4 列出部分国内大宗商品交易所的信息,以供参考。

表 6-4　我国部分大宗商品交易所

交易所名称	细节介绍
日月明电子商务中心	品种：坚果类、瓜子等多个交易品种
	特点： 结合大宗商品及相关企业实际状况，推出订单合同交易、专场交易、约期合同交易等灵活多样的交易模式 采取提前交收、按期交收、协议交收等办法为大宗商品企业提供更新、更快、更宽、更省的购销流通渠道
山东寿光蔬菜产业集团（天津）商品交易市场有限公司	品种：南瓜、冬瓜、洋葱、胡萝卜、马铃薯、生姜、白萝卜、山药、辣椒、甘蓝、花生、油菜籽
	特点： 运用现代化电子商务信息技术，组织中国境内的果蔬和商品现货经营机构及相关产业的农民经纪人组织，利用交易市场电子商务平台进行远程贸易
天津稀有金属交易市场	品种：铟、镁、锑、锡锑合金、镓、稀土镧、稀土镥、铱、铋、钴、锗、钽、锆、铑
	特点： 组织中国境内的稀有金属经营企业和机构，利用天津稀有金属交易市场电子商务平台进行远程贸易 年交易额已突破 1,000 亿元，交易金额累计超过 4,000 亿元
天津渤海商品交易所股份有限公司	品种：原油、五粮液、钢材、动力煤、PTA、白砂糖、棉花、聚丙烯（茂名）等几十个现货交易品种
	特点： 正式运营 18 个月后，已上市的 11 个交易品种累计成交量 2.0 亿吨，累计成交额已过 5,000 亿元 商品贸易的交割常态化，累计交割总量超过 86 万吨，成为全国最大的现货商品交易所
山西焦联电子商务股份有限公司	品种：焦炭
	特点： 股东与会员企业焦炭产销能力占山西总能力的 55%，实际出口量占全国总出口量的 75% 在山东、江苏、天津等地有现货仓储
广西铟鼎有色金属交易中心	品种：铟、白银、电解镍、钴、硅铁
	特点： 有色金属网上交易专业化平台和物流信息仓储中心

续表

交易所名称	细节介绍
黄河商品交易市场	品种：棉花、棉籽、玉米、枸杞、羊绒、硅铁
	特点： 配备了国内先进的电子交易系统，可开展电子撮合交易、即期现货交易、竞价拍卖交易、网上招标交易、网上信息发布等 在交易商品的主要产销区设立交收仓库 40 多家
青岛国际商品交易市场	品种：橡胶、尿素
	特点： 通过先进的电子商务技术，改变传统的商品流通模式，实现即期现货交易、订单现货挂牌交易和竞买竞卖交易的完美结合，形成集交易、结算、信息、融资、物流等全程式服务于一体的大宗商品电子交易市场
金银岛大宗商品交易所	品种：覆盖煤炭、矿石、钢材、有色金属、化工、石油、橡塑、农副等多个行业
	特点： 依托金银岛首创 P + X 交易模式、遍布全国的实体交割库以及网络融资系统，打通线上、线下关键节点，引领大宗商品 O2O 交易，实现连续现货随时随地交割、货通天下的目的
广西糖网	品种：食糖
	特点： 食糖批发市场，广西区内 95% 以上的制糖企业集团以及国内 80% 以上食糖经销商均已成为广西糖网的客户，基本实现食糖"网上交易，当天交收，就近提货"
山东栖霞苹果电子交易市场	品种：苹果
	特点： 主要以苹果现货电子交易、市场信息咨询、苹果代购代销和储运配送业务为重点，组织引导我国各苹果主产区的苹果交易商通过现代化科学的营销方式进行苹果的采购和销售
南　宁（中国—东盟）商品交易所	品种：各类工业品、农产品、林产品、能源产品、大型机械设备、技术产品、文化产品和进出口商品
	特点： 国内规模较大的新型现货电子交易市场，是一个专门为中国—东盟自由贸易区配套服务，从事各类工业品、农产品、林产品、能源产品、大型机械设备、技术产品、文化产品和进出口商品等大宗物资的现货即期、连续竞价交易，并集交易、结算、信息、融资、物流、商品展示和国际采购等全程式服务于一体的，现代化功能配套齐全的特大型交易场所

续表

交易所名称	细节介绍
江苏东方不锈钢电子交易中心	品种：不锈钢卷、圆钢、电解镍
	特点： 现代化、专业化不锈钢电子交易中心 2008 年 1 月，对外发布了中国·无锡不锈钢指数 通过"网上在线挂牌交易 + 订单交易 + 实物交收 + 加工配送"的整体服务，加上对广大交易商独特化的电子商务设计，最终将汇集为一个巨大的网上采购与销售的现货市场
北方商品电子交易中心	品种：安格斯肉牛、荷斯坦奶牛、澳洲牛肉
	特点： 大宗商品电子交易的现货交易市场
天津文化艺术品交易所	品种：绘画雕塑类、珠宝玉器类、综合艺术类
	特点： 艺术品份额化交易模式，为大众能参与高端艺术品投资市场拓宽了渠道 通过互联网的交易模式，改进了传统交易模式受地域限制的局限性
全国棉花交易市场	品种：棉花
	特点： 主要功能是组织交易、发现价格、规避风险和传递信息，为棉花交易双方提供交易结算、实物交收、质量检验、储运、信息、咨询和人才培训等服务
北方（内蒙古）煤炭电子交易中心	品种：煤炭
	特点： 具备煤炭交易、储运中转、仓单融资、垫资结算、物流供应链服务等功能 呼和浩特为总部，建立煤炭交易中心（含物流调度中心），在内蒙古其他城市包头、鄂尔多斯、乌海、锡林浩特、通辽与当地政府合作筹建有 5 个配煤储运中转中心 在全国主要城市正在建立总代理或分中心及仓储物流配送代理单位
上海华诚有色金属电子交易市场	品种：铅、镍、镁、钴、硅、锰
	特点： 专注于为电解锰、工业硅、金属镁、金属钴等产品买卖双方提供专业化、个性化的信息和电子交易服务解决方案
中国亚麻交易市场	品种：亚麻原料、亚麻纺织品
	特点： 以亚麻原料及亚麻纺织品的现货交易服务为中心，集现货买卖、网络交易、金融服务、仓储物流等服务于一体，为中国乃至世界亚麻纺织行业提供原料采购、技术提升、产品销售、金融服务以及品牌推广等全程服务，全方位地整合亚麻产业资源

续表

交易所名称	细节介绍
重庆药品交易所	品种：西药、中药、生物制药、医疗器械、保健品
	特点： 主要从事药品、医疗器械及其他相关医用产品的电子交易服务
泛亚有色金属交易所	品种：已上市品种包括铟、锗、钨、铋、镓、钴、白银、钒、锑、碲、硒等11个品种，其中铟、锗、钨、铋、镓等品种的交易量、交割量、库存量均为全球第一
	特点： 全球最大的稀有金属交易所，中国客户资产管理规模最大的现货交易所
新乡金银花电子交易中心	品种：金银花、山楂片、怀山药
	特点： 推出网上订单交易、中远期合同等多种交易模式，为品种相关企业提供货物购销流通渠道
中京商品交易市场	品种：以有色金属、耐火材料、合金材料等作为主要交易商品
	特点： 为交易商提供安全可靠的现货交易平台，同时与有关单位合作，为交易商提供质检、仓储、物流、信息、质押融资等服务

二、境外市场

纽约商业交易所（NYMEX）成立于1872年，是世界上最大的实物商品交易所，为能源和金属提供期货和期权交易，主要有原油、汽油、柴油、天然气、丙烷、电力、煤、金、银、铜、铝、钯等合约，其中的纽约原油成为国际油价基准之一。

纽约期货交易所（NYBOT）成立于1998年，由纽约棉花交易所（NYCE）与咖啡、糖、可可交易所（CSCE）合并，交易棉花、糖和可可。

芝加哥商业交易所（CME）成立于1898年，早期从事牛、乳制品、木材、猪肉和天然气交易，后来增加了股票、利率和外汇等金融产品交易；芝加哥期货交易所（CBOT）成立于1848年，起初从事玉米、小麦、燕麦、大豆等农产品交易，后来增加了黄金、白银等贵金属交易，以及国债、股指和利率互换等金融产品交易；芝加哥商业交易所和芝加哥期货交易所2006年合并为芝加哥交易所集团。

伦敦金属交易所（LME）成立于1877年，是世界上最大的有色金属交易所，有铜、锡、锌、铅、铝、镍、白银、聚乙烯和聚丙烯等交易品种。

伦敦国际石油交易所（LPE）成立于1980年，是欧洲最为重要的能源期货和期权交易所，先后有柴油、天然气和布伦特原油等产品交易，其中的布伦特原油成为国际油价基准之一。

东京工业品交易所（TOCOM）成立于 1984 年，是由东京黄金交易所、东京橡胶交易所和东京纺织品交易所整合起来的交易所，主要产品是黄金、铂金、白银、铝、橡胶、棉纱、毛线、原油、汽油、煤油等。

以上几家商品期货交易所，加上中国的郑州商品交易所、大连商品交易所、上海期货交易所，构成了全球商品交易所的市场格局，具体是美国四家、欧洲两家、日本一家和中国三家。除此之外，成立于 1984 年的新加坡国际金融交易所（SIMEX），以及成立于 1999 年的韩国期货交易所（KOFEX），都以金融期货产品交易为主，其中设有黄金和能源等商品期货，但是品种很少，交易额不大。

下面通过介绍 CME、ICE、LME 这几个国际大牌交易所来了解国际大宗商品市场的概况。

（一）芝加哥商品交易所集团（CME 集团）

作为全球最多元化的衍生工具市场龙头，芝商所每年平均处理 30 亿手合约的交易，总值约 1 千兆美元。

芝商所旗下的交易所提供最广泛的全球基准产品，跨越所有主要资产类别，包括以利率、股指、外汇、能源、农商品、金属、气象及房地产等为标的的期货与期权产品。

> **小阅读**
>
> ### CME 集团延伸小知识
>
> CME 集团的产品目前通过四类方式进行交易：一是通过 CME Globex 电子交易平台，二是通过在芝加哥、纽约和堪萨斯城的公开喊价拍卖市场，三是通过私下协商交易，四是通过 OTC 方式进行交易。
>
> CME 集团一直重视 OTC 产品清算服务的安全性和稳健性，与客户和清算公司保持紧密合作，提供全面的、多资产类别的结算解决方案，以提高操作的便利性和资本效率。在此基础上，CME 集团与许多卖方银行敲定了利率互换和信用违约掉期的长期 OTC 清算协议。另外，CME 集团还得到 CFTC 的批准，可以作为利率互换、信用违约掉期、农产品和外汇资产类别的数据服务商。鉴于 CME 集团在清算服务中的卓越成就，《风险杂志》将 2013 年的"年度清算所"授予该集团。
>
> CME 集团还在 OTC 业务上进行了创新，比如推出了可交割的利率互换期货，这个品种填补了利率市场的一个重要空白，把利率互换市场与期货合约的保证金交易制度和流动性的优势结合在一起，目前已经得到市场的认可。
>
> 在交易类别上，CME 集团覆盖面广泛，主要包括金融衍生品类与商品衍生品类，其中商品衍生品类有能源、农产品互换、金属以及商品指数互换，基本涵盖

了商品市场中的大部分品种。

雷曼兄弟倒闭和其后金融危机爆发之后,金融行业开始越来越推崇中央对手方的结算形式,特别是在场外交易方面,中央对手方结算方式的重要性越发凸显。过去场外交易的时候,一般是无法了解全球金融体系所隐含的系统性风险和交易对手的信用的,因此市场非常关注在美国出台的各种法案。通过中央对手方与双边清算的对比,我们可以看出,如果双边市场没有中央调控系统,卖方和买方需要了解对方的情况。而在金融爆发的时候,大家只关注自己在市场中的风险而无暇顾及对手是否有违约风险,因此双边市场风险容易出现问题。毫无疑问,中央对手方在这个方面做得更好,使市场效率得到极大的提高。

CME 集团拥有中央清算中心以及位于伦敦的附属清算中心。中央结算系统使投资者在买卖期货时并非直接与对方进行交易,投资人实际上是向结算所进行买卖,结算所是所有交易的中间人,对每一个买方而言,结算所是卖方,而对每一个卖方而言,结算所是买方。针对 OTC 交易结算,由 CME ClearPort 电子平台将核准的场外交易传送至 CME 结算系统进行结算。CME ClearPort 是个灵活的系统,适合不同类型的交易者以及通过不同交易市场进行的交易,它为场外交易市场提供安全可靠的中央结算服务(如图 6-1)。

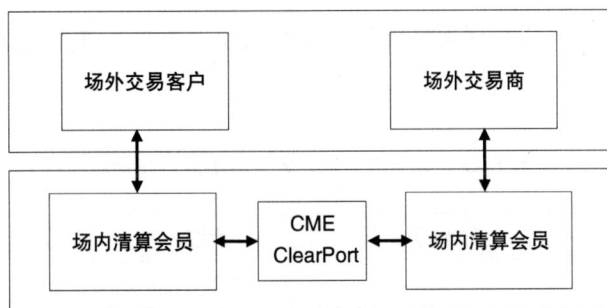

图 6-1 CME ClearPort 场外服务方式

CME 集团提供了 CME 电子交易中心限价交易、CME 电子交易平台跨境交易、大宗交易以及地板交易。另外,CME Direct 通过互联网提供了与 CME 期货市场和 OTC 市场的接口。执行交易可以选择在线或者通过语音经纪人、完全的电子化交易或者通过新的即时通讯平台 CME Direct Messenger。不管哪一种情况,交易都会自动化处理,带来了电子化交易的好处且不失语音交易的灵活,客户的 OTC 交易能准确及时地提交结算,无需人工干预,减少了时间和错误。

(来源:境外商品 OTC 市场的发展趋势. 期刊日报,2013.06.04)

与本章有关的芝商所主导产品包括农产品、能源产品和金属。

1. 农产品

基于 CME、CBOT 和 KCBOT 的传统，芝商所市场为参与者提供最具流动性且范围最为广泛的一系列农产品期货、期权和任何交易所的已清算场外掉期产品。其中有许多合约被公认为全球基准产品，包括粮食、油籽、牲畜、乳制品、木材等交易。主要产品包括玉米、大豆和小麦（如表 6-5）。

玉米是牲畜与家禽饲料中的主要成分，也是日用杂货产品，包括人造黄油、玉米淀粉和软饮料中的增甜剂，并且越来越多地用于乙醇生产中。玉米（ZC）期货每日交易大约 22.4 万份合约，采用实物交割，是生产商、独立交易公司和商业制造商进行价格发现、管理价格风险和寻求利润的主要工具。玉米期货每份合约为 5,000 蒲式耳，为执行最复杂的市场策略提供一个真正的流动性市场。

大豆价格随着全球供应量不断波动，很大程度上取决于作物生产周期、天气和市场需求的不断变化。标准规模的 5,000 蒲式耳大豆期货每日交易量超过 170,000 份合约，为商品生产者、最终用户和交易中间商提供价格风险管理和价格发现工具，并为交易者与投资者提供把握这些市场机会的工具。

1877 年推出的小麦期货标志着期货业的诞生。标准规模的 5,000 蒲式耳小麦（ZW）合约仍是全球行业标准。该基准合约日均交易量超过 88,000 万份合约，提供无与伦比的流动性水平，这对于执行任何风险管理策略以及迅速有效进入或退出最大头寸来说非常关键。

表 6-5　芝商所玉米、大豆与小麦产品特点

产品	玉米期货	大豆期货	小麦期货
交易场所	CME Globex	CME Globex	CME Globex
行情代码	ZC	ZS	ZW
标的工具	玉米	大豆	小麦
合约规模	5,000 蒲式耳（约 127 公吨）	5,000 蒲式耳（约 136 公吨）	5,000 蒲式耳（约 136 公吨）
大致美元值	38,000 美元 / 合约	75,000 美元 / 合约	38,000 美元 / 合约
日均名义值	109 亿美元	154 亿美元	41 亿美元
最小变动价位	0.0025 美元 / 蒲式耳	0.0025 美元 / 蒲式耳	0.0025 美元 / 蒲式耳
每个变动点的美元值	12.50 美元	12.50 美元	12.50 美元
有无期权	有	有	有

2. 能源产品

自 NYMEX 于 2008 年加入芝商所以来，芝商所提供世界上范围最广且流动性最高的全球能源市场，产品包括轻质低硫原油（WTI）、天然气（亨利港）、石油与电力产品等合约（如表 6-6）。

原油：天然气投资者可以直接使用轻质低硫原油（WTI）期货来捕捉机会。凭借超过 615,000 份合约的日均交易量，轻质低硫原油期货成为全球流动性最高的基准石油合约，芝商所为交易者提供深度的全球流动性交易池。这些灵活的工具包括 1,000 桶标准规模合约或 500 桶电子迷你合约可供交易，所有这些均有中央对手盘清算来保驾护航。

天然气：借助亨利港天然气（NG）期货，交易者可以利用价格波动管理能源市场风险并为投资组合分散化增添一支生力军。标准规模合约规模为 10,000 百万英制热量单位（mmBtu），日均交易量超过 286,000 份，而合约规模为 2,500mmBtu（即标准规模的 1/4）。电子迷你合约提供更大的灵活性和交易精确性。亨利港天然气期货被广泛公认为美国天然气基准合约。

表 6-6　芝商所原油与天然气产品特点

产品	轻质低硫原油期货	天然气期货
交易场所	CME Globex	CME Globex
行情代码	CL	NG
标的工具	轻质低硫原油（WTI）	Henry Hub 天然气
合约规模	1,000 桶	10,000 百万英制热量单位（mmBtu）
大致美元值	100,000 美元 / 合约	24,000 美元 / 合约
日均交易额名义值	740 亿美元	75 亿美元
最小变动价位	0.01 美元 / 桶	0.001 美元 / 百万英制热量单位
每个变动点的美元值	10.00 美元	10.00 美元
有无期权	有	有

3. 金属

在一个不确定的世界中，金属市场提供一些最稳健的交易机会，芝商所提供的一系列主要产品为黄金、白银、铂金、钯金、铜、铁矿石、铝和钢铁合约（如表 6-7）。

表 6-7　芝商所主要金属产品

贵金属	基础金属	铁金属
黄金期货（GC）和期权（OG） 迷你纽约黄金期货（QO） E-迷你黄金期货（MGC） 黄金波动指数期货（GVF）和期权（CVP） 伦敦清算所黄金期货（GB） 白银期货（SI）和期权（SO） 迷你纽约白银期货（QI） 白金期货（PL）和期权（PO） 钯金期货（PA）和期权（PAO）	铜期货（HG）与期权 E-迷你铜期货（QC） 铀期货（UX）	HRC 钢材期货（HR） 铁矿石期货（PIO）（TIO）与期权（ICP） （ICT） 欧洲热轧卷、德国 Ex-works Ruhr （Platts）掉期期货期权（NSF） 钢坯，黑海 FOB（Platts）掉期期货 期权（SSF） HMS 80/20 废铁期货，土耳其 CFR （Platts）掉期期货期权（FSF）

借助黄金期货获得进入市场的机会，使交易者的投资组合分散化并规避货币价格波动风险。作为传统黄金投资（如金条、金币和矿业股票）的重要替代方案，黄金期货凭借超过 178,000 份合约的日均交易量为交易者在市场上提供更大的灵活性及对投资组合的控制。黄金（GC）期货以美元和美分 / 盎司定价，标准合约以 100 盎司为单位进行交易，迷你合约以 50 金衡盎司（金衡盎司是专用于黄金等贵金属商品的交易计量单位，其折算为：1 金衡盎司 =1.0971428 常衡盎司 =31.1034768 克）为单位进行交易，电子微型合约以 10 盎司进行交易（如表 6-8）。

白银（SI）期货的每日交易量超过 55,000 份合约，为投资组合多元化以及直接进入高度流动性金属市场提供独一无二的机会。而在该市场中可以基于对价格方向、价差变化或波动率的预测来进行交易。白银期货合约以美元和美分 / 盎司定价，标准合约以 5,000 盎司为单位进行交易，迷你合约则以 2,500 盎司为单位进行交易（如表 6-8）。

表 6-8　芝商所黄金白银产品合约特点

产品	黄金期货	白银期货
交易场所	CME Globex	CME Globex
行情代码	GC	SI
标的工具	黄金	白银
合约规模	100 盎司	5,000 盎司
大致美元值	166,000 美元 / 合约	160,000 美元 / 合约
日均交易额名义值	310 亿美元	140 亿美元
最小变动价位	0.10 美元 / 盎司	0.005 美元 / 盎司

续表

产品	黄金期货	白银期货
每个变动点的美元值	10.00 美元	25.00 美元
有无期权	有	有

🐢 小阅读

黄金／白银比率

金融媒体往往会将其讨论重点集中在黄金方面，不过严肃的投资者也对白银感兴趣。在历史上被对冲基金和贵金属交易专柜用来监控黄金与白银走向的一种"工具"为黄金／白金比率。交易者和预测人士均出于种种原因来查看这一比率，但是该比率只是在日末提供了白银价格相对于黄金价格走势的洞察。

虽然黄金和白银均被视为"贵"金属，但黄金在政治不确定时期还被视为一种货币形式和安全港，而白银则越来越多地被用作工业金属。这些截然不同的基本因素有时会使之成为一个值得关注及交易的活跃市场。

选择某种工具来表达你对这两种金属相对价值的意见并不像看上去那么简单。传统交易通过远期合约来进行，投资者不仅必须要决定价格，而且还要计算隔夜贷款利率来确定用于头寸的资本成本。由于公司变得对资本要求越来越敏感，COMEX 期货现在被视为一种替换场外现货市场之成本有效的工具。

（来源：黄金／白银比率．芝商所，2014.03.01）

（二）美国洲际交易所（ICE 集团）

美国洲际交易所（纽约证交所代码：ICE）是世界领先的交易与风险管理服务提供者，服务范围覆盖多种多样的受监管期货以及场外交易（OTC）市场（如表 6-9）。自 2000 年成立以来，ICE 致力为全球能源市场带来透明度，如今服务的市场包括农业、信用、能源、股指以及外汇。ICE 运营三个受监管的期货交易所、两个场外交易市场以及五个受监管的清算所。每一个交易日，在全球范围内，洲际交易所（ICE）为市场参与者提供具有深度和流动的市场、风险管理所需要的服务和技术，并为其呈现一个清晰透明的全球市场。从能源市场，到农产品和货币，ICE 提供单一接入点，使客户获得跨越不同大洲、时区和资产类别的流动性市场和综合性服务。

表 6-9　美国洲际交易所概览表

全球覆盖	· 位于北美和欧洲的受监管的期货交易所，全球场外交易（OTC）市场以及清算所 · 服务于 70 多个国家的数千家交易公司，以及 120 个国家的市场数据客户 · 能源、农产品、外汇和股指市场的全球基准 · 超过一半的世界原油和成品油期货成交量 · 巴西电力市场合作伙伴（巴西电力交易所 BRIX）
相关的市场与产品	· 期货、期权和 OTC 掉期合约 · 超过 1,000 种合约，管理农产品、CDS、货币、排放、能源和股指市场的风险 · 世界交易最活跃商品的基准合约，包括原油、原糖、棉花和货币 · OTC 能源市场 · 经清算的 OTC 信用违约掉期（CDS）市场 · 透明的、受监管的电子市场
智能科技	· 第一个在单一屏幕上提供操作期货和 OTC 市场的交易平台 · 次毫秒级的交易执行时间 · 提供多种连接选择的接入平台以及基于网页的屏幕 · 针对 iPhone、安卓和黑莓的移动数据和交易技术
市场安全性和资本效率	· 五家清算所提供专业化清算服务 · 信用衍生品清算的领导者 · 专有的风险管理模型，其稳健的报告基础架构提供了安全性和透明度
为全球衍生品市场提供保障	· 首先为信用衍生品提供清算的清算所 · 专有清算技术可支持数千合约产品 · 为 OTC 能源和信用衍生品（CDS）市场提供清算的全球领先者 · 十年清算业绩，为 700 多种能源合约提供清算 · 超过 28 万亿清算类信用违约掉期（CDS），超过 330 种工具 · 基准合约可采用跨市保证金，为参与者提高资本效率

1. ICE 期货市场

ICE 受监管期货交易所挂牌一系列多元化的全球相关基准期货和期权合约，包括农产品、货币、碳排放、能源和股票指数。

期货合约是买家和卖家之间的标准化协议，为了在未来特定的地点和时间、按合约成交时商定的价格、交换一定数量和等级的商品、货币或其他金融工具。

通过其三个受监管期货交易所，ICE 期货和期权市场为世界领先的大宗商品提供高流动性的合约（如表 6-10）。

表 6-10 ICE 各期货交易所及其主要产品

ICE 各期货交易所	交易所主要产品
ICE 美国期货交易所，是美国第二大衍生工具交易所，提供农业大宗商品、外汇以及股指的期货和期权。ICE 美国期货交易所也是受商品期货交易委员会（CFTC）监管的指定合约市场	挂牌基准原糖、棉花、可可、咖啡和橙汁合约，同时也是罗素指数期货和期权市场、美元指数和外汇期货的独家交易场所
ICE 欧洲期货交易所是欧洲最大、世界第二大的受监管能源期货交易所。世界原油和成品油期货有一半在本交易所的市场中交易。ICE 欧洲期货交易所是受英国金融服务管理局（FSA）监管的认可投资交易所，同时它也在 CFTC 监察之下。监管包括所有与美国关联合约的头寸设限以及加强报告	挂牌 ICE 布伦特原油、ICE 柴油和 ICE WTI 原油期货和期权，此外还有碳排放以及服务欧洲公用事业市场的天然气和电力等合约
ICE 加拿大期货交易所作为北美第一个全电子化商品交易所，受马尼托巴证券委员会监管	挂牌油菜籽、小麦和大麦期货和期权合约

2. 清算服务

清算是确保市场诚信和降低系统性风险的关键。通过一套财务保障措施的系统，清算所成为中央交易对手，即每个卖家的买家以及每个买家的卖家，为每笔交易的持仓期间提供保障。ICE 的清算基础包括在美国、英国和加拿大的五家清算所，为市场参与者提供所需的保障以帮助他们进入更多市场和提高流动性。ICE 受监管的清算所确保交易诚信，消除了市场参与者之间的交易对手风险以及信用风险（如表 6-11）。

表 6-11 ICE 各清算所的区别

ICE 美国清算所	ICE 欧洲清算所	ICE 加拿大清算所	ICE 信用清算所
市场：ICE 美国期货交易所 产品：农产品、外汇、金融指数	市场：ICE 欧洲期货交易所，ICE OTC 产品：能源、欧洲信用、外汇	市场：ICE 加拿大期货交易所 产品：农产品	市场：ICE OTC 产品：北美信用

（三）伦敦金属交易所（LME）

伦敦金属交易所（LME）是全球工业用金属的交易中心——全球超过八成有色金属期货在 LME 平台交易（如表 6-12），以 2011 年为例，此等同：名义价值 15.4 万亿元、35 亿吨、1.46 亿手、未平仓合约 300 万手。

LME 是香港交易所集团成员，是一个同时汇聚实物交易行业与金融业的稳健、受规管市场。这里，一天 24 小时，任何时候都有买方卖方，都有价格提供，都能够提供转移或承担风险的机会。

对投资者来说，LME 既是活跃的期货交易所，也是与金属业息息相通的市场。LME 遍布全球的认可仓库网络提供实物交割服务，LME 也就成为金属业界进行套期保值的理想场地，为业内人士提供堪可信赖的基准价格。

LME 可以作为金属商及金属消费者最后的实物市场，但更重要是，LME 使金属商及金属消费者有能力对冲世界金属价格波动的风险。

表 6-12　LME 主要金属产品

有色金属	稀有金属	钢坯	贵金属
• 铝 • 铝合金 • NASAAC • 铜 • 铅 • 镍 • 锡 • 锌 • LMEmini • LMEX	• 钴 • 钼	• 钢坯	• 黄金 • 白银

📖 小阅读

境外商品 OTC 市场发展趋势

境外商品 OTC 市场的发展趋势可总结为三个方面：商品类互换的数量逐渐升高、监管环境趋于严格化以及中央清算模式将成为市场主流。

一、商品类互换的数量逐渐升高

根据商品场外衍生品的性质，一般可将其归为商品远期、商品期权、商品类互换三类产品。与其他衍生品市场不同，全球商品市场中最常见的交易模式仍然是以远期为主，即交易双方达成的在未来某一时间以商定的价格和方式交易某类大宗商品的合约，相当于非标准化的期货合约。但近年来，随着衍生创新产品的不断推出，OTC 市场中的商品类互换数量呈不断上升的态势。商品类互换的不同之处在于，交易双方通过交换不同基础资产的收益率来实现收益获取或风险转移。在目前的 OTC 衍生品市场中，互换产品已经占据了整个市场份额的 75% 以上。尽管目前商品类互换产品占比较低，但未来商品互换的比例必然将逐步提高。

二、监管环境趋于严格化

商品场外市场向来以监管宽松、设计灵活而著称，但在次贷危机爆发之后，各国政府对加强 OTC 衍生品市场的监管已经达成共识。作为全球 OTC 衍生品市场最发达的国家和 OTC 衍生品市场的发源地，美国的监管体系变革最具代表性。2010 年 7 月 21 日，《多德—弗兰克法案》经美国总统奥巴马签署后正式生效，其中第七章《华尔街透明度和问责性法》对 OTC 衍生品监管的规定被视为具有里程碑意义的金融立法。这一法案正式确立了美国 OTC 衍生品市场上的"双头"监管新范式。监管环境的变化意味着商品场外市场将逐渐走向规范化发展，包括交易信息公示、场内清算等措施将使场外市场的交易更加安全有效，从而有效降低商品场外市场的发展风险。

三、中央清算模式将成为市场主流

过去商品场外市场的清算主要以双边清算模式为主，但中央对手方清算模式的占比也不断增高。在 2010 年以前，中央对手方清算模式与标准化双边清算模式分别占据了 OTC 衍生品市场的半壁江山。自 2010 年以来，以美国《多德—弗兰克法案》为代表的监管法律对 OTC 衍生品合约的清算模式提出了强制性要求。受此影响，在短短两年时间里，OTC 衍生品市场的市场结构发生了翻天覆地的变化，形成了中央对手方清算模式占绝对优势的"场外交易，场内结算"新格局。传统的双边清算模式虽然仍然在许多商品场外产品上继续被沿用，但未来其份额的不断下降已是确定无疑了。随着中央清算模式的普及，商品场外市场合约将逐渐向标准化和规划化演变，其与场内市场的区别将不断下降。

（来源：境外商品 OTC 市场的发展趋势 . 期货日报，2013.06.04）

❈ 小阅读

ISDA 主协议

ISDA 的全称是国际掉期交易协会（International Swaps and Derivatives Association，ISDA），是一家非营利性组织，成立于 1985 年，目前有来自 46 个国家超过 600 个机构会员，其中包括世界主要从事衍生性商品交易的金融机构、政府组织、使用 OTC 衍生性商品管理事业风险的企业以及国际性主要法律事务所等。

ISDA 自成立以来，在衍生商品品种、ISDA 法律文件、净额结算（Netting）及担保品（Collateral）方面的法律意见以及风险管理具有显著的贡献或参与。

同时也致力于参与各国政府机关维持密切沟通管道，促使这个交易市场更健全发展。

20世纪70年代以来，金融衍生品应运而生并迅速发展。为满足市场参与者关于订立金融衍生品统一交易标准、秩序与协议的迫切需要，ISDA组织自成立后致力于推动国际场外金融衍生品协议的发展完善。ISDA主协议已经从1987年《ISDA利率和货币兑换协议》、1992年ISDA主协议（包括《ISDA多货币跨境主协议》与《ISDA当地货币单一管辖地主协议》），发展到2002年ISDA主协议。目前，交易对手之间跨境叙做场外金融衍生品交易签署ISDA主协议已经成为行业惯例与自身内控的基本要求。

相对于其他类别合同，ISDA主协议具有特殊的三项制度基础，即单一协议、瑕疵资产与终止净额结算，此三者构成相辅相成的有机整体，有效维系国际金融衍生品市场的平稳发展，并为越来越多国家或地区的立法机关所认可。

一、单一协议（Single Agreement）制度安排

单一协议制度安排是ISDA主协议的独特设计——ISDA主协议的伞状结构。主协议第1(c)款明确规定"所有交易的进行乃基于本主协议以及所有确认书构成双方之间的单一协议这一事实，否则双方不会进行任何交易"。也就是说，在签署主协议的交易双方之间只存在一个合同法律关系（单一协议），双方之间的每一交易均是这个合同法律关系下的一项具体交易。需要特别指出，在实务操作中，有些交易主体之间没有签订主协议正文及补充协议，直接通过交易确认书进行交易。在这种情况下，包括主要经济条款的交易确认书本身也是一份独立有效的合同，构成交易双方的主要权利义务关系。

二、单一协议制度的作用

这一伞状结构是ISDA协议最基础性的制度安排与设计，正是通过对单一协议的约定及安排，当出现违约或终止事件时，交易双方对在同一合同法律关系下的所有交易或所有受影响交易都会提前终止，进行终止净额结算。单一协议制度的作用主要体现在以下方面：

一是加强终止净额结算的有效性，降低信用风险。由于单一协议制度使多个交易合同成为一个单一合同，把多个债权债务关系归结为一个，其核心作用为降低破产管理人对不同交易分别行使"别择权"的风险，加强终止净额结算的有效性。单一协议制度安排能够有效避免交易一方出现破产事件时破产管理人的"有选择性履行"（Cherry Picking）行为。

二是提高交易效率。交易双方在签署主协议及补充协议后再以交易确认书的形式进行交易，无须就主要法律及信用条款进行谈判，可以将精力集中在具体交易的经济条款谈判上，以降低交易成本，提高交易效率。

三是增加交易一方的违约成本，有效降低违约风险。交易一方在一项交易下的违约行为可能导致整个主协议项下所有交易被提前终止，包括违约方获利的交易，从而加大了违约行为的代价，促使交易各方严格履行义务，努力促进合同的履行。

三、瑕疵资产（Flawed Asset）制度安排

ISDA主协议中瑕疵资产基础制度安排主要体现在以下两个条款：

第2(a)(iii)款规定："各方的付款与交付义务，以对方不存在违约事件和潜在违约事件为前提。"

第6(c)款规定："在所有交易终止时，每一交易下的付款或交付义务均不须履行，而只剩下在第6(e)款下的单一付款义务。"

第2(a)(iii)款表明，如果交易一方出现违约事件或者潜在违约事件，则守约方有权利暂时中止具体交易中拟定的付款或者交付，并且如果守约方尚未发出通知指定提前终止日，则守约方没有义务做出任何交易项下到期的任何付款或者交付。该条款在实践中已经证明有助于为守约方提供时间以考虑其在危机形势中的不同应对方案，但该条款的运用并没有完全解除守约方在未完成交易项下的义务。如果以后指定了提前终止日，上述付款义务将作为未付款项（或者是体现在1992年ISDA主协议项下损失法项下"损失"的计算之中），一并计入提前终止款项中。

四、瑕疵资产制度的作用

瑕疵资产制度安排非常类似于英美法下的预期违约制度。预期违约，是指某一事件的发生，或在其他合同项下发生违约事件，使得交易一方违反本协议将成为必然，违约仅仅是时间问题。ISDA主协议中违约事件约定范围较为广泛，其中引入特定实体、交叉违约与特定交易违约等条款均可视为预期违约制度的具体运用。

瑕疵资产制度设计的主要作用是为了更好地保护守约方的权利，一方面对交易一方可能出现的违约或潜在违约情形进行震慑，另一方面显著降低守约方的风险敞口，以避免守约方遭受更大损失。在单一协议框架下，交易一方在主协议任一交易项下出现违约，则构成了对主协议的违约，根据瑕疵资产原则，守约方应

该受到合理的保护，并有权利获得救济。相对于其他类别合同，瑕疵资产原则在 ISDA 主协议运用中尤为重要，"因为衍生性商品风险过高，着重交易对手之信用，如交易对手出现违约或潜在违约情形，并无继续与其为其他交易之必要"。

五、终止净额结算（Close-out Netting）制度安排

终止净额结算是指当发生主协议项下规定的违约事件或终止事件，交易双方之间所有现存未到期交易提前终止，并对上述提前终止的交易项下的盈利和亏损轧差结算净额，以该净额的价值作为交易双方权利义务的最终确定金额，以替代或更新之前存在于双方之间的权利义务。

终止净额结算制度在主协议中有非常完整的体现，第 6 条整条涵盖了终止净额结算的各步骤安排，具体包括：

提前终止［第 6(a)、6(b) 款］。该款明确在发生了违约事件或者终止事件后，违约方或受影响方（或存在两个受影响方的任何一方）应该如何向对方通知上述事件，守约方或非受影响方（或存在两个受影响方的任何一方）如何指定提前终止日。

轧差计算［第 6(e)(i) 和 (ii) 款、第 6(d)(i) 款及第 6(e)(iii) 款］。第 6(e)(i) 和 (ii) 款规定了违约事件与终止事件项下提前终止款项的计算。该款明确了提前终止金款的计算决定方通过协议中约定的方法计算被终止交易的公允价值，进而确定提前终止款项。第 6(d)(i) 款是关于发送计算报告，即提前终止金款的计算决定方如何向对方发送计算报告以及佐证材料，以及对提前终止款项如何约定付款。第 6(e)(iii) 款规定了自动提前终止项下的破产调整，违约方对提前终止日始至守约方首次意识到提前终止日已经发生之日为止的时间段内市场变动而导致守约方在有关交易下可能产生或遭受的损失与损害予以补偿。

权利义务更新［第 6(c) 及第 6(d)(ii) 款］。计算报告生效后，原有的交易支付义务被计算报告中得出的提前终止款项替代，提前终止款项付款方应在付款日进行支付。

六、终止净额结算制度的作用

终止净额结算制度不仅对合同主体有积极意义，还有降低衍生品市场系统性风险的作用。对合同主体而言，终止净额结算制度一方面可以降低信用风险：在终止净额结算安排下，交易对手的风险敞口将大大降低，有助于控制交易对手的信用风险；另一方面利于金融机构提高资本金的利用效率：由于终止净额结算在降低信用风险方面的巨大作用，巴塞尔新资本协议有条件地认可终止净额结算条

款，即如果终止净额结算是有效的，则可在计算资本充足率时予以考虑。这样，相同资本金可以支持更大规模的金融衍生品交易，从而大大提高资本金的利用效率。对金融市场而言，通过降低市场参与者彼此之间的信用风险，终止净额结算制度大大降低了金融衍生品市场的整体性风险，从而有效降低了金融市场和金融机构的系统性风险。

七、ISDA 主协议三大制度基础的相互关系

单一协议、瑕疵资产与终止净额结算这三项制度基础构成了有机组合的整体，使 ISDA 主协议框架结构与其他类别合同存在明显的不同。

（一）单一协议是三者的制度基础与前提，单一协议使瑕疵资产与终止净额结算制度成为可能。因为只有在单一协议前提下，主协议各组成部分共同构成交易双方之间单一和完整的协议，交易一方未履行任何一个文件或交易项下的义务均构成其违反了整个协议，那么交易另一方才有权启动主协议项下的违约事件处理程序，维护自身权益。此外，只有在单一协议前提下，一旦出现主协议约定的违约事件或终止事件，才使交易双方有可能对所有未到期交易进行提前终止并计算终止数额，从而促进终止净额结算制度成为现实。

（二）单一协议不是目的，最终还要体现为瑕疵资产原则与终止净额结算制度，后两者是保护守约方切身利益的关键性制度。在违约方的违约事件或潜在违约事件出现并持续时，守约方通过运用瑕疵资产原则才可能最大限度维护自身利益，而通过终止净额结算，自身利益进一步通过单一净额的形式得到最终保护。

（三）单一协议与瑕疵资产、终止净额结算制度安排均具有降低和控制信用风险的目的，三者在降低和控制交易对手的信用风险层面上是内在一致的。

（来源：刘全雷 . ISDA 主协议的三项制度基础及在我国的实用性分析 [J].

银行家，2010 年 05 期 ）

🖲 Tips

商品市场、利率市场与汇率市场的差异

商品市场、利率市场和汇率市场这三大市场是我们每天都能听到的词汇，它们是整个经济的主要组成部分，关系到宏观经济的方方面面，也关系到我们每个人的切身利益。

所谓的商品市场是指交易商品的市场，这里的商品可以是有形商品也可以是无形商品。有形商品指可以看得见、摸得着的商品，比如汽车、飞机和房屋等。

无形商品主要指服务，如理发、修理等。商品市场的发展是伴随着人类生产力的发展而发展的，它的主要作用就是提供一个相互交换商品的场所，满足人类的需求。

利率市场也指借贷市场，指交易借贷资金的场所。比如某个人正好手里有笔闲钱暂时不用，而另一个人正在急需一笔资金，利率市场就是通过一定的机制使各种资金的供给和需求者相互匹配的市场。

外汇市场是指经营外币和以外币计价的债券、股票等有价证券买卖的市场。在纸币出现以前，各国都统一用黄金作为货币，那时还没有外汇市场的概念。纸币出现以后的一段时间里，各国开始各自发行本国的货币，黄金渐渐地失去了国际货币的功能。但各国发行的货币都不一样，同时由于国际贸易、国际转账的需要，各国之间的货币需要相互转换，这时外汇市场应运而生。

商品、利率和汇率市场这三者既有共同点也有不同的地方。共同的地方是定价机制相同，这三大市场的价格都是由供求双方决定，另外它们都是一个现代国家经济制度的重要组成部分。

不同的地方是：①交换的物品不同。商品市场交换的是各类商品，利率市场交换的是资金，汇率市场交换的是外汇。②管制程度不同。通常商品市场管制是最少的，然后是利率市场，最后是外汇市场。但也不一定，有的国家可能三大市场都严格限制，也有的国家三大市场都放开管制。但多数国家和地区的三大市场通常都介于两个极端之间。③市场化顺序先后不同。一般来讲，一个管制的国家市场化程序是先是商品市场，然后是利率市场，最后才是外汇市场。

思考题：

（1）为什么投资大宗商品要看长期趋势？

（2）投资大宗商品可能遇到哪些风险？怎样管理大宗商品风险？

第七章　货币市场

第一节　中央银行

Ⓢ **案例**

现代银行的滥觞——瑞典国家银行

瑞典国家银行（The State Bank of Sweden）始创于 1668 年，是瑞典的中央银行，也是世界上历史最悠久的中央银行。瑞典国家银行的前身是瑞典里克斯银行，它成立于 1656 年，是由私人创立；1661 年在欧洲首次发行银行券，作为硬币的替代物，由此成为欧洲第一家发钞银行；1668 年瑞典政府将其改建为瑞典国家银行，并收归国有，对国会负责。由于它最先冠以国家的名称，最先享有发钞权，所以被称做现代中央银行的滥觞。

但瑞典国家银行却未能成为现代中央银行的鼻祖，其原因有：第一，瑞典国家银行的早期业务主要属于商业性质；第二，虽然它最先享有货币发行权，但是1830 年以后，其他无责任银行相继成立，另有 28 家商业银行同时发行银行券。直至 1897 年，瑞典国家银行才通过政府法案独占货币发行权。因此，一般认为，英格兰银行才是现代中央银行的鼻祖。

（资料来源：陈燕. 中央银行理论与实务 [M]. 北京：北京大学出版社，2013）

中央银行制度是在经济和金融发展过程中逐步形成的。当今世界上绝大多数国家有中央银行。中央银行是银行的银行，各国中央银行或类似于中央银行的金融管理机构，均处于金融体系的核心地位，担负着管理商业银行、非商业银行、非银行金融机构以及金融市场的责任，并通过它们对整个国民经济发挥着宏观调节作用。

一、中央银行的产生及类型

（一）中央银行产生

中央银行产生于 17 世纪后期，而形成中央银行制度则是在 19 世纪初期。世界上第一家执行中央银行职能的银行是瑞典里克斯银行（Sveriges Riksbank），1656 年由私人资本成立，在其成立之初把银行划分为两个独立的部门，一个汇兑银行，另一个是贷款银行。1662 年里克斯银行在欧洲首次发行银行券，以作为硬币的替代物。1668 年改组为国家银行，归国会所有，并对国会负责，享有发行货币的特权。

（二）中央银行的类型

尽管目前各国的中央银行在职能、作用、地位等方面存在很大的一致性，但是从组织形式上来看，由于各国具体国情不一样，所以它们仍然存在很大的差异。世界各国的中央银行制度主要有以下类型：

1. 单一制中央银行制度

一个主权国家只设立一家中央银行，该行作为发行的银行、政府的银行、银行的银行以及管理金融机构的银行的制度形式。

这种类型的中央银行主要特点是：它是作为专门从事货币信用活动的金融机构，在制定货币政策方面它具有绝对的权力；职能齐全，包括调节货币供给量、调整利率和贴现率等；部门体系完整统一，可以根据经济景气需要调整货币政策。

目前世界大部分国家都实行这种单一制度，如英国、日本、意大利、瑞典、墨西哥、马来西亚、捷克等。

2. 多元制中央银行制度

实行这种制度的国家同时存在多家行使中央银行职能的机构，分别依法承担部分中央银行职能。这种制度一般出现在联邦国家里，如美国、德国。1913 年《联邦储备法》规定，美国中央银行是由联邦储备系统中央机构（联邦储备委员会、联邦咨询委员会等）和 12 家联邦储备银行及其分支机构组成的一个体系，其中联邦储备系统的中央机构和 12 家联邦储备银行，可依法独立行使权力。

另外，多元制中央银行一般出现在联邦国家里，但也不是说非联邦国家就不实行多元制中央银行制度，如新加坡。当然也有一些联邦国家实行单一制中央银行制度，如奥地利、瑞士、加拿大、澳大利亚等。

> **小阅读**
>
> **美国联邦储备体系的最高权力机构组成**
>
> 美国联邦储备体系的最高权力机构由三部分组成：联邦储备委员会（也称理

事会）、联邦公开市场委员会和各联邦储备银行。

一、决策机构：联邦储备委员会

联邦储备委员会负责制定货币政策，包括规定存款准备率、批准贴现率、对12家联邦银行、会员银行和持股公司进行管理与监督。委员会在货币金融政策上有权独立做出决定，直接向国会负责。

联邦储备委员会由7人组成，全部由总统任命，参议院批准，任期14年，每2年离任一人，委员会的主席和副主席由总统从7名委员中任命，任期4年。

二、执行机构：联邦公开市场委员会

联邦公开市场委员会主要专门负责公开市场业务的实施，从而指导货币政策的全面贯彻执行。

联邦公开市场委员会由12名成员，其中有7名来自联邦储备委员会，5名区域联邦储备银行的行长（其中必须包括纽约联邦储备银行行长，其余各分行轮流参加），而且其主席由联邦储备委员会主席担任。

三、执行机构：各联邦储备银行

区域性联邦储备银行是按照1913年国会通过的联邦储备法，在全国划分12个储备区，每区设立一个联邦储备银行分行。每家区域性储备银行都是一个法人机构，拥有自己的董事会。会员银行是美国的私人银行，除国民银行必须是会员银行外，其余银行是否加入全凭自愿而定。加入联邦储备系统就由该系统为会员银行的私人存款提供担保，但必须缴纳一定数量的存款准备金，对这部分资金，联邦储备系统不付给利息。

（资料来源：搜狐财经，2002年5月7日）

3．类似中央银行制度

类似中央银行制度又称为准中央银行制度，是指一国并没有设立完全意义上的中央银行，而是由几个政府机构或者是受政府委托的商业银行代理部分中央银行的职能。一般实行这种制度的有两类国家：一类是经济发展水平很低，金融体制不够健全，金融业规模又小的国家，如利比里亚、莱索托、斯威士兰、马尔代夫等国就是这样的。另一类则是经济很发达，但由于经济体制和经济结构比较特殊，国土面积较小以及为了节省政府开支等原因，因而不单独设立中央银行，如卢森堡、斐济等。

4．跨国中央银行制度

也称为区域中央银行制度，是指由几个国家组成的货币联盟，各成员国内部不设完全意义上的中央银行，而是由所有成员国联合组成一个跨国界的中央银行，如西非货币联盟、东非货币联盟。

5. 一体式中央银行制度

也称为大一统中央银行制度，是指在一个国家内没有专门设立一家银行来单独行使中央银行的职能，而是设立一家集中央银行和商业银行职能为一身的国家银行的体制。这类国家银行不仅仅发行货币，制定金融政策，而且往往也承办各种期限的贷款业务，并负责全国范围内的资金结算、汇总及储蓄业务。以前苏联和东欧国家都实行这种制度，不过当今世界上已极少有国家仍采用这种制度了。

二、中央银行的职能

对于中央银行的职能，其内容本质都是一样的，但归纳与表述方法各有不同。一般认为中央银行是"发行的银行、国家的银行、银行的银行"，也有按政策功能划分的，比如政策功能、银行功能、监督功能等。我们这里按一般划分进行介绍。

（一）发行的银行

指国家赋予中央银行集中与垄断货币发行的特权，是国家唯一的货币发行机构（只有在某些国家，硬辅币的铸造与发行由财政部门负责）。目前几乎世界上所有国家的货币都是由中央银行发行的。这是其自身成为央行最基本最重要的标志，也是央行发挥其全部职能的基础。

（二）政府的银行

指根据法律授权制定和实施货币政策，贯彻执行国家金融政策，监督金融机构，对金融业实施监督管理，保持货币币值稳定和保障金融业稳健运行的责任；代表国家政府参加国际金融组织，签订国际金融协定，参与国际金融事务与活动；为政府代理国库，办理政府所需要的银行业务，提供各种金融服务。

（三）银行的银行

所谓银行的银行是指中央银行集中管理银行存款准备金，向银行提供贷款和清算服务的职能。这是最能体现中央银行性的职能之一。它主要体现在以下三个方面：

1. 集中存款准备金

指金融机构为保证客户提取存款和资金清算需要而准备的在中央银行的存款，中央银行要求的存款准备金占其存款总额的比例就是存款准备金率（Deposit-reserve Ratio），它也是中央银行最重要的货币工具之一，通过调整存款准备金率来影响整个经济的运行。

2. 最后贷款人

有时候商业银行会因为各种事情发生资金困难从而无法从其他银行或金融机构筹

集资金，这时它可以向中央银行寻求帮助，这就是中央银行的最后贷款人的角色。中央银行可以通过提供再贴现、再抵押的方式融通资金，在特别的情况下，也可以直接采取提供贷款的方式以帮助商业银行度过危机，避免经济崩溃。

3. 组织全国的清算

不仅在商业银行和企业之间存在大量债权债务关系，商业银行间的债权债务关系也十分的庞大。商业银行间每日彼此应收应付的票据，由票据交换所清理以后相互抵账，其应收应付的差额，通过中央银行划拨转账，中央银行通过这种方式和途径，使金融机构之间的债务清偿及资金转移顺利完成并维护支付系统的平稳运行，这对一国的金融稳定和经济安全具有重大意义。

三、中央银行资产负债表

（一）中央银行资产负债表的一般构成

现代中央银行的任务和作用基本都相同，资产负债表的内容也大部分一样。为了使各国之间相互了解和比较，国际货币基金组织编制了《货币与金融统计手册》等统计规则，各国按照这些统计规则以相对统一的可比性口径定期编制和发布有关货币金融和经济发展的主要统计数据，中央银行的资产负债表也有统一可比的编制方法。表7-1是简化的中央银行资产负债表。

表 7-1　简化的中央银行资产负债表

资产类	负债类
净国外资产	基础货币
对非居民债权	流动中的货币
减：非居民负债	对其他存款性公司负债
国内资产	纳入广义货币的负债
对其他存款性公司债权	其他存款
对中央政府净债权	
对中央政府债权	
减：对中央政府负债	
对其他部门债权	
其他资产	

表7-1中的主要内容：

1. 资产类

货币当局的资产包括两大类：

（1）国外资产

国外资产主要包括中央银行持有的黄金储备、可自由兑换外汇、地区货币合作基金、不可自由兑换外汇、国库中的国外资产、其他官方的国外资产、对外国政府和国外金融机构贷款、未在别处列出的其他官方国外资产、在国际货币基金组织中的储备头寸、特别提款权等。

（2）国内资产

①对商业银行等公司的债权。主要是指商业银行等对中央银行的负债，包括再贴现、再贷款和回购协议、中央银行对其他存款性公司的其他债权和在一些银行的存款。

②对政府的债权。主要是指政府对中央银行的债务，它包括中央银行持有的国库券、政府债券、财政短期贷款、对国库的贷款和垫款等，也包括地方政府债券和其他证券、贷款和垫款等。

③对其他部门的债权。主要是指对其他金融公司的债权。

2. 负债类

中央银行的负债项目主要包括储备货币、发行债券、国外负债、政府存款、自有资本以及其他负债等项目构成。

（1）储备货币

储备货币主要由货币发行（即通货）、存款货币机构在中央银行的存款准备金和超额准备金、特定机构或经济主体在中央银行的存款及其他存款构成。储备货币是中央银行的主要负债项目之一，是中央银行用以影响存款货币机构的清偿手段，进而影响存款货币机构信用创造能力的基础。

（2）政府存款

政府存款主要由中央政府、地方及各级政府的存款构成。其中，中央政府存款主要由国库持有的货币、活期存款、定期存款、政府贷款基金、反经济周期波动的特别存款和特别基金以及外币存款等构成。

（3）国外负债

包括对非居民的所有本国货币和外币的负债，如从国外银行的借款、对外国货币的负债、使用基金组织的信贷额和国外发行的债券等。

（4）发行债券

主要包括自有债务，向存款货币银行和非货币金融机构发行的债券以及向社会公众销售的货币市场证券等。

（5）自有资本及其他负债

自有资本主要包括中央银行的资本金、准备金未分配的利润等。其他负债项目是一种平衡项目，是指上述项目没有包括的项目，应等于负债与资本项目减去资产项目的净额。

（二）中国人民银行资产负债表

中国人民银行从 1994 年起根据国际货币基金组织规定的基本格式，编制中国货币当局的资产负债表并定期向社会公布。表 7-2 是 2014 年 1～4 月份货币当局资产负债表。

表7-2　2014 年 1—4 月货币当局资产负债表（Balance Sheet of Monetary Authority）

单位：亿元人民币　Unit：100Million Yuan

项目 Item	2014.01	2014.02	2014.03	2014.04
国外资产 Foreign Assets	277,186.01	278,403.07	280,177.69	281,038.76
外汇 Foreign Exchange	269,215.34	270,407.88	272,149.14	272,995.03
货币黄金 Monetary Gold	669.84	669.84	669.84	669.84
其他国外资产 Other Foreign Assets	7,300.83	7,325.35	7,358.72	7,373.89
对政府债权 Claims on Government	15,312.73	15,312.73	15,312.73	15,312.73
其中：中央政府 Of which: Central Government	15,312.73	15,312.73	15,312.73	15,312.73
对其他存款性公司债权 Claims on Other Depository Corporations	21,281.18	13,136.94	12,384.02	12,973.33
对其他金融性公司债权 Claims on Other Financial Corporations	8,838.07	8,838.03	8,818.02	8,809.15
对非金融性部门债权 Claims on Non-financial Sector	24.99	24.99	24.99	24.99
其他资产 Other Assets	8,538.53	9,303.99	9,929.75	9,921.3
总资产 Total Assets	331,181.51	325,019.77	326,647.21	328,080.26
储备货币 Reserve Money	287,732.11	273,997.48	274,741.06	272,963.09
货币发行 Currency Issue	85,752.96	69,299.97	64,815.75	64,522.39
其他存款性公司存款 Deposits of Other Depository Corporations	201,979.15	204,697.51	209,925.3	208,440.7
不计入储备货币的金融性公司存款 Deposits of financial corporation's excluded from R	1,273.47	1,323.5	1,365.61	1,398.19
发行债券 Bond Issue	7,762	7,762	7,762	7,762
国外负债 Foreign Liabilities	1,975.68	1,696.7	1,998.79	1,462.04
政府存款 Deposits of Government	28,424.89	32,401.35	28,962.81	34,977.18
自有资金 Own Capital	219.75	219.75	219.75	219.75
其他负债 Other Liabilities	3,793.62	7,618.99	11,597.18	9,298.02
总负债 Total Liabilities	331,181.51	325,019.77	326,647.21	328,080.26

（资料来源：中央人民银行网站）

1. 资产

（1）国外资产。中国人民银行持有的以人民币计值的国家外汇储备、黄金及在国际金融机构的头寸和外汇交存的人民币存款准备金。

（2）对政府债权。中国人民银行持有的政府债权。

（3）对其他存款性公司债权。此项目是中国人民银行对其他存款性公司发放的贷款、再贴现、持有的其他存款性公司发行的金融债券以及从其他存款性公司买入的返售证券等。

（4）对其他金融公司债权。这里的其他金融公司包括保险公司、养老基金、信托、金融租赁、资产管理公司、汽车金融服务公司、金融担保公司、证券公司、投资基金等。

（5）对非金融性公司的债权。指为支持老少边穷地区经济发展发放的专项贷款等。

（6）其他资产。指未分类的资产。

2. 负债

（1）储备资产。中国人民银行所发行的货币、其他存款性公司和其他金融性公司等在中国人民银行的准备金存款（包括法定存款准备金和超额准备金）。

（2）发行债券。中国人民银行发行的债券，包括中央银行票据。

（3）国外负债。中国人民银行对非中国居民的负债，主要包括国际金融机构在中国人民银行的存款等。

（4）政府负债。各级政府在中国人民银行的财政性存款。

（5）自有资金。中国人民银行的资本金。

（6）其他负债。指未分类的负债。

（三）中央银行资产负债表与基础货币之间的关系

1. 中央银行资产与负债的基本关系

在中央银行资产负债表中，自有资本之所以被列入负债项目之中，主要是由于自有资本是其资金来源之一，但是自有资本毕竟不是负债，与一般负债的作用也有显著的区别，故而在许多国家是将其区别开来，这一点从美国、日本和德国的中央银行资产负债表中可以窥见一斑。中央银行资产负债表是按照复式记账方法编制而成，根据复式记账基本原理，中央银行资产与负债应该存在以下关系：

资产 = 负债 + 自有资本

上述恒等式表明，在任何时间点上，中央银行未清偿的总负债、总资产和自有资本之间存在一种恒等式关系，即中央银行未清偿的总负债和总资产之差额应该恒等于其资产的价值。具体而言，在中央银行自有资本在一定条件下，如果总资产增加，将会通过金融机构体系的信用创造而使其总负债等量增加；反之，则会通过金融机构体系的信用收缩而使其总负债等量减少。如果在自有资本一定的条件下，中央银行未清偿的总负债增加将使得中央银行资金来源增加，中央银行的资金运用即总资产将会随之而等额增加；反之减少。另外在中央银行未清偿的负债总额不变的条件下，自有资本的增加，将使得中央银行的外汇储备资产或其他资产随之增加。

由此可见，中央银行的资产业务对货币供给具有决定性的作用。在自有资本一定的条件下，中央银行资产的增加或减少将使得基础货币随之增加或减少，由此而引发贷币供给量的增加或减少。但是，如果中央银行的自有资本能够随着其资产业务增加而等量增加，则不会引发基础货币以及货币供给量的增加。

2. 中央银行资产负债表与基础货币之间的关系

基础货币，从来源上看，是中央银行对公众的负债，是社会货币供给的货币基数；它也是流通中的现金与金融机构的存款准备金构成，根据基础货币的定义以及中央银行的资产项目与负债项目之间的基本关系，可知基础货币与中央银行的资产负债业务存在如下关系：

基础货币 = 流通中的现金 + 商业银行及其他存款货币机构在中央银行的存款 + 黄金、外汇及特别提款权等国外资产 + 对政府的债权 + 对存款货币机构的再贴现与再贷款 + 其他资产 - 外国存款 - 政府存款 - 其他负债和自有资本

在其他因素不变的条件下，中央银行资产业务的增加将会导致基础货币增加，而其他负债业务的增加将会导致基础货币的减少。

四、中央银行体制下的货币创造过程

前面我们讨论了货币供给的变动会影响到利率水平进而影响总产出。但是货币是如何创造出来的呢？

（一）基础货币

1. 基础货币也称为高能货币（High-powered Money）

之所以被称为高能货币是因为它具有使货币供应总量成倍增加或减少的能力。基础货币 MB 可以表示为：

$$MB = C + R$$

即基础货币等于流通中的现金 C 加上银行体系中的准备金总额 R。

2. 影响基础货币的因素

基础货币等于现金和存款准备金两部分之和，其增减变动主要取决于以下四个因素。

（1）公开市场操作

公开市场操作指中央银行买进或者卖出债券的行为。当央行买进债券时，不管是从商业银行还是公众，都会导致基础货币相应的增加。

（2）贴现贷款

当中央银行向银行发放贴现贷款时，基础货币也将受到影响。例如当中央银行向商业银行发放 100 亿的贷款，这时商业银行就会由于这笔贷款而增加 100 亿的准备金。

（3）国外净资产数

国外净资产是由外汇、黄金占款和中央银行在国际金融机构的净资产构成。其中，外汇、黄金占款是由中央银行用基础货币来收购的。

（4）其他影响基础货币的因素

指固定资产的增减变化以及中央银行在资金清算过程中应收应付的增减变化。它们都会对基础货币产生影响。

（二）信用货币的多倍创造过程

假定中央银行购买了某商业银行持有的债券，价值为 M 元，于是该商业银行的储备（存款准备金）多出了 M 元。假设该银行会把增加的这笔储备放贷出去，即银行不会保留超额准备金（这个假设非常重要）。注意，该银行的存款没有增加，M 元会全部放贷出去，而无须为它保留准备金。银行发放贷款的方法：一般是为借款者开立账户，并把贷款拨到该账户下，成为借款者的存款。这样，该银行就创造出了第一笔数额为 M 的存款。不过，这笔存款不会在该银行停留多久，借款者不会让它闲置在银行账户上，而是要用贷款去从其他公司或个人那里购买商品和服务。当借款者签发支票来支付购货款时，这些支票所代表的资金就要从借款者的银行账户进入商品销售者的银行账户中去，于是其他银行的存款就要增加 M 元。为了分析上简单起见，假定借款者的开户银行是银行 A，它创造的这 M 元存款进入了银行 B。由于之前的假设，银行 B 也会持有超额准备金，它按照法定准备金率 r 的要求保留了准备金 rM 后，其余部分（1－r）M 将被全部放贷出去。银行 B 也为它的借款人开立账户，并把这笔贷款划拨到借款人的账户下，于是银行 B 创造出了 $(1-r)^2 M$ 元存款。同样，这笔存款不会在银行 B 停留多久，它会进入另一家银行 C，成为银行 C 的存款。银行 C 也将按照法定准备金率 r 保留 $r(1-r)M$ 元准备金，其余部分全部放贷出去，从而银行 C 也创造出 $(1-r)^3 M$ 元存款。如此这样的存款创造过程会在银行体系不断进行下去，于是银行 B0 的储备增加带来了一系列的存款创造：第 n 个银行创造出 $(1-r)^n M$ 元存款（n=0，1，2，3，…）。这样子，整个银行体系创造出的存款增加总额 ΔD 为：

$$\Delta D = \sum_{i=0}^{n} (1+r)^n M = \frac{M}{r}$$

由于法定准备金率 r 是小于 1 的正数，因此法定准备金率的倒数 1/r 大于 1，且一般情况下都大于 2（比如为 10 左右）。这说明，银行储备的增加导致银行存款成倍增加，尤其是当法定准备金率为 10% 时，中央银行通过购买债券向流通体系注入资金，可使银行存款增加 10 倍于所注入资金的数量。这就是银行存款的扩张效应，以上所述过程即为活期存款扩张过程。

小阅读

M0、M1、M2 的小知识

货币供给量是一个笼统的概念。因为信用货币有不同的形式，既包括现钞，也包括活期存款、储蓄存款和定期存款等。并且随着金融业的迅速发展，货币的外延也在相应地扩大，有些国家甚至把国库券、商业票据等一些流动性较强的短期金融工具也纳入货币的集合当中。金融资产的流动性（Liquidity）是指金融资产的变现能力，表现为某种金融资产变现成本的大小。

在现钞、活期存款、储蓄存款和定期存款，以及各类短期证券中，有的是现实购买力，有的则在一定条件下可以转变为现实购买力，其转变的难易程度和成本也有较大差别。根据流动性大小这一标准，人们将货币划分为不同的层次，货币供给量也相应有了多重口径。

譬如在我国，流通中现金和银行活期存款是为实现即期社会购买力服务的，它们随时可以购买商品、支付劳务等，是流通中现实的购买手段和支付手段。银行的其他存款大多数仅表现为未来的或潜在的社会购买力，不能直接通过转账结算形式购买商品或支付劳务。如定期存款要在到期后划转到活期存款账户上才能流通使用，储蓄存款则必须提取现金方能使用。储蓄存款和定期存款都具有货币性质，但并不是现实流通中的货币，而是属于储蓄性质的货币，流动性要明显弱于流通中现金和银行活期存款。

正由于这样一些原因，使得各国在货币理论研究和货币流通管理实际工作中，将货币定义为广义和狭义两种概念，并且以货币的流动性为基本标准，同时考虑货币当局统计工作的可行性，将全部货币分解开来，划分成不同层次，以利于中央银行对货币流通进行分别管理、重点控制。国际货币基金组织（IMF）对货币层次做了一个基本的划分，各国可以根据本国货币流通的实际情况具体确定本国的货币层次。IMF 的划分方法是：

M1= 流通中现金＋活期存款 =C + DD

M2=M1＋储蓄存款＋定期存款 =M1 + DS + DT

M3=M2＋其他短期金融资产（如国库券、银行承兑汇票等）

其中：C 也称通货（Currency），包括钞票和辅币，代表流通中现金；DD 代表可签发支票的活期存款（Demand Deposit），或称支票存款（Check

Deposit）；DS 与 DT 分别代表储蓄存款（Savings Deposit）和定期存款（Time Deposit）。

与现金和支票存款相比，储蓄存款和定期存款的流动性相对较差，但经过一段时间也能转化为现金或活期存款，可看作一种潜在的购买力，因此，IMF 称其为"准货币"（Quasi Money）。货币与准货币加在一起构成 M2，通常 M2 又被称为广义货币。在 M2 之外还有一些短期金融资产，如票据和国库券等，其流动性低于准货币，但支付少量的成本后也能顺利转化为 M1，这些短期金融资产与 M2 共同构成了更大口径的 M3。

准货币又叫亚货币或近似货币，是一种以货币计值，虽不能直接用于流通但可以随时转换成通货的资产。除了上述的银行定期存款和储蓄存款外，各种短期信用工具，如商业票据、国库券等，都居于准货币的范畴。准货币虽不可以直接用于交换和支付，但因可随时转化为现实的货币，故对货币流通有很大影响，是一种潜在货币。

以流动性为标准把货币划分为多个层次，这在各个国家是统一的。但由于各国金融体制和金融发展水平以及金融工具种类和名称的差异，具体的货币层次划分也有一定区别。例如，美国自 20 世纪 70 年代以来面对各种信用流通工具不断增加和金融状况不断变化的现状，先后多次修改货币供给量的不同层次指标。目前，联邦储备体系公命的货币层次是：

M－1A＝流通中的现金＋活期存款

M－1B＝M－1A＋可转认定期存单＋自动转账服务存单＋信贷协会股票＋互助储蓄银行活期存款

M2＝M－1B＋商业银行隔夜回购协议＋欧洲美元隔夜存款＋货币市场互助基金股票＋所有存款的储蓄存款和小额定期存款

M3＝M2＋大额定期存单（10 万元以上）＋定期回购协议＋定期欧洲美元存款

L（货币供应总量）＝M3＋银行承兑票据＋商业票据＋储蓄债券＋短期政府债券

与美国不同，日本的货币供给口径为：

M1＝现金＋活期存款（包括企业活期存款、活期储蓄存款、通知即付存款、特别存款和纳税准备金存款）

M2＋CD＝M1＋准货币（活期存款以外的一切公私存款）＋可转让存单（CD）

M3 + CD=M2 + CD +邮政、农协、渔协、信用组合和劳动金库的存款以及货币信托中贷放信托存款

在我国，为了更有效地实施金融宏观调控，合理地控制货币供给量，中国人民银行于1994年第三季度开始按季公布M0、M1、M2三个层次的货币供给量指标。现阶段我国货币供给量的划分如下：

M0= 流通中现金

M1=M0 + 活期存款（包括企业的结算户存款和机关、团体及事业单位的经费户存款、个人持有的信用卡类存款等）

M2=M1 + 定期存款+储蓄存款+证券公司客户保证金+其他存款

M3=M2 + 金融债券+商业票据+大额可转让存单等

（资料来源：吴军、郭玉红等编著．货币银行学 [M]．

北京：对外经济贸易出版社，2010）

第二节　货币政策

💲案例

多家中小银行已获央行千亿再贷款　定点投向三农

两位消息人士周五向路透社透露，中国数家中小型金融机构已于近期获得1,000亿元人民币再贷款，定点投向于农村建设。该笔再贷款已于上个月底收到。

"这次的1,000亿是定向中小银行，家数比较多，重点应该是支持三农。"上述消息人士称。

自四月初中国打响"微刺激"第一枪以来，铁路、减税和棚改的支持措施陆续放出。4月25日，中国人民银行对县域农商行与合作银行实施"定向降准"。

路透社引业内人士称，5月末中国央行定向向国家开发银行下发逾千亿元再贷款用于支持棚户区改造的消息已证实。该人士还称，定向投放将成为今年的常用货币政策工具，不排除此后每个月都有千亿元左右的投放。

5月末野村曾在报告中预计，中国央行可能将在6月底通过再贷款机制向经

济中释放 4,900 亿元基础货币，相当于降准 45 个基点。

上周五，中国政府再次降准，受益对象由"三农"，扩展到"小微企业等符合结构调整需要、能够满足市场需求的实体经济"，明确对符合结构调整、满足市场需求的实体经济贷款达一定比例的银行适当降低准备金率，同时扩大支持小微企业的再贷款和专项金融债规模。

银监会副主席王兆星在今天国新办一个新闻发布会上表示，将引导银行业金融机构重点向国家的重点建设、基础建设、新兴产业、保障房建设以及向小微企业、"三农"给予重点的倾斜。

（资料来源：华尔街见闻，2014 年 6 月 6 日）

一、货币政策最终目标

（一）货币政策最终目标的具体内容

货币政策目标是指中央银行制定和实施某项货币政策所要达到的特定的经济目标，这种目标就是货币政策所要达到的最终目标。

1. 稳定物价

稳定物价是现在很多国家货币政策的首要目标，这一目标的含义是指社会一般物价水平在一定时期以内大体保持稳定，不发生明显的波动。衡量物价水平的指标一般是 CPI、PPI、GDP 平减指数。一般来说，一些国家的经验表明，物价上涨率应控制在 5% 以下，以 2% ~ 3% 为宜。

2. 充分就业

充分就业是反映劳动力的就业程度，是通过失业率高低来体现的。充分就业也是一个非常重要的货币政策目标，因为如果失业率过高，社会容易不稳定。

3. 经济增长

经济增长一般以剔除价格上涨因素以后的国民生产总值的增加来作为衡量指标。对这一目标不能用量化的统一标准去衡量，各国的经济发展状况不一样，经济增长率也不一样，因此只能根据本国的经济实际与以往某一时期经济增长的经验数据为依据，合理确定本国的经济增长幅度。

4. 国际收支平衡

国际收支平衡的含义是指一国在一定时期对其他国家的全部货币收入和全部货币支出基本持平。因为各国的国际收支状况区别较大，处于经济起飞阶段的国家和处于经济调整阶段的国家，其国际收支状况各不相同，所以应根据国家所处的发展阶段来确定并选择国际收支平衡的标准。理论上说一国国际收支平衡的状态是最好的，但是现实中都喜欢追求顺差。

（二）货币政策目标之间的相互关系

货币政策目标之间的关系不是独立的，而是相互影响，因此明白它们之间的关系对我们理解货币政策的操作是非常有帮助的。

1. 物价稳定与充分就业

根据菲利普斯曲线，物价上涨率和失业率在短期存在负相关关系，即为了稳定物价，必要的措施是紧缩货币和信用，以降低通货膨胀率，但是这个结果的代价就是失业率的上升和经济不景气。相反如果要增加就业，中央银行采取扩张信用的政策，通货膨胀率就会上升。

2. 物价稳定和经济增长

这两者之间的关系比较复杂，一般而言，物价稳定可以为经济发展提供良好的金融环境的货币尺度，从而促进经济增长。但是有时候它们的关系又相互矛盾。比如说当经济发展势头很迅速时总是伴随着物价的上涨，而物价的上涨又会降低社会消费，从而阻碍经济增长。

3. 物价稳定与国际收支平衡

当今世界各国经济联系非常紧密，特别是开放经济国家，其经济状况和其他国家的经济状况有着非常紧密的关系。如果国内物价上涨，则国内实际货币贬值，贬值意味着进口价格相对下降而出口价格相对上升，这样必然引起进口增加、出口下降，导致国内收支出现逆差。

4. 充分就业与经济增长

一般来说，经济增长意味着就业人数也会增加。不同经济体这个弹性不一样，有的经济增长带来的就业多一点，有的国家经济增长带来的就业相对较少，这主要和经济结构相关。

5. 经济增长和国际收支平衡

在国际收支逆差时通常必须通过紧缩性的财政政策或货币政策来抑制总需求，并且降低进口总量从而使得国际收支状况得以改善。

> 📖 小阅读
>
> **中国的货币政策最终目标**
>
> 在我国，1984 年中国人民银行独立行使中央银行职责以前，并没有严格意义上的货币政策目标。货币政策为适应当时的计划经济体制，以实现经济计划目

标为最高目标。在 1984-1995 年《中华人民共和国中国人民银行法》颁布之前，我国事实上奉行经济增长和币值稳定的双重目标。

1995 年 3 月 18 日第八届人民代表大会第三次会议通过《中华人民共和国中国人民银行法》，确定中国人民银行的"货币政策目标是保持币值稳定，并以此促进经济增长"，由此可以认为我国中央银行的货币政策目标是币值稳定和经济增长的双重目标。

但是在很多场合，尤其是经济发展的非正常时期，两者的矛盾尤为突出。因此近年来我国理论界对我国货币政策目标一直存在争论。主要观点有以下几种：

一、单一目标说

持这种观点的人又可以分为两种意见。一种从稳定物价乃是经济政策运行和发展的基本前提出发，强调物价稳定是货币政策的唯一目标；另一种是从货币是再生产的第一推动力的角度出发，认为以最大限度的经济稳定增长作为货币政策的目标，并在经济发展的基础上稳定物价。

二、双重目标说

持这种观点的人认为，货币政策的目标不应该是单一的，而应当同时兼顾发展经济和稳定物价两方面的要求。强调两者的关系是：就稳定货币而言，应是一种积极的、能动的稳定，即在经济发展中求稳定；就经济增长而言，应是持续、稳定、协调的发展，即在稳定中求发展。如果不兼顾双重目标，那么两者的要求均不能实现。

三、多重目标说

持这种观点的人认为，由于我国经济体制改革的进一步深化和对外开放的加快，就业和国际收支问题对我国宏观经济的影响越来越大。因此我国的货币政策目标就必须包括充分就业、国际收支均衡、经济增长和稳定物价等诸方面，也就是说，目标是多重的。

（资料来源：陈宏. 货币银行学 [M]. 上海：立信会计出版社，2008）

二、货币政策工具

中央银行的货币政策目标，是通过调节货币供应量和控制信贷增长来影响经济活动的。为了有效调节货币供应量和控制信贷规模，中央银行必须要有足够的货币政策手段。通常可分为一般性货币政策工具、选择性货币政策工具和补充货币政策工具。

（一）一般性货币政策工具

一般性货币政策工具也称为传统的三大货币政策工具，即存款准备金率、再贴现政策和公开市场业务。它们是中央银行用以调控经济、实现货币政策目标最重要的工具。

1．存款准备金率

存款准备金是指金融机构为保证客户提取存款和资金清算需要而准备的在中央银行的存款，中央银行要求的存款准备金占其存款总额的比例就是存款准备金率。

商业银行在自身正常的借贷业务中需要持有一定比例的存款准备金，以便应付储户的取款需要。因为商业银行的效益往往与总贷款规模有密切联系，而准备金率越低意味着商业银行可以贷更多的款，从而获取更多的利润。中央银行则出于稳定金融市场的考虑，为了降低商业银行的风险，就通过立法要求商业银行必须在中央银行保留一定比率的存款准备金，这个就是法定存款准备金。存款准备金率政策的核心就是中央银行通过提高或降低法定准备金，来影响商业银行创造存款货币的能力，最终控制货币供应量。实际中商业银行为了应付储户提取存款的需要会保留更多准备金，这部分超过法定准备金的部分就叫做超额准备金。

2．再贴现率政策

再贴现是相对于贴现而言的，商业银行在票据未到期以前将票据卖给中央银行，得到中央银行的贷款，称为再贴现。中央银行在对商业银行办理贴现贷款中所收取的利率，称为再贴现率。再贴现率政策是中央银行通过制定或调整再贴现利率来干预和影响市场利率及货币市场的供给与需求，从而调节货币供应量的一种政策措施。

再贴现率是央行最早的货币政策工具，它是由早期再贴现业务发展而来的。最初再贴现业务是一种纯粹的信用业务，商业银行在办理贴现业务的基础上，为了解决暂时性的资金短缺，把贴现所获得的未到期票据转向中央银行进行再贴现。随着中央银行职能的不断完善，再贴现业务目前已经是央行的重要货币政策之一了。

3．公开市场业务

公开市场业务就是中央银行直接介入金融市场活动，在金融市场买进或卖出有价证券（通常是国债），以此改变居民手持货币及商业银行的准备金，调控信用规模和货币供应量，从而实现其货币政策目标的一种政策措施。它是目前各国央行最常用也是最常见的政策工具。

公开市场业务的作用过程是中央银行通过在金融市场上买进或卖出有价证券，直接或间接地影响商业银行的准备金，进而调节社会货币供应量。当金融市场资金缺乏时，央行就通过公开市场业务买进有价证券，这就相当于央行向社会投入一笔基础货币。这些基础货币若直接进入商业银行，就会通过商业银行的信用创造过程引起货币供应量的多倍增加。若这些货币首先流入社会大众手中，一方面直接增加了货币供应量，另一方面会由社会大众存入商业银行，增加银行准备金，从而通过信用创造过程增加货币供应。

（二）选择性货币政策工具

简单一点说，一般货币政策是量的控制，通过控制货币政策供应量来影响经济活动，而选择性货币政策可以说是质的控制，具体包括：证券市场信用控制、不动产信用控制、消费者信用控制和优惠利率。

1. 证券市场信用控制

证券市场信用控制是指中央银行通过规定和调整购买证券保证金比率，间接地控制流入证券市场的信用量，以保持证券市场的稳定。

在西方国家中，股票和其他有价证券的购买者可以从银行或其他金融机构那里取得借款来购买证券或进行卖空，这样一方面加大了证券市场的资金量，促使证券市场繁荣；另一方面又加强了证券市场的投机气氛，增加了市场风险。央行为了控制证券市场风险，一般采用规定保证金比率，即规定购买证券时自有资金的比例来降低证券市场风险。比如，法定保证金率是100%，这表示证券市场的购买者必须以现金支付全部金额。若保证金比率为70%，则表示证券的购买者必须以自有资金支付购买金额的70%，只能从金融机构借入购买金额的30%。

2. 不动产信用控制

央行通过规定和调整金融机构对客户的住宅或商业用房贷款的限制条件，控制不动产贷款的信用量，从而影响不动产市场的政策措施。

不动产信用控制的主要内容包括：

（1）对金融机构的不动产贷款规定其贷款的最高限额，即对一笔不动产贷款的最高贷款额予以限制。若要放松不动产信用，则提高这一额度，反之，降低这种限制。

（2）规定购买不动产第一次付款的最低金额（平常说的首付），若要扩张不动产信用，则降低第一次付款的最低金额，反之，提高。

3. 消费者信用控制

消费者信用控制（Consumer Credit Control）指的是央行对消费者就不动产以外的消费品分期购买或贷款的管理措施。目的在于影响消费者对耐用消费品有支付能力的需求。

在消费过度膨胀时，可以对消费信用采取一些必要的管理措施。如规定分期购买耐用消费品首期付款的最低限额，这一方面降低了该类商品信贷的最高贷款额，另一方面则限制了那些缺乏现金支付首期付款的消费。

4. 优惠利率

优惠利率政策指的是央行对国家拟重点发展的某些部门、行业和产品规定较低的贷款利率，以鼓励其发展，有利于国民经济产业结构和产品结构的调整和升级换代。这种政策一般配合国家的产业政策，如对新能源、高新技术企业制定较低利率，提供资金的支持。

实行优惠利率有两种方式：其一，央行对某些需要重点扶持的行业、企业和产品规定较低的贷款利率，由商业银行执行；其二，央行对这些行业和企业的票据规定较低的再贴现率，引导商业银行的资金投向和数量。

（三）补充货币政策工具

除一般性货币政策工具、选择性货币政策工具外，中央银行有时还运用一些补充性货币政策工具，对信用进行直接控制和间接控制。

1. 直接信用控制

直接信用控制，是指央行从质和量两个方面以行政命令或其他方式对金融机构尤其是商业银行的信用活动进行直接控制。其手段包括利率最高限额、信用配额、流动性比率管理和直接干预等。

（1）利率控制

规定存贷利率或最高限额是最常用的直接信用管制工具。美国在 1933—1935 年的银行法案中就规定了联储有权制定定期存款和储蓄存款的利率上限，称之为 Q 条例和 M 条例，它规定了活期存款不准付息，定期存款及储蓄存款不得超过最高利率限额等。目的就在于防止商业银行用提高利率的办法在吸引存款方面过度竞争，以及为牟取高利进行风险存贷活动，以保证银行的安全运营。60 年代以后，这一工具变为保护储蓄贷款协会等机构资金来源的手段，使它们免受商业银行的激烈竞争的影响。由于过低利率会导致资金流向其他渠道，影响货币政策的效果，到了 1986 年 4 月美联储已全部取消了对存款利率的限制。

（2）信用配额管理

信用配额管理（Credit Quotas Administered）是央行根据金融市场的供求状况和经济发展的需要分别对各个商业银行的信用规模加以分配和控制，从而实现其对整个信用规模的控制。

（3）流动性比率管理和直接干预

规定商业银行的流动性比率是直接信用控制的措施之一。流动性比率（Liquidity Ratio）是指商业银行流动资产与存款的比率。规定的流动比率提高，商业银行能够发放的贷款，特别是可以发放的长期贷款金额就越少，因而可以起到限制信用扩张的作用。

此外，提高流动性比率还具有降低商业银行经营风险的作用。由于流动性与盈利性的矛盾，过高的流动性比率也不利于商业银行的经营。

直接干预（Direct Intervention）则是指中央银行直接对商业银行的信贷业务、放贷范围等加以干预。如禁止商业银行对某一行业进行贷款。

2. 间接信用控制

间接信用控制是指中央银行凭借其在金融体制中的特殊地位，通过与金融机构之间的磋商、宣传等，指导其信用活动，以控制信用，其方式主要有窗口指导、道义劝告。

三、货币政策的中介指标

所谓的货币政策中介指标是指，中央银行为实现其货币政策的最终目标而设置的可供观察和调整的指标。之所以中央银行要设置中介指标而不直接观察最终目标，是因为中央银行不能直接控制最终目标本身。比如说中央银行想要通过货币政策来影响价格水平，但是从它动用货币政策工具到价格水平发生变化通常需要 9 个月到 1 年的时间，在那过程中需要一些其他的指标来进行参考，这些指标就是中介指标。它是货币政策工具和货币政策最终目标之间的桥梁，在货币政策传导中起着承上启下的传导作用。货币政策的中介指标又可以进一步分为操作目标和中间目标两类。

（一）操作目标

操作目标是近期中介指标，货币政策工具的直接作用对象，间接影响货币政策的最终目标。它主要有三种：

1. 短期市场利率

短期市场利率一般用银行同业拆借利率或贴现率作为参考。短期市场利率作为操作目标有很多好处，比如说好控制、短期市场利率信息容易获取。但是也有一些问题：短期市场利率很容易受短期因素影响（如预期的变化等）从而不利央行做出正确判断。

2. 存款准备金

存款准备金会直接影响到基础货币量从而影响政策最终目标。但是一般存款准备金不会经常性调整，因为调整存款准备金通常会大幅影响商业银行的信贷。

3. 基础货币

基础货币又称高能货币，一般被看成是较好的操作目标，由于基础货币的投放和回流构成了货币供应量倍数扩张的基础，因此中央银行把基础货币作为操作目标具有十分重要的意义。

（二）中间目标

中间目标也是远期中间指标，它间接接受货币政策工具的作用，但直接作用于货币政策最终目标。最常见的中间目标有以下几种：

1. 货币供应量

货币供应量的指标选取通常为 M1、M2。以货币供应量为中间目标当然有很多好处，比如直接作用于最终目标。但是也有一定的缺陷：一方面是货币供应量会受到一些非政策性因素的影响，如公众手中持有现金的比例的变化、心理预期的变化等，从而难以控制；另一方面，以货币供应量为中间目标，货币供应量指标的选择也有一定的难度，到底是 M1 还是 M2 还是现金，各国都有不一样的选择。

2. 长期利率

长期利率的指标一般参考中长期债券利率。长期利率虽然对投资有显著影响，但是也有一些问题：

（1）中长期债券利率数据虽然容易获取，但是难以从中选出一个好的具有代表性的利率。

（2）利率通常是顺经济周期的，即经济繁荣时利率上升，经济不景气时利率下降。而作为政策目标，经济过热时应上调利率，经济疲软时应将利率下调。这两者之间很难区分，从而使央行容易做出误判。

3. 银行信贷规模

信贷规模指银行体系内对社会公众及各经济单位的存贷总额。这个指标和经济增长有非常强烈的相关性，因而经常被用来预测短期经济增长。

4. 汇率

有一些国家会把汇率当成货币政策的中间目标。但在中国由于汇率是管制的，因此不是我国目前的参考目标。

四、货币政策传导机制

货币政策传导机制（Conduction Mechanism of Monetary Policy）是指，中央银行运用货币政策工具影响中介指标，进而最终实现既定政策目标的传导途径与作用机理。

（一）货币政策传导过程

货币政策最终目标、中介指标和政策工具之间的关系并非独立的，而是相互影响、相互依存的。中央银行确定货币政策最终目标后，就必须选择合适的货币政策工具来实现，在这过程中必须要不断跟踪中介指标以确定最终目标的实现。货币政策的传导过程（如图 7-1）：

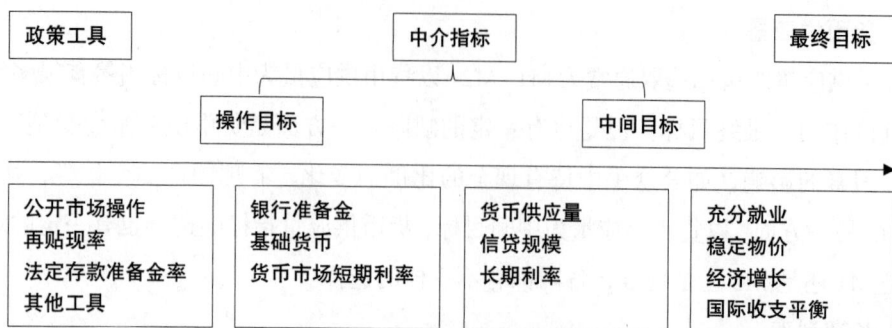

图7-1　货币政策的传导过程

（二）货币政策传导渠道及相关理论

1.传统的利率渠道

这一理论首先是由凯恩斯提出来的，他十分强调投资在经济周期波动中的作用，他的主要思想是，货币供给增加会导致实际利率（Real Rate）的下降，实际利率的下降又会促进投资的增加，投资的增加又引起了总需求和总产出的增长。

但是这种传导机制可能由于以下两个因素的出现而被阻碍。①流动性陷阱。当流动性陷阱出现时，人们预期利率只会上升，不会下降，货币供给增加被人们无限的货币需求所吸收因而不会导致投资增加。②当投资的利率弹性非常低时，利率的下降也就不会对投资的增加有明显的刺激作用，较小的投资增加对总产出的影响也是不明显的。正因为这样，凯恩斯认为财政政策比货币政策更有效，特别是经济危机时。

另外，后来在凯恩斯的基础上又加了一条影响途径，那就是：货币供给增加会降低实际利率，而实际利率的降低又会促进耐用消费品购买的增加，从而增加总需求和总产出。之所以会增加耐用消费品，原因就在于耐用消费品的消费是通过消费信用贷款来提前支付的，故而利率降低有利于消费者降低购买成本。

2.现金流渠道

这一影响是通过现金流、现金收入和支出差额的影响而发挥作用。扩张性货币政策，在降低名义利率的同时，通过增加资金流改善企业的资产负债状况。现金流的增加，使得银行认为企业或家庭具有更强还贷能力，从而使逆向选择和道德风险降低，借贷和经济活动上升。

> 🦎 小阅读
>
> **逆向选择与道德风险**
>
> 逆向选择（Adverse Selection）是发生在合同签订之前的信息不对称问题。潜在的不良贷款风险来自那些积极寻求贷款的人。最希望获得贷款的人可能是最

易违约的人。因此，逆向选择使贷款成为不良贷款的风险增加，为了控制这种风险，银行可能减少贷款。道德风险（Moral Hazard）是发生在合同签订之后。银行发放贷款以后，将面临借款人可能将资金用于一些更高风险的投资，从而银行贷款可能无法收回。总之不管是逆向选择还是道德风险都会影响到银行的风险，银行风险的改变会促使银行缩减贷款规模，贷款规模的减少则会影响投资，进而影响总需求。

3. 其他资产价格渠道

传统的凯恩斯主义只强调利率的影响，而忽视了其他资产价格的影响。货币主义学派的学者们提出了一些其他的传递渠道。

（1）汇率对净出口的影响机制

随着经济全球化和浮动汇率的普及，汇率对净出口的影响已经成为了一个重要的货币政策传递机制。企业和金融机构对未来汇率的走势非常关注，因为汇率的上升或下降会直接或间接影响到企业（特别是外贸企业）的收入和利润。货币政策传递的国际贸易渠道是指货币政策的变动通过影响货币供给量进而影响到国内利率，利率的变化引起汇率的变化进而影响净出口。

第一，货币供给对汇率的影响。长期的货币供给增加会使国内的真实利率水平下降，并使国内物价水平上升，这两个因素都会使汇率（直接标价法）上升，本国货币贬值。

第二，汇率对净出口的影响。我们都知道商品的价格是影响商品交易的重要因素。国际贸易中的比价，即汇率，体现了不同国家的同一商品之间的相对价格。汇率的下降意味着本国货币的升值。一国货币升值，该国的出口将下降，进口将增加，从而净出口将减少。

第三，净出口的增加意味着出口需求的增加，出口需求的增加会增加总需求进而影响总供给。

（2）托宾的 q 理论

托宾认为货币政策会影响股票价格进而影响投资，他把 q 定义为：

q= 企业资本的市场价值 / 企业资本的重置成本

所谓的市场价值就是股票价格乘以总股本，而重置成本是重新创建一家企业所需的成本。当 q 大于 1，也就是市场价值大于重置成本时，这时候重新新建一家企业的成本要比直接市场上买便宜，所以投资者会增加投资。而 q 小于 1，也就是市场价值小于重置成本，这时直接市场上购买比新建要便宜，所以投资者会选择直接收购。因而托宾认为当股票价格上升时，投资会增加，投资增加进而增加总需求；相反，则会减少。

（3）财富效应

财富效应仍然和股市有关，该理论认为当股票价格上涨时，以股票市值计算的个人财富会增加，从而影响其个人消费支出。

4. 信贷观点（Credit View）

这一观点的提出主要是针对传统利率效应在解释耐用消费品支出的影响方面的不足，导致了基于金融市场非对称信息问题的新理论。这些理论被称为信贷观点（Credit View）。所谓的非对称信息是指一方或另一方对市场情况的了解不充分，因而影响他们做出正确的决策。这一观点包括：

（1）银行信贷渠道

这一理论主要强调信贷的作用。比如央行采取一项扩张性货币政策引起货币政策供给的扩大，增加了银行的准备金和存款等可用资金。如果银行愿意贷款，那么贷款增加将引起投资支出的增加。

（2）资产负债表渠道

指货币政策通过影响股票价格，引起企业资产净值的变化，进而影响银行贷款过程中的逆向选择和道德风险的发生，从而改变投资支出的传递过程。

📈 学以致用

美联储继续缩减 100 亿美元 QE

6 月 19 日，美联储继续缩减 100 亿美元的 QE 规模至每月 350 亿美元，其中 200 亿美元购买国债，150 亿美元购买抵押贷款支持证券（MBS），和市场预期一致；今年以来，其每次议息会议均稳定缩减 QE。不过，美联储主席耶伦讲话称在结束购债计划后继续维持低利率相当长时间，这被市场解读为偏宽松的态度。

大幅下调今年经济预期的同时，美联储将美国今年经济增长的预测，从此前的增长 2.9% 左右大幅下调至 2.1% ~ 2.3%，但维持 2015 年、2016 年的经济预期不变。利率方面，美联储预计 2015 年和 2016 年加息幅度将略高于之前的预测。

美联储主席耶伦表示，美联储计划在结束购债计划后继续维持低利率相当长时间，美联储对通胀也并不感到担忧。

（资料来源：新华网，2014 年 6 月 20 日）

思考题：

（1）美联储的 QE 退出政策如何影响全球经济？

（2）中国会受到什么样的影响，请分别就中国股市、房价和经济增长论述。

第三节　中国货币政策的现状

⑤ **案例**

中国放宽货币政策另有玄机

对于中国近来出台的货币宽松政策，市场的解读是为了增加信贷投放并支持经济增长。不过这可能只说对了一半，背后还有更大的玄机。

上周五，中国国务院宣布，有选择地下调银行的存款准备金率。"三农"和小微贷款达到一定比例的银行，就可享受该优惠政策。由于此次"降准"只适用于小部分符合资格的银行，市场认为中国正在实施"定向"宽松政策，以支持优先行业并抵消经济增长不断下滑的影响。持此种观点的包括：

南京银行固定收益分析师王强松说："预计决策层将继续推行定向宽松，确保政府想要支持的行业能够及时地获得资金。"

中国社科院经济学家张斌说："政府想要避免推出全面宽松的货币政策，因为那将威胁到中国迫切需要的经济结构调整。"

中信证券的毛长青说："政府不可能全面放松货币政策，同时中国股市将在下半年'探底'。"

就在定向宽松政策公布后不久，衡量中国经济健康的两个指标，官方公布的5月份制造业采购经理人指数（PMI）和汇丰中国编制的制造业PMI，就显露出起色。正如《华尔街日报》所说，这些数据加上经济趋稳的迹象显示出，政府的支持政策可能开始见效。如果中国的经济数据正在改善，而之前出台的支持性措施也开始发挥效果，那为什么现在要放宽政策来支持经济增长呢？实际上，放宽货币政策不是为了促进增长。

今年1月，数款信托产品的差点违约以及随后的救助行动引起中国观察人士的高度关注。正如我之前所言，由于顾及违约事件会导致流动性危机或者更糟糕的局面，中国政府最终对信托产品伸出了援手。如果某一信托产品出现问题，而且投资者的信心发生动摇，这时若不能展期就会导致出现更多违约。这样的担心是正当的，因为据海通证券估计，今年到期的信托产品规模约有 5.2 万亿元人民币，较去年的 3.5 万亿大幅增加。根据具体产品的到期时间，中信建投驻北京分析师黄文涛估计，兑付高峰将出现在 2014 年第二季度。

如果黄文涛分析得正确，那么我们目前正处于兑付高峰时期，不过却奇迹般地丝毫没有听到任何关于信托违约的消息。简而言之，避免信托违约或流动性短缺才是中国放松货币政策的原因所在。7 天回购利率是衡量银行间市场资金充裕情况的指标，过去三个月 7 天回购利率的均值是 3.27%。而接受彭博社调查的分析师，对 6 月份 7 天回购利率均值的预测中位数是 3.5%，这比去年同期要低 331 个基点。融资成本下降意味着各银行可以继续借钱对即将到期的产品进行展期操作。彭博社的此项调查还显示，中国国内分析师认为，政府将避免本月再次出现流动性紧张，这其实是在确保不出现信托违约。

降低存款准备金率，对于确保利率维持在低水平上也很有帮助。如果银行在央行那可以少存放点准备金，那么账上的现金就会更充裕。一般情况下，银行通常会将这些钱用于放贷。但 6 月份银行再这么做就会显得非常奇怪，因为银行在季末总是会想方设法地增加存款同时减少贷款，以提高存贷比，这是投资者衡量银行财务健康的一个重要指标。

因此，银行现在多出来的钱，要么会被用来对自己的信托产品进行展期，要么借给其他银行用以同样目的，而不会通过贷款流入实体经济。

当然，信托产品展期无法从根本上解决问题。不过，它能消除改革过程中经济所承受的短期压力。决策者的一个长期目标是，减少经济对影子银行的依赖（这直接与信托产品相系），让那些透明度更强的融资渠道得到更多利用。近来，中国批准 10 省市直接发售市政债券，这向打造一个更加可持续的财政环境迈出了第一步。与此同时，中国出现了首个为收购融资的债券，大众汽车集团（Volkswagen AG）也宣布计划发行资产担保债券，以大众汽车金融（中国）有限公司的车贷应收账款为支持，这是中国首个以具有国际评级的车贷应收账款为担保的债券。

所有这一切表明，进展在一点点实现，而且在清理混乱的金融市场，并向着更加可持续的增长迈进方面，中国可能已经步入了正确的轨道。

（资料来源：和讯网，2014 年 6 月 9 日）

一、中国货币政策的实践

改革开放以前，中国实行高度集中的计划经济体制，宏观经济调控主要依靠计划和财政手段，货币、信贷手段处于从属地位。在"大一统"的金融格局下，中国人民银行集中央银行与专业银行、银行与非银行金融机构的诸多职能于一身，货币政策实际就是综合信贷政策。

改革开放以后，随着传统计划经济体制向市场经济体制的转型，金融改革和货币政策的操作方式也有了很大的发展和变化。我们国家的货币政策框架在不断完善，货币政策工具在不断丰富，货币政策的效应也更多地通过市场传导到微观经济主体。中国人民银行于1984年开始专门履行中央银行职能，集中统一的计划管理体制逐步转变为以国家直接调控为主的宏观调控体制。虽然信贷现金计划管理仍居主导地位，但间接金融工具已开始启用。这一期间是我国经济高速发展时期，大量超经济增长发行的货币导致商品供需失衡，物价持续上涨。中国人民银行针对三次货币扩张，进行了三次货币紧缩。

进入20世纪90年代，随着中国金融体制改革的逐步深入，货币政策操作逐步向间接调控转变。从1993年到至今，中国货币政策操作可以明显地分为四个阶段：

第一阶段从1993年到1997年。这一时期的经济背景是市场化改革，非国有经济主体愈发活跃，因而这一阶段国民生产总值也不断增加，但同时出现了很严重的通货膨胀问题。因此这一时期货币政策的主基调是抑制通胀。通过实行适度从紧的货币政策，积极治理通货膨胀，成功实现了"软着陆"。

第二阶段从1998年开始到2002年。这一时期的宏观背景是亚洲金融危机，整个市场出现消费需求不足，经济增长低迷的局面。货币政策以适度放松为主要特征，多次下调存款准备金率和存贷款利率实施"稳健"的货币政策，旨在治理通货紧缩，解决总需求不足的问题，促进经济增长。

第三阶段从2003年开始到2007年。我国经济面临了货币信贷增长偏快、通货膨胀压力加大等新的经济问题。这时货币政策调控主要以"稳中适度从紧"为主，具体表现为多次上调存贷款利率和存款准备金率。

第四阶段从2008年至今。2008年美国金融危机的发生使得全世界的经济局势发生了剧烈变化，政府为应对金融危机而实行了扩张性的货币政策，这时期的货币政策主要以稳定经济增长为中心。

二、中国货币管理的趋势

（一）中国货币政策目标的演变

货币政策目标是货币政策的重要内容，央行应该选择什么样的货币政策目标，各路学者对此有不同的看法。在开始确定中国的货币政策目标时，有的认为应是单一目标，或发展经济或稳定币值；有的认为应是像美国的四大目标；有的认为应是双重目标：

发展经济和稳定币值。从实践上来看，中国货币政策目标经历了一个逐渐演变的过程，在经济发展不同阶段，货币政策的目标都有所调整。从央行成立以来的近 30 年来，中国的货币政策目标的变化大约经历了两个阶段：

第一阶段（1984—1994 年）：发展经济稳定币值的货币政策目标。这一阶段是中国货币政策实施的初期，那时的货币政策的特点是不稳定，变动频率太快，货币政策最终目标紧紧围绕着经济发展与稳定物价这一关系来确定。但在实践中，中央银行的货币政策目标在发展与稳定之间摇摆不定，形成了一种名义上是以稳定物价以主、实际上却以发展经济为主的货币政策双重目标格局。

第二阶段（1995 年至今）：经过"信贷扩张—经济过热—信贷紧缩—经济下滑—信贷扩张"的循环波动后，人们渐渐认识到"双目标"的缺陷，从而稳定货币这一目标渐渐居于上风。于是 1995 年《中华人民共和国中国人民银行法》通过以后，以"稳定币值"作为货币政策目标的思想在我国占据主导地位。并且 2003 年 12 月又在修正的《中华人民共和国中国人民银行法》中重申了这一目标。

（二）中国货币政策的中介目标的历程

我国货币政策中介目标的选择经历了一个曲折的过程。改革开放以前，现金发行量和国家专业银行信贷规模事实上扮演着货币政策中介目标的角色；改革开放后的十多年，我国继续以贷款规模限额为中介目标和操作目标；进入 20 世纪 90 年代后，货币供应量则逐步上升为货币政策中介目标。

第一阶段：以现金和信贷规模为中介目标的阶段

计划经济体制下，我国货币供给机制的典型特点是以年度综合信贷计划制约货币供给规模，信贷资金管理体制是统存统贷，主要控制方式是进行信贷指标的分配。当时，金融是附属于计划和财政的，其市场机制性质被排除，货币是"消极货币"，人民银行集中央银行与商业银行职能于一身，它只是作为计划和财政的"出纳"或"口袋"，其资金来源主要靠计划分配，资金运用主要是向企业发放短期贷款——更准确地说，银行只供应超额流动资金，即提供流通手段，而工商企业的固定资产投资、定额流动资金则由财政分配——信贷政策以信贷计划和现金计划为实现手段，通过现金计划控制流通中的货币，通过信贷计划控制银行转账支票的流通。因此，中央银行对货币供应量的控制和国有银行对信贷的计划和分配，实际上是一个统一体。在这种体制下，货币政策实际上是综合信贷政策，央行的政策意图不经过任何独立于政策制定者之外的中介机构，而完全直接展开。

1953 年，我国银行体系建立起"统存统贷"的信贷计划管理制度，它的信贷计划指标则完全由国务院最终决定。同时，基层行处不直接与总行发生联系而只是与企业部门和住户部门发生信用关系，分行和中心支行则是连接总行与基层行处的纽带。

换句话说，从货币控制上讲，货币供给的扩张和收缩基本上由银行贷款规模的扩张和收缩来决定，并且由于各级地方银行机构没有派生存款的能力，而只是在上级人行下达的指标范围内发放贷款，所以，央行总行层层分解下达的贷款计划指标实际上制约着货币供给的贷款扩张和收缩。基于这种"贷款＝存款十现金"的理论与实践，人民银行只要控制了贷款数量，也就控制了现金与存款总量。因此，虽然计划经济时代我国长期以来没有现代意义上的货币政策，当然也就不会指定什么是货币政策中介目标，但是现金发行量和国家专业银行信贷规模事实上作为货币政策中介目标发挥着作用。

从1978年开始，我国着手进行以市场为导向的渐进式经济改革，与此同时，对外开放也在一步一步地深入推进。这期间，我国的经济体制、经济运行方式都发生了根本性的变化。经济体制上，计划经济向社会主义市场经济稳步转轨与过渡，通过市场机制配置资源在逐步形成与发展；与此相适应，金融体制、金融调控机制也趋于根本转型，计划金融转变为市场金融的步伐不断加快，计划调节的比重日益减少，市场调节的比重则不断增加。

改革启动后，国有企业的"投资饥渴症"和"软预算约束"，使企业对资金需求的贷款效率严重缺乏弹性。这样，过度的贷款需求，加上管制的利率水平和不灵活的利率结构，迫使政府要抑制通货膨胀，就只能借助于对贷款额度的控制。1980年，为克服信贷和现金计划的不灵活性，央行引入了新的货币调控中间目标——差额控制，其政策意图在于：一方面把银行活动从强调负债管理（吸收存款）转向资产管理，另一方面又能通过控制银行信贷收支差额的分配额度来控制流通中的货币量。但是，由于专业银行争相扩张信贷获取尽可能多"差额"指标，显现出对差额的控制不能自动导致对货币供给总量的控制。所以，该方法失败了。1986年，央行又引入"基础货币控制"方式，通过操纵中央银行对专业银行的贷款和准备金要求来间接调控专业银行的总贷款能力。然而上述实验又不成功，1988年对货币供给的失控迫使政府恢复了对贷款的直接控制。

> ### 📖 小阅读
>
> #### 什么是软预算约束？
>
> 软预算约束是匈牙利学者科尔奈于《短缺经济学》中首先提出的一个概念，软预算约束指当一个经济组织遇到财务上的困境时，借助外部组织的救助得以继续生存的一种经济现象。他用这一概念解释这种现象：在社会主义经济体制中，

即使企业出现了长期亏损也不会破产而是继续由国家给予各种补贴以维持企业的生存。与软预算约束相对应的概念是硬预算约束，即经济组织的一切活动都以自身拥有的资源约束为限。

第二阶段：货币供应量

1993 年以后，由于金融机构数量急剧扩张，我国货币当局对货币供给的直接控制受到极大削弱，与此同时，市场经济的推进、金融体制与运行机制的转变，使货币政策的调控方式由直接调控逐步向完全的间接调控转变，这对货币政府中介目标的选择产生了重要影响：

（1）二级银行体系建立后，人民银行开始独立行使央行职能，商业银行职能的功能转给了四大专业银行；同时，还参照国际经验建立了存款准备金制度；1994 年三家政策性银行相继成立，迈出了商业银行政策性金融和商业性金融彻底分离的重要一步。重建银行体系的努力，使我国初步形成了以中央银行的宏观调控、金融监管体系以及国有商业银行为主体，多种金融机构并存的金融组织体系，这为实施间接货币政策——采用中介变量作为政策工具直接操作的对象的货币政策——创造了制度条件。

（2）国库券、债券、商业票据以及股票等各种金融工具的相继推出，货币市场（如银行同业拆借市场、债券回购市场和票据贴现市场）、资本市场（国债市场和股票市场）的建立、完善与超常规发展，为货币政策调控方式从起初的完全以直接调控为主、接着是直接调控与间接调控并行、直到以间接调控为主的转变，提供了必要的实现手段和统一的操作空间。

（3）间接调控需要间接调控工具，而能够成为间接调控工具直接对象的中介变量如货币供应量、利率、基础货币、存款准备金率等的重要性开始上升。

虽然，直到 20 世纪 90 年代中期，人民银行的中介调控目标依然保持为总的银行信贷额，但是，经济和金融体制、货币政策调控方式的转变引起了货币政策传导机制的深刻变化，而货币政策传导机制的变化又对中介目标的选择带来了直接影响。在高度集中的计划经济体制下，我国货币政策的意图主要体现在综合信贷计划即政府制定的信贷政策之中，货币政策的实施过程表现为信贷计划的实施过程，也就是货币政策的整个传导机制表现为：人民银行通过指标（信贷计划指标、现金计划指标）管理达到金融目标（计划信贷总规模、计划现金发行量），进而达到金融调控的最终目标（与国民经济实物计划相衔接、保证完成财政收支计划、保证完成物资供应计划、保证完成国际收支计划）。这时的货币政策中介目标显然只能是现金发行量和国家专业银行信贷规模。1979 年以后，通过改革 "统存统贷" 信贷资金管理办法，采用并不断改进 "实贷实存" 办法，货币政策传导机制发生了较大变化。货币政策的实施开始表现为：央行运用计划指标和其他政策工具（存款准备金、再贷款、利率），去控制货币发行量和信贷总量以达到最终目标（物价稳定、经济发展、国际收支平衡）。从这个过程来看，尽管它仍然保留着计划指标管理这种直接调控的特征，但运用经济手段进行间接调控的色彩也有所表现。因此，货币政策中介目标更多地表现为对现金发行量、贷款规模和存款准备金率、利率等中介目标的混合选择，其中，前者占主要地位，后者只是补充。

20 世纪 90 年代以后，银行贷款限额管理效果不断下降——如现金在广义货币中所占比重大大降低，从国有银行贷款转化的存款货币在广义货币中的比重也日益下降，到 1994 年已不足一半，仅仅控制上述两个指标已很难达到稳定币值的目的。在此情况下，我国加大了采用公开市场操作、同业拆借利率等新政策工具进行宏观间接调控的力度，货币政策传导机制随之进一步发生变化。货币政策实施过程正越来越显著地表现为：央行运用直接或间接政策工具（央行贷款、存款准备金率、公开市场操作、基准利率、贷款限额），作用于操作目标（同业拆借利率），调控中介指标（货币供应量、信用总量），最终达到政策目标。可以说，我国货币政策已经从计划指标的层层落实基本转向通过调控经济变量影响货币政策最终目标。

所以，1993 年在《国务院关于金融体制改革的决定》中，第一次把货币供应量和社会信用总量一起确定为货币政策中介目标。1994 年 9 月，中国人民银行则宣布我国货币供应量的层次划分标准，并将其作用监测指标，按季向社会公布不同层次货币供应量的情况，以此来分析金融货币形势。1996 年正式明确地将货币供应量 M1 和 M2 作为中介目标。1998 年随着人民银行正式放弃信贷规模，货币供应量作为中介目标的地位变得更是无可争议。

三、货币政策与全球化

随着国际经济一体化的进程加快，各国之间的经济政策影响越来越不仅仅限于一国国内了，各国的货币政策都会相互影响。经济和金融的全球化对各国的货币政策目标和自主性产生了深远的影响：

（一）货币政策的影响从国内到全球

全球化使各国经济对于全球经济的影响变得更为敏感，因此增大了各国货币政策应对这些影响的挑战。国际贸易量大幅增加和国际分工更加细化，这就意味着一国商品的供求即使出现很小失调也会影响到世界其他一些国家的生产和利润状况。此外在全球化影响下各国金融市场联系日益紧密，某国市场出现震荡及其相关政策会很快影响世界其他国家市场。

（二）传导途径的变化

主要有两种方式：

一个就是在金融全球化背景下，一国实施浮动汇率制，尽管该国中央银行仍旧能控制短期利率，但金融一体化的逐步深化使得汇率对利率差异的变化变得更为敏感，这就意味着加强了汇率对货币政策传播渠道的影响。

另一个是全球化改变了汇率变化对总需求的影响。一方面，贸易全球化增加了进出口量，因此汇率上的变化对总需求的影响变得更大；另一方面，全球化在某种程度上也削弱了汇率与进出口相对价格间的联系。

📈 学以致用

央行货币政策转向创新式微调成"新常态"

6月16日，央行开始定向降准，政策适用机构范围为：国有行、股份行、邮储、城商行、非县农商行、非县农合银行、外资金融机构、财务公司、金融租赁公司和汽车金融公司。

招行、兴业和民生三家中型股份行的降准，超出市场对6月9日政策只覆盖城商行、农商行和农合行的预期。

早在5月30日，国务院常务会议曾要求加大"定向降准"力度，并把定向的范围扩大到"小微企业贷款，符合结构调整需要、能够满足市场需求的实体经济贷款达到一定比例的金融机构"。

尽管降准范围的覆盖超预期，但经济学家们的全面降准预期亦基本落空。摩根大通中国首席经济学家朱海斌上个月发布报告预计，2014年将会出现两轮存款准备金率下调，各为50个基点，一次是在第三季度，另一次是在第四季度。

其全面降准预测的依据主要有两点，一是人民币单边升值通道结束后，新增外汇占款将大幅下降，而这是央行过去进行货币投放的主要方式；二是中国宏观经济增速承压，需要宽松的货币政策刺激。

反观政府当局，从国务院层面来看，本届政府正在尽最大努力地进行"去杠杆"，过程尽管痛苦，但国务院总理多次强调宏观政策要有持续性和定力；此时进行全面降准，那么此前的政策将功亏一篑。同时，为了维系就业率要求的"底线思维"，在保持定力的前提下，国务院把问题交给了央行。

从央行层面看，过去半年已经通过多种非常规的办法和工具对货币政策进行"小修小补"，让金融市场维持在一个稳中偏松的局面。

那么，货币政策真的宽松了？

持续的逆回购和稳定的央票供给，让短期拆借利率维持低位；在国务院指导下对农村金融机构、小微贷款金融机构进行"定向降准"，通过向国开行再贷款对政策性住房进行定向融资；央行创新设立的"常备贷款便利"，2014年一季度就实施了 3,400 亿额度的操作。

总体来说，尽管未改变货币政策的大方向，但实际上央行在货币总量上的放松一直在进行，其策略则是针对性地定向、结构化宽松。从数据上看，这种"微刺激"效果开始显现。

统计局数据显示，2014 年一季度，GDP 同比增速为 7.4%，1 月到 3 月城镇新增就业 344 万人，略高于去年同期，城镇登记失业率保持在 4.08%；4 月份 PMI 达到 50.8，已经 3 个月连续回调；5 月发电量同比略微提高，粗钢生产同比增速和生产者价格大体平稳，表明实体经济也出现微弱的改善迹象。

以此来看，全面降准，货币政策大幅宽松的可能性不大，更多的是央行的创新式的微调整。换句话说，保持政策的连续性、稳定性，既不放松也不收紧银根将是未来货币政策的主基调，这种基调将成为一种经济"新常态"。

（资料来源：新浪财经，2014 年 6 月 22 日）

思考题：

（1）央行近期的微调整政策和中国过去的货币政策有没有大的不同？请问有哪些不同？哪些相同？

（2）如果央行全面降准的话，您觉得有可能是什么原因？

第四节　境内货币市场

💲**案例**

Shibor 与利率市场化的关系

Shibor 处于市场最基准的地位，是重要的金融基础设施，直接关系到利率市场化。长期以来，基准利率的缺失已经成为制约我国金融市场发展的瓶颈因素。货币市场、债券市场、外汇市场产品创新因缺乏人民币基准利率体系而受阻。一方面，现有的货币市场交易利率因体系不完整、数据不连续、传导不畅通等原因而无法培育成为我国市场基准利率体系；另一方面，由于各种金融产品缺乏有效的基准利率作为定价参照，银行间市场交易活跃程度偏低，新产品定价混乱，影响了金融市场的广度和深度进一步拓展，无法建立有机的市场利率体系，各种市场利率无法分解出反映市场资金供求的基准利率以及借款人信用风险溢价、流动性溢价的利率。此外，缺乏基准利率体系造成各种避险产品缺乏定价基础，也制约了我国衍生品市场的发展。在推进利率市场化的过程中，金融市场建设就显得非常重要，因为利率是反映资金供求的标志，但是在金融市场上又有很多利率种类，如果要把它们有机地组成一个市场利率体系，必须要有一个基准利率来引领。同时可以发现，有了基准利率，金融市场将面临市场产品创新的大发展机遇，这样就带来了商业银行中介业务创新的新局面和居民企业投融资工具的多元化，提高我国直接融资比例就有了雄厚的基础。这一切都需要建立货币市场基准利率体系。更重要的是，进一步推进存贷款利率市场化，必须由 Shibor 接替法定存贷款利率的基准地位实现全面市场化，从而最终形成竞争有序的、以 Shibor 为核心的我国市场利率体系。因此，Shibor 处于市场利率最基准的地位，是连接各种市场利率的核心，是金融市场发展的重要基础设施，直接关系到利率市场化。

Shibor 牵涉到商业银行经营机制的各个方面。Shibor 是一个市场基准利率，当商业银行的小资金池与金融市场的大资金池进行资金调剂的时候，唯一的参照标准就是这个市场基准利率，就此而言，Shibor 的推出对于商业银行经营机制转型十分重要。有了这个基准利率体系，商业银行的内部定价和外部定价就有了统一的标准，从而有助于提高内部核算和绩效考核的透明度，最大限度地提高各部门和每个人员的积极性和创造性，实现全行资源的最有效配置。目前，银行利润中的 50%～60% 来自利差收益，市场利率的微小变化就会对银行最终收益带来巨大的影响，因此，商业银行的产品定价必须重视 Shibor 的运行情况，完善内部转移定价机制，平衡各分支行盈亏，建立精细化的绩效考核机制和风险评估体系。只有这样，我国商业银行才能从传统的商业银行转变为利润高、风险低的现代化银行。

（资料来源：郭建伟．Shibor 与市场利率化 [J].
中国金融，2008 年 12 期）

一、货币市场

货币市场是短期资金市场，是指融资期限在一年以下的金融市场。由于该市场的金融工具主要是政府、银行及工商企业发行的短期信用工具，具有期限短、流动性强和风险小的特点。按照交易的内容和方式的不同，货币市场又可分为同业拆借市场、国库券市场、商业票据、回购协议、银行承兑汇票、银行短期信贷市场等。由于这些金融工具在货币供应量层次划分上被置于现金货币和存款货币之后，是"准货币"，所以将该市场称为"货币市场"。

> 📖 小阅读
>
> ### 一级交易商制度
>
> 1997 年 4 月 12 日，中国人民银行颁布并实行了《公开市场业务暨一级交易商管理暂行规定》，正式确定了中央银行以国债为工具的公开市场业务的操作对手的一级交易商制度。
>
> 一级交易商制度指中央银行在开展公开市场操作时，其操作对手不是所有金融机构，而只是那些有能力进行大笔交易的金融机构，这些金融机构被称作一级交易商。它们一般有着雄厚的实力和较高的信誉，一方面可与中央银行进行大笔交易，一方面作为国债二级市场上的批发商与其客户交易，这种组织形式叫做一级交易商制度。

二、货币市场的种类

（一）同业拆借市场

同业拆借市场是指银行及其他金融机构之间进行短期资金借贷的市场。同业拆借市场的交易量非常大，能敏感地反映资金供求关系，影响货币市场利率，是货币市场的重要交易工具。

同业拆借分头寸拆借和同业借贷。头寸拆借是指金融同业之间为了轧平头寸，补足存款准备金或减少超额准备金而进行的短期资金融通。一般为"日拆"又称"隔夜放款"，最长一般不超过 7 天。同业借贷是指金融机构之间因为临时性或季节性的资金余缺而相互借贷资金，借贷资金的数额比较大，期限也比较长。

> 📖 小阅读
>
> ### 商业银行头寸的概念
>
> 头寸是银行业务的专用术语，它是指银行流动性资产中可供银行直接自主运用的，同时又对外具有清偿功能的货币资金。头寸是一项资金额度，它可以从时

点数和时期数两方面来理解。头寸作为时点数表明的是截至到某一时刻，银行尚有多少可以运用的资金；头寸作为时期数表明的是在某一时期内，银行可以运用的资金的总量。通常，我们把时点数作为银行头寸的存量，把时期数看成头寸的流量。银行的头寸因不同的业务需要又有基础头寸、可用头寸和可贷头寸之分。

基础头寸是指商业银行的库存现金和在中央银行的超额存款准备金；可用头寸是指商业银行在某一时点或某一时期直接拥有和可实际运用的现金资产，即扣除了法定准备金以后的所有现金资产，包括库存现金、在中央银行超额准备金存款及存放同业存款；可贷头寸指商业银行在某一时期可直接用于贷款、投资的资金，它是形成银行盈利性资产的基础。

上海银行间同业拆放利率（Shanghai Interbank Offered Rate，简称 Shibor），以位于上海的全国银行间同业拆借中心为技术平台计算、发布并命名，是由信用等级较高的银行组成报价团自主报出的人民币同业拆出利率计算确定的算术平均利率，是单利、无担保、批发性利率。目前，对社会公布的 Shibor 品种包括隔夜、1 周、2 周、1 个月、3 个月、6 个月、9 个月及 1 年。

1. 上海银行间同业拆放利率报价与计算方式

Shibor 报价银行团现由 18 家商业银行组成。报价银行是公开市场一级交易商或外汇市场做市商，在中国货币市场上人民币交易相对活跃、信息披露比较充分的银行。中国人民银行成立 Shibor 工作小组，依据《上海银行间同业拆放利率（Shibor）实施准则》确定和调整报价银行团成员、监督和管理 Shibor 运行、规范报价行与指定发布人行为。表 7-3 为 2014 年 6 月 6 日上海银行间同业拆借利率情况。

表 7-3　上海银行间同业拆借利率（2014 年 6 月 6 日）

品种	利率	品种	利率
Shibor: 隔夜	2.5808	Shibor:3 月	4.8259
Shibor:1 周	3.1500	Shibor:6 月	4.9609
Shibor:2 周	3.4420	Shibor:9 月	4.9959
Shibor:1 月	3.9840	Shibor:1 年	5.0000

（资料来源：上海银行间同业拆放利率）

全国银行间同业拆借中心受权 Shibor 的报价计算和信息发布。每个交易日根据各报价行的报价，剔除最高、最低各 4 家报价，对其余报价进行算术平均计算后，得出每一期限品种的 Shibor，并于 9:30 对外发布。

2. 市场参与者

（1）商业银行。商业银行既是主要资金供给者也是主要的资金需求者。

（2）非银行金融机构。如券商、企业集团财务公司、金融资产管理公司、金融租赁公司、汽车金融公司、保险公司、信托公司、保险资产管理公司等。

（3）市场中介人。中介人指的是在资金拆入者和资金拆出者之间起媒介作用、以赚取手续费的经纪商。市场中介人可分为两种：一种是专门从事市场中介业务的专业经纪商。另一种是既充当经纪商，其本身也参与该市场交易的兼营经纪商，大多由商业银行承担。

3. 交易方式

同业拆借手续非常简单，借贷双方可以通过电话直接联系，或与市场中介商联系，在达成协议后，贷方可以直接或通过代理行经中央银行的电子资金转帐系统将资金转入借贷方的资金帐户上，数秒即可完成划账清算程序。归还贷款时，可用同样的方式进行。

📖 **小阅读**

做市商制度

做市商制度，也被称为报价驱动交易制度，是成熟金融市场中普遍存在的一种交易制度。在这一制度下，由具备一定实力和信誉的法人充当做市商，不断地向投资者提供买卖价格，并按其提供的价格接受投资者的买卖要求，以其自有资金和证券与投资者进行交易，从而为市场提供即时性和流动性，并通过买卖价差实现一定利润。简单一点说，就是：做市商报出价格，投资者能按这个价格买入或卖出。

它是与竞价交易制度相对应的一种制度，竞价交易制度又称委托驱动制度，其特征是：开市价格由集合竞价形成，随后交易系统对不断进入的投资者交易指令，按价格与时间优先原则排序，将买卖指令配对竞价成交。

为进一步发展外汇市场，提高我国外汇市场的流动性，完善价格发现机制，2005 年 11 月 24 日，国家外汇管理局发布了《银行间外汇市场做市商指引（暂行）》，决定在银行间外汇市场引入做市商制度。银行间外汇市场做市商分为即期做市商、远期掉期做市商和综合做市商。即期做市商是指在银行间即期竞价和询价外汇市场上做市的银行。远期掉期做市商是指在银行间远期、外汇掉期和货币掉期市场做市的银行。综合做市商是指在即期、远期、外汇掉期和货币掉期等各外汇市场开展做市的银行。表 7-4、表 7-5 是做市商名单：

表 7-4　人民币外汇即期做市商

序号	机构	英文简称	序号	机构	英文简称
1	中国工商银行股份有限公司	ICBC	2	中国农业银行股份有限公司	ABCI
3	中国银行股份有限公司	BCHO	4	中国建设银行股份有限公司	CCBH
5	交通银行股份有限公司	BCOH	6	中信银行股份有限公司	CTIB
7	招商银行股份有限公司	CMHO	8	中国光大银行	EBBC
9	华夏银行股份有限公司	HXBJ	10	广发银行股份有限公司	DEVE
11	平安银行股份有限公司	DESZ	12	兴业银行股份有限公司	IBCN
13	中国民生银行股份有限公司	CMSB	14	国家开发银行	CDBB
15	中国邮政储蓄银行	PSBC	16	宁波银行股份有限公司	NBCB
17	法国巴黎银行（中国）有限公司	BNPC	18	上海浦东发展银行	SPDB
19	星展银行（中国）有限公司	DBSC	20	美国银行有限公司上海分行	BASH
21	汇丰银行（中国）有限公司	HKSH	22	蒙特利尔银行（中国）有限公司	BMCN
23	花旗银行（中国）有限公司	CTSH	24	渣打银行（中国）有限公司	SCCN
25	苏格兰皇家银行（中国）有限公司	RSSH	26	摩根大通银行（中国）有限公司	JPSH
27	东方汇理银行（中国）有限公司	CALS	28	三井住友银行（中国）有限公司	SMSH
29	德意志银行（中国）有限公司	DBSH	30	瑞穗银行（中国）有限公司	MHSH
31	三菱东京日联银行（中国）有限公司	TMSH			

（资料来源：中国外汇交易中心）

表 7-5　人民币外汇远、掉期做市商

序号	机构	英文简称	序号	机构	英文简称
1	中国工商银行股份有限公司	ICBC	2	中国农业银行股份有限公司	ABCI
3	中国银行股份有限公司	BCHO	4	中国建设银行股份有限公司	CCBH
5	交通银行股份有限公司	BCOH	6	中信银行股份有限公司	CTIB

续表

序号	机构	英文简称	序号	机构	英文简称
7	招商银行股份有限公司	CMHO	8	中国光大银行	EBBC
9	华夏银行股份有限公司	HXBJ	10	广发银行股份有限公司	DEVE
11	平安银行股份有限公司	DESZ	12	兴业银行股份有限公司	IBCN
13	中国民生银行股份有限公司	CMSB	14	国家开发银行	CDBB
15	宁波银行股份有限公司	NBCB	16	上海浦东发展银行	SPDB
17	星展银行（中国）有限公司	DBSC	18	美国银行有限公司上海分行	BASH
19	汇丰银行（中国）有限公司	HKSH	20	花旗银行（中国）有限公司	CTSH
21	渣打银行（中国）有限公司	SCCN	22	苏格兰皇家银行（中国）有限公司	RSSH
23	摩根大通银行（中国）有限公司	JPSH	24	三井住友银行（中国）有限公司	SMSH
25	德意志银行（中国）有限公司	DBSH	26	瑞穗银行（中国）有限公司	MHSH
27	三菱东京日联银行（中国）有限公司	TMSH			

（资料来源：中国外汇交易中心）

（二）国库券市场

国库券（Treasury Securities），是由中央政府为弥补财政收支短期不平衡而发行的不超过1年的短期债券。国库券的期限品种一般有四种：3个月、6个月、9个月和1年的。历史上我国只发过三个记账式短期国债，到了1998年后就没有再发行过了。国库券因为是政府发行的债券，违约的可能性几乎为0，因此常被人称为"金边债券"。

国库券是不带票面利息的贴现式货币市场工具。它只有面值，没有息票，因此又称为零息票债券。利息收入是按照投资人购买价格低于票面额的差额计算的。例如如果一年期国库券面额为100元，发行价格为97元，政府付给投资人利息为3元，利率为3%。

（三）商业票据市场

商业票据是指出票人以贴现的方式发行的承诺在指定日期按票面金额向持票人付现的一种无抵押担保的票据。由于商业票据是以信用担保的，因此能够发行商业票据的一般都是规模巨大、信誉卓著的大公司。

改革开放以前，我国是不存在商业票据市场的。自从改革开放以后，票据市场得到了很多的发展，但是和发达国家相比，仍然属于初级阶段，存在很多问题，例如票据种类少，绝大部分是银行承兑汇票，票据信用等级不高等。

（四）国债回购市场

回购市场是指通过回购协议进行的短期资金融通交易的市场。

证券回购交易，指的是证券买卖双方在成交同时就约定于未来某一时间以某一价格双方再行反向成交的交易，是一种以有价证券为抵押品拆借资金的信用行为。出售债券的人实际上是借入资金的人，购入债券的人实际上是借出资金的人。证券回购是一种重要的融资方式，是中央银行进行公开市场操作的重要工具，也是商业银行保持其资产流动性和资产结构合理性的重要工具和手段。

中国目前的国债回购市场按照回购时间来划分主要分有两大类：隔日回购和定期回购。

隔日回购是指国债售出者在卖出国债的同时，与国债的购买者约定在两天以后的某一特定时间内，再将该国债买回的交易。而定期回购指的是回购时间的选择是根据各个国家的交易习惯不同而设立的。就上海证券交易所挂牌交易的国债回购品种的时间为例，包括1、2、3、4、7、14、28、91、182天的。一般来说回购时间不超过1年。

> **📖 小阅读**
>
> ### 质押式回购与买断式回购
>
> 质押式回购是指交易双方以债券（通常是信誉高、流动性好）为权利质押所进行的短期资金融通业务。在质押式回购交易中，资金融入方（通常称为"正回购方"）将债券质押给资金融出方（通常称为"逆回购方"）融入资金的同时，双方约定在将来的某一天由资金融入方向资金融出方返还本金和按照约定的回购利率计算利息，资金融出方向资金融入方返还原质押债券。
>
> 买断式回购（亦称开放式回购）是指正回购方（资金融入方）将债券卖给逆回购方（资金融出方）的同时，交易双方约定在未来某一日期，由资金融入方再以约定价格从资金融出方买回相等数量同种债券的融通交易行为。
>
> 买断式回购与质押式回购的主要区别在于：
>
> （1）债券的所有权归属不同，买断式逆回购方获得协议期间债券的所有权，即所有权发生了转移，在资金周转过程中还可将债券另行正回购以便进行再融资，而质押式回购则是把债券交给第三方，所有权并不发生转移。
>
> （2）买断式融资金额由期初买价决定，质押式融资金额由债券折算比例决定。
>
> （3）买断式融资成本由期末卖价决定，质押式融资成本由回购利率决定。

（五）中央银行票据市场

1. 中央银行票据的产生

中央银行票据（简称央票）于 1993 年在宏观紧缩经济背景下，中国人民银行为了以市场手段收紧货币，发行了两期共计 200 亿元的中央银行融资券，这就是中央银行票据的前身。到了 1995 年由于有了债券的替代从而停止发行了票据。然后到了 2002 年，央行宣布将 2002 年以来公开市场业务未到期的正回购转为中央银行票据。2003 年 4 月，央行正式通过公开市场业务操作有规律地、滚动地发行央票。

2. 中央银行票据产生的原因

中央银行票据产生的原因主要有两个：第一个是外汇储备的持续快速增长和企业结售汇制度。由于大量的贸易顺差使得我国的基础货币被动增加，为了应对不断增加的流动性，中央银行必须采取冲销的货币政策来对冲。第二个原因是国债规模太小、数量不足且期限不合理。从我们国债的期限结构来看，80% 以上是 3 ～ 5 年期的中期国债，流动性强、适合开展公开市场业务的 1 年期国债所占比重不到 10%，无法满足央行的需求。

3. 中央银行票据的种类

中央银行发行的票据分为普通央行票据和专项央行票据两种。前者是指中央银行用于公开市场操作业务的金融工具，是通常所称的中央银行票据。而后者是在发行时，中央银行只是账面上得到了金融机构的不良资产，并没有真实的现金流入。目前央行发行的票据期限种类有 3 个月、6 个月、1 年以及 3 年期的，另外还有远期票据。不过大部分都是 1 年期以下的央票。

（六）同业存款

同业存款，英文全称为 Due To Banks，是指对各商业银行、信用社以及证券公司、财务公司、信托公司等非银行金融机构开办的存款业务。具体内容我们会在第五节详细介绍。另外到现在为止我们已经讲了很多个与同业相关的概念了，在这里进行总结区分一下（如表 7-6）。

表 7-6　与同业相关的概念

同业拆放	与同业拆借是同一个概念即资金市场上银行同业间短期资金的借贷交易，而且属于负债，是一种借入资金
同业拆借	资金市场上银行同业间短期资金的借贷交易行为，包括拆出和拆入
同业存款	其他金融同业在本行的存款，属于本行的负债
存放同业	本行在其他金融同业的存款，属于本行的资产
拆放同业	向银行同业拆出资金，会计上属于本行资产

三、大额可转让定期存单的创新

大额可转让定期存单（Negotiable Certificate of Deposit，CDs），也称为大额可转让存款证，是银行印发的一种定期存款凭证，凭证上印有一定的票面金额、存入和到期日及利率，到期后可按票面金额和规定利率提取全部本利，逾期存款不计息。它由美国花旗银行首创，当时西方国家资金市场因为越南战争导致利率不断上扬，各种证券收益率也随之提高，而由于美国的法律和货币政策的双重限制，导致美国银行的存款大量外逃。可转让定期存单（CDs）就是在这样一种背景下产生的。

可转让定期存单推出后，经历了多次创新，其中著名的创新有两次。一次是1975年发售浮动利率定期存单。这种存单每隔1～6月调整一次利率，采用息票到期转期的方式。银行以该存单筹资，可以调整利率期限结构，并从中得到好处，降低筹资成本；而投资者持有这类存单，可以享受利率趋升的利益。目前，这类存单已占据可转让定期存单市场的主导地位。第二次是摩根保证信托公司于1977年首创的固定利率到期可转让定期存单，又称为滚动存单。这种创新工具把长期存单的收益性和短期存单的流动性结合起来。存单的平均期限为2～5年，由一组6个月的定期存单组成。例如存户与银行签订5年存单协议，协议开始后，存户就必须按商定的利率连续10次对半年期的到期可转让定期存单办理转期手续。储户如果急需资金，可出售该组中的子存单，但在到期日前必须再存入等额资金。滚动存单结合了可转让定期存单的高收益性和高流动性，使存户一举两得。但存户不能在二级市场上出售这种存单的全套子存单，而且由于发行银行承担了存户可能不履行展期半年的子存单协议所导致的信用风险，所以滚动存单的业务费用高于传统存单。

我国大额可转让定期存单业务其实很早（1986年）就已经出现，那时存单的主要投资者是个人，企业为数不多。到了90年代以后由于市场不成熟及技术问题，CDs的出现导致储户存款"大搬家"、伪造、盗开等严重问题使得央行于1997年暂停了审批银行CDs的发行申请。

2013年12月08日，为促进货币市场的发展，拓展银行业存款类金融机构的融资渠道，央行发布了《同业存单管理暂行办法》，重启了大额可转让同业定期存单（NCD）。所谓的同业大额存单就是由银行业存款类金融机构法人在全国银行间市场上发行的记账式定期存款凭证，是一种货币市场工具，其投资和交易主体为全国银行间同业拆借市场成员、基金管理公司及基金类产品。

2014年以来同业存单发行速度有所加快。截至2014年6月，共有17家银行公布当年发行计划，总额度达11万亿人民币，发行人范围也在2013年国有大行和股份制银行的基础上，逐渐扩大到地方商业银行。

📈学以致用

大额可转让存单渐行渐近有望近期开展试点

有消息称，我国监管层拟允许银行面向个人和企业发行大额可转让存单，最早或于 5 月末试点。试点期间，1 年期大额存单的利率将设在 3.4%，略高于目前最高 3.3% 的银行 1 年期存款利率。若试点顺利推进，意味着我国利率市场化再迈步，普通投资者再添一项理财工具。

利率市场化再迈步

据媒体报道，届时将有超过 10 家商业银行参与此项试点。交通银行首席经济学家连平认为，"个人大额可转让存单的推出，可视为我国取消存款利率管制、利率市场化向前推进过程中的重要一步。"

分析人士指出，定期存款受央行利率管制所限不能自由浮动，而大额可转让存单的利率水平则完全由市场决定，如果试点顺利推进，无疑是我国利率市场化的最重要一步。对于商业银行来说，在目前互联网金融迅猛发展、理财产品受到严格监管的情况下，大额可转让存单可以起到稳定存款的作用，避免银行存款过度流失，同时降低银行负债的波动性。

央行最新发布的《2014 年第一季度中国货币政策执行报告》明确指出，作为大额存单的先行探索，推出同业存单有利于进一步拓宽银行业存款类金融机构的融资渠道，改善金融机构的流动性管理等。下一步在总结相关经验的基础上，将逐步推出面向企业、个人的大额可转让存单，进一步扩大商业银行负债类产品市场化定价范围，有序推进存款利率市场化改革。

（资料来源：搜狐理财，2014 年 5 月 26 日）

思考题：

（1）针对个人和企业的大额可转让存单的推出对居民有什么影响？

（2）为什么说个人大额可转让存单的推出，可视为我国取消存款利率管制、利率市场化向前推进过程中的重要一步？

第五节　同业存款

一、同业存款的基本概念

（一）　同业存款的定义

同业存款是指有金融机构许可证的单位在银行的存款，包括各商业银行、信用社以及证券公司、财务公司、信托公司等非银行金融机构开办的存款业务。按不同的标准，同业存款可以分为以下几类：按照用途分为同业一般存款和同业清算存款；按照币种可分为人民币同业存款和外币同业存款。同业存款额度相对于一般个人存款起点来说非常的高，但具体每家银行不一样，一般在 200 万到 1,000 万之间。另外同业存款属于往来项目，并不计入存贷比。

（二）　存款期限

同业存款的存款期限非常灵活，一般包括 1 天、7 天、1 个月、3 个月、6 个月、9 个月等各种短期期限。

（三）　利率及付息方式

同业存款利率及付息方式也非常灵活，主要有三种模式：一是总行上限管理模式。商业银行总行根据自身流动性状况，参照市场利率制定各期限同业存款内部资金转移价。二是分行自行定价模式。总行对分行的同业条线进行账面利润考核，不进行内部转移定价。分行在吸收同业存款时，主要参照 Shibor 同期限利率及自身资产业务配置情况，在确保收益的前提下向交易对手报价。三是总行逐笔审批模式。分行没有自主开展同业存款业务的权限，需逐笔向总行询价、报批。

二、同业存款的现状与问题

近年来伴随着国内金融市场的快速发展，金融机构存款结果日趋多元化，资金往来日渐频繁，同业存款业务也得以不断活跃。截至 2010 年底，中资大型银行同业存款余额高达 2.49 万亿，其中四大国有银行余额 2.09 万亿；中资中小银行同业存款余额 2.16 万亿元。

对于同业存款中的结算性款项，受资本市场发展带动，券商、基金、期货等第三方存管和托管业务在银行体系的沉淀资金不断上升，该类存款采用活期利率，成本低而稳定性相对高，成为银行普遍青睐的资金来源。

　　而一般存款套利目的性一般较强，由于在定价机制、接受监管等方面具有很强的灵活性和隐蔽性，金融机构往往利用其与融资利率之间的利差从事套利，对市场整体定价体系造成一定程度的干扰。同时同业机构之间的互存往来本质上放大了杠杆风险，一旦出现流动性紧张，机构面临去杠杆压力时，同业存款因可随时按活期利率提款，稳定性较差，必将首当其冲受到影响，加剧市场整体资金链波动的风险，威胁金融体系的流动性安全。

📈 学以致用

存款余额创近年最低增速

　　央行日前发布的 4 月金融数据显示，4 月人民币存款减少 6546 亿元，存款余额同比增速延续了前几个月的下滑趋势，仅为 10.9%，创下了 8 年来的最低值，创下了多年来的最低增速。其中，当月住户存款减少高达 1.23 万亿元。

　　居民存款大幅降低

　　央行数据显示，4 月人民币存款减少主要是因为居民存款的大幅降低。4 月人民币存款减少 6,546 亿元，同比多减 5,545 亿元。其中，住户存款减少 1.23 万亿元，非金融企业存款增加 1,715 亿元，财政性存款增加 5,621 亿元。

　　中银国际分析表示，受到人口结构变化和互联网金融及理财产品快速发展的影响，最近两年我国存款增长持续放缓。"我们注意到，货币基金的量，从去年 3 月的 0.51 万亿元人民币增至今年 3 月的 1.46 万亿元人民币，2 月理财产品增至 4.02 万亿元人民币，但存款增速从去年 12 月的 13.8% 降至今年 4 月的 11.1%"。

　　建议：稳定的同业存款纳入一般存款口径

　　在存款大幅下滑的同时，央行数据显示，货币供应量 M2 却大幅增长，显示银行同业业务快速扩张。

　　业内人士建议，一般性存款正逐渐向同业存款大规模转化，银行资金运用呈现出非信贷化发展的态势。交通银行首席经济学家连平认为，对于同业和理财市场的整顿，将在一定程度上缓解存款减少的状况。有市场人士建议，可以将部分较为稳定的同业存款纳入一般存款口径，纳入存贷比管理，同时征收存款准备金，既解决存贷比问题，也一定程度抑制银行扩张同业业务的动力。

　　日前，中国人民银行副行长刘士余也公开表示，要下决心整顿金融的同业业务和各类理财业务。

（资料来源：黄倩蔚．国内存款余额创近年最低增速 [J]．

南方日报，2014 年 5 月 19 日）

思考题：

同业存款存在什么样的问题，您认为它是否应该受到监管？

第六节　商业银行流动性管理

一、流动性的作用

商业银行的经营性质决定了必须保持足够的流动性。流动性是指一种在不损失价值的情况下的资产变现能力，一种足以应付各种提存支付、以适当价格获取可用资金的能力。流动性管理是指银行可以在任何时候按合理的价格筹集到需要的资金，从而维持银行本身的正常运作。

（一）稳定市场预期、增强债权人信心

通常来说，商业银行会受到政府的隐性担保以及中央银行作为最后贷款人的支持等。但是仅仅是政府或中央银行的担保而没有自身优质的资产作为保证，是绝对不够的。因而保持一定的流动性有助于增强市场信心，保证银行的正常运转。

（二）保证商业银行履行其正式或非正式的贷款承诺

通常商业银行会有一些固定合作伙伴关系、优质的客户，这些客户对于银行是非常重要的，因而大多数时候银行会对它的优质客户提供随时贷款的隐形承诺。这一作用实际上是维持商业银行和借款人之间的正常的借贷关系，通过保持一定流动性可以保证随时可以借钱给客户。

（三）避免紧急情况下出售资产所造成的损失

在没有流动性的情况下，如果银行不从外部借款，则必须要出售其资产，通常这种情况下售价会低于正常水平而受损。但如果保持一定流动性就不会出现这种情况了。

（四）避免紧急情况下借得过高利息资金所造成的损失

在没有流动性的情况下，如果银行从外部借款，有时候可能得付非常高的利息，使银行发生损失。

二、商业银行的流动性管理

商业银行可以从资产和负债两方面来管理其流动性。

（一）资产业务的流动性

资产的流动性是指商业银行持有的各种资产能够随时得以偿付或在不贬值的情况下保证其销售。衡量资产流动性的标准有两个：一是资产变现的成本，某项资产变现的成本越低，则该项资产的流动性越强；二是资产的变现速度，某些资产变现速度很快，比如说国债，而有些则很慢，比如说房地产。

为了实现资产的流动性，商业银行要建立层次分明的流动性准备，并运用适当的方法进行资产流动性管理。从保持资产流动性要求来看，由于库存现金、超额准备金和同业存款容易变现，随时可以用于清偿支付，所以每家商业银行都必须保持一定的此类资产以满足日常经营所需；对其他银行或金融机构的同业贷款、银行购买的国债及各种短期债券等资产，由于期限短、风险低，以及可以随时拿到二级市场上变现等原因，所以绝大多数商业银行都把它视为二线准备，作为保证银行后续支付能力的常用方法；同时，商业银行持有部分长期债券或发放长期贷款的目的是为了吸引潜在客户，扩大自身的业务范围，建立长期资金来源网络，以保证商业银行可获取持续充足的可用资金。

（二）负债业务的流动性

负债的流动性则是指银行可以轻易地以较低成本随时获取所需资金的能力。衡量负债流动性的标准也有两个：一个是取得可用资金的价格，取得可用资金的价格越低，该项负债的流动性就越强；二是取得可用资金的时效，取得可用资金的时效越短，则该项负债的流动性就越强。

保持足够的流动性，需要商业银行尽可能以合适的价格获取丰富的可用资金。一方面通过出售政府债券、收回贷款等资产变现，或者吸引存款、举借债务等负债经营，或者扩股增资的传统渠道获取稳定的资金来源；另一方面要通过主动型负债，如向中央银行再贴现、同业拆借或者发行大额存单、回购协议等手段获取成本低廉的可用资金，避免银行为增加流动性而减少贷款或投资所造成的收益损失。

第七节　境外货币市场

一、美国的货币市场工具

（一）短期国库券

国库券是由美国财政部发行的，以美国政府的信誉为支持，违约的可能性非常小，因而投资者把它当作无违约风险的债券。

美国的国库券有三种：短期国库券、中期国库票据以及长期国债。在发行时，短期国库券的期限不超过一年，中期票据的期限为 2 ~ 10 年，而长期的期限为 10 年以上。本章由于是讨论货币市场，故只论述短期国库券。

短期国库券是一种贴现证券，只有到期后才支付利息。例如，假设某人以 98,000 美元的价格买了一张 6 月的面值为 100,000 美元的短期国库券。到期后，他将得到 100,000 美元，2,000 美元就为利息，这就是贴现证券。

短期国库券的买卖价是以一种特殊的方式给出的，与有息票债券不同，它是以银行贴现方式为基础而非以价格为基础来进行报价的。银行贴现基础上的收益率的计算公式：

$$Y_d = \frac{D}{F} \times \frac{360}{T} \times 100\%$$

这里，Y_d 代表银行贴现基础上的收益率；D 代表美元贴现额，等于面值减去短期国库券价格；F 代表面值；T 为距离到期日的天数。

国库券是以拍卖方式定期（与特定期限相对应）发行的。3 个月和 6 个月的国库券每星期进行拍卖。拍卖数量通常在前一个星期二的下午宣布。一年期（52 周）国库券在每个月的第三个星期拍卖。宣布日是在前一个星期五，当财政出现临时性现金短缺时，它会发行现金管理券（Cash Management Bills）。这种债券的期限与财政部预计资金短缺的时间一致。

国库券是按收益率进行拍卖的。竞争性报价必须以银行贴现方式为基础，非竞争性报价的数额可以为 100 万美元（面值）。这种报价建立在数量而非收益的基础上。非竞争性报价者获得的收益为竞争性报价所决定的平均收益。

拍卖结果是这样确定的：首先，从拍卖总量中减去所有的非竞争性报价和非公众（如美联储本身）的购买。剩下的被分配给竞争性报价者，收益率最低（价格最高）的报价者，就可以按所报价格购得证券。依次从低到高购买直到债券分配完毕。购得国债的最高收益率被称为终止收益率。购买国债的平均收益率与终止收益率间的差额被称为尾数（Tail）。

小阅读

债券非竞争性招标拍卖的两种有代表性的招标规则

通过非竞争性的招标拍卖方式发行国债，在中标价格确定上，有两种有代表性的招标规则："荷兰式"招标和"美国式"招标。

所谓荷兰式招标（单一价格招标）指的是中标价格为单一价格，这个单一价格通常是投标人报出的最低价，所有投资者按照这个价格，分得各自的国债发行份额。标的为利率时，最高中标利率为当期国债的票面利率；标的为利差时，最高中标利差为当期国债的基本利差；标的为价格时，最低中标价格为当期国债的承销价格。

所谓美国式招标（多种价格招标）是指中标价格为投标方各自报出的价格。标的为利率时，全场加权平均中标利率为当期国债的票面利率，各中标机构依各自及全场加权平均中标利率折算承销价格；标的为价格时，各中标机构按各自加权平均中标价格承销当期国债。

举个例子，在一场招标中，有三个投标人A、B、C，他们投标价格分别是85元、80元、75元，那么按照"荷兰式"招标，中标价格为75元。倘若按照"美国式"招标，则A、B、C三者的中标价分别是85、80和75元。我国从1996年开始，将竞争机制引入国债发行，而且从2003年起，财政部对国债发行招标规则进行了重大调整，即在原来单一"荷兰式"招标基础上，增加"美国式"招标方式，招标的标的确定为三种，依次是利率、利差和价格。

（资料来源：希财资讯，2015年3月25日）

（二）商业票据

美国的商业票据的期限一般少于270天，大部分在90天以内。这主要是因为1933年《证券法》规定发行证券得向美国证券交易委员会（SEC）登记。该法律中的某些特别条款规定：期限不超过270天的商业票据可以免于登记。因此，为了避免登记费用，公司很少发行超过270天的商业票据。另外，为了成为合格的抵押品，使银行可以用它从美联储的贴现窗口取得借款，商业票据的期限不可以超过90天，加上合格票据交易成本要低于不合格票据，因此，发行者通常喜欢发行不超过 90 天的商业票据。

为了偿还到期的票据，发行者通常还喜欢采用发新债还旧债的方法，这个被称为短期票据的"滚动"发行。商业票据的投资者面临的风险是发行者在到期后无法发行新的债券来偿还旧债。为了防止这种风险，商业票据大多以未使用的银行信贷额度作为还款担保。但由于获得银行信贷额度需要向其缴纳承诺费，因此，这种担保实际上提高了票据的发行成本。

1. 商业票据的发行人

票据的公司发行者可以分为两大类：金融性公司和非金融性公司。而金融性公司又可以分为三种：附属性金融公司、与银行有关的金融公司和独立金融公司。附属金融公司是一些大型机器制造公司的子公司，典型代表就是通用汽车承兑公司。银行持股公司也有自己的金融公司。独立的金融公司则是上述两种以外的公司。

另外，尽管商业票据的发行者基本是比较大的、信用等级比较高的公司，但是有些例外。一些不太知名而且信用等级也不高的公司也可以发行票据。原因就是因为他们从高信用等级的公司那里得到了信贷支持，或者用高质量资产来作为票据发行的抵押。前一种就叫做信用担保支持的商业票据（Credit Supported Commercial Paper），后一种被称为资产担保支持的商业票据（Asset-Backed Commercial Paper）。

信用担保支持的商业票据一个典型的例子是信用证支持的商业票据，这种信用证特别指发证银行保证在发行人于票据到期后没有偿还时将代为偿还。银行将对开出的信用证收取一定费用。这种信用增加（Credit Enhancement）发行的商业票据被称为LOC。

另外，本国公司和外国公司都可以在美国发行商业票据，由外国发行的被称为扬基商业票据（Yankee Commercial Paper）。

2. 非美国商业票据市场

除美国以外，其他国家也有自己的票据市场。例如，1987 年 11 月，日本大藏省（MOF）同意日本公司在国内市场发行商业票据。几个月以后，大藏省批准外国机构在日本发行日元标价的商业票据，这种票据叫做武士商业票据（Samurai Commercial Paper）。

欧洲商业票据（Euro Commercial Paper）是在货币发行国之外发行的，以这种货币标价的票据。在商业票据特点和市场方面，美国商业票据和欧洲商业票据有一定差异：

（1）美国商业票据期限通常为 30 ～ 50 天，而欧洲商业票据的期限则要更长一些。

（2）在美国发行者必须拥有未使用过的银行信贷额度，而欧洲票据市场不需要。

（3）美国的商业票据可直接发行也可通过交易发行，而欧洲大多是直接发行的。

（4）美国交易商比较少，比较垄断和集中，而欧洲类型则多样化。

（5）美国票据的二级市场交易量少，而欧洲相对多，在二级市场流动性较好。

（三）银行承兑票据

银行承兑票据是为方便商业交易活动创造出的一种工具。由于银行允诺最后的付款责任，因此这种凭证被称为银行承兑票据，使用银行承兑票据为商业交易融资的方式被称为承兑融资。

和国库券和商业票据一样，银行承兑票据也是以贴现的方式发行的，它的主要投资者为货币市场共同基金和政府机构。

银行承兑票据的费率：为了计算签发票据时向客户收取的费率，银行先计算出它在公开市场上售卖其票据的费率，然后再加上一定的佣金。

（四）大额可转让存单

存单是由银行发行的一种金融资产，它表明有一笔特定数额的货币已存入发单机构。存单是银行和储蓄机构为其业务融资提供资金的一种金融工具。存单有到期时间和标明的利率，可以以任何面额发行。由银行签发的存单可以受到联邦存款保险公司的保险，但金额至多只有 10 万美元。在期限方面没有上限，对于下限，联储规定不得少于 7 天。

存单有可以转让的，也有不能转让的。对于后者，存款人必须要等到存单到期才能得到资金。如果存款人想提前取出资金，他将会被罚息。与此相比，可转让存单允许存款人在公开市场上提前卖出。

可转让存单是在 60 年代早期引入，那时银行对各种存款的利息要受到美联储规定的上限的限制。由于复杂的历史原因，这些上限利率起点都很低，随着期限而逐渐上升，但直到较长的期限仍低于市场利率。可转让存单引进之前，那些短期投资者不愿意把钱存入银行。引进之后这些投资者可以买到三个月或更长期限按市场利率付息的可转让存单，而且能够卖掉，收回全部或部分投资。

这种创新对帮助银行增加在货币市场中资金的筹集来说非常重要。它也促进了银行间的竞争，迎来了一个新的时代。现在一共有两种可转让存单，一种是大额存单，通常面额为 100 万美元或更多；另一种是由美林公司所开创的小面额存单（通常少于 10 万美元）。

按照发行银行的类型，大额可转让存单分为以下四种：

（1）由本国银行发行的存单。

（2）以美元标价、在美国之外发行的被称为欧洲美元存单（Euro dollar CDs）。

（3）扬基存单（Yankee CDs）。

（4）储蓄存单，这种是由储蓄和贷款协会与储蓄银行发行的。

国内存单的收益计算和国库券、商业票据、银行承兑票不同的，它是按所付利息来进行报价的。一年或一年以下的存单到期时支付利息。为了计算利息方便，这里一年被看作是 360 天。美国的期限存单一般是每半年付息的，同样一年也是 360 天。

浮动利率存单（Floating-Rate CD，FRCD）的息票利率随着预先决定的公式定期改变，该公式显示在某种指数之上的利差。根据这种利率，息票利率定期调整。浮动利率存单的息票利率调整分为每天、每周、每季、甚至半年调整一次。这种存单的期限一般为 18 个月至 5 年。

欧洲存单是以美元标价的，由美国、加拿大、日本等国的银行主要在伦敦发行的单据。过去美国大银行的分支机构是欧洲存单的主要发行者，但是现在其他国家的银行成为欧洲存单的主要发行者。

（五）回购协议

回购协议是证券出售时，卖家向买家承诺在未来的某个时间以预先约定的价格再把证券买回的协议。从根本上说，回购协议是一种抵押贷款，这里抵押品为证券（Securities）。这里的证券不仅限于政府债券，也包括货币市场工具、联邦机构证券等。

利息的计算：

利息 = 本金 × 回购利率 × 回购期限 /360

这里的利息是按 360 天 / 年计算的。

（六）同业拆借市场

同业拆借市场最早出现在美国，原因是法定存款保证金的实施。1913 年美国通过了《联邦储备法》，规定了商业银行必须要按存款数额的一定比率向联邦储备银行缴纳一定的准备金。但是实际操作过程中，有些银行为了方便清算业务和日常收付的需要，总会保留超过法定要求的准备金，而另一些银行则会出现准备金不足的情况。这种情况下使得供求双方都需要一定市场来调节资金的流动。现在同业拆借市场不仅在美国，在全世界其他国家和地区都存在大大小小的同业拆借市场，表 7-7 是全世界主要的一些同业拆借利率的名称，它们功能都和 Shibor 基本相似，故不再论述。

表 7-7　各同业拆借利率的名称

简称	全称	中文
HIBOR	Hong Kong Inter Bank Offered Rate	香港同业拆借利率
SIBOR	Singapore Inter Bank Offered Rate	新加坡同业拆借利率
NIBOR	New York Inter Bank Offered Rate	纽约同业拆借利率
SHIBOR	Shanghai Inter Bank Offered Rate	上海同业拆借利率

📑 Tips

海外金融市场创新背景及意义

一、主要国际金融衍生工具交易及其产生年代

金融衍生工具产生的动力，主要来自于金融市场的各种风险。20 世纪 70 年代后，金融环境发生了很大的变化，利率、汇率和通胀等都呈极不稳定和高度易变的状况，使得金融市场风险大增。由此为开端，以美国为首的西方发达国家不断涌现出各种金融衍生工具。表 7-8 列出了一些主要金融工具的产生年代。

表 7-8　主要金融工具的产生年代

年份	国际金融衍生工具
1972	货币期货
1973	股票期货
1975	抵押债券期货、国库券期货
1977	长期政府债券期货
1979	场外货币期货
1980	货币互换
1981	股票指数期货、中期政府债券期货、银行存款单期货、欧洲美元期货、利率互换、长期政府债券期货期权
1983	利率上限和下限期权、中期政府债券期权、股票指数期货期权
1985	欧洲美元期权、互换期权、美元及市政债券指数期权
1987	平均期权、商品互换、长期债券期货和期权、复合期权
1989	三月期欧洲马克期货、上限期货、欧洲货币单位利率期货、利率互换期权
1990	股票指数互换
1991	证券组合互换
1992	特种互换

（资料来源：世界银行调查，1993 年）

二、金融市场的创新时代背景

金融衍生品之所以有如此迅速的发展，与当时的时代背景有关，其主要有以下几个特点：

（一）国际金融环境的剧烈变化和金融风险的剧增

20 世纪 70 年代以来，国际金融环境剧烈变化，其主要表现在金融自由化、金融证券化、金融国际化和国际一体化，而金融风险的新特征则表现为多样化、

复杂化和日益严重化。尤其值得指出的是，原来在布雷顿森林体系下并不严重的汇率风险和在利率管制下并不严重的利率风险也成为了主要的金融风险之一。在这一背景下，人们对管理各种金融风险的需求自然增加了。

（二）新技术的发展为金融衍生品奠定了坚实的技术基础。通信技术、计算机技术的飞速发展及其在金融业的运用大大降低了交易成本，提高了交易效率，并使金融交易突破了时间和空间的限制，创造了全球性金融市场。

（三）放松监管浪潮的推动。20世纪欧美等国同时放开金融监管，使得更多非金融部门纷纷参与金融活动。由此银行与非银行金融机构之间、金融机构与非金融机构之间以及本国金融机构和外国金融机构之间竞争加剧，这也迫使各金融机构通过金融工具创新来保持自己的优势。

（四）套利与投机的盛行对金融衍生品的发展推波助澜。从各类金融衍生品的产生和发展来看，他们无一例外地都是为了迎合人们管理各种金融风险的需要而产生和发展起来的。但是，由于各类衍生品都具有高风险和高利润并存的特点，所以在其交易过程中，很容易产生以获利为目的的投机行为。这种投机行为大大提高了市场流动性，促进了金融衍生工具的产生。

三、各种金融工具创新的历史回顾

（一）货币市场创新

1. 可转让存单（CDs）

1961年，为弥补企业客户活期存款的流失，并从货币市场中吸引新的存款，纽约第一国民城市银行开始发行可转让定期存单（Negotiable Certificate of Deposit，简称CDs）。此时的CDs多在美国国内发行，因此称为国内存单（Domestic CDs）。与此同时，政府证券交易商纽约贴现公司（Discount Corporation of New York）承诺为国内CDs开拓二级市场。很快其他的纽约大型银行都开始面向企业和非企业客户提供国内CDs，其他的政府证券交易商也开始参与到二级市场的交易中去。从首次发行到1962年底的短短一年多时间里，国内CDs的发行总额已经超过了60亿美元。

其实早在18世纪初就已经出现了一些地方性的类似于CDs的存单，但是由于各种原因并没有广泛推行。而国内CDs也有很多不同的创新之处。其中之一就是其"可转让性"及二级市场的发展，它具有的一些特征一定程度上提升了大型商业银行在吸收存款方面的竞争力。另外，国内CDs还绕过了经营地域的限制，任何地区的储蓄者都可以购买并持有CDs，一定程度上赋予了商业银行在全美范围内吸收存款的能力。更为重要的是，国内 CDs 的出现改变了美国批发银行业务的特征，拉开了银行负债管理的序幕。

2. 货币市场共同基金（MMMF）

货币市场共同基金（MMMF）是一种投资公司管理下的开放式投资工具，根据《1940 年投资公司法》进行注册并接受监管。此类基金通过向投资者出售股份筹集资金并投资商业票据、短期国债、市政债券和回购协议等高质量的短期债务工具。

货币市场共同基金的出现与 Q 条例对银行存款利息的限制息息相关。虽然 20 世纪 60 年代末富有的个人投资者和大型机构已可以通过投资 CDs 或商业票据来获取较高回报，但当时 CDs 的最小面值为 10 万美元，过高的投资门槛令一般家庭和小企业望而却步。另外当时美国储户的利息只有 4.5%，而美国 3 月期的国债却有 8%，在这样的背景下，布鲁斯·本特（Bruce R. Bent）和亨利·布朗（Henry B.R. Brown）创建了第一支 MMMF，命名为 Reserve Primary Fund，将单个投资者的少量资金汇集起来，并用于投资资金门槛较高的货币市场工具。尽管有明显的收益优势，但由于不受存款保险的保护，加上市场利率整体呈下降趋势，MMMF 发展并不是十分迅速，一直到了 1974 年才开始赢得一波高速扩张，到了 1982 年后 MMMF 的资产水平已经高达 2,200 亿美元。

（二）衍生金融工具创新

1. 金融期货

期货本身并非新生事物。早在 17 世纪 30 年代荷兰郁金香泡沫期间，期货合约就已被用于对冲郁金香价格上涨的风险。18 世纪 20、30 年代，为应对大米价格的下降，日本还建立起了大米期货交易市场。到 19 世纪中期，美国的粮食交易商开始大量使用远期合约对粮食价格进行锁定。1865 年，芝加哥期货交易所（Chicago Board of Trade，简称 CBOT）开始订立实施期货交易的正式规则，并着手将一些具有同质性且交投比较活跃，但缺乏规范性的远期合约转换为粮食期货合约。此时，CBOT 已经将期货合约的交易限制在交易所会员范围内，制定了标准化的合约规范，要求会员缴纳保证金，并且对包括支付与交货在内的合约结算进行了较为详细的规定。

虽然人类早就开始运用期货合约来对冲风险，但是直到 20 世纪 70 年代期货合约才真正作为一种金融产品登上历史舞台。1971 年布雷顿森林体系正式瓦解后，各国的汇率从固定走向浮动，使得出口企业开始面临汇率风险的问题。为了应对这一风险，1972 年外汇期货开始在 CME 的分支机构芝加哥国际货币市场

（International Monetary Market，简称 IMM）进行交易，拉开了金融期货发展的序幕，此后金融期货发展十分迅速，至今日已经形成了包括外汇、利率、股指、个股期货在内的一整套产品体系。

2. 金融期权

与期货合约一样，期权的使用也拥有漫长的历史。期权在美国的出现可以追溯到 18 世纪末。早期的期权称为"特权"（Privileges），买卖全部通过柜台交易进行，由经纪商进行撮合，每笔交易的执行价、到期日等细节都必须逐一商定。20 世纪 30 年代，一些具有较高专业知识的经纪商组建了所谓的买权卖权经纪商与交易商协会。1972 年芝加哥国际货币市场建立起金融期货场内交易规则后，芝加哥期货交易所开始对类似于期货合约的标准化期权合约进行探索，并于 1973 年 4 月份建立起芝加哥期权交易所（Chicago Board Options Exchange，简称 CBOE）作为标准期权的交易场所，开始对 16 只股票的看涨期权进行交易。

3. 互换合约

互换是 20 世纪中后期才开始出现的一种新生事物，由平行贷款（Parallel Loan）和背靠背贷款（Back-To-Back Loan）发展而来。为遏制资本外流，20 世纪 70 年代初英国政府对英镑外汇交易实施管制并征收高额税收。面对外汇方面的严格控制，许多企业开始采取平行贷款和背靠背贷款的方式获取外汇资金，以合法规避政府设立的障碍。

面对 70、80 年代复杂多变的汇兑及利率环境，互换合约很快在平行贷款和背靠背贷款的基础上发展起来。互换合约的应用最早出现于 1976 年，是荷兰 BosKalis Westminster 和英国 ICI 金融公司（ICI Finance）之间进行的一笔货币互换，交易目的是对冲汇率风险。但真正引起市场关注的是 1981 年所罗门兄弟公司（Salomon Brothers Inc.）牵头进行的 IBM 与世界银行（World Bank）之间的货币互换交易。鉴于 IBM 与世界银行的影响力与声誉，并受到此次交易获得成功的影响，货币互换合约很快为市场所接受，并进入了快速发展的时期。

（三）资产证券化

抵押债务债券（CDO）

抵押债务债券源于美国的住宅抵押贷款证券化。它以一个或多个类别且分散化的抵押债务信用为基础，重新分割投资回报和风险，以满足不同风险偏好投资者的需要。1980 年以来为应对二战后"婴儿潮"导致的大量的购房资金需求，将抵押贷款组成资产池，发行包含多个不同投资期限的有担保的房贷债务凭证（MBS）。此后构造资产池的基础资产的范围逐渐扩大。汽车贷款、信用卡贷款、学生贷款、企业应收账款、不动产都可用来充当质押资产，发行不同优先顺序的债务凭证。由于公司债券、资产支持证券（ABS）等债务工具与不同期限的资产债权一样，具有未来稳定的现金流，同样可以用来构造资产池，发行不同次序的债务凭证。以银行贷款（Bank Loans）为主要质押资产发行的债务凭证称为CLO。以公司或政府债券为质押资产发行的债务凭证称为CBO。由于银行贷款、债券、ABS、MBS等质押资产都是债务的一种，因此可统称为抵押债务债券。

四、金融衍生品创新的意义

2008年金融危机给了金融衍生品创新当头一棒，金融衍生品创新在这次金融危机中起着关键的作用，一度使得很多人对金融衍生工具失去了信心，认为它们对经济有害无益，只是助涨投机行为。但事实上，并不是说金融创新就没有任何好处。恰好相反，如果利用得当，金融衍生品工具将能够提高金融体系在发挥其核心作用时的效率，因而也能够提高全社会经济活动的效率。另外，金融创新能够降低金融中介的成本，提高信贷的可得性，使金融机构和企业能够根据其投资组合偏好，对资金进行最有效的配置。一些金融衍生工具能够对风险进行更精确的估量，从而实现经济资源的优化配置。

（资料来源：

1. 张鹏. 20世纪60年代以来美国金融创新及其主要外部动因 [D].

中国社会科学院研究生院，2013

2. 谭燕芝. 国际金融衍生品交易：多边治理机制视角的研究 [M].

北京：经济管理出版社，2012）

思考题：

（1）您认为金融衍生品出现的原因是什么？

（2）2008年金融危机的出现被普遍认为是金融衍生品的过度发展所导致的，您认为中国是否应该继续走美国的路，即继续大力发展金融衍生品？

第八章　债券市场

第一节　债券

一、综述

债券是要求发行人（Issuer）[也称为债务人（Debtor）或借款人（Borrower）] 在规定期限内向债权人 / 投资者偿还借入款项并支付利息的债务工具。一般典型的债券规定有：

（1）应偿还借款（本金）的固定日期。

（2）合约规定的利息金额，通常每 6 个月支付一次。

要求偿还本金的日期称为到期日（Maturity Date）。

假设发行人没有违约，或在到期日之前没有赎回所发行的债券，那么持有债券至到期日的投资者就可以确知债券的现金流情况。

我国债券市场债券品种主要包括：国债、中央银行票据、政府支持机构债券、金融债、企业债、短期融资券、中期票据、资产支持证券、国际开发机构债等几大类产品。

政府债券是指中央政府或地方政府为了实现其职能，平衡财政收支，增强政府的经济建设能力，按照有借有还的信用原则，从国内或国外筹集资金的一种方式。政府债券包括国债、地方政府债和政府支持机构债券。

中央政府债（国债）的发行主体是国家，具有极高的信用度，被誉为"金边债券"。我国国债的发行人为中国财政部，主要品种有记账式国债和储蓄国债。其中，储蓄国债分为传统凭证式国债和电子凭证式国债。

中央银行票据是中国人民银行发行的一种债券。期限从 3 个月到 3 年不等，以 1 年期以下的短期票据为主。2003 年，为了丰富公开市场操作工具，提高货币政策传导的有效性，人民银行开始在银行间债券市场面向一级交易商发行中央银行票据。

政府支持机构债券主要是中央汇金公司发行的债券。中央汇金公司是代表国有金融资产出资人投资国内重要金融机构的机构。从性质上说，它是政府支持的特设机构。

我国金融债券按发行人不同可以分为政策性金融债、商业银行金融债和其他金融机构发行的金融债券。

政策性金融债是我国金融债券的主体。发行政策性金融债的机构主要是国家开发银行、中国进出口银行和农业发展银行。目前，三家政策性银行均采用市场化方式发债融资。

商业银行发行的金融债的主要品种是次级债券，另外还有混合资本债以及一般性金融债券。次级债券与混合资本债主要用于补充商业银行的附属资本，一般性金融债券可用作运行资金或解决流动性问题，是商业银行主动负债的重要工具。其他金融机构金融债券主要由财务公司等非银行金融机构发行，旨在扩大这些机构的筹资渠道，支持企业发展。

公司信用类债券近年来也获得了较大的发展，主要包括企业债、公司债和非金融企业债务融资工具。

企业债券的发行主体是股份公司和非股份制的企业，我国企业债市场从 20 世纪 80 年代初开始发展，由国家发展改革委员会（以下简称发改委）负责审批，2013 年 11 月以后改为由地方发改委负责审批，近几年发行量明显增加。

公司债券的发行主体仅限于股份制公司，在 2007 年推出，主要由中国证券监督管理委员会（以下简称证监会）负责审批。

非金融企业债务融资工具是具有法人资格的非金融企业在银行间债券市场以票据形式发行的债券。近几年发展十分迅速，主要包括短期融资券、中期票据、中小企业集合票据、超级短期融资券、非公开定向发行债务融资工具、资产支持票据等。企业短期融资券是期限在 1 年以下的一种融资工具。中期票据（Medium Term Notes, MTN）是期限在短期票据和长期票据之间的债务融资票据。2008 年，银行间债券市场推出中期票据。

此外，我国债券市场还有少量的资产支持证券和国际开发机构人民币债券。其中资产支持证券是在 2005 年推出的，是由信托机构以证券化资产构成的资产池为基础发行的证券。就严格意义而言，这不是一般的债券，但从还本付息等特征看，它可以看成是一种特种债券。国际开发机构是指进行开发性贷款和投资的国际性金融机构。国际开发机构在国内发行人民币债券筹集资金，主要用于对我国国内企业的贷款。目前在我国债券市场上的国际开发机构主要是国际金融公司和亚洲开发银行两家。

还有一种可转换公司债券，可转换公司债是可转换证券的一种，它赋予持有人在该债券发行后的一定时间内，可依据本身的意愿，选择是否依约定的条件将持有的债券转换为发行公司的股票或者另外一家公司股票的权利。也就是说，可转换公司债券持有人可以选择持有至债券到期，要求公司还本付息，也可以选择在约定的时间内转换成股票，享受股利分配或资本增值。

🎴 小阅读

我国债券市场产品结构的特征

一是债券品种较为丰富。相对于 2004 年以前，债券发行主体进一步多样化，债券品种和信用层次逐渐丰富。债券发行人已从财政部、人民银行、政策性银行扩大至政府支持机构、商业银行、非银行金融机构、国际开发机构和非金融企业等各类市场参与主体，债券种类日趋多样化，信用层次进一步丰富。

二是期限结构日趋合理。随着债券信用层次的不断丰富，相对于 2000 年以前，中短期债券品种发行量逐年增加。在 2012 年发行的债券中，5 年期以内的债券发行量占比 42.3%；期限 5（含）到 10 年的债券发行量占比 39.2%；期限 10 年（含）以上的债券发行量占比 18.5%。

三是各类债券品种发展逐步走向均衡，公司信用类债券发展最为迅速。目前，我国债券市场各品种中，政府债券、政策性金融债券、公司信用类债券规模较大，其中，政府债券占全部债券余额的 29.65%，政策性金融债券为 30.22%，企业债、公司债、非金融企业债务融资工具以及除政策性金融债以外的金融债合计占比 32%。其中公司信用债呈飞跃式发展。2004 年，公司信用类债券余额仅有 0.1 万亿元，2012 年余额达到 7 万亿元，世界排名从 2004 年的第 21 位大幅升至 2012 年 3 月末的第 3 位。

二、债券特征概述

债券契约（Indenture）是债券发行人和债券持有人签订的合约，其中规定了债券发行人的全部义务。债券发行人包括三类：中央政府、地方政府、（国内和国外）公司。

债券的到期期限是债券发行人承诺履行偿债条款的年限。债券到期日是指债务停止存续，发行人通过偿还未偿本金赎回债券的日期。但是，在债券市场实务中，通常将债券的到期期限（Term to maturity）简称为期限。通常，期限在 1～5 年的债券被称为短期（Short-term）债券；期限在 5～12 年的债券被称为中期（Intermediate-term）债券；期限长于 12 年的债券被称为长期（Long-term）债券。

债券的到期期限很重要。

一是到期期限显示出债券持有人预期收到息票支付的时期以及还清本金之前的年数。

二是债券收益率取决于债券到期期限。

三是在债券存续期内，债券价格将随着债券市场收益率的变化而波动。

具体而言，当其他所有因素不变时，债券的到期期限越长，市场收益率变化导致的价格变动性就越大。

债券的本金价值（或简称为本金）是债券发行人同意在到期日向债券持有人偿还的金额。该金额也被称为赎回价值（Redemption Value）、到期价值（Maturity Value）、面值（Par Value 或 Face Value）。

息票利率（Coupon Rate），也被称为名义利率（Nominal Interest Rate），是债券发行人同意每年支付的利率。在债券存续期内，每年向债券持有人支付的利息被称为息票利息。债券本金乘以息票利率就得到息票金额。例如，息票利率为 8%、本金为 1 000 美元的债券，每年支付的利息为 80 美元。在美国和日本，债券发行人通常每半年支付一次利息。对于在某些欧洲债券市场上发行的债券，每年仅支付一次利息。

浮动利率债券（Floating-Rate Bonds）为根据公式定期（在调息日）重新设定息票利率的债券。所用的公式被称为调息公式（Coupon Reset Formula），其一般形式如下：

参考利率 + 报价利差

报价利差为债券发行人同意在参考利率之外额外支付的利率。例如，假设参考利率为 1 个月期伦敦银行同业拆借利率（Libor），假设报价利差为 150 个基点。那么，调息公式为：

1 个月期 Libor + 150 个基点

因此，如果在调息日 1 个月期 Libor 为 3.5%，那么该期的息票利率将重新设定为 5.0%（3.5% 加 150 个基点）。

多数浮动利率证券的参考利率都是某种利率或利率指数，但是也有一些例外的情况。例如，有些浮动利率证券的参考利率为某些金融指数，如标准普尔 500 指数的收益率，或非金融指数，如某种商品的价格。通过金融工程的运用，债券发行人几乎已经能用任何参考利率构建浮动利率证券。在一些国家中，有的债券的调息公式是与通货膨胀指数挂钩的。

尽管与基准利率挂钩的浮动利率债券的息票利率会随着基准利率的升降而升降，但也有些浮动利率债券的息票利率与基准利率的变化方向相反。这种浮动利率债券被称为反向浮动利率债券（Inverse-floating-rate Bonds 或 Inverse Floaters）。

除了表明投资者预期将在债券存续期中获得的利息，息票利率还表明了债券价格受利率变化影响的程度。当其他所有因素不变时，息票利率越高，债券价格受市场收益率变化的影响越小。

分期偿还特征债券的本金偿还有两种方式：（1）在到期时一次性偿还全部本金；（2）在债券存续期内分期偿还本金。后一种偿还方式具有本金偿还时间表。该时间表被称为分期偿还时间表（Amortization Schedule）。有这种特征的贷款包括汽车贷款和住房抵押贷款。

嵌入式期权：在债券契约中常常会加入一种条款，给予债券持有人或债券发行人对另一方采取某种措施的期权。债券中最常见的一种嵌入式期权为赎回条款（Call Provision）。该条款赋予发行人在规定到期日之前全部或部分赎回债务的权利。对债券发行人而言，赎回条款的好处在于：当市场利率下降时，债券发行人可以用息票利率较低的新债券代替息票利率较高的已发行债券。赎回条款实际上使债券发行人得以改变债券期限。赎回条款不利于债券持有人的利益。

三、债券投资的风险

债券投资者面临着以下一种或多种风险：（1）利率风险；（2）再投资风险；（3）赎回风险；（4）信用风险；（5）通货膨胀风险；（6）汇率风险；（7）流动性风险；（8）波动性风险；（9）风险的风险。各风险的特点（如表8-1）：

表 8-1　不同风险的特点

风险类型	特点
利率风险	债券价格通常与利率反向变动：当利率上升时，债券价格将下降；反之债券价格上升。如果投资者必须在到期日之前卖出债券，那么利率上升意味着投资者将遭受资本损失（即债券出售价格低于债券购买价格）。这种风险被称为利率风险或市场风险。这种风险是迄今为止债券市场中的投资者面临的主要风险
再投资收益（再投资风险）	计算债券收益率时，假设所收取的现金流被用来进行再投资。这种再投资带来的额外收益，取决于再投资时的通行利率水平和再投资策略。市场利率变动引起的既定策略的再投资收益率波动性被称为再投资风险。这种风险是指，在期间现金流以通行市场利率进行再投资的时期内，通行市场利率下降的风险。持有债券的时间越长，再投资风险越高；同时，现金流越大、越早的债券（如高息票债券）的再投资风险也越高 应该注意，利率风险和再投资风险之间具有此消彼长的关系。也就是说，利率风险是指利率升高，从而导致债券价格下降的风险。相反，再投资风险是指利率降低的风险。根据这些相互抵消的效应而制订的投资策略被称为免疫策略

续表

风险类型	特点
赎回风险	债券契约中可能包含允许发行人在到期日之前提前偿还或"赎回"全部或部分债券的条款。从投资者的角度看，赎回条款有三个缺点：第一，投资者无法确知可赎回债券的现金流模式。第二，由于利率下降时发行人将赎回债券，因此投资者面临着再投资风险（即债券以相对较低的利率被赎回时，投资者不得不将债券收益进行再投资）。第三，由于可赎回债券的价格可能不会升到发行人赎回债券的价格之上很多，因此债券资本增值的可能性将会降低
信用风险	信用风险包括违约风险、信用利差风险、信用降级风险和对手风险 违约风险：债券发行人无法履行及时支付利息和偿还所借款项的义务的风险。市场参与者通过考察三大评级公司——标准普尔、穆迪和惠誉——对债券的信用评级来判断债券的违约风险
信用风险	信用利差风险：即使没有发生违约，投资者也担心债券的市场价值下跌，或债券的相对价格表现比投资者用来比较的其他债券差。债券的收益率由两部分组成：（1）类似期限的国债的收益率；（2）用来补偿债券中存在而国债中不存在的风险的溢价。这种溢价也被称为利差。这部分违约风险产生的风险溢价或利差被称为信用利差。由于信用利差增加而使债券价格下降的风险称为信用利差风险
信用风险	信用降级风险：一旦确定了债券的信用评级，评级机构将监督发行人的信用质量，并可以变更其信用评级。如果债券或债券发行人的信用质量改善，将会获得更优的信用评级作为奖励，称为信用升级；如果债券或债券发行人的信用质量恶化，将会获得更差的信用评级作为惩罚，称为信用降级。未预期到的债券或债券发行人的信用降级将会增加其在市场上的信用利差，导致债券价格下降。这种风险被称为信用降级风险
信用风险	对手风险：这种风险涉及交易双方之间的交易。这里举两个例子。第一个例子是用借入资金购买债券的策略。使用借入资金购买债券被称为杠杆化，在这种交易中，资金贷方面临着对手风险，因为存在着借款人无法偿还贷款的风险。第二个例子是衍生工具交易，在这种交易中也存在对手风险。有些衍生工具是在交易所中交易，在这些交易中，交易所将成为交易的最终对手。在这种情况下，市场普遍认为对手风险非常小。与之完全相反，对于在场外市场交易的衍生工具，对手是交易所以外的实体。在这些交易中，人们十分关注对手风险；幸运的是，这些交易的对手可以运用风险管理机制最大限度地降低对手风险
通货膨胀风险（购买力风险）	是指通货膨胀引起以购买力衡量的证券现金流价值波动而形成的风险。例如，如果投资者购买息票利率为7%的债券，但通货膨胀率为8%，那么债券现金流的购买力实际上已经下降了
汇率风险	从我国投资者的角度看，非人民币计值债券（即用非人民币货币进行支付的债券）的人民币现金流是未知的。人民币现金流取决于收到支付金额时的汇率。例如，假设投资者购买了用日元进行支付的债券。如果日元相对于人民币贬值，那么投资者收到的人民币将减少。这种风险称为汇率风险或货币风险

续表

风险类型	特点
流动性风险	流动性风险取决于债券以等于或接近债券价值的价格出售的难易程度。衡量流动性的基本指标是交易商报出的买价和卖价之间的价差大小。交易商报出的价差越大，流动性风险越高
波动性风险	附有某种嵌入式期权的债券的价格取决于利率水平和影响嵌入式期权价值的因素。这些影响因素之一就是预期利率波动性。具体而言，当预期利率波动性增加时，期权的价值也随之增加。在可赎回债券或抵押贷款支持证券中，投资者将期权给予借款人。由于投资者出让了更有价值的期权，因此证券价格将下跌。波动性的变化会对债券价格产生不利影响，这种风险被称为波动性风险
风险的风险	债券市场上已经出现了各种新型和创新性债券品种。不幸的是，这些证券的风险/收益特征并不总能被资金管理者理解。风险的风险的定义是，不知道证券的风险是什么的风险。当媒体上报道金融危机时，我们经常能听到受影响机构的资金管理者或董事说"我们不知道会发生这种事"。尽管资金管理者或董事可能无力预测未来，但他们没有理由不事先了解投资或投资策略的可能结果 减轻或消除风险的风险的方法有两种。第一种方法是密切关注那些论述最先进的证券分析方法的文献。第二种方法是远离你尚未清楚了解的证券。可惜的是，投资的证券越复杂，获得更高收益率的机会就越大。这又使我们返回到第一种方法

第二节　我国债券市场

我国债券流通市场包括场外市场和场内市场。其中，银行间债券市场和商业银行柜台市场为场外市场，交易所债券市场是场内市场。

一、交易所债券市场

交易所债券市场是典型的场内市场。在我国主要指的是上海证券交易所和深圳证券交易所市场，其中，上海证券交易所的证券交易份额占较大比重，深圳证券交易所的债券交易较少。目前，中国证券登记结算有限责任公司（以下简称中证登）是交易所债券市场指定的登记、托管和结算机构。中国证监会负责对交易所债券市场的监督管理。

在债券品种和交易工具方面，2004年前，交易所债券市场交易券种和交易工具都较少，仅包括国债和企业债，交易工具也只有现券交易和质押式回购交易等。之后，交易所陆续推出买断式国债回购交易、企业资产证券化产品、可分离交易的可转债和公司债券。

除了债券品种和交易工具的创新，交易所债券市场也一直对其交易制度进行完善。尽管交易所采取了种种措施促进市场发展，但总体而言，交易所债券交易量增长缓慢。

二、银行间债券市场

银行间债券市场是机构投资者进行大宗交易的场外市场，是我国债券市场的主体。目前，银行间债券市场的发行量、托管量和交易量占债券市场的比重均为 97% 以上。

（一）银行间债券市场的主要特征

银行间债券市场是债券市场的重要组成部分，与其他市场相比，具有以下几个明显的特征：

（1）银行间债券市场是机构投资者市场。

（2）银行间债券市场是产品多元化的市场。目前，银行间债券市场可交易券种包括政府债券（国债、地方政府债券）、中央银行票据、金融债券（包括政策性金融债、普通金融债、次级债、混合资本债）、公司信用类债券（包括企业债、公司债券、短期融资券、中期票据等）、资产支持证券、国际开发机构债券、政府支持机构债券等 6 类 10 余个品种；交易工具包括现券交易、质押式回购、买断式回购、债券远期、利率互换、远期利率协议和债券借贷 6 个品种。

（3）银行间债券市场是多层次的市场。第一层是做市商和结算代理人，它们可"从事债券的自营业务、债券的承销业务，也承担结算代理业务"。第二层是可以从事自营交易的金融机构，可直接参与交易，但不为其他机构进行代理。第三层是通过结算代理进行交易的中小金融机构和非金融机构法人，这类机构只能通过有结算代理资格的机构间接参与交易。

（4）银行间债券市场是场外市场。债券买卖双方既可以通过交易系统进行询价，也可以通过电话、传真等方式一对一进行询价，逐笔成交，成交后进行债券的清算。国内外债券市场的发展历程表明，债券交易绝大部分是在场外市场上进行的，场外交易量一般占债券市场交易总量的 90% 以上。

（二）银行间债券市场的主要参与者

银行间债券市场参与者全部是机构投资者，包括银行、证券、保险等金融机构、工商企业，以及各类基金、年金、公积金等非法人的集合性资金。按这些参与者的功能划分，主要包括做市商、债券结算代理人、货币经纪公司、柜台交易商和其他市场参与者。

1. 做市商（Market Maker）

是指在债券市场连续地报出债券买、卖双边价格，并随时准备按其报价接受其他投资者的买卖要求，与其他投资者进行交易的市场参与者，通常由债券市场上具备一定实力和信誉度的机构担任，主要是商业银行和证券公司。目前，银行间债券市场共有做市商 25 家。

2. 债券结算代理人

是指受市场参与者委托，为其办理债券交易、结算等业务的存款类金融机构。就其业务性而言，结算代理人既具有交易代理人的性质，又具有结算代理人的性质。鉴于我国只有商业银行才能直接与中央银行的支付系统连接，从事结算业务，所以结算代理人限于商业银行。目前，我国债券市场结算代理机构共有 45 家。

3. 货币经纪公司（经纪商）

是在金融市场开展经纪业务，为金融产品交易提供信息、促使交易达成的专业化机构。货币经纪商的存在，对提高市场流动性、降低交易成本及促进市场公平交易具有重要作用。此外，经纪商的存在为匿名交易等交易方式创造了条件，满足众多市场参与者不希望在交易时暴露真实身份的要求。

4. 柜台交易商

是指部分在自己的营业网点，按照挂出的债券买入价和卖出价，与投资人进行债券买卖，并为投资人办理债券托管和结算的机构。我国目前共有 8 家柜台交易商提供债券买卖服务，这些柜台交易商也都是做市商。

5. 其他市场参与者

除了上述核心的市场参与者，银行间债券市场还包括数量众多的其他金融机构、广大工商企业以及证券投资基金、企业年金、信托资金、理财产品等非法人的机构投资者，这类机构投资者可以说是银行间债券市场的终端用户。

（三）银行间债券市场的交易平台及交易方式

我国银行间债券市场的交易系统相对集中，从市场建立之初，就依托中国外汇交易中心建立了统一的电子平台，提供报价和交易服务。近两年，彭博、路透等一些国际知名公司开始在中国提供服务，也有部分市场参与者在这些公司的系统进行报价。

银行间债券市场的交易方式包括交易双方一对一直接询价交易、通过货币经纪公司的匿名交易以及通过做市商点击成交等。目前，银行间债券市场绝大多数的债券交易都是通过询价方式达成的，通过货币经纪公司匿名交易方式及做市商点击成交方式达成的交易占比还很低。

（四）银行间债券市场的托管结算机构

中央国债登记结算有限责任公司（以下简称中债登）和上海清算所是银行间债券市场指定的登记、托管和结算机构。其中，中债登主要负责政府债券、金融债、企业债、短期融资券、中央银行票据、中期票据等债券品种的登记托管和结算。上海清算所主要提供信用风险缓释凭证、短期融资券、超级短期融资券、中期企业集合票据、资产支持票据、非公开定向债务融资工具、资产管理公司金融债等创新产品的登记、托管和结算；此外，上海清算所还引入中央对手方清算机制，提供所托管债券的净额清算服务。

银行间债券市场采用的是一级托管债券的方式，即所有的银行间债券市场参与者均直接在登记托管机构开立债券账户，由登记托管机构直接负责参与者债券的托管和结算。这种托管方式有效避免了二级托管机构挪用债券的风险，能够最大限度地保障参与者债券的安全。此外，由中央托管机构直接负责债券结算，也大大提高了结算的效率。

📖 **小阅读**

我国债券银行间市场与交易所市场的分割性分析

目前是我国债券市场飞速发展的时刻，但是由于监管、交易、发行和托管等环节的限制，造成了对我国债券市场的一种约束，也局限了债券的发展，不利于我国债券市场的健康发展。我国债券市场分割主要表现在下述的两个方面：

一、两市场多种监管机制及审核机制并存，审批和监管机构不统一

1. 债券发行涉及审批部门较多，各部门间缺乏统一协调。每个部门对于所管辖的券种均设计了一套各自的文件规范、审批标准、流程手续等，造成各债券发行过程存在较大差别，增加了发债成本，降低了发债效率。

2. 债券市场审核机制缺乏市场化制度。虽然我国部分债券已经实行了从审批制向注册制的过渡，但是距离真正意义上的市场化发行制度还是有一段不小的差距。国家发改委和证监会所采取的债券发行制度是核准制，但是中期票据和短期融资券所采取的是注册制。注册制的实现，进一步推进了银行间市场的其他债券种类由审批制度转变为注册制度，但公司债券和企业债券依然没有变，也恰恰就是这两种债券的审核制度相当的繁琐和严格。两种制度的并存证明了市场债券发行制度的不完善。

二、两市场的托管与结算体制的分割

（一）两种债券托管结算体制并存，显现债券市场分割性

1. 我国债券市场现有债券的托管结算系统分在两公司

分割形成的原因：我国债券市场现有债券的托管结算系统分在两公司进行，一类是在中央国债登记结算公司，另一类就是中国证券登记结算公司。中央国债登记结算公司是由中国银监会和中国人民银行共同监管的，是作为银行间债券市场的后台支撑系统，主要负责的就是银行间债券市场的各类债券的托管与结算事项。中国结算公司由于交易所分为了上海和深圳两部分，从而也分为上海证券结算公司和深圳证券结算公司，其公司主要负责的也是证券交易所所有债券的托管清算结算等事项。

分割导致的问题：这两个后台支撑系统不论是在政策上还是技术上都还没有产生共联，而且两者之间还存在很大的规则上的差异。中央国债登记结算公司针对的对象是银行间债券市场，而银行间债券市场实行的又是一对一询价报价交易，所以不用承担对手方的职能，只需要对债券的托管结算负有办理确认的责任即可，既不对合同承担履行担保的责任，也不会实行净额结算制度，而是提供券款对付（DVP）、见券付款、见款付券以及纯券过户等的结算服务。中国结算公司面对的是交易所市场，而交易所市场所实行的是集中撮合竞价的交易规则，所以需要承担对手方的角色，对交收负有担保职责。

2. 债券交易的资金结算分为两个支付系统

分割形成的原因：银行间债券市场主要是通过人民银行的清算支付系统与交易商指定的银行的支付系统进行的。而交易所结算主要是在中国结算公司进行结算。现在中国人民银行所建立的"中国国家现代化支付系统（CNAPS）"已经连接了全国银行间同业拆借系统和中央国债结算公司的中央债券综合服务业务系统，可以在两个系统之间进行现券兑付结算。然而在中国结算公司的系统，债券过户一般可以在当日完成，而资金交收必须要在第二个工作日完成。也就是因为时间的差异现券对付目前还不能实现，所以资金的清算还有支付基本上是通过交易所与交易商指定的清算银行实施的。从目前来看，由于现在银行间市场占据了债券市场的绝大部分份额，所以中央国债公司也占据了中国债券市场的绝对主导地位，同时运营几个计算机系统、债券簿记系统、债券发行系统、央行公开市场业务操作系统、信息统计系统、柜台交易中心系统以及债券余额查询系统等。特别是在债券余额能够实时查询方面的系统更是中国结算公司所不能及的，也就是这个特点导致了两个市场的巨大差距，因为这个特点会引起两个市场的风险控制能力的不对称。两大系统无论是在实质内容上来看还是从表面上看都是分割的。

尽管中央国债公司是财政部唯一授权的国债中央托管机构，但中国结算公司作为成员单位也在中央国债公司开有国债托管帐户，但中央国债公司对这个账户和系统里面的债权额流转和运营根本就没有任何控制能力，更加涉及不到其中的系统的明细账目。所以即使财政部对每一期的国债的利息还有本金都予以兑付，但是其实资金还是直接拨给中国结算公司，再由它对中间其他的成员机构进行代拨。

分割导致的问题：由于两个结算托管公司之间没有能够进行良好的连接还有互补，导致两个市场其实是存在着一种相互竞争的关系的，这样的关系导致了债券市场交易成本的提高以及交易效率的降低，大大降低了债券市场的发展速度。所以为了使债券市场能够更好更快地发展，关键措施之一就是要解决两个市场之间的转托管问题。这个问题多年前就已经被市场成员所提出，但是两大后台系统之间这么久也没有做出一些实质性的改变和进展。

（二）两市场对债券余额的实时直接查询系统缺乏统一

分割形成的原因：中国结算公司并不掌握二级托管结算成员单位的明细账目，对债券余额缺乏一个实时的直接查询系统。然而在这一点上，中央国债公司对所有的客户实行实名制管制，而且还掌握着客户所有的明细账目。同样是实行二级托管制，中央国债公司能够更好地避免客户在交易所市场中大肆挪用债券等现象的产生。

分割导致的问题：由于中国结算公司系统是在原来属于上海证券交易所和深圳证券交易所的证券登记结算公司基础上由行政手段所建立起来的，所以无论是就系统还是技术方面来说，相应的应对方案都有待加强，如果不能尽快形成对上海与深圳两个分公司有效的统一管理和协调机制，就很难起到预期降低成本、提高效率的作用。

（三）两市场结算制度缺乏统一

分割形成的原因：事实证明主席位制不是一个高效的有力的制度。"主席位清算结算制度"就是一个要求交易所市场的会员机构首先必须先确认并且指定一个所谓的主席位，然后才可以在系统中进行交易的制度。它的自营、对于代理客户的现券交易还有回购交易的清算结算都是经过这个主席位进行交易的，主席位实行的是一级托管清算结算。而且"主席位清算结算制度"还要求其只能通过主席位对所代理的业务进行统一的申报和登记，交易所和中国结算公司只对这个主席位上的债券总数负责，并不对明细账负责，也是因为交易所和中国结算公司没有对于会员的明细账。

分割导致的问题：就是因为这一个缺陷导致了债券回购的过程中产生了许多问题。非交易所的会员对于它们所托管的债券的状态和去向都无法得知，或者说无法得到获取信息的渠道，也就会产生许多风险在里面，例如受托人如果私自挪用会员的债券，我们却无法得知并及时制止。

（四）两市场托管结算系统缺乏相关法规约束

分割形成的原因：现在债券市场的托管清算结算相关的法规问题，首先是针对债券市场的托管结算系统没有一个统一的法律进行约束和管制。在《证券法》中虽然有一些法律规章制度是关于托管结算业务的，但它们并不能适应当今的债券市场。

分割导致的问题：在现今这个飞速发展、不断创新的债券市场，如果没有严格的法律法规来管理约束，会使得今后的债券市场面临各种巨大的风险。投资者得不到正当的有效保护，融资者同样也面临着各种巨大的潜在风险。

三、商业银行柜台债券市场

商业银行柜台交易也是债券交易的场外市场，个人和中小投资者可通过商业银行的营业网点进行国债买卖，并由商业银行办理托管和结算。

2007年11月，人民银行与财政部为推动商业银行柜台市场发展，将柜台交易的记账式国债交易券种扩大到了所有新发行的关键期限国债，并对开办柜台交易的银行进行了扩展，使承办银行由4家增加为8家。经过几年的运行，该项业务逐渐得到了市场各方的认可，并取得了较快发展，主要体现在以下几个方面：

（1）业务覆盖范围逐步扩大。

（2）投资者参与数量逐渐增多。

（3）国债交易券种更加丰富。

（4）开户数量和交易笔数都在增加，但是交易量一直发展不快。我国银行柜台债券市场参与者主要是居民，多数居民购买国债主要是替代银行储蓄，交易动机不强烈，这是银行柜台债券交易不活跃的重要原因。

与同为场外市场的银行间债券市场不同，商业银行柜台市场主要面向个人和中小机构投资者。持有有效身份证件的个人以及法人机构均可在商业银行柜台开立债券托管账户，在与银行签署债券托管协议后，即可买卖在银行挂牌的记账式债券。商业银行柜台市场具有以下几个特点：一是集中统一的托管后台；二是公开挂牌报价；三是采取二级托管方式；四是交易对手是商业银行。

第三节　我国债券市场交易工具

债券市场的交易工具又称债券市场的交易方式，我国债券市场交易工具主要包括：现券交易、质押式回购、买断式回购、债券借贷、债券远期等。这里，银行间债券市场包括上述所有的债券交易工具，交易所债券市场的交易工具类型较少，只有现券买卖和债券回购，这主要是由交易所债券市场竞价撮合的交易方式所决定的。从各个交易工具的交易量来看，目前我国债券市场交易主要集中于现券交易和质押式回购交易。

一、现券交易

现券交易，即现券买卖，是指交易对手以约定的价格，转让一定数量债券的所有权，并在规定的结算时间办理券款交割手续的交易行为。现券买卖是衡量债券市场流动性的主要指标，券货市场的发展和流动性的提高是一国债券市场成熟的重要标志。

我国的现券交易主体主要是商业银行。我国保险公司在银行间市场的债券托管量和现券交易量占比都不高，这是由于保险公司买入债券主要是为了获取利息收益，因此交易的意愿不强，活跃度不高。

现券交易的作用包括：优化资产负债配置、实现流动性主动管理、获得交易性收益、实现价格发现功能、充当公开市场操作的工具等。

现券交易存在的问题包括：

（1）债券市场的流动性仍处于较低水平。

（2）债券市场做空机制尚不完善。

（3）会计核算机制尚不完善。

（4）金融机构缺乏有效的激励机制，导致交易员缺乏交易动机。

二、债券回购

债券回购是指债券持有人在卖出债券给债券购买人时，双方约定在将来某一日期以约定的价格，由卖方从买方买回相等数量的同品种债券的交易行为。

债券回购分质押式回购与买断式回购两种。质押式回购是交易双方进行的以债券为权利质押的一种短期资金融通业务，资金融入方（正回购方）在将债券出质给资金融出方（逆回购方）融入资金的同时，双方约定在将来某一日期由正回购方按约定回购利率计算的资金额向逆回购方返还资金，逆回购方向正回购方返还原出质债券。在约定的回购期限尚未到达之前，逆回购方不能出售作为质押物的债券。

买断式回购，也称开放式回购，是指债券持有人（正回购方）将债券卖给债券购买方（逆回购方）的同时，交易双方约定在未来某一日期，正回购方再以约定价格从逆回购方买回相等数量同种债券的交易行为。买断式回购与国外的购/售回交易类同，以首期和到期两次交易价格报价，回购利息和支付债息（回购期间如发生债券付息，所支付利息由债券持有人获得）都通过两次交易价格的差价来体现。与质押式回购不同的是，买断式债券回购实际上对应着两笔债券交易。在交易期内，买断式回购的资金融出方不仅可获得回购期间融出资金的利息收入，亦可获得回购期间的债券所有权和使用权。在买断式回购期内，该债券归逆回购方所有，逆回购方可以使用该笔债券，只要到期有足够的同种债券返还给正回购方即可。

债券回购期限通常在一年以内，是货币市场的重要工具。由于债券回购不仅可作为融资、融券的手段，还可以作为保值和短期投资的工具，因此具有非常广泛的应用范围。一个健康的回购市场，也有助于提高金融市场的流动性和效率。

🔲 小阅读

银行间债券市场的债券回购

银行间债券市场的债券回购包括质押式回购和买断式回购两类。

银行间债券市场质押式回购具有如下特点：（1）银行间债券回购合同的标的券是现实的具体券种；（2）交易方式是一对一询价，逐笔订立交易合同，交易双方互相知道交易对手；（3）需要签订债券回购主协议，明确回购交易双方权利和义务。银行间债券市场的回购制度避免了回购合同存续期的挪券和清算风险，风险较小。

自银行间债券市场质押式回购推出以来，交易量增长迅速，涉及的券种也日渐丰富，包括国债、政策性金融债、央行票据、金融债券、短期融资券等银行间债券市场交易流通的所有券种。参与主体主要是商业银行、信用社、非银行金融机构、证券公司、保险公司、基金公司，以及非金融机构。目前，质押式回购是我国债券市场最为活跃的交易工具，已经成为我国债券市场参与机构最多、期限最为丰富、交易量最大的交易工具之一。

由于买断式回购在债券卖出和买回的期间内，资金融出方有权使用买入的债券，这就存在回购日资金融出方拿不出相同债券的可能，其风险比质押式回购更大。为了抵御买断式回购的风险，人民银行对在银行间债券市场进行的买断式回购进行了一定的限制。

一是要求买断式回购最长期限不得超过 91 天，到期交易净价加债券在回购期间的新增应计利息应大于首期交易净价。二是规定任何一家市场参与者单只券种的待返售债券余额应小于该只债券流通量的 20%，任何一家市场参与者待返售债券总余额应小于其在中央结算公司托管的自营债券总量的 200%，以避免逆回购方的过度融券，防止债市过度投机。

总体来看，买断式回购的推出可以充分利用现券资源，提高市场流动性。同时，对于逆回购方，由于其拥有回购债券的所有权，可利用购入债券进行再回购或卖出，回购在一定程度上体现为融券的功能，实际上给市场投资者提供了做空手段，使得在部分债券收益率过低的时候，投资者可以通过买断式回购做空债券，获得收益。这对促进债券市场流动性，促进市场价格发现功能，具有重要意义。

尽管买断式回购具有质押式回购所没有的优点，但从业务开展的情况来看，买断式回购的交易量仍然较小，并不是主流的债券回购模式。这主要是如下原因所致：

一是会计处理方式不明确，影响市场成员的参与积极性。在买断式回购的具体操作中，会计科目如何确定和税务如何处理是影响买断式回购业务发展的关键因素之一。由于会计处理不明确，目前部分市场成员只能按现券方式进行会计记录，这在很大程度上影响了市场成员（尤其是持有大量债券的市场成员）参与买断式回购的积极性。

二是无法满足市场主体特殊要求。在买断式回购交易推出前，市场上主要通过两次现券买卖来实现买断式回购功能。这种方式具有较高的灵活性，既方便融资，又可以扩大债券现券交易量，此外，还可以成为跨会计期间进行账务调整的手段。规范的买断式回购规则出台后，由于其视为一笔交易，难以满足市场成员提高现券交易量的需要，同时，规范的买断式回购将原本处于暗中的到期交易和价格暴露出来，这样就无法满足市场成员进行跨会计期间利润转移等"调账"操作的需求。

我国债券市场发展有以下特点：

（1）债券回购发展迅速，银行间市场成为主体。

（2）债券回购功能极大发挥，成为货币市场重要组成部分。

（3）我国债券回购市场成为金融机构调节短期流动头寸的场所。

债券回购市场是我国货币政策的重要操作平台，有利于货币政策的执行和传导。债券回购市场的发展加快了利率市场化进程，促进了货币市场价格发现和衍生品的创新。目前，债券回购利率已经成为我国市场化程度最高的利率之一，债券回购利率为发行市场债券价格的确定和流通市场交易报价提供了基准，此外，债券回购利率也成为许多金融衍生品如人民币利率互换、远期利率协议等的参考利率基准，促进了金融衍生品市场的发展。

三、债券借贷

债券借贷业务，源于国际市场的证券借贷，又称融券，即一方以自有资金或证券资产为担保向另一方融通证券，到期归还所融证券并支付一定费用的交易活动。目前，证券借贷已成为国际债券市场广泛使用的重要工具之一。

在国际债券市场上，债券借贷主要包括双边借贷、依托中央托管结算机构的自动借贷以及通过代理进行债券借贷。

考虑到债券借贷具有做空功能，在推进债券借贷时，我国采取从简单到复杂谨慎推进的方式，率先推出了最为简单的双边债券借贷。同时，为防范债券借贷风险，人民银行从借贷期限等方面对双边债券借贷进行了一定限制，来防范债券借贷风险。总体来说，银行间债券市场的债券借贷模式主要有如下几个要点：

（1）参与者范围。人民银行规定银行间债券市场所有市场参与者均可作为债券的融出方或融入方进行债券借贷。

（2）抵押品种类。从理论上说，所有融出方认可的资产均可作为抵押品，如现金、债券、股票、存款、信用证等。由于买断式回购中已经兼容了以现金为抵押的债券借贷，而股票、存款、信用证等作抵押在操作上有一定难度，因此，在债券借贷推出之初，抵押品种类应仅限于市场参与者托管在中央结算公司的自有债券。

（3）债券借贷的期限。债券借贷的动机一般有两种，一是用于交易策略和卖空的需要，二是满足结算的需要。出于结算目的的债券借贷期限一般在 1～3 天，而出于交易策略和卖空目的而进行的债券借贷，期限相对较长。为了对债券借贷防止过度做空，人民银行规定银行间债券市场的债券借贷最长期限不得超过 365 天。

（4）足额质押要求。足额的抵押品可以有效地防范融出方面临的信用风险、市场风险和流动性风险，也可以有效避免由于质押严重不足产生的"杠杆"效应而可能引发的系统性风险。为此，人民银行规定，债券借贷须进行足额质押。

（5）特殊指标报告制度。为了避免单只债券过度集中造成债券借贷到期交割时该只债券的其他市场参与者履约出现困难，人民银行对单个市场参与者单只券种的债券融入总余额进行了一定限制，要求单个机构债券借贷的融入余额超过其自有债券托管总量的 30% 起，单个机构单只债券融入余额超过该只债券流通总量的 15% 起，每增加 5 个百分点应向全国银行间同业拆借中心和中债登书面报告。

（6）交割方式。因市场操纵造成债券持有过度集中，到期偿还债券存在困难时，可能发生债券融入方无法正常履约的"逼仓"风险。为了防范"逼仓"风险以及由此可能引发的系统性风险，债券借贷制度引入了现金交割机制。在债券借贷到期时，允许借贷双方协商一致后可以现金交割。

债券借贷的推出对推动市场交易创新，促进我国债券市场健康、规范发展具有深远意义。首先，债券借贷可以提高市场的流动性。其次，债券借贷有助于减少结算失败，促进市场的稳定运行。再次，通过支持套利、卖空等交易策略提高市场的有效性。同时，债券借贷也可以用以支持其他更为复杂的投资策略，刺激各种交易需求的增加，从而提高市场的有效性，深化市场功能。

我国债券借贷存在的问题包括：我国债券借贷存在交易量过小，市场活跃度不够，投资者参与债券借贷业务的热情不高等。

四、衍生品交易

（一）债券远期交易

债券远期是指交易双方约定在未来某一日期，以约定价格和数量买卖标的债券的金融合约，是债券市场运用较为普遍的规避利率风险的金融衍生工具。国际经验表明，债券远期具有规避风险、完善现货市场价格发现的功能，其在促进现货市场发展、维护金融稳定等方面发挥了重要作用。

作为我国债券市场的第一个衍生品，出于风险控制的考虑，债券远期交易在推出时采取了谨慎的态度，包括：对债券远期交易的最长期限进行限制，市场主体在进行债券远期交易时应实际交割资金和债券，对市场主体的交易规模进行一定限制。

自推出以来，我国债券远期交易量稳步上升，但近年来有所萎缩，交易短期化趋势明显，标的债券主要集中在政策性金融债等市场流动性较好的品种。

（二）人民币利率互换交易

利率互换主要包括息票互换、基差互换等类型。息票互换（Coupon Swap），是同种货币的固定利率和浮动利率之间的互换。基差互换（Basis Swap），是将基于同种货币的利息流从一种浮动利率交换为另一种浮动利率。我国人民币利率互换试点期间，要求参与者只能进行基于浮动利率和固定利率的互换，也即息票互换。利率互换全面推开后，参与者可根据自身实际情况进行各种类型的利率互换交易。

为避免人民币参考利率选择过于任意，而给市场传递错误价格信号，人民银行要求参考利率应为经人民银行授权机构发布的银行间市场具有基准形式的市场利率或人民银行发布的基准利率两类利率。

此外，由于参与主体专业化水平、产品定价能力以及信用状况方面差异很大，出于投资者保护和提高市场效率的考虑，我国人民币利率互换市场进行了一定的分层。第一个层次是中间商，由银行间债券市场做市商和具有债券结算代理业务资格的金融机构组成，这些机构不仅可以进行出于自身需求的人民币利率互换交易，而且可以为客户提供远期利率协议服务；第二个层次是自营商，包括除中间商以外的金融机构，自营商可与其他所有金融机构进行出于自身需求的远期利率协议交易（包括套期保值目的和套利、投机目的）；第三个层次是非金融机构参与者，非金融机构参与者只能与中间商进行以套期保值为目的的交易。

几年来，我国人民币利率互换市场发展迅速，市场规模迅速扩大。具体表现在：（1）互换市场交易量快速增长；（2）交易品种逐渐丰富；（3）交易期限主要分布在1年及1年以下品种；（4）参与主体类型较为丰富，但集中度较高。外资银行是最为活跃的市场参与者，其次是股份制银行、政策性银行和国有商业银行；证券公司、保险公司虽已开始参与利率互换市场，但交易占比仍然较低。

第四节　我国债券市场创新

目前，成熟债券市场的创新产品主要分为两类：一是在期限、利率、利息支付、面值及持有期等债券构成要素上直接创新的产品，如浮息债券、零息债券、双重货币债券、指数化债券、永久性债券、卖出／买入期权债券、可赎回债券等；二是由债权衍生出来的产品，如无担保债券（政府债券等）、抵押债券、住房抵押贷款支持债券及其他资产抵押证券等。

我国正在大力发展债券市场，扩大企业直接融资渠道和投资者的投资种类，但我国债券市场基础产品不健全、体制不顺及市场分割的弊病导致无法进一步进行债券类衍生品的创新。所以，债券类产品创新的根本途径是在完善信用评级体系、完善《企业破产法》和债券人信托制度的基础上，推进债券市场的品种创新，大力发展公司债券、资产证券化等实体经济部门的债券及其衍生金融产品，这是持续进行产品创新的基础；同时积极发展与股权挂钩的债券创新产品，包括可转化债券、附认股权证的可分离交易债券和可交换债券等。自 2007 年以来，我国企业债券市场的创新产品主要有：短期融资券、超级短期融资券、中期票据、企业债券、公司债、可转换债、集合债券、中小企业私募债券、非公开定向债务融资工具、资产支持票据、资产支持证券和永续债券。

🎐 小阅读

表 8-2 我国债券已有品种

短期融资券 Short-term Financing Bonds	具有法人资格的非金融企业，依照规定的条件和程序在银行间债券市场发行并约定在一定期限内还本付息的有价证券，即由企业发行的无担保短期本票
超级短期融资券 Super & Short-term Commercial Paper	简称"超级短融"，是一种回收短期流动性的工具，指具有法人资格、信用评级较高的非金融企业在银行间债券市场发行的,期限在270天(九个月）以内的短期融资券
中期票据 Medium Term Note，MTN	具有法人资格的非金融企业（以下简称企业） 在银行间债券市场发行的，约定在一定期限内还本付息的有价证券 它是我国银行间债券市场上一种特殊的债务工具，区别传统的纸质商业汇票贴现融资，采取电子化方式发行，期限一般为 3～5 年
企业债券 Enterprise Bonds	根据 1993 年国务院颁布的《企业债券管理条例》，指企业依照法定程序公开发行，并约定在一定期限内还本付息的有价证券。实行核准制，由国家发改委审批
公司债券 Corporate Bonds	根据 2005 年颁布的《公司法》和 2007 年颁布的《公司债券发行试点办法》，是指公司依照法定程序发行、约定在一年以上期限内还本付息的有价证券。目前发债主体仅限于上市公司范围，其发行也采用核准制，由证监会审批
可转换债券 Convertible Bonds	在约定的期限后，投资者可以随时将所持的可转券按股价转换成股票。可转换债券的利率是年均利息对票面金额的比率，一般要比普通企业债券的利率低，通常发行时以票面价发行。转换价格是转换发行的股票每一股所要求的公司债券票面金额
集合债券	中小企业集合企业债券是指通过牵头人组织，以多个中小企业所构成的集合为发债主体，发行企业各自确定发行额度分别负债，使用统一的债券名称，统收统付，向投资人发行的约定到期还本付息的一种企业债券形式，由国家发改委审批。中小非金融企业集合票据是指2个(含)以上、10个（含）以下具有法人资格的中小非金融企业，在银行间债券市场以"统一产品设计、统一券种冠名、统一信用增进、统一发行注册"方式共同发行的，并约定在一定期限还本付息的债务融资工具，由中国人民银行和中国银行间市场交易商协会主管

续表

中小企业私募债券	我国中小微企业在境内证券交易所市场以非公开方式发行的，发行利率不超过同期银行贷款基准利率的3倍，期限在1年（含）以上，对发行人没有净资产和盈利能力的门槛要求，完全市场化的公司债券，由证监会主管
非公开定向债务融资工具 Private Placement Note，PPN	具有法人资格的非金融企业，向银行间市场特定机构投资人发行债务融资工具，并在特定机构投资人范围内流通转让的行为。在银行间市场以非公开定向发行方式发行的债务融资工具称为非公开定向债务融资工具，由中国人民银行和中国银行间市场交易商协会主管
资产支持票据 Asset Backed Notes，ABN	由特定资产所产生的可预测现金流作为还款支持，并约定在一定期限内还本付息，通常由大型企业、金融机构或多个中小企业把自身拥有的、将来能够生成稳定现金流的资产出售给受托机构，由受托机构将这些资产作为支持基础发行商业票据，并向投资者出售以换取所需资金，由中国人民银行和中国银行间市场交易商协会主管
资产支持证券 Asset–Backed Security，ABS	是一种债券性质的金融工具，其向投资者支付的本息来自于基础资产池产生的现金流或剩余权益。与股票和一般债券不同，资产支持证券不是对某一经营实体的利益要求权，而是对基础资产池所产生的现金流和剩余权益的要求权，是一种以资产信用为支持的证券。目前有信贷支持证券和企业资产支持证券两种，前者由人民银行和银监会主管，后者由证监会主管
永续债券 Perpetual bond	指没有到期日的债券，投资人购入永续债券之后，虽不可能于到期后收回本金，却可以每年按票面利息，永久取得利息；绝大部分的永续债券附加了赎回条款，首次赎回期一般在发行5年之后。截至2013年10月31日，经国家发改委批准的我国第一只永续债券2013年武汉地铁集团有限公司可续期公司债券已经成功发行

一、我国债券市场创新的方向

近年来，我国的债券市场有了很大的发展，但与发达国家相比，我国债券市场除了在规模上要远远落后之外，更重要的是债券品种还不够完备，市政债券（地方政府债券）、资产担保债券、抵押债券等许多品种还是空白或者刚启动。中央领导多次表明要加快金融改革，建立多层次的资本市场体系，而债券市场将成为我国未来一个时期资本市场发展的重点，已经成为人们的共识，因此，扩大债券市场规模，完善债券市场结构，健全债券市场功能，提高债券市场效率，成为我国债券市场发展的方向。

目前债券产品的创新主要基于对各类风险的规避而产生。如何通过金融创新培育出更多的金融产品，提高市场交易效率和流动性，将会是未来银行间债券市场发展的重要方面。

银行间债券市场产品创新不能单线发展，必须要由制度创新和业务创新配合共同推进，产品创新思路主要集中在以下几方面：

（1）引进物价指数债券等新型金融工具。

（2）引进票据业务并大力发展资产支持债券。

（3）引入债券利率衍生工具，适时开办债券远期交易和国债期货交易。

（4）增加短期甚至超短期债券品种。

（5）建立银行间债券市场上以债券品种为主要投资对象的债券投资基金。

我国债券类创新产品根据创新的基准，可分为基于利率、基于本金、基于到期日、基于衍生品的创新。随着我国资本市场的发展，利率管制终将逐步放开，那么基于利率的衍生债券将有广阔的发展空间。

发达国家结构化产品在 90 年代后的飞速发展也必将促使我国结构化产品的发展。结构化产品的首要特征就是"固定收益债券 + 衍生品"的结构特征。因此附带衍生品的债券创新将是中国债券市场未来的发展方向。此外基于到期日、基于其他衍生品的债券创新由于其具有的独特性也必然有其发展空间。表 8-3 给出不同债券类创新产品。

表 8-3　不同债券类创新产品

基于利率	浮动利率债券 零息债券 利率递升、递减息票 区间债券	利率互换 利率期货／期权 远期利率协议
基于本金	双重货币债券 幂债券	股票挂钩债券 指数挂钩债券
基于到期日	可延长期限债券 可回售债券	可赎回债券 永久性债券
其他衍生品	普通可转换债券 可交换债券	附认股权证公司债

二、我国银行间债券市场产品创新可行方法

根据中国市场发展历程和实际情况，并参照国际先进经验，银行间债券品种结构创新可从以下方面入手。

在品种形式上，除普通企业债券外，可尝试附新股认购权公司债券、抵押公司债、担保公司债券等形式。在利率设计上，除一次还本付息的固定利率债券外，要增加分期付款债券、浮动利率债券、贴现债券和企业债券等品种。在期限结构上，应短期、

中期、长期品种俱全。

债券品种发展不均衡以及国债品种单一、期限结构不合理的状况无法满足不同类型投资者的投资要求，制约了我国债券市场的发展。产品创新包括：引入了新的债券种类，增加了新的发债主体。银行间债券市场创新频出，券商短期融资券、企业短期融资券、债券远期交易，还有即将推出的资产支持证券、一般性金融债券等。

从交易类创新产品看，除了进一步发展利率互换、货币互换交易外，还应当研究推进债券远期、利率远期、外汇远期等债券衍生品。债券衍生品发展缓慢的主要原因在于市场债券品种不多，且持券机构性质基本相同，风险偏好比较一致，因此还需要进一步加大产品创新力度，引导多层次的投资人参与，扩大市场规模，活跃市场交易。

从信用衍生品的角度看，其产品形式多样，既有单一产品，也有组合产品乃至复杂产品，其中以信用违约互换（CDS）为主，其名义本金交易量占所有信用衍生品交易量的98%以上。从国际发展路径来看，世界各国都是从简单的单一产品起步，并且主要应用于缓释风险。金融危机后，全球信用衍生品的发展向风险管理功能的趋势回归，即回归结构简单、低杠杆、标准化的基础性衍生品，这也是我国银行间债券市场金融衍生品创新尤其是信用衍生品创新的一个重要原则。

第五节　全球债券市场

全球债券投资是一项技术要求高并且艰难的工作，原因在于不同市场、工具和货币之间存在巨大差异性。许多全球投资者只参与外国政府债券市场，而不参与非政府债券市场。这是因为政府债券市场信用风险低、流动性高，而且简单。虽然非政府债券市场（"准政府"债券、地方政府债券、公司债券和抵押贷款债券市场）提供了更高的收益率，但同时也存在着更高的信用风险。

虽然债权融资天生就是国际化的，但是它们始终没有一个统一的债券市场体系。我们可以采用下面的方法来对全球债券市场进行分类。从一个国家的角度看，全球债券市场可以分为两部分：内部债券市场和外部债券市场。内部债券市场（Internal Bond Market）也被称为国家债券市场（National Bond Market），它可以进一步被分为两个部分：本国债券市场和外国债券市场。图8-1用图形描述了这种分类体系。

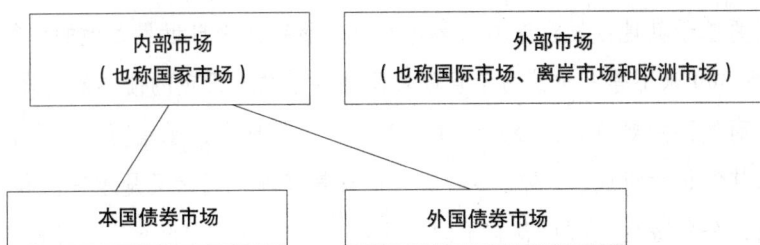

图 8-1　全球债券市场的分类

本国债券市场（Domestic Bond Market）是居住在本国的发行人发行并交易债券的市场。一个国家的外国债券市场（Foreign Bond Market）是指债券发行人不居住在本国，但在本国发行和交易债券的市场。例如在美国，外国债券市场就是非美国发行主体发行和交易债券的市场。外国债券在国内债券市场上发行并且已经存在了很久，它们往往有很多的名字，如在美国的外国债券市场上交易的债券俗称为扬基债券，由非日本发行主体发行的以日元计值的债券被称为武士债券，在英国发行的外国债券被称为猛犬债券，在荷兰发行的外国债券被称为伦勃朗债券，在西班牙发行的外国债券被称为斗牛士债券。

外部债券市场（External Market）也称为国际债券市场（International Market），从以下几个方面可以看出国际债券市场和国内债券市场的区别：

（1）负责承销的辛迪加是由来自众多国家的银行组成的。

（2）在发行时，它们被同时发售给若干国家的投资者。

（3）债券的发行不受任何一个国家的管辖。

（4）债券采取不记名的形式。

外部债券市场通常被称为离岸债券市场（Offshore Bond Market），或者更通俗的叫法称为欧洲债券市场（Eurobond Market）。这里所采用的分类方法未必被广泛接受。有些市场观察家认为外部债券市场由外国债券市场和欧洲债券市场组成。

> **小阅读**
>
> ### 发行辛迪加
>
> 国际债券的销售过程包含多个阶段。发行由一个国际性的银行发起，该银行被称为牵头经理人。该银行邀请几个联合经理人组成管理集团（通常有 5 ~ 30 家银行）。大型债券发行可能需要几个牵头经理人。经理人为债券发行做准备工作，确定债券的最终条款，并且选择承销商和承销商集团。集团会指定一家经理人公司作为本金支付和财务管理机构。发行额的很大一部分都由管理集团认购。

承销商基于其地区发行能力而参与发行。承销商来自世界各地的银行，数量从 30 家到 300 家不等。承销商与管理集团确保借款人设定的债券最终发行价。

承销商集团主要负责向公众销售债券，它由经理人、承销商以及具有良好销售网络的其他银行组成。这样，参与者可能既是经理人同时又是承销商和销售商。针对不同部分服务的报酬也各有不同。总佣金从 1% 到 2.5% 不等。与美国承销商不同，辛迪加结束后，国际承销商没有义务将债券的市场价格维持在发行价或高于发行价的水平上。这表明债券价格往往低于其发行价格。在客户中由于存在大量的价格歧视，销售成员可能给予最终的债券购买者其佣金的一部分。

📠 Tips

高收益债券

一、高收益债券在美国

高收益市场也称为杠杆融资市场或垃圾债市场。高收益市场通常包括由公司所发行的债券及贷款。各主要评级公司（穆迪公司、标准普尔公司，有时也包括惠誉公司）对这些债券及贷款的评级均处于投资级以下。许多投资基金对投资级以下的债券或贷款的投资有着严格的限制。"垃圾债"并不是说这些债券是没有价值的"垃圾"，而是提示其具有同高收益相应的高违约风险。比起投资级债券，"垃圾债"信用风险更高，收益率更高，流动性更低。美国市场是垃圾债的主要市场。有一种观点认为，最大的债券市场就是垃圾债券市场。

在 20 世纪 70 年代末 80 年代初，就算是投资于"无风险"的美国国债也会损失掉本金的 50%（经过通货膨胀调整）。那些想要获取长期资金的公司逐渐发现，投资者喜欢很多种证券，包括创新性的商业票据、长期债券、可转债、优先股、普通股以及与标的资产相关联的衍生品。将公司和投资者的需要融合起来正是高收益债券市场发展的推动力。

起初，垃圾债券市场并不是一个引人注目的新债发行市场，主要是由那些因为发行人信用资质恶化而从投资级别降级到垃圾级别的债券组成，它们在二级市场折价交易，这些债券被称为"堕落天使"。

现代的垃圾债券市场，既包括首次公开发行，也包括活跃的二级市场交易。在 20 世纪 80 年代，这个市场由经纪公司德崇证券的迈克尔·米尔肯所主导。他能够说服投资团体，以让许多评级在投资级别以下的公司进入债券新发行市场。他的观点是每只债券都有一个可交易的价格，资质越差的公司发行新债时所应该支付的票息越高。进一步，他的理论指出，尽管这些较差的公司中有些会违约，但并不是所有的公司都会违约，因此，整个投资组合的回报能够使投资者获利。

截至 2010 年 3 月 31 日，美国在外流通的垃圾债券市值超过了 1 万亿美元，垃圾债券市场的规模巨大。垃圾债券市场的增长与经济走势息息相关，并且与私募股权交易的成交量关联非常密切。

在高收益债券市场形成以前，美国那些没有信用记录的成长型公司几乎完全靠授信严格的短期银行借款，或通过成本相对很高的股权融资来获取发行所需的资金。在 1981 年和 1982 年的衰退期之后，超过 1/3 公开发行的高收益债券都是由处在高成长性行业（比如医药、计算机设备、远程电话、有线电视和健康护理）的公司发行的。

高收益债券创新的另一个目标是公司控制权市场。大量的资金发生了转移，用于控制那些处于相对成熟、增长缓慢行业的价值被低估的公司资产，在 20 世纪 80 年代这段非常活跃的时期，所有公开发行的高收益债券中，大约有 5,797 亿美元是用于公司控制权交易（尤其是低增长性行业）融资。

高收益债券市场对宏观经济、地缘政治形势、特定行业或公司状况方面的负面事件都非常敏感。2002 年夏天，各种负面新闻充斥着美国高收益债券市场，股票价格跌回到 2001 年 9 月 11 日附近，通信行业的负面影响，包括许多知名的投资级和高收益债券公司，让市场不寒而栗。银行授信额度到期，需要重新协商，商业票据无法开出，给公司贷款造成了暂时的压力。由于大公司违约再加上会计丑闻，主流评级机构开始重新评估它们的评级报告，导致降级率和堕落天使的数量达到历史最高点。

二、高收益债券在中国

从国际惯例看，评估信用级别在标准普尔公司 BB 级或穆迪公司 Ba 级（含）以下的公司发行的债券，均称为"垃圾债券"。但目前国内评级机构的主管部门中国人民银行尚未发布统一的评级规范。一般来讲，国内将债项评级在 C 级，或者收益率超过 20% 的债券称为垃圾债。

从国内市场来看，高收益债还处在起步阶段，其中以中小企业私募债（简称"私募债"）为代表。中小企业私募债自 2012 年 5 月推出，具有采取私募发行、备案制、发行规模自主确定等特点。按照标准普尔的标准，我国已发行私募债的发行主体应当属于 BBB 至 A 的信用水平，高于垃圾债的标准。

自 2012 年开闸以来，中小企业私募债维持着较稳定的增长，略快于交易所公司债，当前已接近 250 只，存续规模在 400 亿元左右，已经形成了较为稳定的小众市场。但有两点值得关注：

一是中小企业私募债信息和流动性皆匮乏，投资者要求较高收益补偿。中小企业私募债缺乏流动性，导致投资者将完全暴露在信用风险和流动性风险下。更重要的是，信息不对称将导致发行人受社会公众的监督较少，更增加了投资者的持有成本。但另一方面，债券市场在高收益品种方面的缺失也导致中小企业私募债仍有相对价值。

二是债券市场零违约不利于中小企业私募债定价机制的形成。在至今"债券零违约"的中国市场中，基于预期补偿、信用风险溢价、流动性风险溢价的三因素分解模型无法进行，信用债长端收益率定价紊乱将持续。在缺乏充分的二级市场利差反应的情况下，一级市场定价必然欠妥，而对于中小企业私募债，此类"零流动性"和"高信用风险"品种的定价则更需慎重，从而导致中小企业私募债收益率过度集中。

另外，交易所高收益债频现，成中国版"堕落天使"。公募高收益债市场已初现端倪。相对于平静的中小企业私募债市场，2013 年 6 月后随着信用债调整以及评级下调，交易所公司债市场已经出现众多收益率超过 8% 的品种，存量已经高达 166 亿元。

思考题：

（1）债券期限为什么重要？

（2）假设浮动利率债券的调息公式为：1 个月期 Libor + 220 个基点。

①参考利率是什么？

②报价利差是多少？

③假设调息日的 1 个月 Libor 为 2.8%。那么该期限内的息票利率为多少？

（3）什么是附有嵌入式期权的债券？

（4）投资债券有哪些风险？

（5）试简述我国债券市场的特点。

第九章 票据市场

第一节 票据市场发展的经济背景和市场环境

一、票据

票据是基于商业信用的一种融资工具，兼具贷款和债券的一些特点。与债券的区别在于票据是向特定债权人的融资，与贷款的区别在于票据在债务工具上采取了有价证券形式。

票据最显著的特征是可流通性。可流通性指票据持有人可以通过背书把票据转让给他人。背书是指票据持有人在票据背面签字或者签章，以此将票据转让给他人的行为。票据之所以具有流通性，是因为按照各国的票据法，善意持票人的票据权利不受前持票人的权利瑕疵影响。即使前持票人的票据权利有瑕疵，例如他是通过欺诈方式得到这张票据的，只要新的持票人事先对此毫不知情且为取得票据支付了一定的金额，其作为债权人的权利丝毫不受影响。在这种情况下他被称为善意持票人。当善意持票人向票据记载的债务人提示票据要求付款时，不管债务人与前持票人有何法律纠纷，该债务人都得对善意持票人付款。可流通性使票据可以在商品交易中代替货币执行购买和支付手段职能。

票据的主要形式是支票、本票和汇票。

支票是债务人要求金融机构将其存款账户上的一定资金支付给持票人的书面指示。本票是债务人对债权人签发的保证对持票人支付一定金额货币的书面凭证。汇票则是债权人签发的要求债务人对持票人支付一定金额货币的书面指示。如果付款是在债务人见票后的一定时间之后，则该汇票是远期汇票。付款人对远期汇票签章保证付款后，该远期汇票被称为承兑汇票。实际上，远期汇票经过付款人承兑后，就转变为有特定到期日的"本票"。票据的到期日常常在 1 年以内，所以，票据市场是短期市场。

二、票据市场

票据市场参与者可分为四大类：中央银行、商业银行、资信度较高的企业和投资者。对于中央银行来说，票据市场是其运用货币政策的工具之一；对于商业银行来说，票据业务是其进行流动性管理的重要手段和利润来源之一；对于资信度较高的企业来说，票据市场是其以低廉的成本获得资金的场所；对于投资者来说，票据能够用于支付、信用、结算和融资，是其保值、获利的金融工具。此外，票据市场中的转贴现业务基本属于银行间短期资金业务，直贴业务属于短期信贷业务，因此，票据市场起到连接银行间市场和信贷市场的作用。

三、2014 年票据市场发展的经济背景

2014 年是我国金融市场深化改革的一年，金融市场深化改革为银行票据业务经营带来诸多机遇和挑战，商业银行票据业务经营环境也将发生深刻变化。多层次资本市场发展带来的脱媒化，使得跨市场资金双向流动的频率和金额上升，利率市场化进程加快将使得货币市场利率波动性显著增强。银行大资管格局的发展趋势更加明显，银行业务多元化创新发展成为必然趋势。同时，金融与信息技术的高度融合，网络金融的快速发展，迫使银行更加重视金融信息化条件下银行业务的转型发展。

今后一段时期,金融市场深化改革为票据市场创新发展提供了如下几方面有利条件：

一是金融脱媒化和新一轮金融改革深化将从资产和负债两端促使金融机构顺应客户需求，进一步提升票据业务产品创新水平，有助于跨市场票据业务的创新发展。

二是金融机构对电子票据业务参与意识增强，将推动电票业务稳步发展。

三是人民银行取消贷款利率的限制，给原本市场化程度相对较高的票据业务提供了加快发展的契机，有助于进一步加快票据业务的创新发展。

四是银行资本监管的更加严格，使资本消耗相对较低的票据业务越来越受到银行重视，将提高票据业务在银行经营中的地位，有助于银行票据业务经营的创新转型。

同时，宏观金融环境的变化对银行票据业务经营带来诸多挑战：

一是金融深化改革和创新发展使得票据业务风险的影响因素更加复杂，对银行跨市场票据业务创新发展的风险防控能力提出更高要求。

二是金融信息化和电子票据业务发展明显提速，银行传统纸质票据业务的运作模式将不能适应信息化条件下电子票据业务的创新发展，需要银行适应金融信息化发展趋势进一步完善票据业务经营管理体制机制。

三是存款利率市场化进程加快以及大额可转让定期存单业务推出，将会对银行资金供给与资金成本产生影响，进而对票据业务经营收益带来不利影响。

四是监管部门强化银行资本监管，使得银行更加注重对各项资产业务经济资本回报的考核，而银行资本监管强化或将导致票据业务综合收益的不确定性增加，促使银行优化调整经营结构的压力进一步增强。

第二节　票据市场规模与交易

18世纪，美国就出现了商业票据，经过长期发展，于20世纪60年代末形成了现代意义上的商业票据市场。20世纪80年代，长期基金及银行贷款的较高利率、经济扩张、互换市场的发展、资产支持票据的出现以及货币市场基金的青睐等因素促进了美国票据市场飞速发展。20世纪90年代，经济衰退导致票据市场违约风险出现，一些企业出现违约，但票据市场仍然是企业短期资金的重要来源，具有高评级的企业发行的商业票据仍具有很大的吸引力。20世纪80、90年代，欧洲和日本的商业票据市场也迅速发展。与国际上其他国家相比，我国缺乏商业本票市场，而且商业汇票市场也出现银行承兑汇票占绝大部分、商业承兑汇票较少的不平衡局面，是票据市场发展较为落后的国家之一。我国现在的票据法，不允许企业签发、贴现和转让无真实贸易背景的融资性票据，这也制约了我国票据市场的发展。市场对"融资性票据"的需求催生了民间票据市场，民间票据市场的发展一方面解决了票据流动性的问题，另一方面由于处于监管的灰色地带，导致票据市场案件频发。

虽然我国票据市场发展程度较低，但近年来发展速度很快。从规模来看，票据市场是我国金融市场发展最快的子市场之一；从市场建设来看，票据市场建设出现了一个个里程碑：2003年，全国银行间同业拆借交易中心开通中国票据网，其票据报价系统向全国用户提供报价和查询功能；2005年，银行间债券市场发行短期融资券，它实质上是一种无担保的商业本票；2009年，人民银行建设的中国电子商业汇票系统正式运行，我国商业票据业务步入电子化时代。

一、2013年我国票据市场运行概况

2013年，票据承兑业务增幅趋缓。2013年，企业累计签发商业汇票20.3万亿元，同比增长13.3%；期末商业汇票未到期金额9.0万亿元，同比增长8.3%。1月～8月，票据承兑余额持续增长，8月末达到9.6万亿元，创历史新高。9月以来票据承兑增幅趋缓、

余额小幅下降，年末承兑余额比年初增加 0.7 万亿元。

从行业结构看，企业签发的银行承兑汇票余额仍集中在制造业、批发和零售业。从企业结构看，由中小型企业签发的银行承兑汇票约占 2/3。票据承兑的持续稳定增长有效加大了对实体经济、特别是对小微企业的融资支持。

二、2013 年我国票据市场运行的主要特点

（1）票据贴现余额小幅增长后回落，贴现贷款比小幅下降。

（2）受银行间资金趋紧影响，下半年转贴现交易量明显下降。

（3）票据转贴现利率先降后升，年中冲高回落后在高位震荡运行。

（4）电子票据业务同比大幅增长，电子票据交易趋于活跃。

第三节　票据市场利率

作为商业汇票价格的票据利率，按照票据贴现类型可以分为回购利率、贴现利率和转贴现利率。票据利率是市场化最早、程度较高的市场利率之一，在货币市场上一定程度发挥了基准利率的作用，又因为票据资产兼具资金产品和信贷产品的双重属性，票据利率是反映实体经济资金融通需求和金融机构货币信贷供给的重要价格。

自 2013 年 7 月 20 日起，央行完全放开了票据利率的管制。作为市场化程度最早、程度较高的市场利率之一，票据利率的走势存在一些普遍的规律和自身的特点。

一、票据利率运行情况

自 2000 年以来，我国宏观经济总体保持平稳较快增长，促进了商业汇票承兑业务和贴现业务持续快速发展。与此同时，从 2000 年到 2012 年，票据利率呈现出了波动式阶段性走高态势，总体可以概括出以下几个规律。

（一）票据利率的阶段性波动和实体经济的周期性紧密相关

在 GDP 增长速度上升时票据利率上行速度往往加快，而在 GDP 增速回落时则相反。

（二）货币政策的调整能较大程度影响票据利率的走势

为保持经济平稳健康发展和应对外部金融危机冲击，央行根据宏观经济运行周期性变化，适时调整和实施了"稳健""从紧"或"适度宽松"等相应的货币政策，大体可以分为五个阶段，在每个阶段，我国票据市场利率都表现出深受货币政策调整影

响的阶段性运行特征，尤其在货币政策出现方向性调整期间呈现大幅波动（如表9-1）。

表9-1　2000—2012年中国人民银行货币政策执行及调整情况

期间	货币政策	票据市场发展	票据利率走势
2000年至2005年	稳健政策：延续1998年亚洲金融危机后稳健的货币政策适时调整	全国金融机构票据融资步入快速发展阶段	票据利率整体呈现出震荡下跌运行态势
2006年至2008年6月	从紧政策：货币政策逐步从"稳健"转为"从紧"	全国金融机构票据融资规模稳健增长，增速明显回落	票据利率走出低谷并逐级攀升
2008年7月至2009年6月	适度宽松政策：央行为应对次贷危机实施适度宽松的货币政策	全国票据融资规模呈现爆发式增长	票据利率快速大幅震荡下跌
2009年7月至2011年9月	稳健政策：引导货币条件向常态水平回归，有序推进稳健的货币政策	全国票据融资规模大幅回落调整	票据利率逐级震荡走高
2011年10月至今	稳健政策预调微调：实施稳健货币政策，适时适度进行预调微调，分别3次下调存准率	全国票据融资规模恢复性增长	票据利率呈现较大幅度回落后逐步回升走高的运行态势

（三）定价模式的变化使得票据利率的波动更趋频繁，也更为剧烈

1998年3月以前，我国商业汇票的贴现率和再贴现率分别与贷款利率和再贷款保持一致，即在后两者的基础上分别下浮5%～10%，即"双挂钩"。实际运行中，商业汇票的贴现率和再贴现率的决定与票据市场的实际供求状况出现了较大脱节。

1998年3月，人民银行改革了再贴现率和贴现率的确定方式，再贴现利率与再贷款利率脱钩，首次成为独立的基准利率类型；同时，贴现利率不再与贷款利率挂钩，实行在再贴现利率基础上加固定百分点浮动。

随着宏观政策和金融市场的发展，再贴现利率已经失去了作为基准利率的功能。

2007年1月上海银行间同业拆放利率（Shibor）运行以来，人民银行积极推进以Shibor为基准的票据贴现利率定价模式。从中国票据网的平均报价走势可以看出，2007年以来票据利率的振荡频率和幅度明显大于前期。

（四）票据利率的走势与贴现业务密切相关，但与承兑业务量的关联程度不高

自2000年以来，我国宏观经济总体保持平稳较快增长，带动承兑业务持续快速发展，但承兑业务的增长较为平稳，与票据利率的波浪式震荡走势明显缺乏一致性。

相反，虽然贴现业务近年也快速增长，但贴现业务量的变化与票据利率的走势明显呈现反向关系，特别是在 2007 年年末和 2011 年年中时，伴随着贴现业务量的下行，票据利率不断飙升。

同时，近两年累计贴现量与票据利率的反向关系出现了变化，这主要因为随着市场的发展，票据资金化态势日益显著，金融机构通过加大票据转贴周转力度赚取差价，带动了累计贴现量迅速增加。机构交易方式的转变促使累计贴现量与票据利率走势脱节，但贴现余额始终与票据利率保持反向关系，说明信贷规模仍是影响票据利率走势的重要因素。

二、影响票据利率走势的因素分析

我国《票据法》明确规定票据业务的开展必须遵循"真实票据原则"，即票据的签发和转让需要当事人之间具有真实的交易关系或债权债务关系。作为较为便利的结算工具和交易融资工具，票据的承兑和使用明显受实体经济的繁荣程度影响。在经济增速回升时，企业间贸易往来和短期融资需求增加，票据的出票会随之增加，一级市场的活跃增加了票源，从而促使票据利率升高。从某种程度上说，实体经济增长主要由投资、消费和进出口这三大引擎构成，而与票据业务密切相关的实体行业主要有工业、批发和零售业等。

（一）票据利率作为票据资产的价格反映，其走势不仅受供给方影响，更容易受金融机构需求方的影响

根据金融统计制度规定，票据资产纳入银行信贷规模管理，同时因为票据资产兼具流动性、盈利性和安全性的特点，往往发挥着调控信贷规模的"蓄水池"作用，因此影响票据需求的主要因素是信贷规模。在信贷额度宽裕时，银行往往增加票据资产来扩充规模、赚取盈利，票据利率会随之下行；而在规模紧张时会减持票据融资余额，为普通贷款腾挪空间，票据利率开始回升。与信贷规模密切相关的因素主要包括货币供应量、信贷新增量、新增票据融资余额等。

（二）票据回购业务作为一种资金业务，随着票据资金化态势的不断加强，市场资金面状况也必将影响票据价格的变化

票据市场在资金充裕时往往比较活跃，信息更加充分，价格竞争也会比较激烈，因此票据利率会有所下行，反之亦然。影响市场流动性的因素主要有外汇占款、新股和债券发行、财政收支差额等。虽然我国资本账户还没有开放，但人民币汇率的变化能一定程度反映国际资金在我国的流动情况。

（三）票据利率作为一种重要的货币市场价格，必受宏观货币政策影响

目前货币政策的三大法宝包括法定存款准备金率、再贷款再贴现和公开市场操作。存准率和公开市场操作政策是通过调节市场资金面进而作用于票据利率，使用也比较频繁。

另外，票据业务量的增减既受票据价格高低的影响，同时也会反过来影响票据价格的变化。

第四节　票据种类

一、纸票回购、纸票贴现、长三角票据

（一）纸票回购

传统纸质票据业务的运作方式仍是票据市场主流。纸票回购指纸质票据回购交易模式。票据回购是指贴现银行将持有的未到期的商业汇票，在双方约定的期限内以质押的形式将商业汇票质押给另一家银行并支付了一定的回购利息，取得票面金额扣除回购利息以后剩余金额的交易行为。

现行纸质票据回购交易模式中，多以"票据被背书人栏记载持票人名称"即卖出回购方仅在被背书人栏记载本行名称而不加盖汇票专用章，即不背书的方式将票据交给买入返售方。

（二）纸票贴现

纸质票据贴现产品包括银行承兑汇票贴现和商业承兑汇票贴现。票据贴现是指银行承兑汇票或商业承兑汇票的持票人在汇票到期日前为了取得资金，贴付一定利息将票据权利转让给其他银行的票据行为。

（三）长三角票据

近几年以来，在宏观政策措施引导和各金融机构的积极参与下，上海地区票据市场迅速发展，市场规模不断扩大，票据交易量持续增长，市场活跃度不断提高，跨地区交易日益频繁，市场专业化程度明显增强。与此同时，票据业务带动了长三角地区经济、金融往来和发展，票据业务已成为企业短期融通资金、商业银行优化资产结构和实施流动性管理的重要工具。从一级票据承兑市场来看，长三角票据承兑业务占全国很大比重。从二级票据贴现市场来看，长三角的票据业务发展也各具特色。长三角票据市场已成为全国票据市场中重要的区域票据中心。

"长三角票据贴现价格指数"是全国第一个权威性的区域票据市场价格指数。据

介绍，"长三角票据贴现价格指数"是反映长三角地区票据贴现市场在一定时期内平均价格水平和总体变化趋势的一个票据专业指数，其编制方式基本比照上海银行间同业拆放利率的形成机制，由样本单位向秘书长单位报出最近两周内买入全部贴现票据的加权平均利率，形成票据价格指数发布，并接受当地人民银行和监管机构必要的监督。

二、票据产品

（一）银行承兑汇票

产品定义：

银行承兑汇票是由在承兑银行开立存款账户的存款人出票，向开户银行申请并经银行审查同意承兑的，保证在指定日期无条件支付确定的金额给收款人或持票人的票据。

对出票人签发的商业汇票提供承兑是银行基于对出票人资信认可而给予的信用支持，或者说银行承兑实际上是一种信用增级服务（中国的一些大型企业，如中国石油天然气集团、国家电网公司等本身实力极其强大，在市场接受程度上，它们很多甚至比小银行还强，因此干脆直接签发商业承兑汇票）。

银行承兑企业签发的商业汇票就意味着银行对购货企业承付货款提供了担保。一旦商业汇票到期购货方无力支付货款，银行必须无条件替企业垫付资金。从这个意义上讲，银行承兑汇票是银行的一种对外担保业务，亦称表外业务。

（二）代理签发银行承兑汇票

产品定义：

针对成立集团结算中心的集团客户，下属子公司对外签订采购合同，由集团结算中心统一支付模式下，银行为集团结算中心办理银行承兑汇票完成商品采购统一支付的银行票据业务模式。

（三）全额保证金银行承兑汇票

全额保证金银行承兑汇票出现在一些对资金价格不敏感行业客户之间的结算，需要银行有意识地去引导企业使用。再贴现利率大幅走低时期，是全额保证金银行承兑汇票营销的黄金时机。

产品定义：

全额保证金银行承兑汇票是指银行根据客户保证金额度，开具与保证金本金同等金额的银行承兑汇票的一种票据业务形式。

（四）准全额保证金银行承兑汇票

准全额保证金银行承兑汇票业务是一种攻击性极强的工具，操作简单，对质押率提出了全新思路，给客户提供更有价值的融资方式选择，体现了银行细微的差异化经营策略，创造出绝对的竞争优势。

产品定义：

准全额保证金银行承兑汇票是指银行根据客户保证金额度，开具不大于保证金及其未来利息之和的一种银行承兑汇票业务操作形式。

（五）理财产品质押银行承兑汇票

通过理财产品作为质押，可以有效提高客户的资金收益率，该产品适用于资金量较大，希望获得较高收益的客户。

产品定义：

客户购买银行的低风险理财产品，以该理财产品作为质押，银行为客户办理银行承兑汇票的一种银行授信业务形式。

（六）商业承兑汇票

相对于竞争白热化的银行承兑汇票市场，商业承兑汇票市场属于远未深度挖掘的"荒地"，竞争者甚少，潜力极其巨大。如果一家银行在这方面深度创新，取得先发优势的话，肯定会赚得盆满钵满。

产品定义：

商业承兑汇票是指由付款人或收款人签发，付款人或有实力上级财务公司作为承兑人承诺在汇票到期日对收款人或持票人无条件支付汇票金额的票据。

（七）卖方付息票据贴现

票据贴现业务属于一项长盛不衰的工具，客户经理营销客户相对简单，比较容易见效，非常值得下大力气学习。

产品定义：

卖方付息票据贴现是指商业汇票持票人将未到期的商业汇票转让给银行，银行按票面金额扣除贴现利息后，将余额支付给持票人的一种票据业务操作模式。

（八）即时贴业务

产品定义：

即时贴业务是指持票人将未到期银行承兑汇票贴现转让给银行，银行在核定的限额内，在票据查询查复确认前，先按票面金额扣除贴现日至汇票到期前一日的利息后，将表面余款支付给持票人的一种业务操作形式。

（九）买方付息票据贴现

未来买方付息票据的发展潜力非常大，发展的相对速度肯定将超过传统的票据贴现业务。买方付息票据与代理贴现、无追索权票据贴现进行捆绑销售，将会受到大客户的追捧。

产品定义：

买方付息票据贴现业务是指商业汇票的持有人（卖方）将未到期的商业汇票转让给银行，银行在向买方收取贴付利息后，按票面金额将全款支付给持票人的一种票据贴现业务操作形式。

买方付息票据除了付息人不一样外，其他管理规定同卖方付息票据贴现业务完全一样。

（十）买方付息票据贴现提前解付

产品定义：

买方付息票据贴现提前解付业务是指商品交易中的付款方（买方）将由其支付贴现利息、收款方（卖方）已在银行办理贴现的银行承兑汇票或商业承兑汇票在到期日前申请提前兑付，银行将向其退还提前兑付天数的利息的一种票据业务形式。

（十一）终端买方付息票据贴现

产品定义：

终端买方付息票据贴现业务是指商务交易中的委托方（终端买方）与受托方签订委托采购合同，委托方委托受托方对外进行物资采购，委托方签发以受托方为收款人的票据并承担最终票据贴现利息的一项银行业务。

（十二）回购式票据贴现

此种业务，对于票据业务规模较大、资金经营出现阶段性盈缺的优质大型客户非常适用。利用回购式贴现可以为大型集团客户提供以票据为工具的理财产品。该业务一般结合票据的综合管理、现金管理等业务综合开办。

产品定义：

回购式贴现业务是指已在银行办理贴现业务的客户，在票据到期之前可根据自身资金安排的需要，随时将该票据进行回购，银行根据其实际用款天数，将已收取的剩余时间的贴现利息返还客户的一种票据业务操作形式。

回购式贴现多发生在银行承兑汇票，商业承兑汇票较少。

回购式票据贴现业务背书规定：在被背书人栏内不注明贴现银行的名称。

银行开办"回购式贴现业务"必须报经监管部门批准。

（十三）协议付息票据贴现

产品定义：

协议付息票据贴现业务是指卖方企业（收款人）在销售商品后，持买方企业（付款人）交付的未到期商业汇票到银行办理贴现，并根据买卖双方协商，分担支付票据贴现利息的一种票据贴现业务形式。

（十四）集团贴现

集团贴现营销目标应当是集团客户集团结算中心，通常只要拿下集团结算中心，整个集团包括所有的分子公司可以全部搞定。

产品定义：

集团贴现现业务是指集团成员单位将票据背书转让给集团结算中心，集团结算中心统一向银行申请贴现，银行将贴现后余款划付给集团结算中心的一种票据贴现业务操作形式。

（十五）代理贴现

通过代理贴现业务，银行可以有效封闭票据资源，实现票据的体内循环。在出票同时，办理票据贴现，银行高效完成操作。银行可以获得保证金存款、中间业务手续费收入及贴现利息收入。

产品定义：

代理贴现是指商业汇票贴现申请人通过与其代理人、贴现银行签订三方协议，委托其代理人在贴现银行代为办理票据贴现手续，贴现银行审核无误后，直接将贴现款项划付给贴现申请人的一种票据贴现业务形式。

（十六）放弃部分追索权商业汇票贴现

放弃部分追索权商业汇票贴现业务的最大优势在于能降低申请人应收票据，有效地改善其财务报表，营销对象要定位在中外合资企业，尤其是世界 500 强在华投资企业、运作规范的上市公司。

产品定义：

银行从持票人手中买入未到期银行承兑汇票（商业承兑汇票），同时承诺在基础交易真实情况下，票据发生兑付风险时放弃对贴现申请人（持票人）追索权的一种票据贴现业务形式。

说明：

银行有条件放弃对贴现申请人（持票人）的追索权，如果票据对应的贸易背景存在虚假，则银行有权对票据贴现申请人（持票人）行使追索权。

（十七）商业承兑汇票保贴

产品定义：

商业承兑汇票保贴是指对符合银行授信条件的企业，以书函的形式承诺为其签发或持有的商业承兑汇票办理贴现，即给予保贴额度的一种授信业务。

申请保贴额度的企业既可以是票据承兑人，也可以是票据持票人。

业务种类：

（1）商业承兑汇票承兑人保贴业务指某确定承兑人办理保贴的商业承兑汇票，银行保证在一定金额范围内，随时办理贴现。

说明：该类票据，商业承兑汇票付款人和收款人通常都是非关联企业，存在纯粹商务交易，付款人因为强势，采取商业承兑汇票方式支付给收款人。比如上市公司中联重科、山河智能等采取保贴商业承兑汇票支付给零部件供应商。

（2）商业承兑汇票持票人保贴业务指凡是确定持票人持有商业承兑汇票，银行保证在一定金额范围内，随时办理贴现。

为提高银行收益水平，银行一般要求持票人根据票面金额提供一定比例保证金，通常可以达到商票票面金额 50%。

说明：

该类票据通常都是关联企业直接使用，比如股份公司制造产品，集团公司销售产品。股份公司实力较强，在银行很容易获得授信额度，集团公司经营状况一般，很难获得授信额度。集团公司签发商业承兑汇票，由股份公司在银行办理贴现。集团公司间接地利用股份公司良好信誉，获得银行融资支持。比如某酒业集团为销售公司，酒业股份公司为制造企业，集团公司签发商票，股份公司办理贴现。

（十八）票据委托贴现

产品定义：

银行撮合委托人和借款人（即持票人），借款人以符合银行贴现规定的商业汇票作为质押，委托人发放委托贷款给借款人，以银行承兑汇票托收回来的资金作为委托贷款还款资金的一种组合融资方式。

票据委托贴现属于银行的中间业务，收取手续费。

（十九）银行承兑汇票质押贷款

产品定义：

银行承兑汇票质押贷款是指客户以银行承兑汇票作为质押，银行提供短期流动资金贷款的一种授信业务形式。

适用对象：

该产品适用于收付票据业务量非常频繁的流通型企业，比如钢铁经销商、汽车经销商、煤炭经销商、油品经销商等客户，这些客户对于票据非常熟悉，资金运作频繁，非常适合该类业务。

（二十）财务公司保兑商业承兑汇票

产品定义：

财务公司保兑商业承兑汇票是指集团客户的成员单位签发商业承兑汇票，由集团财务公司提供保兑，银行对财务公司保兑的商业承兑汇票办理贴现的一种票据业务形式。

业务类型：

（1）财务公司与集团成员单位处于同城的业务操作模式：成员单位签发商业承兑汇票，财务公司在商业承兑汇票上加盖自己预留的印鉴，对商票加保兑，银行直接操作对财务公司保兑的商业承兑汇票贴现。

（2）财务公司与集团成员单位处于异地的业务操作模式：成员单位签发商业承兑汇票，由银行与财务公司及集团成员单位签订《三方合作协议》，财务公司承诺对成员单位签发商业承兑汇票兑付承担连带责任。财务公司并不在商业承兑汇票上加盖自己预留的印鉴。

该模式有时候亦称财务公司保付业务模式。

三、票据组合融资业务

对于银行而言，单一营销银行票据产品价值不大，营销银行票据的组合方案才能获得最大价值，能够灵活使用各类产品、能提供组合性金融服务方案才真正考验客户经理的智慧。本部分收录的票据产品组合金融服务方案，包括票据产品之间的组合、票据产品与存款产品的组合、票据产品与传统贷款组合、票据产品与保函产品的组合等。单一产品看似简单，但是只要能够组合，就能够千变万化、达到意想不到的效果。

（一）票易票（小行票换大行票）

1. 定义

银行根据买方的需要，协助买方变换票据的承兑行，将买方持有的中小银行（农信社、中小农村银行等）承兑的银行承兑汇票采取质押方式置换成大银行承兑的银行承兑汇票，满足买方商务采购支付结算需要的一种票据服务形式。

2. 操作规则

为了提高银行的综合收益，银行有时会要求客户配比一定的保证金。如某村镇银行办理的金额为 1,000 万元、期限为 6 个月的银行承兑汇票，应当要额外存入至少 500 万元存款，帮助客户转换为 1,500 万元的大行承兑的银行承兑汇票。

3. 定价策略

如果中小银行（农村信用社）承兑的银行承兑汇票期限较短，可以提供短换长服务，可以不要求客户额外存入保证金。表 9-2、表 9-3、表 9-4 分别是收到 1 个月、2 个月、3 个月银行承兑汇票质押转换的票据结构。

表 9-2　收到 1 个月银行承兑汇票质押转换的票据结构

	转换结构	存款结构
1	如 1 个月银行承兑汇票换成 6 个月银行承兑汇票	1 天通知存款、7 天通知存款、3 个月定期存款、6 个月定期存款
2	如 1 个月银行承兑汇票换成 5 个月银行承兑汇票	1 天通知存款、7 天通知存款、3 个月定期存款、6 个月定期存款
3	如 1 个月银行承兑汇票换成 4 个月银行承兑汇票	1 天通知存款、7 天通知存款、3 个月定期存款
4	如 1 个月银行承兑汇票换成 3 个月银行承兑汇票	1 天通知存款、7 天通知存款、3 个月定期存款
5	如 1 个月银行承兑汇票换成 2 个月银行承兑汇票	1 天通知存款、7 天通知存款

表 9-3　收到 2 个月银行承兑汇票质押转换的票据结构

	转换结构	存款结构
1	如 2 个月银行承兑汇票换成 6 个月银行承兑汇票	1 天通知存款、7 天通知存款、3 个月定期存款、6 个月定期存款
2	如 2 个月银行承兑汇票换成 5 个月银行承兑汇票	1 天通知存款、7 天通知存款、3 个月定期存款
3	如 2 个月银行承兑汇票换成 4 个月银行承兑汇票	1 天通知存款、7 天通知存款、3 个月定期存款
4	如 2 个月银行承兑汇票换成 3 个月银行承兑汇票	1 天通知存款、7 天通知存款、3 个月定期存款

表 9-4　收到 3 个月银行承兑汇票质押转换的票据结构

	转换结构	存款结构
1	如 3 个月银行承兑汇票换成 6 个月银行承兑汇票	1 天通知存款、7 天通知存款、3 个月定期存款
2	如 3 个月银行承兑汇票换成 5 个月银行承兑汇票	1 天通知存款、7 天通知存款、3 个月定期存款
3	如 3 个月银行承兑汇票换成 4 个月银行承兑汇票	1 天通知存款、7 天通知存款

　　对于较为低端的客户，如销售规模较小的企业，同时承兑规模偏小，可以收取一定的票据转换费或风险承担费。

4. 目标客户

持有中小金融机构承兑的银行承兑汇票的企业，多是一些中小企业，如钢铁经销商、化肥经销商、建材贸易商、纺织服装流通企业、中小型纺织企业、中小钢厂等，这些企业与地方乡镇的商业伙伴往来的时候，会收到银行承兑汇票。而这些中小企业收到这些中小金融机构承兑的银行承兑汇票后，很难背书转让给其上游的大型企业，而这些票据贴现利率也较高，因此，最好的方式是票据置换。

一些向农村、地方村镇销售物资的经销商，例如，大型的钢铁经销商向乡镇销售钢材，乡镇的地方城投企业、当地的金属加工企业等多在当地的农村商业银行、乡镇银行、农村信用社办理银行承兑汇票，大型的钢铁经销商收到这些小金融机构的银行承兑汇票，根本没有办法直接背书转让给大型钢厂，只能委托自己的开户银行，帮助办理置换业务，将这些小金融机构的银行承兑汇票置换为大银行的银行承兑汇票。

这个市场非常巨大，国内的中小金融机构大量签发银行承兑汇票，这些银行承兑汇票在各地的流通往往受到限制，但对于大型银行而言，意味着是一个巨大的市场。

（二）票易票（单笔票据短变长）

1. 定义

银行根据买方的需要，协助买方变换票据的结构，将买方持有的短银行承兑汇票采取质押方式置换成长银行承兑汇票，满足买方商务采购支付结算需要的一种票据服务形式。

2. 操作规则

由于短换长可以给银行带来非常可观的保证金存款，银行往往非常乐意做票据置换。为了提高银行的综合收益，有时会要求客户配比一定的全额保证金银行承兑汇票。

3. 定价策略

银行将根据客户为银行创造的综合效益确定向客户提供的存款品种（甚至明确告诉客户，本次存款收益已经覆盖新签发银行承兑汇票的手续费）。比如在本行有大量的存款、代发工资、理财等业务，收益较好的客户，可以提供3个月定期存款＋7天通知存款的组合。

4. 目标客户

票据业务量较大的钢铁厂商、汽车厂商、家电厂商、水泥厂商、石油厂商、煤矿企业等，这类客户非常强势，对上下游配套企业都非常强势，要求下游企业支付短票，对上游企业支付长票，能够将收到的短票置换为长票，占有上下游客户的资金时间价值。最好是市场化的特大型企业，能够快速响应银行的营销活动。

（三）票易票（单笔票据长变短）

对于票据期限相对敏感的卖家，可以积极营销卖家采用这种方法，典型的如弱势汽车厂和经销商，小钢厂与经销商之间的结算。如果卖家较为强势，一定要求现款，则仍应避免将票据贴现、承担过多的贴现利息；可以将票据改短后，采取买方付息的方式支付货款，避免承担过多的贴现利息。

1. 定义

银行根据买方的需要，协助买方变换票据结构，将买方收到的单笔期限较长的银行承兑汇票采取质押方式置换成短期银行承兑汇票，满足买方支付结算需要的一种综合票据服务。

2. 操作要求

表 9-5　收到 6 个月银行承兑汇票质押转换的票据结构

	转换结构	备用配套工具
1	如 6 个月银行承兑汇票换成 1 个月银行承兑汇票	买方付息贴现、代理贴现
2	如 6 个月银行承兑汇票换成 2 个月银行承兑汇票	买方付息贴现、代理贴现

表 9-6　收到 5 个月银行承兑汇票质押转换的票据结构

	转换结构	备用配套工具
1	如 5 个月银行承兑汇票换成 1 个月银行承兑汇票	买方付息贴现、代理贴现
2	如 5 个月银行承兑汇票换成 2 个月银行承兑汇票	买方付息贴现、代理贴现

表 9-7　收到 4 个月银行承兑汇票质押转换的票据结构

	转换结构	备用配套工具
1	如 4 个月银行承兑汇票换成 1 个月银行承兑汇票	买方付息贴现、代理贴现
2	如 4 个月银行承兑汇票换成 2 个月银行承兑汇票	买方付息贴现、代理贴现

3. 说明

将一笔长银行承兑汇票拆分为一笔短银行承兑汇票后，如果收款人将短票视同现款，直接支付结算；如果收款人还需要买方自行承担贴息，则追加使用买方付息贴现及代理贴现这两种工具。

4. 目标客户

收取短期票据与现款折扣基本一致的商务交易。票据业务量较大的钢铁经销商、汽车经销商、油料经销商、化肥经销商、煤炭经销商、家电经销商等。例如，客户办理该业务动机：

（1）卖家商务结算政策支持，收取货款时，短银行承兑汇票与现款提供的商务折扣基本一致，典型的比如钢铁企业、汽车企业、工程机械车企业等，在销售淡季厂商为了刺激销售，提供这种特殊的商务政策。

（2）降低融资财务费用。在贴现利率较高的时期，将长银行承兑汇票置换为短银行承兑汇票，如果需要贴现，那么贴现短银行承兑汇票可以给企业大量节省财务费用。

（四）票易票（单笔大银行承兑汇票变多笔小银行承兑汇票）

1.定义

银行根据买方的需要，协助买方变换票据的结构，将大额银行承兑汇票采取质押方式拆分成多笔小额银行承兑汇票，满足其支付结算需要的一种综合票据服务。

2.定价策略

大票拆小票，如果伴随短换长，银行将根据客户为银行创造的综合收益确定向客户提供的存款品种。

如果是同等期限的大票拆小票，银行由于投入较大的人力资源，会收取一定的票据拆分费，费率通常在 0.1% ~ 0.3%。

3.目标客户

收到大额票据而支付较为零碎的多家客户，如钢材经销商、水泥供应商等。

客户办理该业务动机：不愿意贴现，而支付又较为零碎和频繁。有时，客户手持一张大银行承兑汇票，不愿意全部贴现，采取改小的方式，进行买方票据贴现或票据质押贷款。

（五）短大票换长小票（票据拆分业务）

1.定义

银行根据买方的需要，协助买方变换票据的结构，将买方收到的一笔大面额短银行承兑汇票采取质押方式置换成多笔小金额的长银行承兑汇票，满足其支付结算需要的一种票据服务形式。

2.操作规则

表9-8　收到1个月银行承兑汇票质押转换的票据结构

	转换结构	存款结构
1	如1笔1个月银行承兑汇票换成2笔6个月银行承兑汇票	1天通知存款、7天通知存款、3个月定期存款、6个月定期存款

	转换结构	存款结构
2	如1笔1个月银行承兑汇票换成2笔5个月银行承兑汇票	1天通知存款、7天通知存款、3个月定期存款

表9-9　收到2个月银行承兑汇票质押转换的票据结构

	转换结构	存款结构
1	如1笔2个月银行承兑汇票换成2笔6个月银行承兑汇票	1天通知存款、7天通知存款、3个月定期存款、6个月定期存款
2	如1笔2个月银行承兑汇票换成2笔5个月银行承兑汇票	1天通知存款、7天通知存款、3个月定期存款

3. 注意

短银行承兑汇票托收回来的资金应当根据拆分出去的每笔小票分别存保证金，形成一系列的存款包，并根据新开的小票的时间差，尽可能存为有利于客户的存款种类。比如，期限有4个月的时间差，可以存为3个月定期存款；如果有1个月的时间差，可以存为7天通知存款。

4. 定价策略

银行将根据客户为银行创造的综合收益确定向客户提供的存款品种，考虑大票拆小票的客户群体多为中小企业，且操作该业务需要一定量的人工成本，因此，这类客户可以提供利率较低的存款品种，甚至不再给存款利息。

5. 目标客户

票据业务量较大的小型制造类企业，这些客户的上游为一些零散的微型供应商，如小型机械制造企业、小型钢厂等；一些地方施工企业，零散供应商包括钢铁经销商、水泥供应商等。这类客户通常从多个卖家购买货物，因此，需要进行票据拆分。

（六）票据双买断业务

1. 定义

票据双买断业务是指银行应客户的申请，以客户签发并由本行承兑的应付银行承兑汇票及部分现金作为支付对价，无追索权地买入客户持有的应收银行承兑汇票的业务。

应收银行承兑汇票是指客户合法持有的、未到期的银行承兑汇票。应付银行承兑汇票是指客户签发并由本行承兑的银行承兑汇票。当应付银行承兑汇票金额低于应收银行承兑汇票时，对差额部分，在扣除融资利息后，本行支付余款。同时，银行可以根据应收银行承兑汇票托收回来的资金在应付银行承兑汇票没有解付前产生的收益情况，决定是否给付现金价差，具体的支付金额根据"票据双买断"业务的收益自行确定。现金价差在应付银行承兑汇票解付完毕后支付给客户。

2. 目标客户

对票据理财要求较高的客户，多是一些特大型的票源丰富的集团客户，例如钢铁集团、汽车集团、石油集团、家电集团等客户，这些客户在销售环节收到大量的票据，而对外采购也需要支付大量票据，同时，这些公司多属于上市公司，需要降低资产负债率，因此有这类业务需求。

（七）商票变银票（短变长）

1. 定义

银行根据买方的需要，协助买方转换票据的性质，将买方收到的短商业承兑汇票采取质押方式置换成长银行承兑汇票，满足买方支付结算需要的一种票据业务形式。

2. 操作规则

为了提高买方的综合贡献度，银行要求买方提供一定比例的额外保证金，银行开出商业承兑汇票票面金额＋额外保证金之和金额的银行承兑汇票。

例如，买方收到1000万元的商业承兑汇票，银行要求买方额外提供500万元的资金，银行为其办理1500万元的银行承兑汇票。

3. 目标客户

收到大额票据而支付较为零碎的多家客户。

客户办理该业务动机：客户的下游客户（买家）相对较为强势，支付商业承兑汇票，而客户上游客户（卖家）同样较为强势，同时对买家付款能力存在疑虑，为了防止出现收款风险，一定要收取银行承兑汇票甚至现款。银行帮助客户改造票据的性质。

（八）商票变银票（长变短）

1. 定义

银行根据买方的需要，协助买方变换票据的性质，将买方收到的长商业承兑汇票采取质押方式置换成短银行承兑汇票，满足买方支付结算需要的一种综合票据服务。

2. 目标客户

收到大额票据而支付较为零碎的多家客户。

3. 客户办理该业务动机

客户的买家较为强势，支付商业承兑汇票，而客户的卖家同样较为强势，一定要收取银行承兑汇票甚至现款。同时，对收取票据的期限较为苛刻，提供不同的价格折扣。

银行帮助客户改造票据的性质。有时，需要和买方付息票据捆绑操作，为买方节省一定的财务费用（银行承兑汇票贴现利息远低于商业承兑汇票）。

如一级钢材经销商（上游为大型钢厂，下游为大型建筑企业）、汽车刹车片生产厂商（上游为大型钢厂，下游为大型汽车企业）等。

（九）短银行承兑汇票变保贴长商业承兑汇票

1. 定义

以银行承兑汇票作为质押，银行为买方开立保证贴现的商业承兑汇票，保证买方商务交易支付的一种结算融资方式。

2. 目标客户

银行营销的对象为具备如下特点的商务交易买方：买方相对强势，卖方为小型企业，较为弱势，财务费用承担能力较强，对资金非常渴求，只要收到货款就行，并不在意财务费用的承担。比如，建筑公司支付小型水泥搅拌站，钢铁经销商支付给焦炭乡镇企业。

客户操作该业务的动机：客户收到的多是农村信用社、中小村镇银行的银行承兑汇票，这些银行承兑汇票流通性较差，大型银行帮助客户将这些低质量的银行承兑汇票转换为保贴的商业承兑汇票。如果将农村信用社、中小村镇银行的银行承兑汇票转换为本行的银行承兑汇票，客户还需要支付 0.05% 的手续费，对于强势客户而言，仍属于可以改进的地方。

（十）银行承兑汇票质押项下保理

1. 定义

以银行承兑汇票作为质押，以国内有追索权保理为融资工具，银行为客户提供的一种特定贸易融资业务。

2. 操作要点

保理融资期限应当适当超过银行承兑汇票期限 1 个月左右，银行可以获得一定的活期存款沉淀。

银行承兑汇票本质上是一张欠条，商务交易并没有结算。因此，可以提供一定的保理融资，银行买入应收账款。

3. 营销建议

通常在利率较高的时候（如贴现利率远远超过同期限贷款利率）采用，银行应当精确计算客户采取贴现融资和银行承兑汇票质押保理融资的费用比较，客户会接受银行的融资结构调整安排。银行应当掌握该项业务操作要点，需要抓住贴现利率变化的时机，迅速推广该业务。

贴现利率什么时候会远远超过贷款利率？一般在监管部门控制贷款规模或各家银

行拼命压缩贴现规模为贷款腾出空间的时候。在贴现利率恢复到正常的时候（贴现利率在存款利率之上，在贷款利率之下），该业务就没有了营销机会。

（十一）商业承兑汇票质押项下保理

1.定义

以商业承兑汇票作为质押，以国内追索权保理为融资工具，银行为客户提供的一种特定贸易融资业务。

2.操作要点

保理融资期限应当适当超过商业承兑汇票1个月左右，银行可以获得一定的活期存款沉淀。

商业承兑汇票本质上是一张欠条，商务交易并没有结算。因此，可以提供一定的保理融资，银行买入应收账款。

3.营销建议

对于商业承兑汇票贴现，由于有较高的风险，银行通常较为挑剔，贴现率定价较高，而且发展商业承兑汇票贴现的积极性不高。而银行都热衷于发展贸易融资业务，可以将两项业务结合，会受到客户的热烈欢迎。客户只想得到资金，不会在乎得到资金的形式，是保理还是贴现无所谓。

银行承兑汇票质押保理业务需要在贴现利率大幅走高的时候营销，而商业承兑汇票保理业务的营销时机多得多，基本可以随时营销。

（十二）银行承兑汇票＋代理贴现＋买方付息

1.定义

在卖方较为强势的商务交易中，银行为买方办理银行承兑汇票，买方承担银行承兑汇票的贴现利息，买方并代理卖方完成票据贴现的一种银行嵌入式综合票据服务模式。

2.营销建议

（1）银行客户经理应当习惯性地对本行签发银行承兑汇票的买方营销"银行承兑汇票＋代理贴现＋买方付息"，便利买家最大限度地降低财务费用。银行可以有效实现关联营销，获得包括存款、贴现、中间业务等众多收益。一个基本原则是本行签发的银行承兑汇票争取尽可能全部办理成买方付息代理贴现的操作模式。

（2）为刺激客户尽可能捆绑销售"银行承兑汇票＋代理贴现＋买方付息"这三款产品，银行可以提供一些优惠，例如，办理本行银行承兑汇票的买方付息代理贴现，贴现利率适度下浮，在开票环节降低保证金比例等。

（十三）银票（商票）＋代理贴现＋买方付息＋放弃部分追索权贴现

1. 定义

针对卖方为较强势的商业地位，针对买方的真实商品交易，银行为买方提供买方付息银行承兑汇票（或商业承兑汇票），买方代理卖方完成票据贴现，银行承诺放弃对卖方的追索权的一种综合票据服务模式。

2. 目标客户

有美化报表需求的企业（卖方），这类企业非常强势，在销售环节收到大量的银行承兑汇票，要求付款人自行承担贴现利息，同时，要放弃对自己的追索权。这类强势企业为了支持和促进销售，接受票据付款，但是会提出买方自行承担利息和放弃对其追索权的条件。针对收款人为特大型的外商投资企业或机关事业单位、国资委监管的中央企业。

（十四）票据信托计划（"多对一"或"一对一"）

1. 定义

银行通过与信托公司合作发行信托计划，引入特定投资者资金，买入持票人持有的票据，为持票人解决流动资金需要及释放信贷规模的一种特定融资模式。

2. 操作模式

模式一：存量票据信托计划。

银行与信托公司合作成立一个特定的集合资金信托计划，银行作为委托方和受益人，将已经贴现的银行承兑汇票票据资产所对应的权利，以约定的利率转让给特定的信托计划，信托公司作为受托人负责理财计划的设计和管理，以该信托计划为依托，银行向投资者发行理财产品，将募集到的资金专项用于投资该信托计划。

该业务操作的作用在于：释放银行的信贷规模，银行可以获得一定的中间业务收入。

模式二：增量票据信托计划。

银行通过与信托公司合作发行信托计划，引入特定投资者资金，买入持票人持有的票据，为持票人解决流动资金需要的一种特定融资模式。

该业务操作的作用在于：为客户解决资金融通，维护一批理财客户。

（十五）票据池

1. 定义

票据池指银行为客户提供商业汇票鉴别、查询、保管、托收等一揽子服务，并可以根据客户的需要，随时提供商业汇票的提取、贴现、质押开票等融资保证企业经营需要的一种综合性票据增值服务。

2. 说明

该业务需要开发一套票据综合管理系统，通过系统计算及管理客户的票据资源。

如果说现金管理是银行管理客户资金的高级状态，那么票据池就是银行管理客户票据资源的最高明的手段，客户将其庞大的票据资源"存入"银行，随时可以办理票据的提取、质押及到期的托收等。

3. 价格

（1）银行将根据客户为银行创造的综合收益确定是否向客户收费及收费金额。如果办理贴现，银行提供较为优惠的贴现利率。

（2）通常都是对特大型的集团客户提供票据池服务。因此，该业务一般不会收取票据顾问费用。如果客户仅是要求票据真实鉴别、票据查询、票据代保管等简单的业务，银行通常会收取一定的费用。

4. 注意

（1）银行为客户详细记录每个票据信息，建立独立的账册，详细记录票据的状态（如票据离到期日的时间、已经托收完毕的票据数量金额、目前可以使用的票据资源等），便于客户了解该票据的信息，方便银行与客户即时进行核对。

（2）银行可以将票据池中的资金为客户购买一些低风险的理财产品，如票据信托计划、债券型基金、大型企业债券、特大型集团客户贷款资金信托计划等，为客户资金提供理财服务。

5. 营销建议

该产品适用于票据往来量非常大，暂时没有贴现需求的大型集团客户，如煤炭、钢铁、汽车、石化、电力、物资等重要客户。该产品的营销要点在于可以极大降低大型集团客户的票据业务工作量，科学高效管理集团的所有票据资源。

对于跨区域经营的特大型集团客户，集团客户的各地分、子公司可以将收到的票据进行就地托管，即分、子公司将票据质押或托管给当地分行，总公司可以使用这些托管票据产生的额度，下属分、子公司使用这些票据办理票易票或提取票据，必须得到总公司的许可。可以通过这种方式，帮助集团客户集权管理分、子公司的票据。

（十六）第三方票据质押银行承兑汇票

1. 定义

银行撮合委托人和持票人（借款人），持票人（借款人）以符合银行贴现规定的商业汇票作为质押，银行办理票据委托贴现，发放委托贷款给持票人（借款人），银行为委托人办理银行承兑汇票质押签发银行承兑汇票，以质押的银行承兑汇票托收回来的资金作为委托贷款还款资金的一种组合票据融资方式。

2. 操作规则

（1）持票人提供质押的银行承兑汇票期限短于或等于银行为委托人办理的银行承兑汇票期限，即被质押的银行承兑汇票早于委托贷款到期，银行承兑汇票到期托收回来现金后，存入银行保证金账户，等待委托贷款到期，委托贷款本金收回后，扣划本金兑付前期签发的银行承兑汇票。

（2）两张银行承兑汇票的金额相等，委托贷款的金额计算比照委托贴现计算即可。

3. 营销建议

（1）该类产品的营销对象以民营企业为主，民营企业主头脑灵活，决策程序较快，有追逐利益的动机，对于银行的灵活操作反应极快，非常适合该产品。提供票据的持票人和办理贴现的委托人应当都是民营企业。

（2）银行营销该产品的主要出发点在于帮助持票企业尽可能降低融资成本，帮助有闲置资金同时需要对外使用票据支付的客户提供理财，使客户融资成本更低一点，理财收益更高一点。

（十七）长银票→短银票→长银票

1. 定义

买方以收到的长银行承兑汇票作为质押，银行为其新办理期限较短的银行承兑汇票，在新较短银行承兑汇票到期获得解付及质押长银行承兑汇票变成短银行承兑汇票后，买方再次以短银行承兑汇票作为质押，银行再次为其办理新长银行承兑汇票的一种综合票据金融服务。

2. 操作要求

该业务属于时间周期业务，将一个客户的票据潜力进行最大限度的挖掘。沿着产业链人为制造关联营销的机会。

3. 适用客户

该类业务操作适用于产品存在明显季节性的行业的经销商，如空调、建筑用水泥、钢材等，随着销售的淡旺季不同，厂商提供截然不同的产品销售商务政策，银行使用不同的票据组合，充分帮助经销商最大限度地同时获得银行提供的票据理财收益和厂商提供的商务折扣收益。

4. 营销建议

银行必须认真学习研究不同行业的经销商和厂商直接交易的商务政策，同时非常熟悉银行各种类型存款及各种期限银行承兑汇票贴现的报价，有意识引导客户使用多种银行票据产品的组合。要求客户能够主动使用这些复杂的银行票据产品组合根本不现实。

（十八）长银票→短银票→长商票

1. 定义

买方以收到的长银行承兑汇票作为质押，银行为其办理新期限较短的银行承兑汇票，在新期限较短的银行承兑汇票到期获得解付及长银行承兑汇票变成短银行承兑汇票后，买方再次以短银行承兑汇票作为质押，银行为其办理新期限较长的保贴商业承兑汇票的一种综合票据金融服务。

2. 适用客户

该业务操作模式适用于票据量较大的买方，买方的上游客户较多，买方与上游客户地位优劣相当。

（十九）银票套餐（前置保证金 + 后置保证金）

1. 定义

在授信额度有效期内，银行为买方办理银行承兑汇票，要求买方在银行承兑汇票到期前的一段时间内存足敞口保证金，重新启用敞口授信额度，银行为买方循环办理银行承兑汇票的一种套餐服务模式。

2. 操作规则

表 9-10　银票套餐操作规则表

	转换结构	存款结构
1	如 6 个月银行承兑汇票	30%，30 天敞口填满；40% 保证金，40 天敞口填满；50% 保证金，50 天敞口填满
2	如 5 个月银行承兑汇票	20%，30 天敞口填满；30% 保证金，40 天敞口填满；40% 保证金，50 天敞口填满
3	如 4 个月银行承兑汇票	20%，30 天敞口填满；30% 保证金，40 天敞口填满；40% 保证金，50 天敞口填满

3 操作特点

（1）该业务属于时间周期业务，将一个客户的票据资源潜力进行最大限度地挖掘。

前提：银行承兑汇票额度为一年期循环授信额度，可以在最高授信额度范围内重复循环使用。

（2）银行必须非常熟悉买方商务交易周转一次的时间、商务销售结算的价格规定，合理设计银行承兑汇票套餐的保证金组合，既能满足买方的交易结算需要，同时又获得银行的存款目标。

（3）设计金融服务方案必须掌握一个基本原则，首先是授信方案必须保证交易产业链各方商务交易的顺利实现，其次才是在其中嵌入多样产品组合方案，实现买方和银行额外价值要求。

4. 适用客户

该产品适用于经营周转效率较高的客户，如煤炭经销商、家电经销商、燃料油经销商、钢铁经销商、水泥经销商、化肥经销商、药品经销商、食品经销商、饮料经销商。最好快进快出，银行挣流水。

5. 营销建议

这类流通型企业现金周转速度较快，现金流非常充沛，非常适合提供银行承兑汇票。由于银行承兑汇票的期限和客户的现金流周转速度不匹配，客户的现金流周转速度远远快于银行承兑汇票的期限，如果我们不锁定客户的销售现金流，客户就可能挪用销售现金流。

例如，我们给煤炭经销商签发 6 个月 1,000 万元的银行承兑汇票，煤炭经销商买到煤炭，再到卖出煤炭收到现款回款只需要 1 个月的时间，如果我们不要求客户将销售回款封闭回银行，这个客户就可能挪用 1,000 万元的销售回款。

（二十）银票套餐（前置保证金 + 后置银票）

1. 定义

在授信额度有效期内，银行为买方办理银行承兑汇票，要求买方在银行承兑汇票到期前一段时间内，以收到符合贴现规定的商业汇票作为质押封闭银行承兑汇票敞口，重新启用授信额度，银行为买方循环办理银行承兑汇票的一种套餐服务模式。

2. 前提

银行承兑汇票额度为一年期循环授信额度，可以在最高授信额度范围内重复循环使用。

3. 目标客户

周转效率较高的流通型客户，尤其以民营企业居多，如煤炭经销商、燃料油经销商、钢铁经销商、水泥经销商、化肥经销商、药品经销商、食品经销商、饮料经销商等。

这类客户的商业模式：

上游（企业）+ 经销商 + 下游（企业）

不包括国美、苏宁等家电经销商，因为国美、苏宁销售模式都是收到现金，因此没有可以给银行质押的银行承兑汇票。

4. 营销建议

这类经销商群体需要向上游企业支付银行承兑汇票，同时，会向下游客户销售，收到银行承兑汇票，向上游企业支付大面额的银行承兑汇票，在销售环节收到小金额的银行承兑汇票。可以使用小面额的银行承兑汇票质押封闭前期签发大面额银行承兑汇票敞口。

例如，大型钢铁经销商向上游钢铁厂商支付银行承兑汇票，从下游二级钢铁经销商收到小面额的银行承兑汇票。

（二十一）银票套餐（前置票据保证金 + 后置存款保证金）

1. 定义

在授信额度有效期内，银行为买方办理银行承兑汇票，首笔保证金采取买方提供以符合贴现规定的商业汇票作为质押方式，允许买方在银行承兑汇票到期前一段时间内，交存现金封闭银行承兑汇票敞口，重新启用授信额度，银行为客户循环办理银行承兑汇票的一种套餐服务模式。

2. 操作规则

说明银行在办理业务过程中，客户使用银行信贷资源在商务交易过程中的互动关系。

3. 操作特点

（1）该业务属于时间周期业务，最大限度地挖掘一个客户票据潜力，沿着产业链人为制造关联营销的机会，前提是银行承兑汇票额度为一年期循环授信额度，可以在最高授信额度范围内重复循环使用。

（2）作为保证金质押的银行承兑汇票应当为短票，从而可以给银行带来一定的远期保证金存款。远期保证金存款不反映在当期，而是未来一段时间。

非常适合在年底前操作，例如，给客户签发6个月的银行承兑汇票，1000万元票面金额，要求30%的保证金，即300万元保证金，客户提供自己持有的300万元3个月期限的短银行承兑汇票质押。

4. 目标客户

周转效率较高的流通型客户，尤其以民营企业居多，比如，特大型家电经销商、汽车经销商、钢铁经销商、乳品经销商、煤炭经销商、油料经销商等。

这类客户自身持有一定的票据资源，同时因为采购缘故，大量需要银行提供敞口银行承兑汇票。

（二十二）出口信用证 + 银行承兑汇票 + 押汇

1. 定义

出口商以收到的出口信用证作为质押，银行为出口商签发银行承兑汇票，用于出口商在国内的采购，办理货物出口后，银行及时为出口商办理出口押汇，押汇资金兑付银行承兑汇票，以商品出口后收回的货款及时结汇后归还银行押汇融资的一种结构化融资业务。

2. 目标客户

针对中型的出口贸易公司，一般都是专业化的外贸公司，从国内采购，向国外出口。典型的客户如从事化工品、粮食、焦炭、机电、纺织品出口的专业公司。

3. 营销建议

应当定位在中型的出口贸易型企业，这类客户融资需求非常迫切，会配合银行营销策略。银行设计供应链融资策略，借助出口商，关联营销其上游客户，扩大营销的范围，同时设计大额的存款回报。

打包贷款成本较高，而打包银行承兑汇票，并配套提供出口押汇业务将极大降低出口贸易型企业的融资成本。

（二十三）银行承兑汇票质押开立国内信用证（买方押汇）

1. 定义

买方因真实的商务交易采购支付需要银行提供定向付款融资，买方以收到的银行承兑汇票作为质押，银行为买方签发国内信用证，卖方履约发货后，银行为买方办理买方押汇，通过提供一整套的融资方案保证买方的交易支付的一种融资业务形式。

2. 适用客户

票源丰富的一些贸易型客户，对上游供应商不放心，希望适用国内信用证降低采购风险。

尤其适用于一些中小型的钢铁经销商、煤炭经销商、化肥经销商、燃料油经销商、中小钢铁生产企业、中小电机企业、钢构企业等。

3. 营销建议

该产品通常在贴现利率高企的时候适用，银行提供银行承兑汇票质押开立国内信用证，调整业务收入结构。由于该种业务操作模式，相对于银行承兑汇票直接贴现的融资成本还是低很多，企业都会接受。

（二十四）商业承兑汇票质押保函业务

1. 定义

商业汇票质押保函业务是指客户以持有的符合贴现规定的银行承兑汇票或商业承兑汇票作为质押，银行为客户办理保函，保证客户的商务担保需要的一种授信业务操作形式。

2. 适用客户

适用于一些大量使用保函的中小型客户，例如，一些中小型的电力设备企业、中小施工企业等，这类客户在销售环节大量收到银行承兑汇票，因为需要不断参与各类工程投标，也需要在银行开立保函。

银行营销的出发点应当是如何尽可能帮助客户降低融资成本，客户成本降低了，银行自然会得到源源不断的利益。

3. 营销建议

（1）该产品通常适用于工程承包企业、材料供应商，尤其是在道路工程公司、电力设备制造等企业适用。

（2）该业务要由银行主动营销客户去使用，主要从该产品可以极大降低企业的财务费用角度来说服企业使用。

（二十五）国内信用证项下银行承兑汇票（或商业承兑汇票保贴）

国内信用证（银行承兑汇票或商业承兑汇票保贴）与贷款的功能相同，但是银行使用国内信用证（银行承兑汇票或商业承兑汇票保贴）可以起到控制资金用途，改善收入结构的特殊功效。

1. 定义

银行为国内的买方核定国内信用证额度，买方在银行开立国内信用证用于真实的商品采购，在买方提交国内信用证项下单据后，办理银行承兑汇票解付国内信用证并放单给买方的一种银行授信业务形式，其实质是开证行对买方的一种短期资金融通。

2. 适用客户

与银行合作过程中，处于弱势地位的中型客户。对于一些单纯提供贷款感觉风险较大的中小客户，最好的方式就是巧妙使用授信产品组合，通过方案来控制风险。

适用于关联企业之间的客户，例如中小钢铁企业和关联的钢铁采购公司之间，银行对中小钢铁企业提供国内信用证额度，关联的钢铁采购公司收到国内信用证后，办理国内信用证质押签发银行承兑汇票用于采购焦炭、废铁等资料。

对中小钢铁企业如果直接提供银行承兑汇票，用于给关联的钢铁采购公司付款，有时很难控制交易背景。

3. 营销建议

（1）银行通过国内信用证项下银行承兑汇票（或商业承兑汇票保贴），可以将客户真实贸易项下的采购使用票据支付。该产品相对于国内信用证项下买方押汇，可以大幅降低财务费用。表 9-11 表示国内信用证项下银行承兑汇票与贷款的比较情况。

（2）银行应当主动参与到一些关联企业的授信方案设计当中，通过积极灵活合理地使用银行授信产品，在降低银行授信产品风险的同时，帮助企业有效扩大采购。

表9-11　国内信用证项下银行承兑汇票（或商业承兑汇票保贴）与贷款的比较

	国内信用证项下银行承兑汇票（或商业承兑汇票保贴）	贷款
费用	手续费：国内信用证通常为1.5‰；银行承兑汇票为0.5‰ 融资利息：在买方付息票据模式下，承担贴现利息	手续费：无 融资费用：流动资金贷款利息
期限	根据整个贸易的周转周期确定	客户与银行商议确定，通常没有明确和商务贸易挂钩
风险控制	有条件的付款方式，是以真实的贸易背景为依托，以单证相符、单单一致的付款条件做保证，相对于其他贷款和表外产品而言，更有利于银行有效地控制授信风险，防止客户挪用资金	很难控制客户的资金使用行为，最多是要求客户在使用每笔贷款前，提交用款计划
比较结果	融资费用适度，收入结构明显改善，主要为中间业务手续费及贸易融资收入	简单的流动资金贷款利息收入

（二十六）集团付息票据业务

银行提供给集团客户的授信是银行承兑汇票额度，授信主体是集团总公司，使用银行承兑汇票的主体是集团下属分公司、子公司。下属公司签发银行承兑汇票，由集团公司划拨各成员单位在集团结算中心的资金集中付息。

1. 定义

集团客户的下属子公司签发买方付息的银行承兑汇票（或银行保贴的商业承兑汇票），集团结算中心统一支付所有下属子公司应当支付的贴现利息，银行承兑汇票到期，集团结算中心统一划拨资金解付银行承兑汇票的一种综合票据金融服务方案。

2. 适用客户

集团付息票据业务适用于总分公司、总子公司管理模式的集团公司，总部在银行获得银行承兑汇票额度，授权给下属分公司、子公司适用。

总公司对下属的分公司、子公司实行资金的集权管理，集团资金高度集中到总公司资金管理中心。下属分公司、子公司独立经营，独立对外签订采购合同，独立对外支付货款。

为了保证下属公司的经营，下属分公司、子公司独立对外签发银行承兑汇票，如果是买方付息，由集团结算中心统一付息；在银行承兑汇票到期后，集团结算中心统一划拨资金兑付银行承兑汇票。

3. 营销建议

银行应当注意根据本地集团客户的具体经营情况，设计个性化的集团票据服务方案。中国集团客户的通常情况是：集团总公司实力较强，很容易获得银行授信额度，但是集团总公司多是管理机构，对资金使用量不大；集团下属分公司、子公司实力弱些，由于是具体经营单位，资金使用量极大，但是资金往往被集中到集团公司结算中心账户。

（二十七）放弃付款请求权银行承兑汇票保理

1. 定义

在公开无追索权保理融资项下，银行向客户支付放弃付款请求权的银行承兑汇票作为对价，买入客户持有的应收账款，以收回的应收账款兑付银行承兑汇票的一种票据业务形式。

2. 适用客户

适用于卖家实力较强，为银行的黄金客户，买家同样实力较强，应收账款质量较好，银行通过提供放弃付款请求权银行承兑汇票支付应收账款的对价。

3. 客户类型

大型的电信设备供应商及电信运营商之间；大型电力公司与电网公司之间；医药设备供应商与大型三甲医院之间。

4. 营销建议

该类产品是针对其他银行传统保理融资的比较优势工具，有较好的替代性。

（二十八）银行承兑汇票滚动质押融资

1. 定义

客户以未来较长时间内陆续收到的确定的最高金额范围内的银行承兑汇票作为质押，客户可以在贷款期间内，不断替换质押物，银行提供长期固定用途的贷款的一种综合授信融资服务。

常见类型为银行承兑汇票滚动质押固定资产贷款、银行承兑汇票滚动质押大宗机器设备采购贷款、银行承兑汇票滚动质押工程机械长期贷款。

2. 适用客户

适用于中型规模的客户，这类客户通常票源丰富，同时由于购买固定资产，比如房产或大型机器设备等，有一定的长期资金需求。典型的客户，如家电经销商准备购置店面；钢材经销商准备购置工业厂房；中型煤炭开采企业购置大宗设备；小型家电制造企业购置办公用房等。

这类客户通常属于流通型企业或者是中小型制造企业，资产负债率偏高，很难从银行拿到长期固定资产贷款。

（二十九）信用证（保函）担保银行承兑汇票业务

1. 定义

代理出口商取得进口商开具的信用证（保函）后，在信用证（保函）的额度内申请签发银行承兑汇票作为预付款支付给国内供应商，由国内供应商向银行申请办理银行承兑汇票贴现，取得资金用于采购原材料，进行生产备货，及时向代理出口商交货，代理出口商按时办理货物的出口，该业务是一项典型的组合贸易融资业务。

2. 适用对象

具有短期融资需求的国内供应商或代理出口商。

代理出口商：提供银行承兑汇票。

国内供应商：提供银行承兑汇票贴现业务。

3. 营销建议

（1）以组织货物出口的出口代理商作为营销起端，由于信用证议付、银行承兑汇票出具及贴现全部在一家银行办理，因此可以综合报价，提供一定的优惠。整个金融服务方案是建立在信用证保证交易安全基础上，因此整体风险相对可控，只要"单单一致、单证相符"就能够得到资金偿付。

（2）出口代理商可以定位在专业贸易公司，一些行业专业贸易公司在国内向供应商进行批量采购付款，然后通过自己在国外的销售渠道进行境外销售，如中国打火机、粮油、纺织品等一般由专业的外贸公司在国内采购后出口，这种类型的专业外贸公司适合这种金融服务模式。

（3）通常应当是中型规模贸易商，企业应当在本行业经营多年，有较好的市场声誉。特大型外贸企业通常在银行都有一定的信用授信额度，不会接受这项产品。

（三十）汽车经销商票据金融网

汽车经销商票据金融网是当前较为受欢迎的以票据为核心工具的供应链融资业务模式，银行通过票据融资，通吃汽车零配件供应商、制造厂商、经销商、终端用户等全部交易主体，同时借助汽车制造厂商对整个产业链的强大控制力锁定融资风险。

1. 定义

汽车经销商票据金融网是银行以核心汽车厂商为风险控制的主体，以核心汽车厂商与其下游经销商签订真实贸易合同产生的预付账款为基础，核心厂商承担连带责任保证／回购担保调剂销售，辅之以汽车合格证质押，为汽车经销商提供的以合同项下商品产生的销售回款作为第一还款来源的票据融资业务。

2. 目标客户

从事汽车生产的汽车制造厂商，通过与其建立融资网络，关联营销其众多的汽车经销商。

（1）规模较大、技术领先的大型轿车生产企业。

（2）技术领先的工程机械车生产企业。

（3）具有一定的技术优势，经营规模较大的大型客车生产企业等。

3.营销建议

银行与汽车金融服务公司、汽车财务公司在汽车金融服务领域存在一定程度的竞争，银行的优势在于：

（1）物理网点优势。与汽车金融服务公司、汽车财务公司相比，银行经营网点分布较广，远非这些机构可以相提并论。

（2）筹资成本优势。银行具备低成本筹资优势，人民币资金较为充裕，可以随时满足客户的融资需要。

（3）人力资源优势。银行在全国培养大批业务素质较高、能力较强的客户经理队伍，可以随时提供高效便捷的金融服务。

（三十一）三方保兑仓

1.定义

三方保兑仓业务是指在卖方与买方真实的商品贸易交易中，以银行信用为载体，买方以银行承兑汇票为结算支付工具，由银行控制货权，卖方受托保管货物并对承兑汇票保证金以外敞口金额部分由卖方以货物退款承诺作为担保措施，买方随缴保证金、随提货的一种特定融资服务模式。

2.有关主体

三方保兑仓主体：厂商、经销商、融资银行。

通常对银行提供的保证措施为厂商的退款承诺，即银行承兑汇票到期前，如果经销商没有存入足额的保证金（即经销商没有从核心厂商提走全部货物），核心厂商负责退还银行承兑汇票票面金额与经销商提取的全部货物金额之间的差额款项，又称直客式保兑仓。

保兑仓最符合当前核心厂商的想法，即对经销商既愿意提供一定的帮助，促使其获得银行融资，促进自身产品销售；同时，希望能够最大限度地控制货物，不希望经销商无节制地赊销，使厂商产生大量的应收账款风险。

3.营销建议

（1）在保兑仓模式下，卖方获益较多，对经销商提供更多的价格折扣是保证经销商有动力参与保兑仓操作的关键，否则经销商更倾向于有多少钱提多少货。

（2）本产品适用对象特点：厂商实力较强，而经销商实力一般，厂商有能力牢牢控制商品的销售渠道，在经销商之间进行商品调剂销售能力非常强。

（3）可以考虑对特大型的核心厂商提供一个虚拟授信额度，如宝武集团、攀钢集团，利用这些公司的公开资料进行授信核定，便利经营机构拓展这些钢厂的经销商，而不必像传统授信，一定要这些客户提出申请，拿到全套的授信资料才进行授信操作。

（4）切记：保兑仓项下的买方一定是流通企业，而不是制造类企业或终端使用者。物流企业有着大量的现金流和票据流，对银行而言，具有十分重要的商机。

这些流通企业有三个鲜明的特点：一是现金流量大、周转快；二是票据量大，以银行承兑汇票采购为主；三是缺乏抵押担保手段，单独授信困难。这些企业最大的需求是能以货物作抵押，开立银行承兑汇票，稳定货物的储备和供应。而现金流巨大则是银行拓展这些企业的最好回报。

（三十二）四方保兑仓

1. 定义

四方保兑仓业务是指在卖方与买方真实的商品贸易交易中，以银行信用为载体，买方以银行承兑汇票为结算支付工具，由银行控制货权，仓储方受托保管货物，卖方对承兑汇票保证金以外敞口金额部分提供退款承诺作为担保措施，买方随交存保证金、随提货的一种特定融资服务模式。

2. 操作主体

四方保兑仓：核心厂商一般提供回购承诺，即银行承兑汇票到期前，如果经销商没有存入足额的保证金（即经销商没有从仓储公司提走全部货物），核心厂商负责退还银行承兑汇票票面金额与经销商提取的全部货物金额之间的差额款项。

3. 营销建议

（1）在保兑仓模式下，卖方获益较多，对经销商提供更多的价格折扣是保证经销商有动力参与保兑仓操作的关键，否则经销商更倾向于有多少钱提多少货。

（2）本产品适用对象特点：厂商实力较强，而经销商实力一般，厂商有能力牢牢控制商品的销售渠道，在经销商之间进行商品调剂销售能力非常强。

（3）可以考虑对特大型的核心厂商提供一个虚拟授信额度，例如宝武集团，利用这些公司的公开资料进行授信核定，便利经营机构拓展这些钢厂的经销商，而不必像传统授信，一定要这些客户提出申请，拿到全套的授信资料才进行授信操作。

📑 Tips

中美票据市场发展的异同探讨

本部分对中美票据市场发展及发展过程中的风险进行比较，对处于快速发展中的我国票据市场具有重要的现实意义。

一、美国票据市场的发展及美国票据市场的风险

（一）美国票据市场发展概况

从 19 世纪起，商业票据在美国发展起来，成为重要的融资渠道。根据票据利率类型划分，美国票据市场目前主要由四大类票据组成，它们分别是 AA 非金融票据、A2/P2 非金融票据、AA 金融票据和 AA 资产支持票据（Asset-Backed Commercial Paper，ABCP）。按信用划分，分为 1 类（Tier-1）商业票据和 2 类（Tier-2）商业票据。划分标准为：如果由一家评级公司评定信用等级，该公司给出评级为 1 类，或者多家评级公司同时评定信用等级，其中至少两家给出评级为 1 类；合格票据中，除 1 类外都是 2 类。按发行主体来分，分为资产支持票据、金融票据和企业票据。发行主体不仅包括国内金融机构和大企业，还包括国外企业和小企业。发行票据的主体普遍信用较高，1 类商业票据余额占绝大部分。

资产支持票据的出现是美国票据市场发展的一个重要里程碑，资产证券化的运用、投资法对货币市场投资基金的限制等促成了资产支持票据的出现，并成为商业票据十分重要的类型。1990 年，资产支持票据仅占票据市场的 5.7%，2007 年初该比例上升至 58%。金融危机发生后，资产支持票据规模有所减少，2010 年，资产支持票据占票据市场的 37%。近 20 年来，资产支持票据是票据市场快速发展的主要推动力量。

商业票据是一种非担保证券，其发行者一般都需要具备较高的信用等级，但信用等级不高的小企业也可以借助信用等级较高公司的信用支持或以自身高品质的资产为抵押发行商业票据（即为信用支持商业票据和抵押支持商业票据）。另外，美国国内的外国公司也能够在美国发行商业票据。从投资者来看，商业票据的投资主体多元化，包括货币市场共同基金、银行信托、养老基金、非金融公司、国外投资者等。货币市场基金是商业票据的主要投资者，2007 年初，货币市场基金投资于票据市场的比例超过 30%。货币市场基金对资产支持票据的需求是导致后者快速发展的重要原因。从票据发行来看，美国票据发行有两种途径：通过交易商发行或直接发行，但除了实力很强的大型金融企业，企业一般是通过交易商发行票据。美国票据交易商以大投资银行为核心，具有票据市场做市商的作用。

（二）美国票据市场的风险

在金融领域，风险是指金融主体在金融活动中可能遭受损失或额外收益的可能性。金融市场上的风险主要包括信用风险、市场风险、流动性风险和操作风险

等。市场风险是指由利率、汇率和股票价格等方面的变动所引起的金融资产或负债的市场价值变化会给投资者带来损失的可能性；信用风险是指违约或信用等级下降导致持有金融资产的一方资产损失或贬值的风险；流动性风险是证券持有者无法及时变现或提前将金融资产低价变现而出现损失的风险；操作风险是指由于技术操作不完善、管理控制缺陷、欺诈或其他人为错误导致损失的可能性。

美国票据市场被视为稳定的融资来源，但是，当它受到冲击时，融资规模也曾突然出现大幅下降，出现一定的金融风险，其中，最为突出的是信用风险和流动性风险。

在最近一次的金融危机中，美国票据市场的资产支持票据因次贷抵押品违约、金融票据因雷曼倒闭导致需求大幅下降，资产支持商业票据和金融票据都是市场的主要组成部分，从而票据市场需求急速下跌。考虑到票据市场对实体经济的重要作用，美联储在金融危机期间及时采取了多项货币干预政策，票据市场才得以稳定。

美国票据市场最为突出的是信用风险。企业所发行的票据都是其债务的体现，因此，投资者最关心的是违约风险。1970年，宾夕法尼亚州中央运输公司违约事件导致商业票据规模迅速减少了9%；2001年，安然公司破产也导致美国票据市场规模急剧减少。美国票据市场规避信贷风险主要通过两个途径：评级要求和银行贷款协议。美国要求票据发行前都必须由指定的评级公司中的至少2家进行评级，评级机构评级结果的公正和科学性决定了票据的信用风险是否被真实地披露。公众主要通过评级机构的评级结果来了解商业票据信用风险的真实状况。目前全球三大评级公司都在美国，由于票据期限短，评级机构更关注流动性便利和银行信用支持等影响企业偿债能力的因素。美国《1940年投资公司法》规定，机构投资者投资的票据品种必须是两家全国认可的评级公司中给予"P-1或P-2"两种信用评级之一。中央运输公司违约事件之后，几乎所有企业发行的商业票据都100%具有银行贷款协议支持。然而，此次金融危机中，雷曼倒闭而导致其商业票据违约令投资者对大型金融机构的商业票据也失去了信心，美联储不得不提供比对资产支持票据更大规模的救援，比如为货币市场基金提供存款保险、直接购买商业票据以及对金融机构注资。2008年10月，美联储首次直接购买商业票据，该举迅速有效地稳定了票据市场。2009年1月，美联储成为单个持有最大规模商业票据的机构。

流动性风险在美国票据市场也显得尤为突出。鉴于一些企业违约导致市场流动性迅速受到影响，银行为票据市场提供流动性补充。发行票据的企业和其合作银行签订贷款协议，一旦出现流动性不足的情况，银行可以按事先商定的利率给企业贷款。但这不是在任何情况下都适用，如果企业的信用降级幅度太大，银行认为其不具备信用，或者经济环境恶化、银行自身的流动性不足，银行可以不履行协议。当票据市场流动性不足时，美联储通过重贴现窗口给银行贷款，以此放宽流动性约束，稳定票据市场。此次金融危机期间，次贷抵押产品违约引发的连锁效应导致资产支持票据崩溃，而资产支持票据占票据市场的很大比例，导致票据市场流动性出现困境。为了提高票据市场以及整个金融系统的流动性，美国财政部和联邦储备银行宣布，银行可以以资产支持商业票据（ABCP）为担保，通过联邦储备局的贴现窗口获得资金。

二、中国票据市场的发展及中国票据市场的风险

（一）中国票据市场的发展

中国现代意义上的票据市场发展时间较短。有学者以1995年和2001年为分界线，将我国票据市场发展分为恢复、发展和规范三个阶段，并指出我国票据市场已经实现了市场主体扩大、市场作用扩展、票据市场工具增加、票据法规体系架构形成等突破。1995年，我国《票据法》颁布，此后人民银行出台了一系列相关政策规范及支持文件，商业银行纷纷开展票据贴现业务，企业从票据融资中受益，票据市场规模逐步扩大，票据市场稳步发展，商业汇票承兑与贴现规模不断扩大。其中，除了2007年，票据市场受到宏观调控影响，贴现规模出现下降。

我国票据市场的品种、参与主体、业务办理、区域发展和利率定价都有自身的特点。除了个别地区，比如上海的商业承兑汇票比例超过20%，我国票据市场总体上以银行承兑汇票为主，比例超过90%，商业承兑汇票很少。票据市场参与主体主要为金融机构和大型国有垄断企业，包括国内商业银行、信誉度高的优质企业、农村金融机构以及外资银行。票据业务依托于商业银行下设的票据部门和窗口，缺乏票据专营机构。

我国票据市场发展较为落后的一个重要原因是缺乏票据专营机构的推动。上海在我国票据市场中占有绝对优势地位。上海是我国最大的区域性票据中心。我国票据利率定价一般采用围绕基准利率浮动的方式，基准利率反映市场利率，可以是央票发行利率、同业拆借利率、国债利率等。

浮动基点则反映了市场预期、企业信用等级、票据期限等方面的差异。根据我国利率管制，票据贴现利率在再贴现利率的基础上增加基点，但两者之和不得

高于同期贷款利率，转贴现利率则由交易双方自行磋商决定，票据市场贴现利率的市场化程度相对较高。1 年期央票利率是短期融资券发行的一个重要参考利率。随着上海银行间同业拆放利率（Shibor）作为市场基准利率地位的初步确立，部分地区尝试建立了以 Shibor 为基准的票据转贴现利率定价机制，Shibor 在票据定价中的作用越来越重要。

（二）中国票据市场的风险

我国票据市场工具单一，商业汇票结构失衡，商业信用过度依赖银行信用，商业汇票的超过 90% 都基于银行信用，票据市场风险向银行过度集中。由于我国对票据发行条件进行严格规定，能够发行商业票据的企业多为实力较强的大型企业和信誉度很高的优质企业，这些企业的违约风险很小。但是，对于众多依靠银行信用的中小企业，则将严重的违约风险转移给了我国银行体系。利率风险决定了商业银行是获得利润还是遭受损失。国有银行和中小银行的票据业务结构导致票据市场隐含流动性风险。操作风险也集中于银行业务操作层面。因此，目前我国票据市场的信用风险、利率风险、流动性风险和操作风险都集中于银行体系。

我国的票据市场的信用风险具有一个突出特点，票据市场以商业汇票为主，而银行承兑汇票占绝大多数比例，银行信用的过度利用，大量的商业汇票经过银行承兑将风险转嫁到银行体系内部。银行过度的信用膨胀，不仅对银行体系本身是巨大的风险，而且也不利于票据市场的发展。商业银行还利用商业汇票贴现来调节存贷款规模和降低客户融资利率，比如"贷转票"产生虚假存贷款，兑现大客户给关联企业开出的商票等，造成银行信用膨胀，一旦其中的某个环节出现问题，资金链中的所有银行将会陷入巨大风险，危及整个金融体系，票据市场的运行和发展也必然受到不利影响。

我国票据市场面临的另一个挑战是如何规避利率风险。对商业银行来说，票据市场利率风险一般是指票据市场整体利率的波动、银行的市场预期与票据定价背离，利率的不确定性导致商业银行的净利息收入与预期值不符，甚至导致损失的可能性。

影响票据市场利率的因素很多。宏观方面，有国家经济周期、货币政策、预期通货膨胀、市场资金供求等因素；微观方面，有金融机构内部经营政策、企业信贷状况等因素。2007 年，票据融资下降 4,414 亿元，2010 年，票据融资累计减少 9,051 亿元。2010 年底，受金融机构加强信贷资产结构调整影响，票据融资余额 1.5 万亿元，同比下降了 37.9%。商业银行票据利率除了贴现利率下限由人民银行决定以外，对企业的票据价格基本上放开，转贴现利率价格则是完全放开，转贴现利率波动较大，与货币市场利率走势紧密相关。2007年至2011年7月，央行对存贷款利率进行15次调整，其中，一年期存款利率最高时是4.14%，最低时是2.25%，可见，我国利率环境呈现出较大的波动性。基准利率频繁变动导致我国票据市场利率也出现较大波动，使得面临的利率风险加大。货币政策的变化使商业银行对市场预期和票据定价加大了难度，票据利率风险随之增加。如2011年人民银行提高存款准备金率后，票据贴现利率上升。票据利率定价一般以相关货币市场的基准利率为基础，但票据交易期限比其他交易活跃品种要长些，如果货币市场利率急剧变化，票据利率将会随之改变，呈现较大的利率风险。

现阶段中国票据市场的流动性风险也较为明显。就票据市场参与主体而言，中小银行占票据市场较大份额，主要办理直贴业务，再向国有银行进行转贴。市场利率较高时票据需求扩大，市场利率较低时票据需求缩减，一旦利率出现波动、货币政策紧缩、资金面趋紧，中小银行就会面临票据贬值、流动性不足的风险。

操作风险是我国票据市场较为突出、急需加以规避的一类。我国票据市场基础设施建设较为落后，银行票据业务操作不够规范，操作风险较为突出。在商业银行票据业务中，操作风险十分常见，发生了多起银行重大票据案件和伪、假票欺诈事件。国内很多学者指出了我国商业银行票据业务隐含较大的操作风险。

三、中美票据市场的风险比较

中美票据市场在发展过程中呈现出不同的风险特点，美国票据市场的风险一般表现为信用风险和流动性风险，中国票据市场风险呈现出更加多样化的特点。中美票据市场的风险差异，主要是因为两国票据市场的运行特点、风险管理水平、票据的种类有较大不同，也与两国票据市场处于不同的发展阶段有关。即使两国票据市场面临的同一类风险，其表现和具体原因也有较大的区别。

中美两国票据市场面临的最突出的风险都是信用风险，但具体表现有所区别。虽然美国票据市场对信用风险的防范十分重视，既有监管评级，又有银行贷款协议或信贷额度等规定，但其票据市场发展中的波折仍然基本上是由信用风险所导致。中国社会信用观念较为缺乏、企业评级不到位以及企业信用状况较差，票据市场具有较严重的信用风险。美国票据市场的信用风险表现为企业违约或资信度下调，而中国票据市场的信用风险集中于银行体系，除了大型国有垄断企业，企业一般都基于银行信贷发行票据。虽然美国企业发行票据也相应地由银行信贷担保，但是，银行是有条件地履行协议。中国的银行信贷担保则是无条件地履行，企业违约风险基本上都转移给了银行。

流动性风险也是两国票据市场共同面临的风险，但是两国也有所区别。美国票据市场的流动性风险最重要的表现为资产支持票据市场的流动性风险。资产支持票据市场占美国票据市场的比重较大，其本身的资产支持性质导致其固有的流动性风险，特别是次贷产品违约发生后，资产支持票据由于类似的资产证券化性质，马上受到影响而陷入流动性危机。中国票据市场的流动性风险主要表现在国有商业银行和中小银行票据业务的结构差异之上，中小银行一般向国有商业银行进行转贴，一旦转贴受到政策限制或市场影响，中小银行则很容易陷入流动性危机。

另外，中国票据市场还面临较为严重的操作风险和利率风险。这两类风险与我国票据市场发展程度较低密切相关。我国票据市场基础设施建设较为落后，银行票据业务操作不够规范，管理控制力度不够，给欺诈、假造票据造成了可乘之机。流动性风险是证券持有者无法及时变现或者提前将金融资产低价变现而出现损失的风险；利率风险是市场风险中十分重要的一类，特别是对利率敏感程度很高的票据而言，我国票据市场利率风险主要体现为票据定价能力较低、基准利率不统一等方面。

（资料来源：第一论文网，2012 年 10 月 26 日）

思考题：

（1）中国票据市场相对于美国票据市场，有哪些弱点？

（2）我国票据市场票据产品有哪些？

（3）试列举一些票据组合融资业务。

第十章　银行代客代理交易业务

第一节　概念与区别

一、如何厘清代客理财、代客交易和代理交易的概念

（一）代客理财

代客理财是指客户授权银行代表客户按照合同约定的投资方向和方式，进行投资和资产管理，投资收益与风险由客户或客户与银行按照约定方式承担。与代客交易业务的主要区别在于运作方式不同，代客理财以委托银行投资运作的方式提高收益，而代客交易业务主要以客户主动交易的方式提高资产收益，或以规避市场风险的方式保护主营业务收益或降低财务成本。

（二）代客交易

代客交易业务是指由客户发起，银行为满足客户需求而提供的交易，服务于公司客户及个人客户。银行与客户之间形成交易对手方关系，交易产生的市场风险由客户承担。代客交易业务按金融市场分类来划分，代客交易业务涵盖汇率类产品、利率类产品、商品类产品、信用类产品四大类；按产品的复杂程度来划分，代客交易业务包括标准化产品、标准模式产品以及个性化产品。主要产品品种（如图10-1、图10-2）：

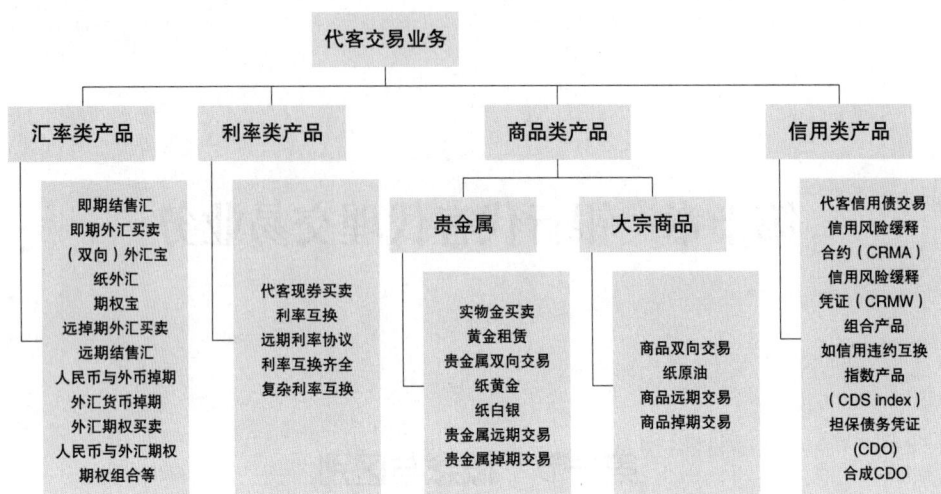

图 10-1　金融市场代客交易业务品种（以金融市场分类划分）

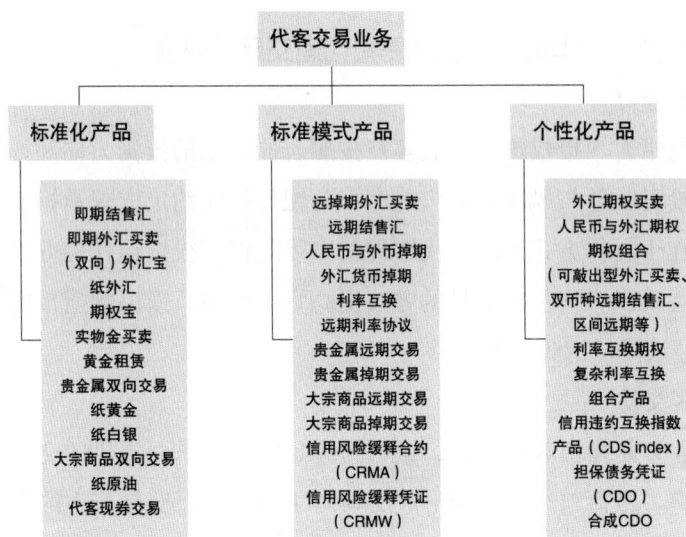

图 10-2　金融市场代客交易业务品种（以产品复杂程度划分）

📊学以致用

本行代销实物贵金属业务

（一）产品定义

指我行代理除上海黄金交易所外的第三方公司自行设计的、经过专业机构认证的金／银条、金／银章等贵金属制品的业务。

（二）目标客户

了解黄金市场及黄金产品的黄金投资者，以及有黄金收藏、抵御通货膨胀风险进行保值增值需求的企业和个人。

（三）产品功能

满足客户的投资和消费需求，实现抵御通胀、投资增值以及收藏品鉴等目的。

（四）产品优势与特色

投资类产品：采用标准工艺，造型相对固定，主要体现贵金属本身的市场价值。客户购买此类产品即可抵御通货膨胀风险，也可伴随市场价格波动获取投资收益。

艺术类产品：具有专门的艺术设计方案、采用独特工艺制造而成，添加了不同的概念和题材元素，产品本身除了具有贵金属的市场价值和抗通胀作用外，往往具有不菲的特殊题材或艺术附加值。

该业务对于我行来说，具有不占用资金、风险小和收益高的特点。

（五）风险提示

客户承担贵金属市场价格下跌的风险。

我行不对代销的贵金属产品进行回购。若第三方合作伙伴公司对其销售的投资类贵金属产品提供回购服务，我行可协助其向客户提供回购网点地址等信息。

（六）收费标准

客户按售价购买实物贵金属，无额外的手续费。

（七）案例参考

A客户为一位黄金投资和收藏爱好者，临近中秋佳节，出于收藏鉴赏的需求，通过我行网点购买"金月饼"艺术类实物贵金属，当场付款提货。

B客户为一位黄金投资和收藏爱好者，认为经济基本面存在通货膨胀的风险，并预计进价有上涨的可能，于是到我行网点以预售形式付款购买实物贵金属，并实现价格的锁定，几个交易日后实物到货，客户接到通知后，至我行银行网点提货。

通过该业务，我行在赚取中间业务收入同时，可增强与客户的关系，实现对客户的综合营销。

小阅读

本行黄金租赁业务（租赁类业务）

（一）产品定义

指借金人根据规定，从我行租借一定品种和数量的黄金，并在一定时间内，按租赁合同约定的用途使用并支付金息，并在租期届满时，向我行归还同品种、同数量黄金的业务。

目标客户：

用金、产金客户。

（二）产品功能

我行获得黄金租借利息收入，客户以较低的租借费用获得黄金，避免在高位买入黄金，而租约到期时，可以用更合算的价格买金还金。

产品优势与特色：

用金企业预计黄金价格会大幅下跌时，从我行租赁黄金使用，待黄金价格下跌后买回偿还我行。既解决流动资金不足问题，又从黄金价格下跌中获得收益。

（三）风险提示

客户承担黄金价格上涨，以更高的价格买回黄金的风险。

（四）收费标准

客户向我行支付租赁费，无需支付其他额外费用。

客户租赁费可以期初或期末一次性支付，也可以选择于每年 3 月 20 日、6 月 20 日、9 月 20 日和 12 月 20 日按季分期支付。

（五）案例参考

A 公司为珠宝首饰企业，由于急需用金，资金又很紧张，因此 A 公司向我行租借 20 公斤 Au99.95 黄金，租借期限 6 个月，我行收取相应的利息。半年后 A 公司用销售所得款项通过我行在金交所交易系统买入 20 公斤 Au99.95 黄金还给我行，同时用销售利润的一部分来偿还租借黄金的利息，这样既满足了生产的要求，又避免了向银行贷款的复杂程序。

通过该笔业务，我行在获得租赁费作为中间业务收入同时，吸收客户的保证金存款，推动负债业务发展。通过黄金租赁业务，还可以吸引客户在我行开设黄金代理账户，开展上海金交所黄金代理交易，增强客户的黏性。

学以致用

本行代客人民币利率互换

（一）产品定义：

指我行与客户双方约定在未来一定期限内，根据约定的人民币本金和利率计算利息并进行利息交换的金融合约交易。人民币利率互换产品不涉及本金的交换，我行和客户之间不需要在期初和期末互换本金。

人民币利率互换的参考利率应为经中国人民银行授权的全国银行间同业拆借中心等机构发布的银行间市场具有基准性质的市场利率或中国人民银行公布的基准利率。

目前，最常见的人民币利率互换形式是固定利率对浮动利率的互换，也被称为"普通互换"；此外还有浮动利率对浮动利率的互换，其往往表现为两种基准利率之间的互换，也被称为"基准互换"。

（二）目标客户：

·境内外银行、财务公司、证券公司、保险公司、基金公司、信托公司、汽车消费金融公司、金融租赁公司、期货公司等国内外各类金融机构。

·有1年以上中长期人民币贷款，且对利率衍生品市场及相关金融产品有较高认知能力的贷款类企业客户。

·通过银行间债券市场以固定利率或浮动利率的方式发行1年期以上中期票据，且对利率衍生品市场及相关金融产品有较高认知能力的非金融类工商企业客户。

（三）产品功能：

在各类金融机构积极参与到人民币利率互换业务的同时，越来越多的企业客户开始积极尝试利用人民币利率互换产品管理利率风险。

（四）产品优势与特点：

客户可以通过人民币利率互换将一种利率形式的资产或负债转换为另一种利率形式的资产或负债，从而实现规避利率风险，降低债务成本，固定边际利润，便利债务管理的目的。

（五）风险提示：

·市场风险：是指因市场利率不利变动而导致利率互换合约价值出现未预料到的潜在损失的风险。

·政策风险：是指国家有关利率互换市场的政策发生重大变化或是有重要的举措、法规出台，引起市场的波动，从而给客户带来的风险。

·流动性风险：是指由于不充足的市场深度或由于市场的中断，客户不能或不能轻易地以目前的市场价格或与之相近的价格达成利率互换交易。

（六）收费标准：

无手续费。分行收益以客户端价格和总行端价格的价差方式实现。

（七）案例参考：

某企业为融资计划发行 5 年期债券，市场当前发行利率为 4.75%。企业预计未来的发行利率将逐步走低，但是由于其融资需求较为急迫，无法等待利率下行后再融资，因此希望我行能在满足其融资需求的情况下，帮助其降低融资成本。我行可建议其签订利率互换合约，即我行按年向企业支付 3.30% 的固定利率。若未来 1 年定存利率如表 10-1 所示，以发行 10 亿元债券为例，可以减少利息支出2,500 万元。

表 10-1　某企业发行 5 年期债券融资计划统计

	第 1 年	第 2 年	第 3 年	第 4 年	第 5 年	利息总额（万元）
发行债券	4.75%	4.75%	4.75%	4.75%	4.75%	23,750.00
利率互换	0.20%	- 0.30%	- 0.80%	- 0.80%	- 0.80%	- 2,500.00
合计	4.95%	4.45%	3.95%	3.95%	3.95%	21,250.00
假设未来利率水平	3.50%	3.00%	2.50%	2.50%	2.50%	

（三）代理交易

代理业务是指代理人在代理权限内，以被代理人的名义实施民事法律行为。金融市场代理业务主要包括代理上海黄金交易所贵金属交易以及代理他行理财产品等，与代客交易业务的主要区别在于：在代理业务中银行与客户之间形成委托代理关系，银行收取代理手续费，而在代客交易业务中，银行与客户为交易对手方关系。

📊 学以致用
债券结算代理

（一）产品定义

·定义。指吸收公众存款的金融机构法人作为代理人，接受市场其他参与者委托，为其办理银行间债券市场的债券交易、结算，并提供相关延伸服务的业务。具体服务内容主要包括为客户于中央国债登记结算公司办理开户、转户、销户、债券结算、资金清算等手续，代理客户于银行间债券市场办理新券认购、现券买卖、质押式回购等业务。

·银行间市场结算成员。凡经中国人民银行批准的全国银行间债券市场成员，在中央国债登记结算公司开立了托管账户后都将成为中央结算公司的结算成员，根据其在中央结算公司开立账户并办理债券结算的方式，又划分为直接结算成员和间接结算成员。其中，直接结算成员可于中央国债登记结算公司直接开立债券托管账户并直接委托中央结算公司办理债券结算，具体分为甲、乙两类成员。甲类成员即"结算代理人"，可根据客户委托代理其办理债券结算业务，需获得结算代理人资格才可开展此项业务；不具备该资格的直接成员为乙类成员。以自身名义通过甲类成员在中央国债登记结算公司开立托管账户，委托其代办结算业务的参与者为间接结算成员，即丙类成员。

·丙类账户。是指丙类成员（委托人）进入银行间债券市场前必须选择一家结算代理行在中央国债登记结算公司为其开立的债券托管账户。该账户的所有权归属委托人，结算代理人仅依照委托人的指令代其办理债券结算业务操作，无权擅自动用委托人丙类账户上的债券资产。

（二）目标客户

不具备或尚未获得资格进入银行间债券市场投资交易，可支配资金量大，具有较大金额资金沉淀量或现金流进出频繁，存在现金管理、理财、资金融通服务需求的金融机构客户及企业客户。其中：

·金融机构客户。主要包括境外央行、港澳人民币清算行、境外参加银行、境内商业银行、财务公司、证券公司（含证券公司资产管理计划）、基金公司（含企业年金基金，基金公司特定资产管理组合）、保险公司、投资管理公司等。此类金融机构对债券市场有较为充分的理解与认识，追求内部资源成本效益最大化，需要投资外包服务。

·非金融机构客户。主要为注册资本金不低于2,000万元人民币，实际经营年限不低于两年，希望通过参与银行间债券市场提升投资收益的优质企业客户。

（三）产品功能

·现券买卖及分销业务。指客户以持有到期获取稳定利息收入或以赚取价差收入为目的，委托我行代理其投资银行间一、二级市场各期限、品种债券的业务。其中，客户可投资的品种包括国债、央票、金融债、短融、中票、企业债。该业务可满足具有一定投资经验及风险意识的客户进行中长期资产配置及提升投资收益的需求。

·质押式回购业务。指我行代理客户在银行间债券市场进行的以债券为权利质押的短期资金融通业务。目前我行暂时仅代理客户办理质押式逆回购业务，即客户作为资金融出方（逆回购方）买入我行或外部交易（正回购方）债券的同时将自由资金融出，交易双方约定在将来某一日期由正回购方按约定的回购利率向逆回购方返还本息，逆回购方向正回购方返还原出质债券。该业务可操作期限为1～365天，灵活且风险较低，为客户提升短期闲置资金利用效率提供便利。

（四）产品优势与特色

· 对客户的好处

（1）提升现金管理效率。客户通过办理质押式回购业务，可实现短期资金灵活调剂。在资金短缺时可通过正回购交易获得短期资金进行周转；在资金宽裕时可通过逆回购交易融出资金，在确保资金安全性的前提下提升闲置资金的利用效率。

（2）实现多元化资产配置，提高投资收益。债券市场作为金融市场的重要组成部分，为市场参与者提供了较为安全的投资渠道及多期限、多品种的投融资工具，帮助客户实现资产配置多元化的同时，进一步提升投资收益。

（3）安全可靠、节省费用。根据人民银行规定，商业银行为客户在中央国债登记结算公司开立一级账户，该账户的具体操作由代理行根据委托人的结算指令执行，而该账户的所有权及支配权仍属客户，因此账户安全性有所保障。此外，银行代理客户交易不须客户支付交易手续费，仅面向客户收取最高不超过结算面值万分之一的结算佣金，可大幅节省委托人的交易成本。

· 对我行的好处

（1）拓展和提升银行中间业务收入的有效途径。结算代理行能够充分发挥原有资产、技术、人员、网点等资源优势，培育出成本低、风险小、收益高的新的利润增长点，扩大中间业务收入（结算代理手续费、承销手续费、价差收入等）。

（2）为企业及机构客户提供投资理财新模式。作为传统理财业务的有效补充，对于稳定、深化银企关系，提升客户投资回报率，增强客户黏性，巩固及带动负债业务、理财业务、经纪业务，全面提升银行综合收益具有积极作用。

（3）为与客户开展其他金融市场业务奠定基础。通过该项业务充分了解和跟踪客户的资金交易需求，通过建立长期、广阔、稳固的销售网络和客户群体，进而为与客户开展其他业务奠定良好基础，是维护、拓展潜在客户的有利抓手及提升同业竞争力的有效手段。

· 我行开展此项业务的优势

（1）具备多项业务资格。我行当前具备的业务资格包括银行间债券市场做市商、记账式国债承销团甲类成员、公开市场一级交易商及金融债、信用债承销商。

（2）具备债券市场影响力。我行近年全年债券交割总量及现券交割量均在股份制商业银行中名列前茅。

（3）研究实力雄厚。我行作为中国债券网特约撰稿人，目前定期于中债网络平台上发布我行宏观研究报告，市场影响范围广泛。

（4）风险管理水平较强。我行现具备健全的内部信用风险评级机制、完善的前中后台风险控制流程及快捷安全的资金清算网络，有效保障客户利益。

（5）综合服务完善。我行将根据客户资产负债管理整体需求、现金流特点及风险偏好，为客户订制个性化的投融资方案，借助我行投研能力，提供合理化投资建议，配合提供投资后管理及风险提示服务，帮助客户提升自身债券投资能力及风险管理水平，实现收益最大化。

（五）风险提示

·债券投资业务风险。

客户进行债券投资、交易可能面临的主要风险形式有利率风险、政策风险、信用风险和流动性风险。

（1）利率风险。是指市场利率变动导致债券价格与收益发生变动的风险。由于大多数债券有固定的利率及偿还价格，市场利率波动将引起债券价格反方向变化。此外，债券利率风险与债券持有期限的长短密切相关，期限越长，利率风险就越大。

（2）政策风险。是指由于国家或地方政府的经济政策变化导致债券价格发生波动而产生的风险。

（3）流动性风险。是指债券持有人打算出售债券获取现金时，其所持有债券不能按目前合理的市场价格在短期内出售而形成的风险，又称为变现能力风险。

·质押式回购业务风险。对于客户来说，质押式逆回购业务风险主要是逆回购的机会成本，即期间选择更高收益品种的机会。另外，在市场整体资金面极为宽松或紧张的情况下，资金对手方难觅，客户资金交易需求面临无法达成的风险。

（六）收费标准

·客户债券账户开户费。根据中央国债登记公司当前规定，丙类账户开户费收取一次性费用500元人民币。

·结算代理佣金。根据中央国债登记公司当前规定，商业银行收取的单笔结算代理佣金不得超过代理债券交易金额的万分之一。我行将根据客户的交易规模、频率等因素综合考虑，制定适当的费率标准，给予优质客户适当的手续费优惠，总体费率将低于交易所同类交易费率。

（七）案例参考

· 2009 ~ 2011 年银行间市场 1 年期 AAA 评级的短融平均收益率为 3.87%，高于同期定期存款利率。客户委托我行代理其投资银行间市场发行的信用债券，不仅可获得稳定的利息收入，且还有可能获得一、二级市场套利机会及未来市场溢价收入。

· 2011 年某日，某企业账户临时盈余资金 1 亿元人民币，该笔资金若按活期存款利率 0.5% 计息一天，企业当日获得利息收入 1,370 元（1 亿 × 0.5%/365）。若企业选择当日委托结算代理行办理隔夜质押式逆回购业务运作该笔资金，当日银行间市场隔夜质押式回购利率 3.28%（该利率为 2011 年全年隔夜利率加权平均水平），则该笔资金扣除我行收取的手续费后（我行给予优质客户手续费率最低可达交易面值的十万分之一），当日投资收益为 7,986 元（1 亿 × 3.28%/365 − 1 亿 × 0.01‰）。若客户选择在周五运作该笔资金，则计息 3 天，投资收益为 25,959 元（1 亿 × 3.28%/365×3 − 1 亿 × 0.01‰）。客户可选择与开放式 T + 0 理财产品收益率进行对比，选择银行间市场资金利率高点进行资金运作，获取相对更高的投资收益。

二、如何厘清代客交易和自营交易的概念

自营交易业务是指银行主动发起，运用自有资金，根据对市场走势的判断，以获利为目的进行的交易，与代客交易业务的主要区别在于发起方不同，自营交易由银行发起而代客交易由客户发起。

三、如何厘清银行账户交易和交易账户交易的概念

商业银行的表内、外资产可分为银行账户资产和交易账户资产两大类。

（一）交易账户

交易账户记录的是银行为了交易或规避交易账户其他项目的风险而持有的可以自由交易的金融工具和商品头寸。

记入交易账户的头寸应当满足以下基本要求：

一是具有经高级管理层批准的书面的头寸／金融工具和投资组合的交易策略（包括持有期限）。

二是具有明确的头寸管理政策和程序。

三是具有明确的、与银行交易策略一致的监控头寸的政策和程序。

交易账户中的项目通常按市场价格计价，当缺乏可参考的市场价格时，可以按模型定价。

（二）银行账户

其他业务归入银行账户，最典型的是存贷款业务，按历史成本计价划分银行账户和交易账户，也是准确计算市场风险监管资本的基础。若账户划分不当，则会影响市场风险资本要求的准确程度；若银行在两个账户之间随意调节头寸，则会为其根据需要调整所计算的资本充足率提供监管套利的机会。

第二节　外资商业银行代客代理业务

在选取美国、欧洲及亚洲有代表性的外资银行后，分析发现其非息收入占总收入比重介于 30% ~ 90% 之间，表 10-2 是外资银行非利息收入在总收入中的占比。

表 10-2　外资银行非利息收入在总收入中的占比

区域	银行	2008	2009	2010	2011	2012
美国	摩根大通	42.34%	49.07%	50.34%	50.95%	53.72%
	花旗银行	-3.43%	39.60%	37.43%	38.17%	32.16%
	美国银行	-3.43%	39.60%	37.43%	38.17%	32.16%
	高盛	80.76%	83.60%	85.95%	81.98%	88.64%
	富国银行	39.96%	47.77%	47.47%	47.17%	49.78%
亚洲	东京三菱	43.82%	7.08%	55.46%	47.42%	42.42%
	东亚银行	-5.20%	33.78%	32.20%	27.15%	35.64%
	星展银行	28.69%	32.53%	38.89%	36.77%	37.93%
	渣打银行	47.11%	49.80%	47.27%	42.43%	42.27%
欧洲	汇丰银行	51.94%	48.20%	50.71%	51.28%	54.36%
	瑞士银行	-652.76%	71.48%	80.57%	75.44%	76.44%
	巴克莱银行	46.63%	61.01%	61.11%	63.06%	53.98%
	德意志银行	72.74%	9.25%	61.18%	47.57%	50.28%

（资料来源：各银行年报）

从外资商业银行代客交易业务贡献的角度分析，以汇丰银行为例，其全球银行和市场由全球市场和全球银行两个主要业务条线构成，其中全球市场主要提供货币市场、外汇、贵金属和固定收益证券等产品和相应衍生品的交易，通过遍布全球 60 多个国家和地区的服务网络、汇聚全球的客户关系经理和产品专家，为全球客户提供无缝衔接的综合性金融服务，该部门 2012 年实现利润 56.90 亿美元，占非利息收入 12.7%，占总收入的 6.7%，业务收入主要来源于代客代理交易业务，而非自营业务。美国银行 2012年全球市场业务条线实现利润 135.19 亿美元的利润，其中交易账户收入达 57.06 亿美元，占条线收入的 42.2%，占总收入的 8.1%，其交易收入主要来源于美银为机构客户提供固定收益、信用、外汇、商品和权益等代客交易业务。表 10-3 是外资银行代客相关收入占非利息收入的比重。

表 10-3　外资银行代客相关收入占非利息收入比重

银行	非利息收入	代客交易业务相关收入	代客交易业务占非息收入比	代客交易相关收入统计口径
汇丰银行（百万美元）	44,873	5,690	13%	全球市场业务收入，主要提供货币市场、外汇、贵金属和固定受益证券等产品和相应衍生品的交易
美国银行（百万美元）	22,570	5,700	25%	全球市场业务收入，包括为机构客户提供固定收益、信用、外汇、商品和权益产品
高盛银行（百万美元）	30,283	11,348	37%	做市商业务，包括外汇交易业务，衍生品合约，大宗商品交易
东亚银行（百万港币）	5,385	765	14%	交易净收益，包括外币交易，衍生品交易
星展银行（百万新币）	3,229	737	23%	交易净收益，包括外币交易，衍生品交易

（资料来源：各银行年报）

📖 小阅读

国际同业金融市场业务先进经验

一、从金融市场业务产品体系与种类、盈利贡献、产品线管理模式等几个角度看国际同业的先进做法和经验

（1）从产品体系看，多数国际先进同业一般都建立了利率、汇率、信用、贵金属和商品类、股票市场类等多种类型的金融市场业务产品体系，向客户提供投融资、避险与交易等多元化的金融产品与服务。近年来，国际同业不断探寻新的市场、新的业务形式，推动了金融市场业务的发展。一些同业还通过大规模兼

并重组，不断突破原有经营范围，实现混业经营，参与的市场范围更加宽广。

（2）从产品种类看，利率类产品主要包括政府债券、机构债券、企业债券、利率掉期、货币互换等产品。汇率类产品主要包括即期、远期、掉期、期货、期权、结构性产品等，以及专业的咨询服务。信用类产品主要包括银行贷款、高评级债券、高收益债券等信用交易产品和信用衍生品等。贵金属和商品类产品主要包括：贵金属、基本金属、能源及其他大宗商品相关的即期、远期、掉期、期货、期权交易产品。股票类产品主要包括股票交易产品及代理买卖服务等。

（3）从金融市场业务产品线盈利贡献看，随着国际同业的经营转型和大力发展金融市场业务，金融市场交易收入等非利息收入在其收入结构中占比逐步增加，并占据了重要地位。虽然近年来我国金融机构积极拓展金融市场业务，收入比重有所上升，但与国际同业相比仍有较大差距。据统计，欧美等地区的国际先进同业收入结构中，非利息收入占比约为 50% ~ 60%。

（4）从产品线经营管理模式看，多数国际同业一般采取以产品线管理为实线、分支机构管理为虚线的模式。在整个集团内部设有业务的专职管理机构，同时在各区域设立业务主管负责该区域业务的运营和推广，实现了全球统一管理为主、区域管理为辅的产品线管理模式。

二、国际同业在金融市场业务管理架构布局、前中后台设置等方面的先进经验

（1）从管理架构布局看，主要国际同业金融市场业务全球集中管理与运营架构一般呈现以下特点：金融市场业务部门，总部设在总行所在地，另在纽约、伦敦、东京、香港、新加坡等全球主要市场设置交易机构，建立 24 小时不间断资金交易体系。

（2）从前中后台设置看，国际同业通过在全球设点或成立地区中心的方式，对金融市场业务进行全面管理。中后台单位可相对集中，以提高效率及降低成本。地方分支机构的前中后台单位，须同时接受当地分支机构及总行的领导和监管。国际同业金融市场业务中，后台单位职责及汇报路线需与前台交易室严格分开。前台交易室负责进行自营及代客交易，管理各类财资业务等；中后台单位负责结算、财务、风险管理、法律、合规、稽核等相关工作。

（3）从管理效果看，实现金融市场业务的全球集中管理与运营，有利于在交易过程中发挥集团议价优势，使客户能以较低的价格完成交易，增强产品对客户的吸引力；有利于分支机构更专注于业务营销工作，提高工作效率，并通过在

全行范围内与其他业务的优势互补与资源共享，提高全行层面交易资源的使用效率，降低交易成本；有利于将各分支机构的交易业务纳入全行统一的风险管理体系，全面提升交易的风险管理水平；有利于将总行对业务的管控，由事后汇总报告为主转变为事前指导、事中操作与事后监督并重，提高统一管理水平。

（资料来源：刘小燕. 对国内金融机构金融市场业务发展的思考和建议 [J].

经济视角，2012（2）：89-91）

第三节　利率汇率市场化与代客代理交易业务的发展

一、利率市场化与代客代理交易业务的发展

所谓利率市场化，是指中央银行放松对利率的管制，金融机构在货币市场经营融资的利率水平由市场决定，它包括利率决定、利率传导、利率结构和利率管理的市场化。具体讲，利率市场化是指存贷款利率由各商业银行根据资金市场的供求变化，通过一定的定价机制自主地调节资金价格，最终形成以中央银行基准利率为引导，以同业拆借利率为金融市场基准利率，各种利率保持合理利差和分层有效传导的利率体系。利率市场化并不是指中央银行完全放开对利率的管制，中央银行仍然可以通过各种形式，如制定利率政策、确定基准利率、进行公开市场业务等对利率进行间接、宏观的调控。

从国际经验中我们可知，利率市场化改革推进中，短期内存贷款的利差势必会收窄。我国银行业务发展需要大力拓展代客代理交易等中间业务以及多元化业务，最大可能地增加非利息收入在总收入中所占的比重。这样逐步地减小银行对利差收入的依赖程度，从而可以有效规避由经济周期性引发的利率风险以及信用风险。

银行高毛利的时代正在过去，同时在利率市场化的挤压下，利润率还会进一步下降。关于利率与商业银行、与中间业务之间相互推动的关系，国外学者有做过一些研究，研究发现欧洲银行中间业务自 20 世纪 90 年代以来发展迅速，其根本原因在于：一是欧洲各国的市场利率不断走低，从客观上促使商业银行以通过发展中间业务来拓展利润空间；二是市场竞争的日趋加剧和客户力量的不断加强也促使银行加快拓展中间业务。这个研究重点强调了利率在中间业务发展史上的重要性，表明在利率市场化日益

紧迫的今天，发展代客代理交易等中间业务是非常重要的。

利率市场化增大了商业银行的利率风险，而规避风险是驱动金融创新的四大因素之一（另外三大驱动金融创新的因素是经济环境的变化、技术条件的变化和回避既有的管理法规），利率风险的增加刺激了新的证券的产生和新的金融市场的开发，对于金融机构尤其是银行而言，开发风险较低同时利率也较低的金融产品就成了当务之急，于是金融创新就自然产生了。

利率市场化对商业银行产品创新的推动作用在外币领域里尤为突出。我国外币利率市场化改革开始后，外币存贷款市场竞争愈加激烈，由于外汇资金运用渠道和利差空间狭窄，银行不可能长期持续地以利率水平的高低作为争夺市场份额、扩大资产负债规模的手段，银行及时抓住了客户追逐存款的高收益、贷款的低利率的心理需求，结合传统外币业务进行产品创新。

利率市场化与我国代客代理交易业务等中间业务发展之间存在着必然的联系，一方面，利率市场化改革势必会推动中间业务的发展，因为利率市场化客观上给商业银行施加了压力和动力；另外一方面，顺利实现利率市场化，也同样离不开中间业务的发展，只有安全规避利率风险，银行才能在利率市场化条件下生存。

推行利率市场化以来，我国主要商业银行中间业务的发展也大致经历了两个阶段。1993 至 2000 年为存款导向阶段，发展中间业务的目的主要是为了维护客户关系，稳定和增加存款，相应地，中间业务创新主要集中在代收代付、委托贷款等业务领域；2000 年以后，逐步过渡到收入导向阶段，以防范风险、增加收入为主要目的，与此相适应，代客理财、代客交易、代理交易等中间业务成为创新的重点。

随着利率市场化进度的加快和市场竞争的加剧，单一依靠存贷利差的商业银行面临的竞争和经营压力将越来越大。各商业银行如果不根据市场环境的变化及时调整经营策略，创新金融产品，大力发展中间业务等其他收入和利润渠道，规避利率风险，则部分商业银行很有可能在激烈的市场竞争中逐步被淘汰。从国际经验来看，有一些国家在利率市场化后出现了银行倒闭增加的情况。以美国为例，利率市场化以后所遇到的最严重的问题就是银行倒闭的数量不断增加。从 1980 年开始，银行倒闭家数开始突破两位数，并且与日俱增，从 1985 年起达到三位数，在 1987 ~ 1991 年的四年中，美国银行倒闭家数每年平均达 200 家，最高的一年甚至达到 250 家，差不多一天要倒闭一家。

发展中间业务能够有效化解利率市场化改革带来的影响，具体表现在以下几个方面：

（1）代客代理等中间业务的开展不直接引起资产负债业务总量的变化，它通过运用银行的资金、网络、人才、技术等方面的优势，通过拓展服务领域，以非资金投入的方式服务于社会各层次的需求来达到增收创效的目的。此类业务具有高盈利性，只利用银行本身固有的机构、技术信息等各种优势，不需要动用本身的资金或只需动用极少的资金就可开展，与其收入相比，成本投入就显得很低，可谓"一本万利"，但最重要的是其收入来源不是利差收入，而是各种手续费和佣金；不仅如此，随着此类业务开展范围越来越广，服务越来越周到，企业就越来越依赖于银行，这样就可能达到银行稳定大量客户的目的。这样一来，银行不仅从量上能够推动传统业务发展，而且还能从结构上改善资产业务，提高资产质量，增强同业竞争能力。

（2）代客代理等中间业务收入能够抵消利息收入的波动。国外的一些实证研究证明，在欧盟的一些国家存在着利息收入与非利息收入之间的反向关系。这说明，非利息收入通过抵消利息收入的波动可以对银行的经营结果具有稳定性的影响。据专业人士测算，每增加1亿元中间业务收入，相当于发放50亿元1年期贷款所取得的净收入，并且保证全额收息不发生风险。如果考虑80%的利率水平且存在本息损失的风险，1亿元中间业务收入相当于80至100亿元贷款的利息收入。依此计算，1000亿中间业务收入约相当于8万亿元到10万亿元1年期贷款投放所得，等同于目前国内银行业一半的信贷存量。从这个角度也可以看出中间业务在增加银行盈利方面的巨大优势。

（3）发展中间业务是规避利率风险的有效手段。从理论上讲，规避利率风险的最好方法就是不产生利率风险，非利息业务（中间业务）就是不包含利率风险的业务。外资银行特别注重优先发展高附加值和高收益的非利息业务，从而对利率风险有缓冲作用。市场化利率竞争的一个可以预测并已被证实的趋势是利润结构的调整，即利息利润比的减少。以非利息收入的增加来弥补利息收入的减少，将是市场化利率竞争的一个法宝。

二、汇率改革与代客代理交易业务的发展

从2005年汇率改革以来，人民币基本是以升值为主，即使在金融危机期间国际资本流出的情况下，人民币也保持了相对稳定，未出现实质性的贬值。但是随着人民币汇率进入均衡区间，人民币对美元不再是单边升值，而是双向波动。此外，随着汇率形成机制改革深化和资本账户管制放松，人民币汇率波动的幅度会越来越大。

人民币汇率形成机制改革，对银行的负债、资产以及中间业务都会产生深远的影响。人民币汇率形成机制改革的渐进性和可控性，为商业银行适应新的汇率体制创造了时间和空间。

当代西方的商业银行业务经营中较为突出的特点之一就是中间业务受到广泛而高度的重视，并成为西方的商业银行发展战略的重要选择。随着全球化的不断推进，我

国各商业银行就越来越注重中间业务的发展创新，积极推出各种新型金融服务产品，逐步探索新的服务方式，促使我国商业银行的中间业务有了显著的发展。随着人民币汇率市场化和国际化进程，我国银行业部分中间业务将会因此受益，迎来高速发展时期。下面以理财产品与汇率衍生品为例说明汇率改革对代客代理交易业务的影响。

（一）理财产品

从目前来看，我国 QDII、QFII 和跨境人民币结算业务的发展十分迅速。QDII 是在我国人民币没有实现可自由兑换以及资本项目尚未开放的情况下，有限度地允许境内投资者投资境外市场的一项过渡性的制度安排。银行 QDII 的理财产品是商业银行发行的募集客户资金，代客户进行境外投资的金融产品。银行 QDII 产品 2006 年正式起航，最初规定只能投资于货币市场，随后逐步延伸到了资本市场。随着我国利率浮动加大以及国内居民收入水平的提高，国内的外汇理财产品的需求也会越来越大，那么 QDII 的发展也会步入上升通道。

2012 年 4 月初，经国务院批准，中国证监会、中国人民银行及国家外汇管理局决定新增 QFII 的投资额度总计达到 500 亿美元，总投资额度则达到 800 亿美元。那么随着国际化进程的不断推进以及资本账户管制的逐步放开，我国国内对 QFII 的管制也就会进一步放松，具体措施将会包括降低 QFII 资格要求、扩大投资范围以及放宽持股比例限制等等。但是 QFII 进入国内则相应地需要通过国内银行托管资产，并能够及时提供资金清算、汇兑、资产估值等服务，国内的商业银行也就可以从中获得可观的收益。跨境人民币结算始于 2009 年 4 月，目前境内结算地域已经扩展到全国范围。

根据央行发布的《2011 年金融统计数据报告》中显示，2011 年全年我国国内跨境贸易人民币结算业务累计发生额度 2.08 万亿元。渣打银行分析师刘建恒，利用了环球同业银行金融电讯协会（SWIFT）的系统以跟踪人民币国际支付，发现从 2011 年 2 月到 2012 年 2 月期间，中国的前五大贸易伙伴之间对人民币使用量逐步上升。

人民币结算业务的增加，一方面可以增加银行的收入，另一方面可以为银行增加新的客户和业务。人民币用于国际结算后，将大大增加境外政府、企业和居民所持有的人民币数量，直接带动境外人民币存款和投资需求的增长，银行理财产品将成为人民币回流的重要通道。

随着改革的深入，对银行业务、风险管理的束缚会越来越少，商业银行可以充分利用自身的业务优势，发挥潜能，抢占市场，创造新的业务模式和利润来源。

（二）汇率衍生品市场

2005 年 7 月 21 日，我国告别固定汇率制度，实施以市场供求为基础、参考一篮子货币进行调节、有管理的浮动汇率制度。汇改后，虽然人民币汇率并未完全市场化，但总体波动率却有明显提升。面对新的环境，实体企业规避汇率风险的需求大幅提升。为了对冲银行办理代客远期结售汇积累的风险敞口，2005年8月15日，中国外汇交易中心正式推出了银行间人民币远期交易：2006年4月24日，银行间市场引入掉期交易。汇改重启之后，中国外汇交易中心于2011年4月1日推出了人民币外汇期权业务。

由于受实需原则、风险管理理念、人民币升值趋势明显等因素的制约，外汇衍生品市场整体发展速度较慢。以期权为例，因为国内企业普遍不愿支付期权费，作为国外非常重要的套保工具，在国内的发展并不顺利，成交量非常小，2012年4月份的成交量仅有0.7亿美元。但是，从另一个方面考虑，目前市场规模发展滞后恰恰说明我国外汇衍生品市场是一片"蓝海"，未来发展空间广阔。随着交易区间的扩大，人民币单边升值走势将终结，双边波动特征越来越明显，企业面临的汇率风险逐渐增大。随着外汇资产不断增加，金融机构、企业和个人规避风险及增加盈利的需求明显上升。金融衍生业务因此逐渐成为境内商业银行新的利润增长点，但同时亦对商业银行的定价、对冲及风险管理能力提出了很高要求。

Tips

外资商业银行金融市场业务

一、利率交易类业务

在产品种类上，外资商业银行利率衍生品除了利率互换以外，还广泛涉及利率期权、结构性衍生品等。

在业务功能上，外资商业银行除提供简单交易产品外，还可根据客户个性化需求提供复杂的利率衍生品。

在服务内容与方式上，外资商业银行除可提供丰富的交易产品外，还可向客户提供专业化的交易策略与咨询服务等，且交易范围涉及全球市场（如表10-4）。

表10-4 外资商业银行交易类产品体系比较

商业银行	业务种类	主要产品
花旗银行	债券交易	全球市场各类政府债券、机构债券、金融债、公司债、资产抵押债券等
	利率衍生产品交易	全球主要货币的利率互换交易、利率及债券远期交易、其他各类OTC衍生品等

续表

商业银行	业务种类	主要产品
汇丰银行	债券交易	全球市场各类政府债券、机构债券、金融债、公司债、资产抵押债券等
	利率衍生产品交易	全球市场的利率远期、掉期及期权交易等

（资料来源：根据银行年报及公开信息整理）

花旗银行交易类收入主要包括利率合约、汇率合约、股票合约、商品合约及信用衍生品业务收入。从 2010 年情况看，利率合约及汇率合约收入成为花旗银行交易收入主要来源（如表 10-5）。

表 10-5　2007—2010 年花旗银行主要交易类收入占比

单位：百万美元

合约类型	2007 年		2008 年		2009 年		2010 年	
	收入	占比	收入	占比	收入	占比	收入	占比
利率合约	159	1.29%	-9,081	-40.18%	6,211	102.36%	3,231	42.98%
外汇合约	2,573	20.84%	3,921	17.35%	2,762	45.52%	1,852	24.64%
股票合约	521	4.22%	-958	-4.24%	-334	-5.5%	995	13.24%
商品和其他合约	662	5.36%	970	4.29%	924	15.23%	126	1.68%
信用衍生产品	-16,262	131.71%	-17,453	-77.22%	-3,495	-57.6%	1,313	17.47%
合计	-12,347	-100%	-22,601	-100%		100%	7,517	100%

（数据来源：根据银行年报和公开数据整理）

二、汇率交易类业务

从产品种类看，外资商业银行产品种类全面，有些能提供即期、远期、掉期和期权等基本产品，汇丰银行等还能提供新兴市场的无本金交割远期。在币种方面，外资商业银行支持的交易币种数量众多，汇丰银行支持 90 个国家的货币（如表 10-6）。

从业务功能看，外资商业银行都开发了功能齐全的电子交易平台，可以为客户提供及时、快捷的交易服务。

从服务内容和方式看，外资商业银行基本都能根据客户需求提供定制化的汇率风险解决方案，并定期向客户发送汇率市场信息和相关分析报告等。

表10-6　外资商业银行汇率交易类产品体系比较

商业银行	主要货币币种	主要服务内容与方式
汇丰银行	90个国家的货币	风险管理类产品：即期、远期、掉期、期权和无本金交割远期
		电子交易平台：e-FX solution、HSBCnetFX
苏格兰皇家银行	G7国家货币和新兴市场国家货币	风险管理类产品：即期、远期、期权、定制化解决方案等
		电子交易平台：RBS Fix、FX Stream、Smartprime、FX Options、RBS Agile、FX Electronic Orderbook、FXMicropay

数据显示，汇率交易类业务收入是外资商业银行金融市场业务收入的重要构成部分。汇丰银行2008年汇率交易业务收入更是占其金融市场业务收入的79.1%（如表10-7）。

表10-7　外资银行汇率交易类业务收入占金融市场业务比例

商业银行	2007年	2008年	2009年	2010年
汇丰银行	38.1%	79.1%	28.7%	30.0%
苏格兰皇家银行	—	—	11.55%	11.22%

（数据来源：根据相关银行年报和公开数据整理，

"—"表示公开渠道难以获取）

三、商品交易类业务

从产品种类看，外资商业银行的商品交易产品种类丰富，一般包括能源、环境、钢铁、基本金属、贵金属、塑料和农产品等，且其产品品种齐全、细化程度较高（如表10-8）。

从业务功能看，外资商业银行主要为满足参与主体的避险需求，同时也兼顾自身盈利需要进行多市场的套利交易。

从服务内容与方式看，国际同业不仅提供即期、远期、掉期、期货及结构性产品等，还针对不同客户和市场需求灵活定制产品，且其国际市场的参与度较高，充分利用不同市场不同交易所进行相应套利交易。

表 10-8　外资商业银行商品交易类产品体系比较

商业银行	业务种类	主要产品
高盛	能源	电力、天然气、液化天然气、天然气凝液、原油和成品油、煤炭等
	环境	碳排放权、可再生能源信用额度、天气、标普高盛商品指数等
摩根大通	能源	原油、轻质原油、重油、天然气凝液、蒸馏油、燃油、天然气、电力、煤炭、液化天然气、生物燃料等
	环境	碳排放权、天气等
	钢铁	冷热轧钢、方钢、铁矿石等
	塑料	高密度聚乙烯、线性低密度聚乙烯、聚丙烯、低密度聚乙烯、聚酯合成纤维等
	农产品	可可、咖啡、玉米、棕榈油、大豆、糖、小麦
巴莱克	采矿	—
	能源	电力、热力、燃气、天然气等
	贵金属	黄金、白银、铂金、钯金、铑等
	基本金属	铝、铜、锌、镍、铅、锡、铝合金等
法兴	能源	石油产品、原油（布伦特、WTI、迪拜、JCC）、精炼石油产品（残渣燃料油、柴油、航空燃油、取暖油、液化石油气）、煤炭、天然气
	塑料	—
	环境	碳排放权
	农产品	—
	贵金属	黄金、白银、铂金、钯金、铑等
	基本金属	LME 初级优质铝、COMEX 铝、LME 铝合金、LME 初级镍、LME 锡、LME A 级铜、COMEX 铜、LME 标准铅、LME 特殊优质锌、北美特殊铝合金等

（资料来源：根据相关银行年报、官方网站及公开信息整理，"—"表示通过公开渠道难以获取）

四、信用交易类业务

从产品品种看，外资商业银行信用类交易业务大致涵盖信用交易和信用衍生品两大类（如表 10-9）。从业务功能看，信用类产品侧重为投资者提供更多样的投资品种，同时以信用类产品为工具为客户量身设计解决方案。表 10-10 为汇丰银行信用交易类业务收入情况。

表 10-9　外资商业银行信用类产品体系比较

商业银行	主要产品种类	主要业务功能
高盛	信用交易方面，包括银行贷款、投资级别的债券、高收益债券、市政债等 信用衍生品方面，包括以银行贷款、投资级别的债券、高收益债券、市政债等为标的的衍生品	提供信用类投资产品
摩根大通	信用交易方面，包括高评级债券、高收益债券、贷款、不良贷款和债券、贸易索赔、指数、短期固定收益、私募产品和流动性不佳的产品等 信用衍生品方面，包括高评级债券信用违约掉期、高收益债券信用违约掉期、贷款信用违约掉期（LCDS）、大规模奇异产品等。此外，还包括应收账款期权、另类信用证等定制产品	提供信用类投资产品、信用保护和流动性解决方案
汇丰	信用交易方面，包括金融机构和公司的固定或浮动利率债券等 信用衍生品方面，包括抵押支持证券（MBS）、挂钩信用的结构性产品等	提供信用类投资产品
巴莱克	信用交易方面，包括贷款、高评级债券、高收益债券、不良债券、混合债券、奇异债券、前端产品等 信用衍生品方面，包括高评级债券信用违约掉期、高收益债券信用违约掉期、住房抵押贷款支持证券（RMBS）、商业房地产抵押贷款支持证券（CMBS）、挂钩信用的结构性产品、担保债务凭证（CDO）等	提供信用类投资产品

（资料来源：根据相关同业年报、官方网站及公开信息整理）

表 10-10　汇丰银行信用交易类业务收入情况

	2007 年	2008 年	2009 年	2010 年
信用交易类业务收入（百万美元）	-1,319	-5,502	2,330	1,649
在"全球银行及资本市场"业务收入的占比	-8.63%	-40.46%	10.68%	8.27%
在总收入的占比	-1.51%	-5.21%	3.52%	2.42%

思考题：

（1）试述代客交易、代客理财、代理交易的不同。

（2）试述自营交易与代理交易的不同。

（3）试述利率市场化对商业银行发展代客代理交易业务的影响。

附录：国内外汇交易惯例

（摘自《中国外汇交易中心产品指引》）

表1 标准期限名称与含义

表1 标准期限名称与含义

期限名称	期限全称	含义
TODAY	Today	交易日当天，简称"T"
TOM	Tomorrow	交易日后的第一个营业日，简称"T+1"
SPOT	Spot	交易日后的第二个营业日，简称"T+2"
1D	1 Day	即期起息日后的第一个营业日，简称"T+3"
1W	1 Week	一周
2W	2 Weeks	两周
3W	3 Weeks	三周
1M	1 Month	一个月
2M	2 Months	两个月
3M	3 Months	三个月
4M	4 Months	四个月
5M	5 Months	五个月
6M	6 Months	六个月
9M	9 Months	九个月
1Y	1 Year	一年
18M	18 Months	十八个月
nY(n=2, 3, 4, 5, …10)	n Years	n 年

［注］

（1）通常也可用"S"表示月，例如1S表示1个月。

（2）标准期限适用"附录：规则2　起息日规则"。

（3）不同交易品种可能支持不同类别的标准期限报价，该范围之外的期限（包括7M、8M等整数期限）均为非标准期限（Broken Period）。

表2　银行间外汇市场基本情况

表2　银行间外汇市场基本情况

银行间外汇市场	交易品种	交易模式	清算模式	交易时间 *
人民币外汇市场	即期	竞价	集中净额清算	周一至周五（法定节假日除外）北京时间9:30-16:30
		询价	双边全额清算	
			集中净额清算 *	
	远期	询价	双边全额清算	
			双边差额清算	
	掉期	询价	双边全额清算	
	货币掉期	询价	双边全额清算	
	期权	询价	期权费：双边清算	
			全额交割期权行权产生的即期交易：双边全额清算或集中净额清算	
			差额交割期权行权产生的轧差金额：双边差额清算	
外币对市场	即期	竞价	集中净额清算	周一至周五（法定节假日除外）北京时间7:00-19:00
		询价	双边全额清算	
	远期	询价	双边全额清算	
	掉期	询价	双边全额清算	

［注］

若某外币对即期起息日为人民币假日，则该外币对竞价交易当天休市，但询价仍可正常进行。

表3　银行间外汇市场货币对基本参数

表3　银行间外汇市场货币对基本参数

银行间外汇市场	货币对	报价精度				期权		最小交易金额	流动性限额单位：百万(M)
		即期	远期	掉期	货币掉期	隐含波动率	期权费		
人民币外汇市场	美元／人民币 (USD/CNY)	0.0001	0.01	0.01	0.01	0.0001	非基准货币百分比：0.0001 基点：0.01 期权费金额：0.01	USD 10000	USD 5M
	日元／人民币 (100JPY/CNY)	0.0001							JPY 500M
	港币／人民币 (HKD/CNY)	0.00001							HKD 50M
	欧元／人民币 (EUR/CNY)	0.0001							EUR 5M
	英镑／人民币 (GBP/CNY)	0.0001							GBP 5M
	人民币／林吉特 (CNY/MRY)	0.00001	/	/					CNY 5M
	人民币／卢布 (CNY/RUB)	0.0001	/	/					CNY 5M
外币对市场	欧元／美元 (EUR/USD)	0.0001	0.01	/	/	/	/	USD 50000	EUR 2M
	英磅／美元 (GBP/USD)	0.0001							GBP 5M
	美元／日元 (USD/JPY)	0.01							USD 2M
	美元／加元 (USD/CAD)	0.0001							USD 5M
	美元／瑞士法郎 (USD/CHF)	0.0001							USD 5M
	澳元／美元 (AUD/USD)	0.0001							AUD 5M
	美元／港币 (USD/HKD)	0.0001							USD 10M
	欧元／日元 (EUR/JPY)	0.01							EUR 10M
	美元／新加坡元 (USD/SGD)	0.0001							USD 2M

「注」

（1）表格中的报价精度以小数形式表示，0.01表示报价精度为2，0.0001表示报价精度为4，0.00001表示报价精度为5，0.000001表示报价精度为6。

（2）远期和掉期的报价精度均为远期点和掉期点的报价精度。

（3）货币掉期的报价精度为美元兑人民币的浮动利率／浮动利率的报价精度。

（4）期权报价精度包括波动率报价精度与期权费报价精度。

规则1 营业日准则

若某一交易相关日期并非营业日，则根据以下相应准则之一进行调整：

（1）下一营业日：顺延至下一营业日；

（2）经调整的下一营业日：顺延至下一营业日，但如果下一营业日跨至下一月，则提前至上一营业日；

（3）上一营业日：提前至上一营业日。

【例】

假定某笔外汇交易的起息日恰好为 2009-05-31（星期日），因为非营业日，应进行调整。若采用"下一营业日"，则调整至 2009-06-01；若采用"经调整的下一营业日"，因"下一营业日"跨月，则提前至上一营业日 2009-05-29；若采用"上一营业日"，则调整至 2009-05-29（2009-5-30 是周六）。

规则2 起息日规则

1. 即期相关起息日规则

（1）计算货币对起息日，应分别计算该货币对中两种货币的起息日，最终起息日取二者中较晚者。

【例】

一笔 USD/CNY 交易，人民币起息日为 2009-05-19，美元起息日为 2009-05-20，则该笔交易起息日为 2009-05-20。

（2）人民币外汇即期交易和外币对即期交易（USD/CAD 除外）起息日为成交日后第 2 个营业日，简称"T+2"；USD/CAD 起息日为成交日后第 1 个营业日，简称"T+1"。

【例】

2009-05-19 成交的 USD/CNY 即期交易，起息日为 2009-05-21；同一日成交的 USD/CAD 即期交易，起息日为 2009-05-20。

（3）任何货币对（USD/CAD 除外），若 T+1 日为美元假日，该货币对即期起息日不受影响；若 T+1 日为货币对中非美元货币的假日，该货币对即期起息日按"下一营业日"准则进行调整；若 T+1 日既为美元假日又为货币对中非美元货币的假日，该货币对即期起息日按"下一营业日"准则进行调整。

【例】

2009-11-10 成交一笔 USD/CNY 即期交易，虽然 2009-11-11 是美元假日，但该笔交易起息日不受影响，仍是 2009-11-12；2009-04-09 成交一笔 GBP/USD 即期交易，2009-04-10 是英镑假日和美元假日，该笔交易起息日延至 2009-04-15（11、12 日为周末，13 日也是英镑假日）；2009-05-27 成交一笔 GBP/CNY 即期交易，2009-05-28 是人民币假日，该笔交易起息日延至 2009-06-02（28、29、30 日是人民币假期，31 日是周日）。

（4）任何货币对，如果 T+2（USD/CAD 为 T+1）日为美元假日或是货币对中任意一种货币的假日，即期起息日按照"下一营业日"准则进行调整。

【例】

2009-11-09 成交一笔 EUR/JPY 即期交易，2009-11-11 是美元假日，该笔交易起息日延至 2009-11-12；2009-05-19 成交一笔 USD/CHF 即期交易，2009-05-21 是瑞士法郎假日，该笔交易起息日延至 2009-05-22；2009-06-30 成交一笔 USD/CAD 即期交易，2009-07-01 是加元假日，该笔交易起息日延至 2009-07-02。

（5）若某交易日外币对即期交易的起息日为人民币假日，则该交易日外币对竞价交易不被允许，询价交易仍可进行。

【例】

2009-10-01 是人民币假日，则 2009-09-29 的所有外币对（USD/CAD 除外）的竞价交易不被允许，2009-09-30USD/CAD 的竞价交易不被允许。（除非另外约定起息日）

2. 远期、掉期相关起息日规则

（1）远期交易起息日等于即期起息日加上双方约定的期限。遇美元假日或货币对中任一货币节假日，1M 以下标准期限遵循"下一营业日"准则，1M 以上（包括 1M）标准期限遵循"经调整的下一营业日"准则。非标准期限的起息日由交易双方直接约定。

【例】

2009-08-20 成交了一笔 1W GBP/CNY 远期交易，即期起息日为 2009-08-24，远期起息日本应为 2009-08-31，但因为 2009-08-31 是英镑假日，根据"下一营业日"准则，该笔远期交易的起息日调整至 2009-09-01。

2009-07-29 成交一笔 1M GBP/CNY 远期交易，即期起息日为 2009-07-31，远期交易起息日本应为 2009-08-31，但因 2009-08-31 是英镑假日，根据"经调整的下一营业日"准则，该笔远期交易的起息日调整至 2009-08-28。

（2）掉期交易起息日等于即期起息日分别加上双方约定的近端期限和远端期限。遇美元假日或货币对中的任一货币假日，1M 以下的标准期限遵循"下一营业日"准则，1M 以上（包括 1M）标准期限遵循"经调整的下一营业日"准则。非标准期限的起息日由双方直接约定。

【例】

2009-07-29 成交一笔 1M GBP/CNY 掉期交易，近端起息日为 2009-07-31，远端起息日本应为 2009-08-31，但因 2009-08-31 是英镑假日，根据"经调整的下一营业日"准则，该笔远期交易的起息日调整至 2009-08-28。

（3）月末规则：若即期起息日为某个月的最后一个营业日，那么1M以上（包括1M）标准期限远期（掉期）交易的起息日也应落在相应月份的最后一个营业日。

【例】

2009-02-25 成交一笔1M USD/CNY 远期交易，即期起息日为 2009-02-27（2月的最后一个营业日），根据月末规则，该笔交易的远期起息日应为下个月的最后一个营业日即 2009-03-31。2009-07-29 成交了一笔 4M USD/CNY 的远期交易，即期起息日为 2009-07-31，根据月末规则，该笔交易的远期起息日应为11月的最后一个营业日即 2009-11-30。

3. 货币掉期相关起息日规则

（1）首次起息日规则：人民币外汇货币掉期首次起息日又称生效日。

HKD/CNY 首次起息日（生效日）为成交日后第1个营业日，简称"T+1"，其他币种人民币外汇货币掉期首次起息日（生效日）为成交日后第2个营业日，简称"T+2"。

首次起息日（生效日）除受该货币对中货币节假日的影响之外，如果交换利率以 Libor 作为参考利率，还会受到英镑假期的影响（EUR Libor 受欧元区假期影响），遇上述节假日，遵循"下一营业日"准则进行调整。

首次起息日（生效日）前一日（V-1）遇货币对中非美元假日时，首次起息日（生效日）遵循"下一营业日"准则进行调整。

（2）非首次起息日规则：人民币外汇货币掉期的非首次起息日又称付息日。

• 先根据到期日和付息周期计算出各付息周期的中间日，中间日是用来计算非首次起息日的名义起息日（不受节假日影响）。若中间日不遇下列节假日，中间日即为该付息周期的起息日（上一付息周期的付息日）；若中间日遇到下列节假日，遵循"经调整的下一营业日"准则进行调整后得到该付息周期的起息日（上一付息周期的付息日）：

当货币对中两个币种各自付息周期不一致时，若该付息期末仅发生单边利息收付，非首次起息日（付息日）按发生利息收付的货币假期、人民币假期和美元假期调整；若该付息期末发生双边利息收付，非首次起息日（付息日）按货币对中两个币种假日和美元假日调整以便落在同一天。

非首次起息日（付息日）除受货币对中货币节假日的影响之外，如果交换利率以 Libor 作为参考利率，还会受到英镑假期的影响（EUR Libor 受欧元区假期影响）。

非首次起息日（付息日）前一日（V-1）遇货币对中非美元假日时，非首次起息日（付息日）遵循"经调整的下一营业日"准则进行调整。

最后一次付息日同样适用上述规则遇节假日进行调整，但到期日遇节假日不做调整）。

·非首次起息日（付息日）遵循月末规则：

若期限为标准期限，生效日为某个月的最后一个营业日，则人民币外汇货币掉期交易的最后一次付息日应落在相应月份的最后一个营业日。

若付息周期为 1M 以上的标准期限（含 1M），最后一次付息日为某个月的最后一个营业日，则人民币外汇货币掉期交易的每期非首次起息日（付息日）应落在相应月份的最后一个营业日。

【例】

一笔 EUR/CNY 人民币外汇货币掉期交易，人民币 3 个月 Shibor 对欧元 6 个月 Libor 的付息日分别发生在 2008 年 1 月、4 月、7 月、10 月。其中，1 月和 7 月仅为人民币边利息收付（付息日调整需考虑人民币假日、美元假日），而 4 月和 10 月两次的双边利息收付日必须落在同一天（付息日需考虑人民币假日、欧元假日、美元假日）。若 2008-07-04（美国独立日）为人民币利息支付日，则该期人民币付息日调整至 2008-07-07（2008-07-05、2008-07-06 为周六、周日）。

4. 外汇期权相关起息日规则

参见：

规则 9　期权费支付日规则

规则 10　期权交割日规则

规则 11　期权到期日（行权日）规则

规则 3　额度计算规则

交易中心根据统一授信制度对会员授予初始额度，额度在交易时实时扣减，会员同币种在同一起息日可轧差计算已用额度；对已经发起但未成交的交易，交易中心根据会员每笔报价卖出的币种金额以及内部折算率计算暂扣额度。交易成交后返还暂扣额度，同时扣减已用额度。初始额度扣除暂扣额度和已用额度之后的额度为剩余额度，当剩余额度不足时，会员无法继续交易。

交易中心在收到会员划付的外币资金后第一个营业日，根据会员付款金额，返还相应额度。

交易中心对人民币外汇和外币对竞价交易使用相同额度计算规则，但对同一机构的人民币外汇竞价交易和外币对竞价交易设置不同额度，分别进行额度控制。

（1）初始额度（Initial Limit）指交易中心根据统一的授信制度，对每个会员分别授予的交易总额度。

（2）暂扣额度（Hold Limit）指对已经发起但未成交的交易暂扣的额度，例如限价订单[1]等。对已经发起但未成交的交易，交易中心根据会员每笔报价的卖出币种金额、内部折算率计算暂扣额度。计算公式如下：

$$L_h = \Sigma S_i \times R_i$$

其中：L_h 表示暂扣额度，S_i 表示各币种交易卖出量，R_i 表示各币种内部折算率。

（3）已用额度（Used Limit）指未清算交易所占用的额度[2]。对已经完成的交易，交易中心将同一起息日同币种的买入和卖出金额进行轧差，折算为美元计算已用额度。计算公式如下：

$$L_u = \Sigma (S_i - B_i) \times R_i, \, S_i > B_i$$

其中：L_u 表示已用额度，S_i 表示各币种交易卖出量，B_i 表示各币种交易买入量，R_i 表示表示各币种内部折算率。

（4）剩余额度（Unused Limit）指初始额度扣除暂扣额度和已用额度后的额度。计算公式如下：

$$L_{un} = L_i - L_h - L_u$$

其中：L_{un} 表示剩余额度，L_i 表示初始额度，L_h 表示暂扣额度，L_u 表示已用额度。交易额度在交易时实时扣减，当剩余额度不足时，会员无法交易。会员发起的交易成交后，返还暂扣额度，同时扣减已用额度。

【例】

某机构交易数据如下：

货币对	方向	币种	金额	汇率	币种	金额	起息日
EUR. USD	SELL	EUR	500,000	1.3045	USD	652,250	2005-4-22
USD. CAD	SELL	USD	600,000	1.2373	CAD	742,380	2005-4-21
USD. CHF	SELL	USD	700,000	1.1837	CHF	828,590	2005-4-22
AUD. USD	SELL	AUD	800,000	0.7726	USD	618,080	2005-4-22
GBP. USD	BUY	GBP	900,000	1.9169	USD	1,725,210	2005-4-22
USD. HKD	BUY	USD	1,000,000	7.7993	HKD	7,799,300	2005-4-22
EUR. JPY	BUY	EUR	3,000,000	139.53	JPY	418,590,000	2005-4-22

另外，有限价订单卖出 EUR/USD，EUR5,000,000，汇率 1.3053，未成交。根据起息日对各币种交易量进行分类并计算，如下表：

---

[1] 限价订单（Limit Order）是竞价交易模式下的一种交易机制。

[2] 在交易中心收到会员划付的外币资金后第一个营业日开盘前，根据会员付款金额，返还相应额度。

币种	起息日	Si-Bi（元）	Ri	（Si-Bi）*Ri	内部折算率	
CAD	2005-04-21	-742,380	-	-	HKD	/7.798
USD	2005-04-21	600,000	1	600,000	CAD	/1.2333
AUD	2005-04-22	800,000	0.758	606,400	CHF	/1.192
CHF	2005-04-22	-828,590	-	-	JPY	/103.494
EUR	2005-04-22	-2,500,000	-	-	AUD	*0.758
GBP	2005-04-22	-900,000	-	-	GBP	*1.8724
HKD	2005-04-22	7,799,300	7.798	1,000,167	EUR	*1.2957
JPY	2005-04-22	418,590,000	103.494	4,044,582	USD	*1
USD	2005-04-22	154,880	1	154,880	-	-
∑（Si-Bi）*Ri				6,406,029	-	-

根据已用额度的计算公式，该会员的已用额度为 USD 6,406,029

根据暂扣额度的计算公式，该会员的暂扣额度为 USD 5,000,000*1.2957=6,478,500

如果该会员的初始额度为 USD 4,921,280,000，则根据剩余额度的计算公式，该会员的剩余额度为 USD 4,921,280,000-6,406,029-6,478,500=4,908,395,471

规则4 远期点、掉期点生成规则

1.1D 以上的远期交易、即期对远期掉期交易

远期交易以远期点报价，掉期交易以掉期点报价，同一机构同期限远期点报价和掉期点报价不一定相同。

【例】

机构 A 1Y 远期交易的远期点报价为（bid，offer）=（195，200），1Y 掉期交易的掉期点报价为（bid，offer）=（198，202）。

2. 远期对远期掉期交易

掉期点为远端起息日对应掉期点与近端起息日对应掉期点之差。具体换算方法如下：

$$\text{TENOR1/TENOR2}_{bid} = \text{TENOR2}_{bid} - \text{TENOR1}_{offer}$$

$$\text{TENOR1/TENOR2}_{offer} = \text{TENOR2}_{offer} - \text{TENOR1}_{bid}$$

【例】

		EUR.USD	
		bid	offer
TENOR1 →	SPOT	1.3133	1.3177
	1M	18.69	18.85
TENOR2 →	3M	56.68	56.99
TENOR1/TENOR2 →	(1M/3M)	37.81	38.30

38.30=56.99–18.69

37.81=56.68–18.85

3. TODAY、TOM、1D 交易、隔夜掉期交易

机构可在系统中对 O/N、T/N、S/N 掉期点报价，不可对 TODAY、TOM、1D 报价。外汇交易系统将 O/N、T/N、S/N 掉期点报价，分别换算成 TODAY、TOM、1D 的远期点。

具体换算方法如下：

TODAY	$TODAY_{bid}=-(O/N_{offer}+T/N_{offer})$ $TODAY_{offer}=-(O/N_{bid}+T/N_{bid})$
TOM	$TOM_{bid}=-T/N_{offer}$ $TOM_{offer}=-T/N_{bid}$
1D	$1D_{bid}=S/N_{bid}$ $1D_{offer}=S/N_{offer}$

【例】

	EUR.USD	
	bid	offer
SPOT	1.3209	1.3213
O/N	-0.69	-0.49
T/N	-1.23	-1.12
S/N	-0.69	-0.49
TODAY	1.61	1.92
TOM	1.12	1.23
1D	-0.69	-0.49

1.61=(-0.49-1.12)

1.92=-(-0.69-1.23)

规则 5　货币掉期定价日规则

（1）根据各个付息周期的起息日向前倒推 n 个营业日确定该期的利率定价日，进而获得适用于该期的浮动利率水平。

（2）人民币端付息周期大于定息周期时，可能存在两个以上的定价日。先根据该付息周期的起息日和定息周期计算出各定期周期的名义起息日，名义起息日不受节假日影响（名义起息日不包括该付息周期的起息日）。再根据各定息周期的名义起息日向前倒退 n 个营业日确定该期的利率定价日，进而获得适用该期的浮动利率水平。

（3）同一付息周期内利率定价日与起息日（或名义起息日）V 的关系 [3] 如下：

利率类型	V−n
FR007	V−1
Shibor	V−1/0
1 年期定期存款利率	V−1
美元 Libor	V−2
日元 Libor	V−2
欧元 Libor	V−2
英镑 Libor	V−0
Hibor	V−1
Euribor	V−2

【例】

一笔人民币美元货币掉期交易（3M Shibor & USD 3M Libor）的某个付息周期的起息日为 2009-05-20，则对应的 3M Shibor 定价日为 2009-05-19，对应的 USD3M Libor 定价日为 2009-05-18。

（4）影响定价日的节假日如下表所示，定价日遇节假日调整规则适用"上一营业日"准则。

	定价日（V−n，n=0/1/2）	定价日与起息日之间日期
美元 Libor	英镑假期	英镑假期
日元 Libor	英镑假期	英镑假期
英镑 Libor	英镑假期	——
欧元 Libor	欧元区假期	欧元区假期
Euribor	欧元区假期	欧元区假期
Hibor	港币假期	港币假期
Shibor、FR007、一年期定存	人民币假期	人民币假期

[3] Libor 等利率定价日与起息日之间的关系详见 BBA 等专业机构的规定。

规则 6　货币掉期到期日规则

货币掉期交易的到期日不受节假日影响。

［注］

（1）由于付息残段为前置规则，到期日不调整方便根据生效日和期限确定到期日，再用到期日和付息周期推算各期起息日（亦即付息日）。即：到期日不调整，正常情况下各期起息日（付息日）可相对固定。

（2）通常情况下，到期日与最后一期起息日（付息日、期末本金交换日）为同一日。但到期日遇节假日不做调整，而最后一期付息日（付息日、期末本金交换日）仍需根据"规则 2　起息日规则"调整，此时两者可能不再是同一日。

【例】

假定 2008 年 4 月 15 日交易双方以默认方式（T+2）达成 8 年期美元对人民币货币掉期交易，每年双边付息，则交易的到期日可确定为 2016 年 4 月 17 日，尽管该日为星期日，但到期日不做调整，各个付息日相应得以确定为各年 4 月 17 日（期间有 2010 年、2011 年的付息日遇假日需调整[4]）；最后一期付息日和期末本金交换日则要顺延至 2016 年 4 月 18 日。

规则 7　货币掉期利息计算规则

1. 利息计算起点

货币掉期利息计算起点为首次起息日（生效日），各个付息周期利息计算起点为所在周期的起息日。

2. 利息计算终点

各个付息周期利息计算终点为所在周期的付息日。

3. 适用利率

按照付息周期中各个定价日的浮动利率水平确定计算利息适用的利率。

4. 日基准规则

指计算付息周期内起息日与付息日之间的天数，以及计息天数相对于一年的比率的规则。

交易双方可采用"Act/360""30/360""Act/360""Act/Act"或"Act/365 Fixed"模式。

$$DayCountFraction = \frac{n}{Basis}$$

其中，n=NumberOfDays$_{D1, D2}$，指根据一定规则计算出来的 D1 和 D2 之间的天数，

---

[4] 2010 年和 2011 年的 4 月 17 日为周末。

Basis 是一定规则下的惯例年天数。

（1）30/360

在这种规则下，D1 和 D2 之间的天数取决于 D1 和 D2 之间的月数和一个月内的实际天数，分母始终是 360。

$n=360 \times (YY_2 - YY_1) + 30 \times (MM_2 - MM_1) + (DD_{M2} - DD_{M1})$

其中，D1 和 D2 中所有年的日期都设定为 360，所有月的日期都设定为 30。

DDmi 是 Di 所在月份的日期，如果该月有 31 天，并且 DDmi 是 31 号，则设定 DDmi 为 30；如果该月有 28 天 /29 天，则也设定 DDmi 为 30。

MMi 是 Di 所在两个月份。

YYi 是 Di 所在的两个年。

$$DayCountFraction = \frac{360 \times (YY_2 - YY_1) + 30 \times (MM_2 - MM_1) + (DD_{M2} - DD_{M1})}{360}$$

【例】

D1=2007-01-31；D2=2007-04-15

$DayCountFraction = \dfrac{75}{360} = \{ [360 \times (07 - 07)] + [30 \times (04 - 01)] + (15 - 30) \} / 360$

（2）Act/360

这种规则下：D1 和 D2 之间的实际天数（n）除以 360

$$DayCountFraction = \frac{n}{360}$$

【例】

D1=2007-01-01；D2=2007-04-15

$$DayCountFraction = \frac{104}{360}$$

（3）Act/Act

根据 ISDA 制定的 Act/Act 的计算规则，分子 n 是 D1 和 D2 之间的实际天数，分母取决于 D1 和 D2 是否落在同一自然年度（Calendar）。

如果 D1 和 D2 不在一年内，则：

$$DayCountFraction = \frac{n_1}{B_1} + \frac{n_2}{B_2} + (YY_2 - YY_1 - 1)$$

其中：

ni 是计算期落在 Di 所在年内的实际天数；

Bi 是计算期期落在 Di 所在年的年实际天数，根据该年是否闰年，取 366 天或 365 天；YYi 是 Di 所在的年。

【例】

D1=2003-11-01；D2=2004-05-01

$$DayCountFraction=\frac{61}{365}+\frac{121}{366}$$

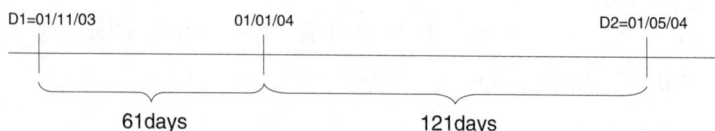

【例】

D1=2007-01-15；D2=2010-05-31

$$DayCountFraction=\frac{351}{365}+\frac{150}{365}+(2010-2007-1)$$

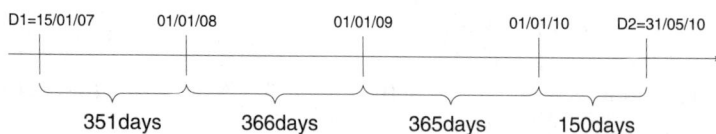

（4）Act/365 Fixed

这种规则下：D1 和 D2 之间的实际天数（n）除以 365

$$DayCountFraction=\frac{n}{365}$$

【例】

D1=2007-01-01；D2=2007-04-15

$$DayCountFraction=\frac{104}{365}$$

各利率对应的惯例年参考天数

	利率类型	惯例年天数
人民币	FR007	365 天
	Shibor	360 天
	一年期定期存款利率	360 天
	固定利率	365 天
美元	Libor	360 天
	固定利率	360 天

	利率类型	惯例年天数
港币	Hibor	365 天
	固定利率	365 天
日元	Libor	360 天
	固定利率	360 天
欧元	Libor	360 天
	Euibor	360 天
	固定利率	360 天
英镑	Libor	365 天
	固定利率	365 天

（5）计息残段：当交易双方约定的利率期限与付息周期不一致时（即付息周期大于利率期限时），则可能会出现计息残段。这时付息周期可以拆分为若干个完整的利率重置周期（即利率期限）和一个计息残段（见下图）。

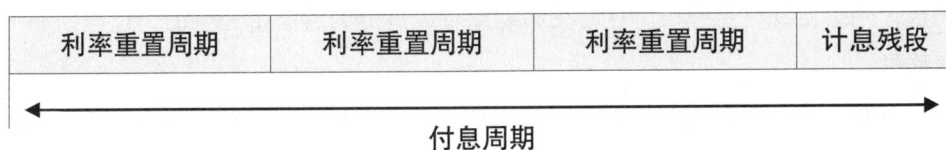

利率重置周期	利率重置周期	利率重置周期	计息残段

付息周期

计息残段可能存在于若干个付息周期内，也可能存在于付息残段内。

计息残段适用后端规则（Back Stub），即：计息残段应置于该付息周期的期末进行利息计算。

计息残段的利息计算仍然适用前述利率定价和计息天数规则。

【例】

若交易双方约定的浮动利率为 FR007、计息天数规则采用 Act/365，则一个付息周期内的计息利率为：

$$r = \prod_{i=1}^{n-1} (1 + FR_i \times \frac{7}{365}) \times (1 + FR_n \times \frac{D - 7 \times (n-1)}{365})$$

其中，FR_i 表示第 i 个利率重置周期的七天回购定盘利率，D 表示该付息周期内惯例天数，$n = \left[\frac{D+6}{7}\right]$，此处 [ ] 表示取整符号。$\prod_{i=1}^{n-1} (1 + R_i007 \times \frac{7}{365})$ 为各个完整

利率重置周期内的计息利率，$(1 + R_n007 \times \dfrac{D - 7 \times (n - 1)}{365})$ 为计息残段的计息利率。

另外，对于计息残段长度介于两个标准浮动利率期限之间的情况，残段的适用利率可以采用线性插值法计算：

$$R_n = R_1 + \dfrac{R_2 - R_1}{t_2 - t_1} \times (t_n - t_1)$$

其中，R_1 表示与残段天数相邻的较短标准期限浮动利率，t_1 表示该相邻较短标准期限浮动利率实际天数；R_2 表示与残段天数相邻的较长标准期限浮动利率，t_2 表示该相邻较长标准期限浮动利率实际天数；R_n 表示该残段适用利率，t_n 表示该残段天数。$t_1 < t_n < t_2$。

（6）计息天数调整：当出现日期调整时，利息计算按照调整后的起息日和付息日之间的实际天数进行调整。双方另有约定的除外。

规则 8　货币掉期利息支付规则

（1）利息支付：交易双方按约定的付息频率在每个周期的付息日进行利息支付。

（2）付息残段：当交易双方约定的交易期限如果不能由若干个完整的约定付息周期构成，则会出现付息残段。这时交易期限可以拆分为若干个完整的付息周期和一个付息残段。

付息残段也可视为一个特殊的付息周期，有定价日、起息日和付息日。期限内至多存在一个付息残段。

付息残段适用前端规则（Front Stub），即：付息残段应置于交易期限的期初处理。

"规则2　起息日规则"和"规则7　货币掉期利息计算规则"同样适用于付息残段。

【例】

2009-04-17，机构 A 通过外汇交易系统与机构 B 成交了一笔美元兑人民币货币掉期交易，到期日为 2010-05-19，付息周期为 3M，则 2009-04-21~2009-05-19 即为付息残段，2009-04-21 为这一残段的起息日，2009-05-19 为这一残段的付息日。

规则 9　期权费支付日规则

期权费支付日（Premium Date）规则与规则2：起息日规则中即期（T+2）相关起息日规则相同 [5]，即：

（1）人民币外汇期权交易期权费支付日为成交日后第 2 个营业日，简称"T+2"。

【例】

2011-3-15 成交一笔 USD/CNY 期权交易，2011-3-17 为期权费支付日。

---

[5] 因本指引中外汇期权仅指人民币外汇期权，因此 USD/CAD 相关规则不做说明。

（2）若 T+1 日为美元假日，该货币对期权费支付日不受影响；若 T+1 日为货币对中非美元货币的假日，该货币对期权费支付日按"下一营业日"准则调整；若 T+1 日既为美元假日又为货币对中非美元货币的假日，该货币对期权费支付日按"下一营业日"准则调整。

【例】

2009-11-10 成交一笔 USD/CNY 期权交易，虽然 2009-11-11 是美元假日，但该笔交易期权费支付日不受影响，仍是 2009-11-12。

2009-05-27 成交一笔 USD/CNY 期权交易，2009-05-28 是人民币假日，该笔交易起息日延至 2009-06-02（28、29、30 日是人民币假期，31 日是周日）。

（3）如果 T+2 日为美元假日或是货币对中任意一种货币的假日，期权费支付日按照"下一营业日"准则进行调整。

【例】

2009-11-09 成交一笔 EUR/CNY 期权交易，2009-11-11 是美元假日，该笔交易期权费支付日延至 2009-11-12。

2011-03-10 成交一笔 JPY/CNY 期权交易，2011-03-12 和 2011-03-13 是人民币假日，该笔交易期权费支付日延至 2011-03-14。

规则 10　期权交割日规则

期权交割日（Delivery Date）规则与"规则 2　起息日规则"中远期相关起息日规则相同，即：

（1）期权交割日等于即期起息日加上双方约定的期限。

【例】

2011-3-16 成交一笔 1M USD/CNY 期权交易，即期起息日为 2011-3-18，期权交割日为 2011-4-18。

（2）若遇美元假日或货币对中任意一货币假日，1M 以下标准期限遵循"下一营业日"准则，1M 以上（包括 1M）标准期限遵循"经调整的下一营业日"准则。非标准期限的期权交割日由交易双方直接约定。

【例】

2009-08-20 成交了一笔 1W GBP/CNY 期权交易，即期起息日为 2009-08-24，交割日本应为 2009-08-31，但因为 2009-08-31 是英镑假日，根据"下一营业日"准则，该笔期权交易的交割日调整至 2009-09-01。

2011-03-25 成交一笔 1M JPY/CNY 期权交易，即期起息日为 2011-03-29，交割日本应为 2011-04-29，但因 2011-04-29 是日元假日，根据"经调整的下一营业日"准则，该笔远期交易的起息日调整至 2011-04-28。

（3）月末规则：若即期起息日为某个月的最后一个营业日，那么 1M 以上（包括 1M）标准期限期权交易的交割日也应落在相应月份的最后一个营业日。

【例】

2009-02-25 成交一笔 1M USD/CNY 期权交易，即期起息日为 2009-02-27（2 月的最后一个营业日），根据月末规则，该笔交易的交割日应为下个月的最后一个营业日即 2009-03-31。2009-07-29 成交了一笔 4M USD/CNY 的期权交易，即期起息日为 2009-07-31，根据月末规则，该笔交易的交割日应为 11 月的最后一个营业日即 2009-11-30。

规则 11　期权到期日（行权日）规则

期权到期日（行权日）与期权交割日的关系，与即期成交日与即期起息日关系类似。但期权交易中，一般先确定交割日，再根据期权到期日（行权日）规则计算到期日（行权日）。即：

（1）到期日（行权日）为期权交割日前第 2 个营业日。

【例】

2011-3-4 成交一笔 1M USD/CNY 期权交易，即期起息日为 2011-3-8，期权交割日为 2011-4-8，到期日（行权日）为 2011-4-6。

（2）到期日（行权日）为人民币假日，根据"上一营业日"准则调整。到期日（行权日）为人民币之外的其他货币假日（包括美元假日），到期日（行权日）不受影响。

【例】

一笔 JPY/CNY 期权交易，交割日为 2011-6-7，到期日（行权日）本应为 2011-6-5，但 2011-6-5 为 CNY 假日（2011-6-4 也为 CNY 假日），则到期日（行权日）调整至 2011-06-03。一笔 EUR/CNY 期权交易，交割日为 2009-11-12，到期日（行权日）应为 2011-11-10，但 2009-11-11 是美元假日，则到期日（行权日）不受影响，仍为 2011-11-10。

一笔 HKD/CNY 期权交易，交割日为 2011-4-20，到期日（行权日）应为 2011-4-22，但 2011-4-22 为 HKD 假日，则到期日（行权日）不受影响，仍为 2011-4-22。

（3）交割日的上一营业日遇该货币对中美元货币假日，到期日（行权日）不受影响；交割日上一营业日遇该货币对中任何非美元货币假日，到期日（行权日）根据"上一营业日"准则调整。

【例】

一笔 HKD/CNY 期权交易，交割日为 2011-4-26，到期日（行权日）本应为 2011-4-24，但 2011-04-22、2011-04-25 为 HKD 假日，2011-4-23、2011-4-24 为周末，则到期日（行

权日）应调整至 2011-4-20。

一笔 USD/CNY 期权交易，交割日为 2011-4-6，到期日（行权日）本应为 2011-4-4，但 2011-4-4，2011-4-5 为 CNY 假日，2011-4-3，2011-4-2 为周末，则到期日调整至2011-3-31。

一笔 USD/CNY 期权交易，交割日为 2011-11-12，虽然 2009-11-11 是 USD 假日，但该笔交易到期日（行权日）不受影响，仍是 2011-11-10。

好书是俊杰之士的心血，智读汇为您精选上品好书

亲爱的读者朋友：

我们倡导学以致用、知行合一，特别推出互联网时代学习与成长的"三个一工程"——一书一课一社群。

1. 关注智读汇书友订阅号，回复试读本编号，即可阅读试读本。

2. 所有"智读汇·名师书苑"的精品图书背后，都有老师精品课程值得关注。希望到课堂现场聆听作者的智慧分享，请与我们联系。愿我们共同分享阅读、学习和成长的乐趣！

004	变诉为金Ⅱ：客户投诉管理与处理艺术	孙凯民	本书作案例涉及电信、电力、银行、航空等众多行业，并首次呈现了世界500强企业投诉管理体系制度规范精华和作者的点评。	38.00
005	不可思议的潜能	张钦源	本书对潜能进行了综合阐述，帮助希望走向成功的人走向成功。	38.00
006	决不管理	施淇丰	书中内容来自一线，作者一针见血地分享了"唯有团队才能成就伟大公司"的独家秘籍！	38.00
007	让青春在店铺中闪光	姚慧连	第一本真正改变中国门店终端不负责心态、打工者心态的智慧宝典。中国门店终端80后、90后店员美好人生规划书！	38.00
008	我看见你了：都市身心灵觉知课	杨新明	本书是第一本对电影《阿凡达》的权威解读。詹姆斯·卡梅隆将他自己觉悟的灵性思想告诉全世界。	38.00
009	有料：舌尖上的智慧，魅力领袖的说话之道	杨 斌	本书通过三篇教你如何成为口才达人：第一篇"取料"，第二篇"倒料"，第三篇"加料"。	39.00
010	花开的感觉	王莲宇	本书分三卷，是作者对生命意义的一些领悟，以期给读者的心灵带去引导和教益，在生命修行的路途中共同绽放。	48.00
011	教导型组织（最新版）	侯志奎	本书根据"教导模式"课程而来，至今已风靡近十年，影响波及东南亚，改变了数十万人的命运。	39.00
012	赢在薪酬	郑指梁 范 平	从战略、匹配、绩效、实操和工具五个层次，全面解读成功企业高效率薪酬体系设计！	45.00
013	这样开店赚翻天	刘俭文 杨 敬	书中每一个案例都源自于终端门店的第一线，每一种方法都经过门店一线员工的亲身检验，可谓是经营连锁裤装品牌必读宝典。	38.00
014	精英：未曾选择的路	星 辰	吹糠见米，为你详尽解读精英阶层走向成功的思维力、关系力和行动力！	39.80
015	解密HRBP发展与体系构建	徐升华	中国HRBP界第一本书，国际人力资源顶级大师Dave Ulrich鼎力推荐！	49.80
016	绩效增长：向绩效管理要利润的中国实践	江竹兵	本书已有5000多家企业学习，400000名学员见证，解读行动成功王牌课程"绩效增长模式"！	49.80
017	让生命绽放	侯志奎	作者谈人生、谈事业、谈成功，向我们展示了一个充满灵性的生命旅程，具有思想启迪与行动指导意义。	45.00
018	成交宝典	汪 明	本书共5章，作者将为大家破解成为公众行销成交高手的秘密。书后附有学员见证和成交宝典50条语录。	39.80
019	走在梦想的路上	王鹏程	本书以小说生动细腻的笔触＋专业的职业生涯指导，写就一部毕业十年最感人职场与爱情双丰收励志小说！	39.80
020	南聊：南柏智慧箴言	南 柏	央视百家讲坛大咖鲍鹏山、韩田鹿、郦波联袂推荐，已使千上万企业家学员受益！	45.00
021	支点 撬动企业快速成长的黄金法则	李 骁	作者系统研究和借鉴现代管理营销，创新地提炼出了"支点理论"，并系统地阐述了其方法和运用法则！	45.00
022	培训进化论	张立志	本书融合5家企业大学案例，凝练10个学习设计模型，归纳80个实战工具图表。最实效的培训必读书！	49.90
023	精解HRBP实战案例·工具与方案	徐升华	《解密HRBP发展与体系构建》姊妹篇，更多实战案例、工具与方案，传统HR向HRBP转型必备工具书！	49.80
024	好预算定乾坤	方 岚	以对小说细节精益求精刻画的匠心及作者二十多年的专业和权威，详解全面预算管理基本理论、实操细节、执行要点！	45.00
025	新三板市值管理	施淇丰 王 凯	新三板市值管理第一本书！已（拟）挂牌企业、券商、投资公司、基金公司、中小企业局新三板市值管理必备书！	68.00

"智读汇·名师书苑"系列精品图书诚征优质书稿

智读汇创意出版中心以"内容+"为核心理念的教育图书出版平台，与出版社及社会各界强强联手，整合一流的内容资源，多年来在业内享有良好的信誉和口碑。现为《培训》杂志理事单位，《中国培训》2017年"我是好讲师""我有好课程"活动图书出版支持单位。

向致力于为中国企业发展奉献智慧，提供培训与咨询的培训师、咨询师诚征优质书稿。同时兼顾讲师品牌及课程价值塑造相关的音像光盘、微电影、电视讲座等。

咨询热线：021-61175958　13816981508（兼微信）

试读本编号	书名	作者	简介	定价（元）
026	全景营销	潘多英	本书大量实操性的工具、方法，都来源于一线实践，可以帮助系统思考、掌握工具，全面提升理论和操作素养。	49.90
027	掘金母婴店	王 同	本书为母婴店开店选址、组货、与供应商合作、门店业绩等方方面面提供了翔实而有效的指导。	49.90
028	培训的力量	许盛华	培训为何以需求为导向，以及如何进行量化管理，本书有答案、有工具。这是互联网+时代培训管理与创新必备指南。	58.00
029	秒懂逻辑	李伟希	本书从逻辑的起点开始，到形式逻辑的三大基本规律、三大基本推理，再到19种逻辑谬误等概念浅近直白地呈现出来。	49.90
030	案例即本质：工业品营销实战案例精解	丁兴良	本书所表述的是实际营销工作中攻与守的应对之策，对营销工作的日后开展具有一定的启迪和借鉴意义。	59.00
031	营销总监成长记	闫治民	本书从业绩、管理方面，阐述了营销人如何从菜鸟到高手，展示了营销人的成长风采。	49.90
032	掘金网络大电影	林 凯 谌秀峰	爱奇艺创始人、CEO龚宇隆重推荐！一本书读懂网络大电影创意策划、融资建组、拍摄剪辑、宣发上线的秘籍。	42.00
033	搞定不确定：行动学习给你答案	石 鑫	通过案例和理论相结合的方式进行全景式的深度解剖和分析。案例丰富，分析透彻。	49.90
034	横渡，不一样的人生	史振钧等	一本描写那些徒手横渡琼州海峡的牛人们的励志书，是献给横渡爱好者、游泳爱好者、运动爱好者们的礼物。	49.90
035	灵魂有血性的男人	徐利伟	他的卓越，让他成为世界第一名的销售大师乔·吉拉德唯一亲自颁发自己随身佩戴的NO.1勋章的顶尖销售大师！	49.90
036	地产喧嚣十八年	曹春尧	编年体房地产当代史书，历史泼墨中面和点、线勾勒，翔实、简洁共容，人物与政策、事件联通，缘由、经过和结果贯穿。	68.00
037	向3M学创新	梁家广 甘德林	这是一本向3M光辉创新历史致敬的书，也是作者为回归创新初心而写的作品。	49.90
038	为自己代言：魅力演说的终极心法	杨 林	本书通过演说智慧、销讲智慧、导师智慧、领袖智慧帮助企业家提高演讲水平，更好地"为自己代言"。	45.00
040	赢销特种兵	萧金城	精心提炼19条业绩倍增实战宝典，营销本质一看就懂；匠心设计19道业绩倍增思考练习，能力提升一学就会。	49.80
041	阿米巴经营领先之道	宗英涛	本书是一个阿米巴经营顾问的咨询感悟，一本中国企业阿米巴经营落地教材，一把打开阿米巴经营宝库的金钥匙。	59.90

＊更多试读本尽在智读汇书友订阅号。

智读汇书友订阅号　　　智读汇书友淘宝店　　　智读汇书友微店